李建伟 著

MAGAZINE

新锐飞扬
期刊策划著名案例

中国社会科学出版社

图书在版编目（CIP）数据

新锐飞扬:期刊策划著名案例/李建伟著．—北京：中国社会科学出版社，2008.10
ISBN 978-7-5004-7204-9

Ⅰ．新…　Ⅱ．李…　Ⅲ．期刊—编辑工作　Ⅳ．G237.5

中国版本图书馆 CIP 数据核字(2008)第 141569 号

责任编辑　王　曦
特邀编辑　吕倩娜
责任校对　韩　聪
封面设计　格子工作室
版式设计　戴　宽

出版发行　中国社会科学出版社
社　　址　北京鼓楼西大街甲 158 号　　邮　编　100720
电　　话　010—84029450(邮购)
网　　址　http://www.csspw.cn
经　　销　新华书店
印　　刷　华审印刷厂　　　　　　　　装　订　广增装订厂
版　　次　2008 年 10 月第 1 版　　　　印　次　2008 年 10 月第 1 次印刷
开　　本　710×1000　1/16
印　　张　23.5　　　　　　　　　　　插　页　2
字　　数　360 千字
定　　价　35.00 元

目　录

前　言

　　加入世界贸易组织以后，中国的国际国内环境发生了深刻变化，伴随着媒介产业化的进程，社会业界对高层次新闻传播人才的需求量越来越大，要求越来越高，如何培养管理型新闻传播实用人才也是新时期新闻传播事业发展对高等教育提出的一项新要求。

　　二十余年来，新闻传播学学科建设和专业发展取得了丰硕成果，新闻与传播高等教育呈现出独特的发展规律和特点，主要表现在以下几个方面：

　　其一，新闻传播学上升为一级学科，新闻与传播学术研究与专业教学有了一个更为宽阔的平台。新闻与传播学研究有了自己的学术领地，新闻与传播学教育有了自己的专业规范，各院校可以根据自己的学术研究和专业教育特色在一级学科、二级学科和二级学科下开设的专业方向的统领下，深化学术研究，强化专业教学，以推动新闻与传播学学术研究和专业教育总体水平的不断提升。

　　其二，在学术研究领域，我国学者在充分吸收、借鉴国外新闻传播学学术研究成果的基础上，解放思想，大胆创新，构建了具有中国特色、符合中国新闻传播事业发展规律与发展特点的新闻传播学学术体系和理论框架。坚持学术研究面向世界、面向时代、面向实际，解决社会转型时期新闻传播事业发展过程中的实际问题，使我国新闻传播学术研究沿着健康的道路不断发展。

　　其三，新闻与传播学学科建设与专业发展渐成规模，并呈现出板块效应。新闻传播专业教育在高等教育这块园地里茁壮成长，显现出勃勃生机，成为最贴近社会、最贴近业界、最贴近市场、最具发展活力的新兴学科与新兴产业，新闻传播高等教育在人才培养目标确立、学科体系构建、课程体系设置，专业实践等方面日渐成熟和规范，人才培养质量不断提高，专业人才市场竞争力不断增强，高校新闻与传播专业教育的品牌效应日渐显现。

其四，学界与业界的互动更为紧密和频繁。校企联合办学、开放式办学、案例教学、网络教学、多媒体教学、专家平台教学、业界平台教学等都使学生理论联系实际能力、分析问题解决问题能力、社会适应能力得到明显的提高，新闻传播高等教育成为业界专业教育的预科，而业界专业教育也成为新闻传播教育的重要组成部分。

以上新闻与传播学专业教育的发展规律和特点决定着新时期的新闻与传播学教育更具有国际视野和时代气息，将更加关注新媒介技术的革新与发展，更加关注业界与学界的交流融合，更加关注学生综合素质的培养，使其能够成为复合型的专业人才，为此我们编写了新闻与传播案例丛书，包括《科学寓言——广告营销案例》、《舞动灵魂——广告创意案例》、《新闻传奇——精品新闻案例》、《新锐飞扬——期刊策划著名案例》、《无极畅销——图书策划案例》、《纵横天下——省级卫视精品栏目大扫描》六本，以期实现专业理论与专业实践的有机融合，一方面为学生走向市场竞争提供一个开阔的社会视角，另一方面为业界人士走入专业领域提供一个窗口，为新闻传播人才总体素质的提高与新闻传播事业的发展提供一个重要参考。

杨海军

2006 年 6 月 18 日于河南大学博雅楼

第一部分　文学类

《收获》

——团结新老作家,把心交给读者

《收获》以坚持纯文学立场,摒弃广告手段的风格为世人瞩目。风格质朴清雅,是汇集中国当代文学佳作的代表性杂志。《收获》现在以刊载小说为主,同时选登部分话剧、电影文学剧本、报告文学、笔记、特辑采访等,开设有散文专栏。1999年,《收获》获得国家期刊最高荣誉"国家期刊奖"。2002年进入国家"双百期刊"行列。2004年的发行量突破13万份。《收获》每期发行量在13.5万—14万份,位居全国纯文学杂志之首。

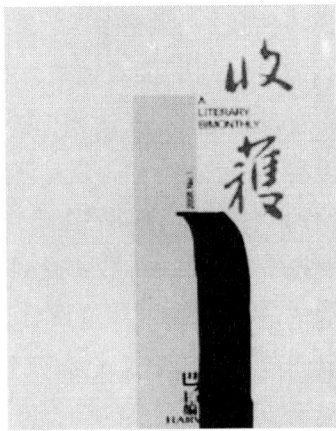

《收获》杂志封面

☞案例介绍

一 坚持文学格调,荟萃各种流派与风格的上乘之作

《收获》50年来一直本着"坚持文学格调,荟萃各种流派与风格的上乘之作","多出人,多出作品"的办刊宗旨,走"团结作者,为读者服务的道路"。《收获》坚持纯文学路线,目前还没有刊登广告或转型的打算。事实证明,没有改版、没有登过一则广告的《收获》是成功的。这来之不易的收获证实了1957年7月24日靳以在《收获》发刊词中所说的那样:"……我有意以《收获》作为作家和读者之间的桥梁,让读者表

示对作品的意见,让作者倾听读者对作品的意见……使他的作品更成为人民喜闻乐见的作品。我们希望《收获》能贡献给我们亲爱的祖国以更多的香花和食粮。这是《收获》的开端,我们期望一年年地更多彩,更丰盛,结更多的果实。"

二 重视栏目的设置,注重在散文、随笔栏目中独辟蹊径

《收获》不但刊发中短篇小说及散文、杂文等,亦发表优秀的长篇小说。所选作品风格多样、质量高,在一定程度上代表了中国文坛的水平。《收获》特别注重在散文、随笔栏目中独辟蹊径,打造新的品牌专栏,使得自身文化品位长时间保持在较高的水准上。散落在各期《收获》杂志上的一些散文专栏,以其强烈的人文色彩,推动了散文的发展。从初期的"作家书简"、"朝花夕拾",到近年的"人生采访"、"河汉遥寄"、"好说歹说"等,每一专栏都受到了读者的喜爱。余秋雨的"文化苦旅"、"山居笔记",李辉的"沧桑看云",可以说开创了一个文化大散文的时代。其间蕴涵的历史文化意识和理性思辨色彩,引起了人们对中国文化的思索。

《收获》有严格的审稿制度,在栏目的设置上狠下工夫,比如开设余秋雨"文化苦旅"形式的文化大散文栏目。《收获》请来了陈村、史铁生等,访谈性的文字从思想性和可读性上都很有创新。普通人物的日常生活同样是《收获》关注的范围,比如,2001 年的几期有一些关注老百姓生活的文字。许多新人因此脱颖而出。此外,《收获》杂志将新增余光中"乡愁"和贾平凹"重走丝路"个人专栏以及阿城、陈村"轮流坐庄"的对话栏目。

三 刊物要用作品为读者服务

(一) 把心交给读者

在《收获》创刊时,巴金就指出:"刊物是读者的朋友,是作者与读

者的桥梁，刊物靠读者养活。"《收获》编辑部一条坚持和发扬了几十年的编辑精神就是"把心交给读者"，源自巴金的要求和精神。巴老一直强调把心掏出来给读者，把读者当成朋友和作品最好的评判员。巴金时常对《收获》的编辑人员说："刊物是为读者服务的。用什么来服务呢？当然是用作品。读者购一份刊物，主要是看它发表的作品，好文章越多，编辑同志的功劳越大。倘使一篇好作品也拿不出来，这个刊物就会受到读者的冷落，编辑同志也谈不到为谁服务了。作品是刊物的生命。编辑是作家与读者之间的桥梁……"①

《收获》在巴金的带领下，鼓励作家们说自己想说的话，写自己熟悉的生活，表达自己真实的感受，目的很明确，就是使人们变得善良些、纯洁些，对别人有用些。《收获》以独立的姿态，不跟潮，不摇摆，不看风向，不屈从权贵，保持文学的探索，坚持刊物的品格风貌。

巴老在 90 岁生日那天，接受了上海东方电视台的采访。他说："我要对读者说的话，就是我在《巴金全集》最后，在《收获》上发表的《最后的话》，就是希望读者理解我，我这一生是靠读者养活……我是主张人要有理想，人要有未来，不仅要顾自己，还要顾子孙。读者也需要理想，你要给他，他也会选择的……"

（二）团结新老作家，重视作者工作

《收获》的主编巴金先生尊重读者，而且尊重作者。1982 年 2 月 19日，巴金引用了托尔斯泰的话："凡是使人类联合起来的东西都是善的、美的"，指明"为人民的友谊事业奋斗，是人间最美好的事情。亲爱的朋友们，请握紧我伸过来的手，我们共同前进吧"。②《收获》之所以优质稿源不断，就在于能团结广大新老作家，共同致力于中国社会主义的建设事业。

内容为王，佳作是宝。大力发掘实力派作家质量上乘的作品，发表在文坛能产生较大反响的力作，是每一家文学期刊都极力争取的。金庸和白

---

① 巴金：《致〈十月〉》，《随想录》，作家出版社 2005 年版。
② 谢海涛：《巴金的伟大在于敢否定自己》，《南方都市报》2003 年 11 月 25 日。

《收获》团结新老作家，把心交给读者

先勇的作品均是在《收获》上首先发表的。可能在许多人眼里，《收获》
只发成名作家的作品，其实这是一个误解，巴金很早就意识到："编辑的
成绩不在于发表名人的作品，而在于发现新的作家，推荐新的创作。"①
《收获》在创刊时，主编就提出了明确的办刊原则，要"多出作品，多出
人才"。几十年来，《收获》一直秉承着这个原则，"不唯名人，不薄新
人"，不断扶持和培养年轻的作者在《收获》上发表作品。《收获》从来
不拒绝年轻人，因为很早以前巴老就曾说过："新作者的'处女作'常常
超过成名作家的一般作品。"② 2005 年，《收获》杂志社更加注重推新人
新作，推出两期"新人"专号，希望借此给文坛带来些新鲜力量，并吸
引更多 40 岁以下的读者。

《收获》尊重作者的精神劳动。主编在创刊时就指出："不妄改作
家的作品，即使有意见也是提出来，把原稿寄回给作家请他们自己修
改。就是在文章间发现了误书和我们不明了的地方，也一一地详细提
出请求作家自己答复。"③《收获》编辑部对于不合用的稿子，从不对
作家敷衍了事，不像某些编辑那样，写封简单回信：大作甚好，感谢
对本刊支持，因本刊稿挤（或限于本刊篇幅）未能发表，特此奉还。
即使名家作品，如思想内容有毛病不宜发表，《收获》的编辑也常亲
自写信给作家，诚恳而又热情地提出中肯意见，建议暂勿发表，待修
改或改写后发表，这样不仅是对刊物负责、对读者负责，也对作家有
好处。巴金有稿必复的习惯，《收获》编辑部一直延续至今，对所有
作者的手稿如不采纳，一定回复。

《收获》重视与作者搞好关系，团结了一批作家，形成了自己的作者
群。老新结合，以老带新，使自己的作者队伍越来越大，关系十分融洽。
《收获》创刊时，靳以与巴金共同商定，刊物主要发表其他作者的文章，
编辑部人员的文章排在目录的末尾，李小林主持《收获》工作以后，《收
获》的工作人员则不能在自己的刊物上发表任何作品，以突出其他作者

---

① 巴金：《致〈十月〉》，《编辑杂谈》（第 2 集），北京出版社 1983 年版。
② 巴金：《祝青年文学创作的发展和繁荣》（《萌芽》创刊致词），《巴金论创作》，上海文
艺出版社 1983 年版。
③ 巴金、靳以：《写在〈收获〉创刊的时候》，《收获》1957 年第 2 期。

的地位。因此，许多新老作者、译者主动供稿，巴金曾说："尽管我所服务的那个出版社并不能提供优厚的条件，可是我仍然得到各方面的支持，不少有成就的作家送来他们的手稿，新出现的青年作家也让我编选他们的作品。我从未感到缺稿的恐慌。"①

（三）与时俱进，感应时代脉搏

始终站在文学发展前列，并且一直保持这种态势，是《收获》之所以被公众誉为"文学阵营中成功守望者"的重要因素之一。在20世纪70年代末80年代初，《收获》感应时代脉搏，率先发表一批直面现实的作品。《犯人李铜钟的故事》、《铺花的歧路》、《人到中年》……一篇篇振聋发聩的作品，为思想解放、推动社会发展起到了积极作用。20世纪80年代中后期，在文学探索热潮中，《收获》更是以引领时代的姿态，积极推出先锋小说一派。

《收获》在刊物内容上，力求更加贴近知识百姓。为了探索文学作品市场化的路径，2001年推出第1期《长篇小说增刊》，发行了十多万册。2003年，《长篇小说增刊》增为两期。一直被认为是言情畅销小说家的张欣，在2004年的春天，几乎让售价12元的纯文学杂志《收获》在广州街头卖断了货。原因很简单，《收获》一月号用82页的篇幅，刊登了这位广州市作协主席的长篇小说《深喉》。《深喉》集中了很多可以让读者欢迎的元素：报业大战与硝烟、三个年轻才俊大起大落的事业和缠缠绵绵的爱情以及贯穿始终的疑案与血腥杀戮，具有很强的可读性。杂志社除了一如既往地刊发小说精品外，2003年还开设了"生活在别处"的新专栏，请游历海外的华人书写西方社会的城市生活和文化底蕴。

（四）倡导学术自由，主张百花齐放

《收获》所选作品风格多样，并且选登了许多有争议的作品，给中国文学思想提供了一个自由的空间。

---

① 巴金：《对默默无闻者的极大敬意：为上海文艺出版社成立三十周年而作》，《书海知音》，上海文艺出版社1992年版。

在文坛巨匠鲁迅诞辰120周年纪念日即将到来之际，2000年《收获》设立了一个专栏——"走近鲁迅"。编辑的初衷是让熟悉鲁迅的老一辈人和我们同时代的作家从各个角度、多方位地论述鲁迅先生。在很长一段时间里，关于鲁迅的研究只是停在一般的概念之中，这就不可避免地使读者难以走近一个同样有着七情六欲的真实的鲁迅。自2000年第1期以来，已先后发表了9篇文章，其中第1期上鲁迅生前好友许寿棠的文章和第3期上鲁迅弟子萧红的文章及将要发表的陈村《我爱鲁迅》等都是绝对崇敬鲁迅的文章。另一方面，2000年第2期"走近鲁迅"专栏中"集束"式地刊发了冯骥才、王朔及林语堂的三篇批评鲁迅的文章，在全国引起了极大反响。

四　依托品牌，拓展未来发展的新路

创品牌难，守品牌、将品牌做大做强更难。《收获》开始依托品牌拓展未来发展的新路，而不是仅仅局限杂志本身。

2003年2月，《收获》向上海著名商标认定委员会提出"著名商标"申请。2004年3月17日，《收获》获得了"上海市著名商标"的称号。一个著名商标，对取得百姓的认同和信任而言，是无价之宝，也是拓展更广阔发展空间的极好契机。

《收获》杂志社为了进一步拓展品牌内涵，除了继续发展本刊，现已投注精力经营图书出版以及影视剧的策划和制作，让"收获"两个字，不简单是一份纯文学杂志的名称，而能够发展成一个市场广阔、业绩辉煌的文化优质产品品牌。

就目前来说，《收获》的发行量一直上升，在海内外具有很高的威望。从2001年开始推出的长篇增刊，依靠"收获"品牌影响力，发行量也逐步上升到了8万册左右。

在经营上，《收获》实施的是品牌战略，充分挖掘跨媒体互动优势，创建了上海收获时代文化有限公司，进行图书出版经营，包括出版非文学类的畅销图书，还计划参与影视剧精品的策划和制作，积极向影视领域拓展。冯小刚导演、姜文执导电影《甲方乙方》、《阳光灿烂的日子》之后都说："从《收获》中改编的剧本品位高，电影上演后观众爱看。"① 张艺谋导演的《大红灯笼高高挂》和《活着》也是根据《收获》连载的中篇小说《妻妾成群》、《活着》改编而成的。张艺谋深有感触地说："真是文学驮着电影走啊!"②

《收获》杂志社就是依靠着文学本身的力量，以文养文，形成了一种良性循环，给纯文学找到了一条通往民众的出路。

☞案例评析

理念策划是整个期刊策划的开端。理念就是信念、思想、观念，运用到期刊理论上，不外乎期刊的办刊宗旨和内容定位。办刊宗旨是刊物的灵魂和原动力，内容是杂志的血肉，只有内容定位明确、策划得当的杂志，才能以特有面貌展现在读者面前，这样读者会有所取舍，杂志的成功才会有基础。高尔基有句名言："一般人都认为文学的目的是使人变得更好。"③ 因此，《收获》始终坚持社会效益至上，努力"用自己的作品在促成社会的改革和进步上起一点作用"④，从而走上了良性循环的轨道。

策划是期刊自身生产发展的需要，集中体现了办刊人的理念、思路，是期刊的生存之道、活力之源。20世纪90年代以来，许多纯文学刊物为了适应市场转型，纷纷转型、改版，有的利用媒体进行有偿广告业务的炒作来赢得读者，有的甚至降低水准满足某些读者的庸俗趣味，以非文学的手段来迎合读者、吸引读者，而巴金一直坚持走纯文学发展的道路，绝不放弃《收获》的人文追求，绝不降低刊物的文化品位。巴老明确表示《收获》不刊登任何广告，包括不刊登与文学业务有关的出版信息，并充满信心地鼓励编辑部的工作人员，说《收获》靠读者养活，大有希望。

① 陆正伟：《世纪巴金与四季"收获"》，http://www.scol.com.cn，2005年10月18日。
② 同上。
③ 谢海涛：《巴金的伟大在于敢否定自己》，《南方都市报》2003年11月25日。
④ 同上。

《收获》

团结新老作家，把心交给读者

美国一位前总统曾说："杂志是主编的影子。"有什么样的主编，就有什么样的编辑部，也就有什么样的期刊。《收获》因它的主办人求真向善的人格魅力和精神风范而矗立在当代文学期刊的前列。

期刊要打开市场之门，还要注意搞好营销策划。营销策划的过程，其实也是我们完美实现传播期刊内容的过程。《收获》举办的名人售书活动、拟设百万元文学大奖的举措，在客观上通过信息调动了最广泛的读者群对期刊的注意，产生需求的欲望，最终促进购买，其实质是将期刊由"硬卖"转变为诱导式的"软卖"。以书促刊或者说以刊促书的营销策略，发挥了书刊优势互补的优势。期刊属于一次性消费，很多好文章只能刊发一次，加上每本期刊、每个栏目页码有相对固定性，一般不能随便加减，编辑往往对很多精彩的内容不得不忍痛割爱，使所表达的内容不能够充分展现在读者面前，这在某种程度上说是一种资源的浪费。如果我们把这些好文章、好栏目进行充分挖掘，利用它已在读者中造成的影响和已具备的作者队伍，再按图书的方式进行操作，一个好的选题，一本好的图书就诞生了。从读者购买的心理看，杂志时效性强，图书更具有保存价值；作品先在杂志上发表，对图书的出版有预先宣传和推广的作用；从发行的角度看，刊物和图书的发行渠道不同，《收获》有固定的读者群，图书的读者可能更为广泛。

这种做法的优势是：一有品牌效应；二能保证内容和质量；三有现成的读者群，能充分发挥期刊周期短、见效快，图书时效长、具有可珍藏的特点，易于继续保持品牌并做大做强。但是也存在着很多问题：

首先，杂志运作周期短，图书出版则需要申请书号等各种手续，因此节奏较慢，与杂志的出版衔接不够紧凑。出版社和刊物需要进一步磨合，以最快的速度出版图书，适应市场需求。

其次，类似《收获》以刊带书的刊物不在少数。有的是将栏目结集出版，如《读者》杂志将卷首语等美文按专题汇集成书，出版《读者》丛书；有的是将文章结集出版，如《大家》杂志曾与中国青年出版社同步推出马枋的小说《生为女人》，《故事会》将期刊因版面所限难以容纳的优秀故事编成《故事会》丛书出版。

最后，以刊促书使读者被期刊所激发的阅读欲望在图书的更为宽广的阅读空间中得到了满足，但作品的资源重复利用，在某种程度上也会影响图书的销售。

《收获》知名度高，由于地处上海——中国第二个文化中心，有点"领袖群伦"的气象。一位新起作家只要在这里一连几次亮相，离享誉全国也就不远了。这使不少新起者趋而往之。久而久之，这些趋往者可能不再是为自己写作，也不是为读者写作，而成了为《收获》写作，为《收获》的编辑倾向写作。因此，李小林"觉得把编者隐藏得越隐蔽越好"，"我们不能把我们的思想强加给读者。这样交给读者的就是一个完整的刊物"①。即便如此，选编者的主观倾向性是客观存在的。为了争取更多的读者，编辑部可以包容兼纳，不必亮出自己的观点。但是，这种做法面临市场逐步分化、细化的客观挑战。

读者是现代期刊走向成熟、走向兴旺的能源和推动力。长期以来，在传统的认知模式下，期刊的属性内容被单一定位在"文化属性"上，而其"商品属性"却被忽视和掩盖。在期刊走向市场、成为产业的大趋势下，"商品属性"被恢复其应有的地位，期刊是商品，只不过它还有直接间接的意识形态属性，因此是一种特殊商品。只要是面向社会、公开发行的期刊，在参与市场运作时，都要符合市场需要、遵循市场规律。《收获》发行量较大，正是由于看准了读者市场的需求，所表达的精神内容适应了现代读者的阅读节奏，满足并激活了读者的内在需求，因而成为市场的"宠儿"，不关注市场的期刊，只能坐以待毙。

作为文学类期刊，《收获》更有责任通过市场来引导读者。要应了解读者基本的正当的需要，不仅是眼前的而且是长远的需要，不仅是现实的而且是潜在的需要，只看到市场上的一时一事或五花八门的现象，认为这就是市场，就是读者的真正需求，那就难免会被这样那样的表面现象所蒙蔽，弄得自己也说不清是怎么一回事。社会主义的编辑出版工作，不仅是单纯地满足读者需要就算完事的，还有坚持正确导向的问题。这就是说，社会主义的书刊出版不仅要面向市场，更重要的是要引导市场，用好书引导市场，从根本上为读者服务。

---

① 蔡兴水：《关于〈收获〉的一组谈话》，《新文学史料》2003年第1期。

《收获》

团结新老作家，把心交给读者

参考文献

[1] 巴金：《对默默无闻者的极大敬意：为上海文艺出版社成立三十周年而作》，《书海知音》，上海文艺出版社 1992 年版。

[2] 巴金：《致〈十月〉》，《编辑杂谈》（第 2 集），北京出版社 1983 年版。

[3] 巴金：《代序》，《春天的旅行》，文汇出版社 1998 年版。

[4] 萧乾：《挚友、益友和畏友巴金》，《生命从 80 岁开始》，珠海出版社 1995 年版。

[5] 谢海涛：《巴金的伟大在于敢否定自己》，《南方都市报》2003 年 11 月 25 日。

[6] 夏琦：《〈收获〉无价之宝　纯文学杂志经营文化品牌给人启示》，《新民晚报》2004 年 5 月 18 日。

[7] 蔡兴水、郭恋东：《求真向善　革故鼎新——〈收获〉三代主编论》，《当代作家评论》2002 年第 5 期。

[8] 周而复：《〈收获〉30 年——兼怀靳以、以群》，《新文学史料》2003 年第 3 期。

[9] 陈思和：《城市文化与文学功能》，《同济大学学报》2005 年第 2 期。

[10] 赵兰英、冯源：《“把心交给读者”：大型文学期刊〈收获〉走过 45 年》，新华网，2002 年 11 月 21 日。

[11] 陆正伟：《世纪巴金与四季“收获”》，浙江新中化网络有限公司，2003 年 11 月 26 日。

《名人传记》

——传记文学的"新花"

1985 年，全国第一家大型传记文学期刊《名人传记》与读者见面了。

这是一本反映名人人生传记的刊物。于友先生亲自撰写了《开拓现代传记文学的新路》（代发刊词）。《名人传记》赢得了读者的喜爱，取得了辉煌的成绩。回顾这二十多年的点点滴滴，我们不难发现，《名人传记》的成功绝对不是偶然的。

《名人传记》封面

☞案例介绍

一　宣传名人，培养名人，为广大读者揭示名人成才的奥秘

于友先生的《开拓现代传记文学的新路》（代发刊词）中说："传记文学能融历史和艺术为一体，不仅能给人以知识，而且能给人以启迪；既可使今人借鉴历史上的经验教训，又可以教育后人。这对于意识形态的变革和思想解放，会起到有益的作用。"《名人传记》正是循着这样的思路，集中地为读者提供做人的明镜。力求用客观准确和科学的观点介绍名人，评论名人，引导人们正确对待名人，从而促进社会群体道德水平、心理素质、智能智慧的普遍提高。中央电视台的周迅说："《名人传记》以宣传名人，培养名人为宗旨，为广大读者揭示名人成才的奥秘，给了我思想境界上的指点，学习上的帮助，人生上的启迪，不愧是我的良师益

友！……试想一想，哪一项成就的取得不是'苦苦磨炼'出来的呢？哪一位名人不是'千锤百炼'出来的呢？我们在了解名人、学习名人中，潜移默化，锲而不舍，百折不挠的探索自己的人生之路……《名人传记》陶冶了我的情操，丰富了我的知识，哺育我成才。她默默地引导我，使我从泥泞的沼泽走向成功的彼岸。"①

郑州市的朋友写道："世上没有无缘无故的爱。读者喜欢《名人传记》，是因为她从不哗众取宠，而是实实在在地给读者提供各种知识，传播中华文化，一直保持着朴实的、雅俗共赏的文学风格……她用文学的语言，以纪实的手法，真实生动地介绍中外各界名人五彩缤纷的精神世界，艺术地展示出名人的苦乐人生。尤其是那些身处逆境，历尽坎坷而最终获得成功的名人，其超凡的精神和博大的情怀，给人以奋发向上的巨大力量，是广大读者了解名人、学习名人、探索人生成功之道的良好借鉴。"②

在有的媒体不断采取低级趣味和庸俗化的内容来取悦读者的时候，《名人传记》不随波逐流，从不刊登低级庸俗的文章、不迎合读者的心理，坚持把名人健康的情感及志趣爱好介绍给读者，积极健康地反映名人的感情生活，正确引导青年人树立健康的爱情观、积极向上的人生观、正确的价值观，对名人的婚姻爱情不挖隐私、不猎奇、不渲染、不搞"噱头"来招徕读者，更不去追风逐浪用名人的隐私制造所谓"卖点"、"热点"来扩大刊物订数，也决不允许杂志内容对社会产生负面效应。

二 围绕主旋律，精心策划栏目

（一）策划特色栏目

编辑部围绕《名人传记》的特性，科学合理地策划有关栏目，并经过市场的筛选、读者的认可，渐渐形成了一些品牌栏目，如"领袖生

---

① 周迅：《读〈名人传记〉写名人传记》，《名人传记》2000 年第 1 期。
② 李景宇、马均海：《读者为啥喜欢〈名人传记〉》，《名人传记》1996 年第 10 期。

涯"、"人物春秋"、"名人恋情"、"军旅勋臣"、"环球人物"、"艺苑奇葩"、"体坛撷英"等。《名人传记》编辑部策划特色栏目的原则有:第一,根据期刊定位策划栏目。《名人传记》不是名人的编年史或人生简历,也不是记录名人人生的传略,它是文学和历史的有机交融,使用文学的笔法反映名人的真实人生,它是传记文学。因此,《名人传记》根据人物传记的特性,合理地策划了一些相关的栏目,并渐渐形成了一些品牌栏目。第二,围绕主旋律策划主要栏目。精神产品对读者的潜移默化与引导作用是非常巨大的。第三,栏目策划讲历史唯物主义。坚持历史唯物主义精神,坚持实事求是是党的优良传统。对在历史上留下不光彩一页的名人,编辑部的态度是保持历史全貌的完整性,不把恶者漫画化,坚持唯物主义观点,实事求是地反映其人生。同时,编辑部也没有忽视他们的人生败笔对后人的警示作用,特意在"人生沉浮"、"人物春秋"、"民国人物"栏目里,给他们辟一席之地,反映这些名人在人生的紧要关头,站在历史的对立面以致留下终身遗憾甚至遗臭万年的下场。以此来告诫读者,给读者警示。

(二)开辟"读者、作者、发行者和编者"专栏,注重多方互动

"读者、作者、发行者和编者"专栏自1997年开办,目的是增进他们相互间感情并收集反馈的信息,使刊物更如人意。并且可以从读者的来信中,把握读者的思想道德观念和价值取向,从而为编辑了解和捕捉读者的兴奋点打下基础。自2004年起,这个栏目更名为"编读互动"。

(三)和中央电视台合作,联手推出新栏目

为了实现平面媒体与电视媒体的良性互动,顺应读者的阅读期待。2005年,《名人传记》和中央电视台十套和四套节目合作,分别推出《大家》栏目和《名人养生》栏目。《大家》和《名人养生》栏目用文字的形式把电视里播出的这些名人的故事记录下来。《大家》栏目主要着重于中国科学、教育、文化领域里卓有成就的"大家"的独特人生经历,以及他们所经历的时代风云。

三 内容是刊物的生命和灵魂

（一）以真实性、文学性、知识性和可读性为追求目标

《名人传记》是传记文学，这也就决定了它必然具有真实性和文学性的特点，尊重历史、追求真实。一个有责任感的传记文学的作者或编者，应该做一个彻底的唯物主义者，实事求是，一切从实际出发。对于那些于人类社会历史的发展变化有过或大或小影响的人物，均应采取分析的态度，对于其功过是非，抑扬要得当，既不隐讳、虚构，也不随意编造，更不能为追求效果而捏造材料。

"就传记文学本身而言，不仅要注意真实性，还要特别注意文学性。传记文学毕竟是属于文学这个部门，尊重历史，忠于历史，不等于仅仅列举事实，它应该以史实为基础，在给定的史实材料范围内，通过选材和艺术处理，力求真实而生动地艺术再现传主的生活，描绘出传主的音容笑貌和个性特征，揭示出传主的内心世界和生活中的重大主题。在艺术表现手法上，应博采古今中外传记文学作家之长，大胆创新，以人民喜闻乐见的多种风格，多种形式，使现代传记文学得以更大的发展和繁荣。"①

《名人传记》反映的名人囊括了政界、军界、文化界、经济界、体育界、外交界、法律界和商界等。编辑在编稿时，注意把关翔实的史料和真实的细节、情节。《名人传记》的作品还十分注重尊重历史，对传主的功过是非的评价，注重把握分寸，抑扬有度。《名人传记》在注重事实的同时，还注重文学性这一传记文学的鲜明特征，融历史和艺术为一体。既尊重历史、忠于史实，又不仅仅简单地列举事实，从而使一个个历史和现代名人生动鲜活地再现在读者面前，使文章更具有文学性和可读性。二十多年来，《名人传记》以其独具的真实性、思想性、文学性、知识性、可读性，赢得了国内外广大读者的喜爱。有位读者说："根据我多年订阅《名人传记》的切身体会，我感到一是可以扩大自己的知识面；二是可以学

---

① 于友先：《开拓现代传记文学的新路》（代发刊词），《名人传记》1985 年第 1 期。

习和了解历史和社会，端正对人生的认识；三是可以提高自己的文学修养和鉴赏能力，增添生活情趣，有益于身心健康。"

（二）披露新史料，开拓新题材，推出新名人

编辑张家新在《十年磨一剑》一文中指出："我们的刊物首先为老一辈无产阶级革命家立传。他们的光辉业绩，虽然也曾散见在一些报刊上，我们的刊物却力求将材料挖掘得更深一些，文字更生动一些。既充分展示他们为革命奋斗终生的伟大业绩，以及他们的品德和精神风貌；也写他们的习惯爱好、性格特征、恋爱婚姻、家庭生活等。总之，要让读者觉得他们也是'有血有肉'、感情十分丰富的。"《名人传记》不仅以历史的眼光和时代的眼光为古人树碑立传，并且随着时代的发展，《名人传记》更加注重着眼于当代，为当代的科学家、教育家、企业家、艺术家，以及各条战线上的出类拔萃的佼佼者立传，以此来真实地反映我们时代的改革潮流和当代人的精神风貌。

（三）重视作者队伍的建设

编辑陈杰在《名人传记》创刊十周年时，曾回忆起创刊时的艰辛。"俗话说，万事起步难……至今记忆犹新的是酷暑7月二赴北京、天津、东北三省组稿。第一次在1984年7月初，我跟随编辑部的张家新老师登上北去的列车。我们在烈日下的北京，辗转倒车，马不停蹄地走访中国青年出版社（他们曾办《红旗飘飘》丛刊）拜访取经，到地处北太平庄的北京电影制片厂，拜访姚雪垠（请姚老为创刊号题词）、叶君健、曾克、丁玲等老一辈文坛宿将，依文联、剧协提供的线索逐个到地处四面八方的作家中造访、约稿……而后天津、沈阳、长春、哈尔滨一路组稿下来，总之只要有一线希望，就要付出百分之九十九的努力争取希望成真。一路上抢时间，等不及坐票就买张站台票上车，记得沈阳到长春，长春到哈尔滨就是站到目的地的。那时暑期人们外出旅游人多，车厢犹如沙丁鱼罐头似的挤满了人。旅途的奔波使一双支撑全身的脚挤在坡跟鞋中酸痛难忍，于是报纸铺地，赤脚而立；再看已五十开外的张老师，只见他稀疏的头顶在人群中晃动，他更要忍受多少挥之不去的劳顿呢……苦也罢，累也罢，当

《名人传记》传记文学的「新花」

看到作者的热情支持和信任，约定的一篇又一篇稿件，心中真是欣喜不已。回到编辑部的十余天，编辑部领导决定我跟随湖涌老师再次北上。这样，7月底我二赴北方。还是盛夏的北京，依然热浪滚滚。已五十开外的湖涌老师与我一同挤汽车、找作者，有时连吃饭的时间都要往后错几个小时……1985年2月，浸润着全体编辑部心血的第一期终于问世了。抚摸着飘散着浓浓墨香的创刊号，我们心中真是溢满了成功的欣喜和快乐，一分耕耘便会有一分收获。"①

当《名人传记》创刊十周年的时候，编辑部编辑陈杰在《一片冰心在玉壶》一文中写道："'独木难成林'，《名人传记》这块传记文学阵地荟萃了一大批热情而真诚的作者。我在这十年的编辑生涯中，也走南闯北的结识了很多默默地支持着《名人传记》的作者，时时感受着他们对我刊的一腔厚爱。徐光荣，这位在文学沃土上耕耘的专业作家，对我们刊物厚爱有加，始终有'求'必应……自马家军在世界上频频破纪录名扬世界，一封约稿信，徐先生便寄来了马家军中的重臣之一、亚洲唯一获欧文图斯杯的王军霞的传记……为了准备我刊第100期，5月，我去信请他为第100期写马家军的另一重将曲云霞。当时，徐先生正为今年10月在日本广岛召开的第12届亚运会赶写一本书而住进了宾馆，为了第100期，他每天晚上回到家中，连夜赶写出了曲云霞奋斗之路的《曲云霞，最早震惊世界的中国径赛女明星》。李祥荣，这位复旦大学的年轻学者，为我刊撰写过国际风云人物。在他不幸罹患癌症，遭受病痛折磨，缠绵于病榻之时，还忘不了我刊，他在来信中真诚地说：'《名人传记》在上海很受欢迎，不少报刊门市有售，我是几乎每期必读。这类杂志国内尚缺，贵刊的特点似乎在于雅俗共赏，每个层次的人都能读。'他病逝后，遗物中还有为我刊写的遗作。当我接到他夫人的来信，禁不住潸然泪下……这里我还要特别感谢享誉我国文坛的叶永烈先生。我和湖涌老师去上海向他组稿，面对全国应接不暇的约稿人，第一次与我们见面的叶先生爽快地应允了我们的要求。尽管他的大作后来出于种种原因未能发出，但对叶先生的诚挚支持迄今未忘。"

---

① 陈杰：《一片冰心在玉壶》，《名人传记》1994年第10期。

（四）《名人传记》的读者定位

《名人传记》上半月刊主要面对中老年读者朋友。下半月刊主要面向青年读者。下半月刊《财富人物》专刊主要面对都市精英：一群心怀梦想、拼命工作的人，每天奔波于都市各个角落。他们拥有不同的学历、接受过不同的专业训练。他们正在经历商海的搏杀，他们渴望成功。为了避免不必要的坎坷与弯路，他们需要成功人士的经验和教训，他们需要直接的、便捷的、非学院化的知识和人生指导。这就是《名人传记》（财富人物）面向的读者群：企业界人士、白领、高级商务人士等。

四　装帧策划

《名人传记》注重形式设计，封面和版式长年常新。它从创刊以来，几乎每年的封面和版式都在不停地变换，不断地改进。封面上人物的照片从小到大，从黑白到彩色。摆放的位置也在不断变化，渐渐形成了端庄、大气的风格。内页在创刊时，以图片和素描画为主，照片很少，但文中也是图文并茂。随着时代的发展，内页中的图片越来越少，而美观大方、清晰的照片逐渐占据了主要的位置。从1997年起，内页中就全部改为以刊登传主历史瞬间的珍贵照片为主了。为此，编辑部还特别做了说明："没有照片的文稿，我刊一般不予刊登。"刚开始刊登的照片，多是放在文中，经过不断改进，现在一般都把一幅大照片放在题头，非常醒目，同时又在文中配以数量不等的小照片。整体形成了一个完美的结合，读来让人赏心悦目。

☞案例评析

在翻阅《名人传记》的时候，笔者发现它具有很多成功的经验，但是也具有一些不足，刊物的发行问题和确保内容的真实性问题是《名人传记》需要花大力气解决的。

目前很多期刊开始意识到，发行工作仅仅依靠邮发是不够的。为了达到"有效发行",他们有的完全摆脱邮发的方式,自己成立发行部,走自发的道路;或者采取其他发行方式来完善邮发。自办发行的刊社往往先成立发行部,然后在省市征集代理商,利用二渠道发行。二渠道发行基本上可以分为批发商和零售商两种。这种方式可以使期刊和读者直接见面,提高了读者对期刊的认知能力,加强了读者对期刊的感性认识,对扩大发行量有较大帮助。"邮发+自发"已成为期刊界的普遍共识。

随着信息化的潮流涌起,期刊发行也从平面走向网络。网上发行是一种崭新的电子商务模式,电子商务公司与传统期刊媒体在保留各自优势的基础上强强合作搭建一个报刊发行网上平台,大大加快编、发、读三者之间的信息反馈速度,为期刊社实现"零距离发行"进行尝试。利用网络,期刊还可以进行二次贩卖——除了纸版,期刊电子版也能二次发行。

之所以提到上面的这些发行方式,是因为《名人传记》杂志到现在为止,还主要是以邮发为主,零售业务很少。

发行渠道是期刊走向最终消费者的必需通道。渠道顺畅合理,相当于期刊建立了良好的营销网络,培育起了良好的销售终端,与读者确立了良好的互动。期刊走向市场的过程,就是发行渠道不断增加、顺畅的过程。在计划经济条件下,期刊的发行渠道只有一条路:国家包办的邮政独家发行。如今,邮政部门一统发行天下的局面已被彻底打破。期刊可以自办发行,甚至可以依托民间的发行渠道(即所谓的二渠道)走向市场。除了上述渠道,一些敏感的刊社和发行公司也将扩展到了书店、银行、写字楼、医院、学校、商场等各种特殊渠道。毋庸置疑,占有的渠道越多越通畅,期刊发行的优势就越大。由此看来,《名人传记》的发行算是比较落后的,无法面对"入世"后全新挑战。因此,《名人传记》编辑部加强发行的渠道,尽快占领销售市场已成为当务之急。

河南农业大学的郑笑平副教授指出:"真实性是传记文学的生命和灵魂。《中国大百科全书·中国文学》(卷二)'传记文学'条目对传记文学的真实性做了详尽阐述:'以历史上或现实生活中的人物为描写对象,所写的主要人物和事件必须符合史实,不允许虚构。'传记文学吸引读者的首先是传主及其人生经历的真实,是传主生存背景的真实。'真即是美'的原则在此充分体现。传记文学失真不但从根本上丧失了为人作传的意义，直接危害作品的生存，还会造成亵渎美好、撕碎神圣、搅乱读者真善美价值判断的严重后果。"① 《名人传记》编辑部虽然一再强调内容的真实性，但还是出现了一些问题。比如，1987 年第 3 期刊登了一则"本刊启示"，启示中说："本刊 1986 年第 5 期所载《五大元帅的爱情生活》一文，其中《彭德怀同志的爱情》与'刘某'有关的部分，因我们没有向当事人和有关方面调查核实，发表后发现失实。对此，我们特向'刘某'本人和广大读者深表歉意。"2000 年 10 月又刊登出了一篇声明，因为《名人传记》于 2000 年第 6 期刊登了题为《"喜儿"茅惠芳沉浮录》的纪实性文章，当事人认为该文捏造事实，无中生有，运用极其下流的情节和侮辱性的语言对其进行恶意中伤和诽谤，贬损其人格，已严重侵害了其名誉权，认为该社对出版该文审核不严致使文章得以发表，亦应当对当事人名誉权受侵害承担相应侵权责任。为此，《名人传记》编辑部特发本刊郑重声明：特声明《"喜儿"茅惠芳沉浮录》一文，任何媒体不得转载。我刊对因该文给茅惠芳女士名誉造成不良影响的事实表示真诚的歉意，届时将澄清事实，消除影响。

所以，《名人传记》编辑部应该多找当事人核实，而不能仅仅找作者核实。《名人传记》编辑部只有多加强对真实性的把关，才能真正做到篇篇真实，确保刊物的地位。

参考文献

[1] 于友先：《开拓现代传记文学的新路（代发刊词）》，《名人传记》1985 年第 1 期。

[2] 陈杰：《一片冰心在玉壶》，《名人传记》1994 年第 10 期。

[3] 张家新：《十年磨一剑》，《名人传记》1994 年第 10 期。

[4] 杨贵才：《新年寄语》，《名人传记》1997 年第 1 期。

[5] 《名人传记》编辑部：《致作者朋友的公开信》，《名人传记》1998 年第 10 期。

[6] 陈杰：《〈名人传记〉的栏目策划实践》，《出版发行研究》2001 年第 5 期。

[7] 陈杰：《〈名人传记〉抓质量的方法》，《出版发行研究》1999 年第 9 期。

① 郑笑平：《简论我国新时期传记文学的主要特征》，《许昌学院学报》2004 年第 4 期。

《名人传记》传记文学的「新花」

21

［8］杨东军：《传记艺苑中的常青树》，http：//www. gmw. cn/01ds/2001 -
09 - 19。

［9］媒中媒：《期刊的发行》，http：//www. ideaok. net/printpage. asp？ Arti-
cleID = 6731。

［10］郑笑平：《简论我国新时期传记文学的主要特征》，《许昌学院学报》2004
年第 4 期。

［11］金艳阳、郑雄：《〈名人传记〉打造中国首本人物传记类文摘杂志》，《出版
参考》2004 年第 7 期。

《人民文学》

——现实与艺术之间的舞者

《人民文学》是中国著名综合性文学月刊，创刊于 1949 年，是中国半个多世纪以来主流文学的代表杂志。

刊物关注作品的现实性，提倡深入地关注生活现实与人的当下生存主题，能发现和揭示现实背后的真意，对现实有深入、透彻的理解，能入脑、入心，有心理冲击力的作品。在关注作品现实性的同时，刊物不忽视作品的艺术品位，《人民文学》所发表的作品都有着恒定的艺术高度，并抵达精神的高度与人性的深度。翩翩起舞于现实与艺术之间，她的功力内存积淀使得其在同类杂志期刊中是当之无愧的领舞者。

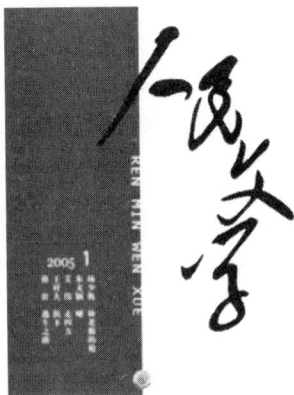

《人民文学》杂志封面

☞案例介绍

一 主发各类文艺作品

《人民文学》的读者定位是具有初中以上文化程度的广大文学爱好者，以成年读者为主，并广泛地吸引有阅读能力的非文学爱好者。

《人民文学》的办刊宗旨，具体地体现"二为方向"和"双百方针"。继承中国文学的优良传统，吸收整个世界文学的精华，尊重创新意识，遴选文学精品，展示能代表中国当代文学水准的不同体裁、不同风格、不同流派的作品的新风貌。

《人民文学》提倡现实主义写作，并以其为刊物基本的艺术品格，但并不排斥不同写作方式所创造的形式各不相同的作品。那是具有艺术特质、具有代表性的出类拔萃的作品，而非赝品。《人民文学》的办刊定位是以发表各类文艺作品为主的国家最高文学刊物。

二 办特色栏目，与世界文学接轨

《人民文学》是中国一流纯文学月刊，基本上代表了中国文学的最高水准，是同类刊物的权威，由中国作家协会主办，以小说为主，包括散文、诗歌及纪实文学。特别是中篇小说，一直是其拳头产品，其故事之精彩与大气，反映现实之深刻，令人惊叹。所设栏目有"特别推荐"、"短篇小说"、"中篇小说"、"当代纪实"、"诗与诗论"、"青春诗旅"、"诗人近作"、"交点"、"散文选萃"等12个，刊登了文坛上最精彩的作品，令文学爱好者爱不释手。

《人民文学》是中国作家的摇篮，众多的名家当初也是由《人民文学》造就的。新改版《人民文学》富有现代气息，与世界文学接轨，极富有文学味与生命关怀意识，是广大读者的心灵家园。

三 关注现实，关注人的当下生存

（一）加强编辑队伍职业道德修养，为读者遴选名篇佳作

《人民文学》长期以来质量得以保证，与其有着一代又一代高素质、责任感强并有着良好的职业道德的编辑队伍有直接的关系。20世纪50年代，任全国文协主席的茅盾先生，作为首任主编，仍抽出时间看稿，为作者复信。副主编秦兆阳先生的胆识和洞见，成为后世批评家、编辑家的典范；李清泉先生作为编辑家的识见和其对文学新人的推举，令人难忘……常务副主编崔道怡先生，曾被誉为"中国四大名编"之首①；副主编周明

先生，曾为当代报告文学、散文的兴起与发展作出了重要贡献；朱伟作为出色的小说编辑，在作家中颇有威望……

目前，《人民文学》由副主编肖复兴、李敬泽两人每期轮流终审整本刊物，最后由主编韩作荣把关。肖复兴为名作家，著作颇丰，也有较长的编辑经历；李敬泽为散文家、批评家，也出版多种著作，从事编辑工作多年，推出诸多的获奖作品与文学新人。

《人民文学》造就了众多的名家。韩作荣说："编辑部主要的精力放在那些确有实力、处于上升状态，但尚未走红的作家身上。热情、积极、耐心、细致而又严格、挑剔地对待这些逐渐成熟的作家的作品，一旦产生佳作、力作，便不惜版面，予以隆重推出。但作品的遴选必须是严格的。因为名家是由作家自己的作品造就的，看上去和刊物有关，本质上却无关。我常常和一些作者讲，不要怕退稿，那些可用可不用的作品，即使发表了也不会有大的反响。如果刊物发表的是平庸之作，让读者对作家的水准和能力产生怀疑，这样的发表比不发表还要糟糕。因而，有时退稿倒是对作家的尊重和爱护。刊物总体上对质量的要求很高，一旦作品荣登刊首，对作家也有一种'命名'的作用。《人民文学》设置了'新浪潮'专栏，发表从未在全国性刊物亮过相的作者的作品，不同体裁的作品均在其中，并配以简要的作者介绍。'新浪潮'中有的作品有实验与先锋性，是潜在的新的写作潮流的先导。但这样的作品不会成为《人民文学》的主流。因为'先锋'只能是极小的部分。如果说文学是一把刀，先锋只是其刀尖部分，尖新、锐利，但同时也脆弱、易折。刊物更多的作品是刀身部分，坚实、厚重，但也同样锋利。刊物近期推出的新人，正引起文坛普遍关注。如小说家晓航、孙惠芬、须一瓜、杨少衡、荆永明；散文家周晓枫、朝阳、格致等。诗人则更多，每期都有1—2人。"①

（二）注重编读互动，沟通以读者意见为首

《人民文学》的稿源为广大的老中青作家与业余作者的作品。其中少

---

① 《〈人民文学〉——心灵的深度》，《人性的高度》，http：//cn. qikan. com/gbqikan/view_zhubianarticle. asp？ id = 39。

部分为编辑部的重点约稿,大部分作品为自然来稿。

《人民文学》的卷首,《留言》替代了《编者的话》,不仅仅是为了拉近和读者的距离,它体现了刊物对读者的尊重。刊物是为读者办的,因而读者的意见是编者应面对的首要问题。《留言》也是读者、作者、编者共同发言的地方,旨在以简练的文字让三者之间进行有效的沟通。

(三)历经坎坷,在岁月飘摇中坚韧前行

从首期的主体内容(作品)来看,《人民文学》创刊早期的基本格局和整体面貌主要包括这样几个部分:一是政治(文化)和思想言论,采用的是社论或专论的形式;二是政治颂诗或抒情诗,后来也包括其他类型的诗歌,如(新)民歌民谣等民间(传统)体裁诗歌;三是特辑或专辑,一般是以人物、题材、类型等为分类标准设辑;四是小说,综合性的文艺(文学)刊物(杂志)一般都以小说为"主打"作品,《人民文学》也向来如此;五是一般理论批评,《人民文学》创刊号上的这一部分文章,对20世纪50年代早期的中国文学理论批评也有同样显著的概括性;六是画页和插图,与以后的中国当代文学刊物中的画、图有根本区别的是,当时《人民文学》的画页、图页都具有两个显著特点,一是内容上的政治性十分突出,二是与整个刊物的风格保持着高度一致,图画页真正成为刊物整体的有机构成。

综合《人民文学》创刊及其早期(第一卷至第三卷)的基本内容来看,首先对反映部队、农村和前苏联、东欧等社会主义国家的文艺作品最为重视,数量也最多。其次,虽然有相当自觉的努力和重视,但成果却并不如意的是有关工业题材的作品。再次,不受重视或提倡,甚至被有意轻视或忽略的两类作品:一是以普通市民和一般所谓"小资"人物为中心的当代城市生活作品,即城市的日常生活(因其缺乏鲜明的现实政治内涵)基本上被排除在了文学表现的视野之外了;二是(现代)西方(资本主义国家)的文艺作品也遭到有意的排斥。最后,《人民文学》创刊早期在内容上的一个突出特点表现在文学批评方面。作为文学刊物,《人民文学》主要刊发作品而非专事文学批评——这与刊物多次提到的需要加强文学批评的言论其实并不矛盾,两者显有主次之分;文学批评自然也是

刊物内容的重要且必需的组成部分。《人民文学》倾向、侧重或提倡正面的、肯定性的、鼓励的文学批评，重视针对作品的具体分析和理论探讨。《人民文学》的批评风格是，它在一些否定性、批判性的文学批评实例中，刊物的行为（表态）往往是"被动"的，有时，甚至还采取了回避、沉默的姿态。

复刊后的《人民文学》曾推出《班主任》、《无主题变奏》、《红高粱》、《哥德巴赫猜想》、《玉米》等大量具有标志性意义的重要文学作品。近几年来的重要作品，首推陈应松的《马嘶岭血案》，该作品是具有现实深度和人性深度的力作，其尖锐程度、艺术素质，明显高于同类作品。另外，林斤澜的《去不回门》、韩少功的《山歌天上来》、晓航的《师兄的透镜》是老中青三代作家近期探索的佳作，用有的评论家的话说，这三位作家都值勃发期，《人民文学》拿到的是他们最好的作品。

（四）改版得失

2000 年《人民文学》作了一次全面的改版，改版的初衷是想拉近刊物和读者的距离，扩大刊物的发行量。当时考虑到散文、随笔、纪实文学较受读者欢迎，因而刊物缩减了小说的比重，加大了散文和纪实文学的篇幅和分量，诗歌的比重未变。那次改版，只是文学体裁容量的调整，并没有改变办刊的宗旨与编辑方针。改版后的《人民文学》，"跨文体写作"持续挑战着传统文学"小说、诗歌、散文、报告文学"的文类界限，这种挑战的最终结果，并不意味着文学期刊"四大板块"——"小说、诗歌、散文、报告文学"的消亡。《人民文学》多年来，包括 2000 年的改版，并没有发表什么具有挑战性的"跨文体写作"的作品。

实际上，《人民文学》2000 年的改版只持续了两年时间。从 2002 年第一期起，《人民文学》又恢复了以小说为主的定位，每期中短篇小说的篇幅多达 100 页左右，诗、散文、报告文学只占 40 页左右。这样的作品比例持续至今。现任主编韩作荣表示在其担任主编期间不会改变。文学期刊改版热确实是前仆后继，处于挣扎状态。改为半月刊，扩大品牌

《人民文学》

现实与艺术之间的舞者

效应，应当先有有效应的品牌，然后才可能有扩大的效应。原本就日渐萎缩、少人问津的期刊无法脱胎换骨，小打小闹，改刊之后既增加了成本，又进入不了市场，也只好收摊。文学期刊不能改弦更张，也无法另起炉灶，开创期刊界尚未有过的新刊，只能在文学这条路上折腾，即使一窝蜂般地涌向"校园文学"、"小说类选刊"，也只能是趋向雷同，难以挽救文学期刊的颓势。再说文学资源也有限。改刊偶尔成功的，也只能是例外，而成功也是其潜在的功利意义在起作用，况且这种成功与真正的畅销期刊相比，也有限。所谓文学期刊的改版热，只是自己在发烧，市场依旧是清冷。

四 清新质朴的封面包装，凸显其个性

创刊初期，《人民文学》在封面和目录页后的首张内页上，刊登了毛泽东的坐姿照片，背面又是毛泽东专为《人民文学》创刊所写的题词手迹："希望有更多好作品出世"。刊名题字则是经毛泽东提议由郭沫若（时任全国文联主席）手书。全国文协主席、《人民文学》主编茅盾的《发刊词》置于内页的文字页首。

复刊后的《人民文学》封面使用毛泽东的手迹做刊名封面字，缘由袁、严、李、施四人联名致信张春桥，请张春桥上呈毛泽东批准，经张春桥的转呈，毛泽东批复"可以"两字。毛泽东的手迹出自 1962 年 4 月 27 日为发表"词六首"写给《人民文学》编辑部信中的"人民文学"四字。这个封面字一直沿用至今。

我们处在这样一个日新月异的信息社会，已经不是那种"酒香不怕巷子深"的年代，遵循与时俱进的潮流，现代版《人民文学》有自己独特的包装理念，由期刊的封面可见一斑。仅拿 2004 年 1 月份到 2005 年 12 月份这 24 期的封面来看，就有两种版式：2004 年 1—9 月的封面均为名人画像，2004 年 10 月—2005 年 12 月的封面被划分为左右两部分，底色分两种色调，左部每期分为红、绿等不同色调的纯色，面积占 2/5，右部的 3/5 为纯白色，在左右之间的中缝靠左竖排大写汉语拼音"RENMIN-WENXUE"字样，纯色下部为每期期号、主编姓名等。2005 年整个年度

各期底色都有所变化，当中排有彩色插页，这也是艺术与现实、文学与市场接轨相融的充分体现。如此淡化的色彩封面安排与我们这个繁花似锦的时代精神好像有所脱节，其实，这使得她在各类想尽办法浓妆艳抹的杂志期刊中更显其质朴可贵的稳重大方。

总的来说，《人民文学》的封面装饰在这个多元思维价值观并存的年代，以这种纯粹的色彩策划正是其主体在意识形态方面具有逆俗求雅追求的艺术诠释，也是一种很个性的体现。

五　创造拳头产品

《人民文学》主编韩作荣说，《人民文学》的拳头产品是中篇小说，每期发三部左右。中篇小说因其紧凑的、由因果关系和逻辑关系构成的美学整体所呈现的生活的丰富与驳杂以及人物、情节的引人入胜而拥有广大的读者。"一部好的作品，如同有生命的人一样，他（她）首先应当是健康的，体内没有致命的疾病和毒素。他（她）应当骨肉匀称，既不得肥胖症，也并非骨瘦如柴。至于他（她）最惹人喜爱处是眼睛、鼻子、嘴唇，还是秀发、纤指和胡须，那就是细节的魅力了。所谓血肉、风骨、性格、气度、格调，都由人而喻，所谓文学就是人学。"①

作为《人民文学》一个重要组成部分的诗歌，通过作为著名诗人的韩作荣，我们也可了解其诗歌策划的视角："在我看来，最好的诗，首先是对生活有敏感，对艺术有敏感。这是非常重要的。对生活有敏感，就是在好多人看似平常的东西，发现整个生活的真意，对事物透彻地理解之后，能看出别人看不出来的一些东西。对生活的深入理解和发现，这是最主要的。我刚搬新居时，常在家里做一些家务活。在做这些家务活中，我觉得有些事对我有启示。比如说在厨房里，我发现，对生命最重要的东西，在厨房里都成了垃圾。为什么这么说呢，比如说，你吃鸡，肉我们都要的，而骨头，按理说是最重要的，支撑生命最重要的骨骼（文章里都

---

① 《〈人民文学〉——心灵的深度》，《人性的高度》，http：//cn. qikan. com/gbqikan/view_
zhubianarticle. asp？id = 39。

说要讲风骨），我们往往扔了。再比如说葱（包括芹菜），根须对植物来说应该是最根本的东西，必须通过根须，才能源源不断地把养料输送到植物的各部位，才可以开花、结果、长得茂盛、长大。但这些东西只要到了厨房，就全变成了垃圾。我觉得一个诗人到底能不能真正称得上诗人，在某种程度上重要的一点是，就像海德格尔说的，'被熟悉所遮蔽的东西去蔽'，发现一些有哲理性的东西。我觉得这恐怕是比较难的。对微小的事物，及对心灵最敏感、最容易感动的东西的把握，这对诗人来说很重要。这也可以说是对生活的艺术深入的理解和发现。"①

以上谈的是小说、诗歌方面的品牌策划，下面我们看一下其面对市场对自己理念的强化、维护和创新，也可说发行方面的品牌策划。

《人民文学》作为新中国第一份全国性文学期刊，因为其深厚的文化传统多年来被看作是"纯文学的圣殿"。在守护文学的理想和顺应市场的要求这两方面，《人民文学》为做到协调统一，面对市场，首先是保持刊物恒定的水准，力求发表那些当下最好的文学精品，以取得作家和广大的文学爱好者的信赖，简言之，就是以质量求生存和发展。改变编辑和发行"两张皮"的状态，加强沟通，及时反馈读者信息及市场信息，作为遴选作品的参考。要求所编发的作品在不失水准的前提下，好看、耐读，有强大的吸引力和心理穿透力。

茅台酒厂以协办方式与《人民文学》长期合作，与企业联姻为那些因失去了政府拨款陷入资金危机的期刊在市场出路的探索上提供了一个可行的模式。这是两个品牌的强强联合，是创造力对创造力的相互肯定，是物质与精神最精华部分的交融。"茅台杯"人民文学奖是《人民文学》的年度奖，即评出每年在《人民文学》所发表的优秀作品——三部长篇小说、两部中篇小说、两组诗、两篇散文。获奖者九位，作品体裁比例偶尔有小的调整。茅台集团对发表于《人民文学》的优秀作品予以物质奖励。另一个特点是，评委由三位作家、三位批评家、三位读者组成，以无记名投票方式决定作品的取舍，人民文学杂志社的同志不发表任何意见，以体

---

① 《〈人民文学〉——心灵的深度》，《人性的高度》，http：//cn. qikan. com/gbqikan/view_ zhubianarticle. asp? id＝39。

现评奖的公正性。

☞案例评析

正如《人民文学》副主编肖复兴在《〈人民文学〉和青年》一文中所说，《人民文学》是爱好文学的年轻人的圣经。虽然现在文学边缘化，爱好文学的人，已经没有爱好汽车或网络游戏的人多了。不过，也许这正是诸神归位之后的正常现象，文学和爱好文学的年轻人都已经气定神闲，是鬼归坟，是神归庙，都回到了一种理性的正常位置上。

作为以纸质媒介与大众沟通的《人民文学》，在一个普通读者的眼中，她的作品格调有些太过沉重，缺乏活泼、轻松的气氛，所以有时看过之后不免会有压抑之感。作为同是文学期刊的《百花洲》就让人读时有一种如冬日午后沐浴阳光的恬淡和舒适的感觉。

尽管《人民文学》不是太完美，但是在新中国的文学史上，几乎还没有一家杂志可以赶得上《人民文学》，她和青年有着非常密切的关系，成为印在青春岁月里的足迹，和文学联系在一起，更和生命联系在一起。

《人民文学》所承载的历史使命是一种文化承担，是呈现中国当代文学神奇、美丽、丰富的创造力的责任。她将通过不同形式与丰厚内涵的作品，最大限度地满足广大人民群众日益增长的精神需求，轻松舞动于现实与艺术之间，使我们的心灵更多一个舒适栖息的家园。

《人民文学》其独特的历史和文学地位，正如吴俊先生所言："在中国当代文学（共和国文学）的历史上，无论从哪方面来看，创刊迄今的《人民文学》无疑都堪称最为重要、最为突出，也最具权威性和代表性的文学刊物。"① 正如首任主编茅盾先生在《发刊词》中所言："通过各种文学形式，反映新中国的成长，创造富有思想内容和艺术价值、为人民大众喜闻乐见的人民文学。"②

---

① 吴俊：《〈人民文学〉的创刊和复刊》，《南方文坛》2004 年第 6 期。
② 同上。

参考文献

［1］韩作荣:《答龙源期刊网记者问》,《人民文学》2005 年第 10 期。

［2］吴俊:《〈人民文学〉的创刊和复刊》,《南方文坛》2004 年第 6 期。

［3］龙源期刊网主编访谈,http://edu. qikan. com/gbqikan, 2006 - 09 - 06。

［4］人民文学网站:http://www. eduww. com。

［5］中国作家网:http://www. chinawriter. com. cn。

新锐飞扬

期刊策划著名案例

《散文选刊》

——在尴尬中突围

李泽厚于 1994 年在《与刘再复的对谈》中说："现代社会的特点恰恰是没有也不需要主角或英雄，这个时代正是黑格尔所说的散文时代。所谓散文时代，就是平平淡淡过日子，平凡而琐碎地解决日常生活中的现实问题。"现代社会是散文的社会，同时散文的创作也进入了一个非常繁盛的时代。时代为散文的发展提供了一个非常好的机遇。但是纯文学类刊物市场的整体并不景气，文学类刊物的发行量也普遍下滑，生存每况愈下，这都造成了《散文选刊》尴尬的

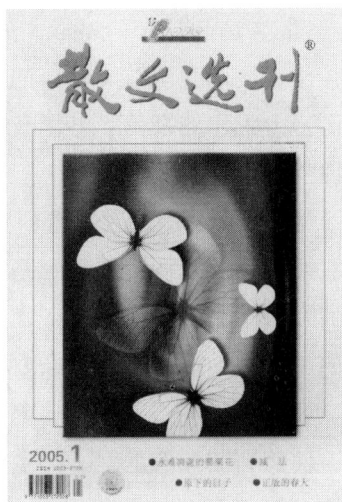

《散文选刊》杂志封面

发展环境。在这尴尬的环境中，《散文选刊》依靠自身发展成功突围，2004 年入围中国期刊方阵，并且获得双效（经济效益和社会效益）奖，在散文界产生了很大的影响。

☞案例介绍

一　创刊于时势，平稳中过渡

《散文选刊》创刊于 1984 年 10 月，刚从"文化大革命"伤痛中解脱出来的 20 世纪 80 年代是文学热潮的年代。那时，无数的青年人

狂热地做着文学梦，在文学作品中抒发自己的情感。《散文选刊》的创刊恰逢文学盛世，该刊一经推出，就受到了读者的喜爱，1985年该刊的订数已经达8.5万。该刊隶属于河南省文联，原属《奔流》杂志创办，后单独设置，脱离《奔流》，成为独立发展的刊物。历任主编有丁琳、卞卡、王剑冰。该刊是国内创刊较早的专门选发全国报刊散文精品的文学期刊。近二十年间，推出了数百位文学新人，在散文界享有盛誉。2004年是《散文选刊》创刊二十周年，余秋雨、贾平凹等题词表示祝贺。

《散文选刊》是一本散文选粹杂志，主要撷取散见于全国报刊的散文佳作，展示我国散文创作的最新成就。该刊坚持打造精品，为散文事业而努力工作的宗旨。其读者定位是大中学师生以及散文爱好者，面向国内外及港澳台地区发行。

从创刊以来，《散文选刊》就坚持鲜明的办刊特色，编著质量达到国家要求，不发伪劣广告。坚持面向读者，提高刊物质量，走散文纯文学的发展之路。虽然它在散文选择方面做到兼容并蓄，但是始终坚持散文的纯文学地位，不同于杂耍类综合类的杂志。在该刊二十多年的发展中，一直走平稳发展之路。1998年，《散文选刊》有了一次较大的变革，使该刊的发展走上了一个新的台阶：

（1）办刊思路逐渐开阔。该刊的办刊眼光越来越开阔，该刊的读者市场已经扩大到中国香港和中国台湾地区。针对高中学生，该刊还创办了子刊《火花》。

（2）团结的作家越来越多。通过该刊举办的活动，频频与知名的作家联系，与他们建立了良好的合作关系。

（3）作品内容向更广更深度挖掘。作品注重生活性和群众性，如《亲情依依》等乡土作品，贴近群众，贴近生活，受到了读者的喜爱。作品的跨度横向拓宽，更注重所选作品的思想性、历史感。所收纳的具有厚重历史的大散文，给读者以美的艺术享受。

（4）作品的形式多样，写作手法上灵活。该刊的《新锐散文》栏目中发表了类似杂文的散文，此外还有散文诗及带小说性质的散文。该刊欢迎大散文的同时也推崇女性散文和抒情散文。

《散文选刊》主编王剑冰告诉笔者，《散文选刊》在接下来的几期中将有大的举措，主要表现在：每期都有一个侧重点，每期都突出有分量的作品。比如，第一期刊出名家新作、名家近作，第二期散文排行榜，第三期女作家、散文特辑，第四期新锐散文。主要是通过对读者的视觉冲击，来突出本期的重点。

该刊创刊时，并没有清晰的读者定位，直到1988年第四期封面开始出现"散文爱好者的知音，大中学师生的益友"，读者定位才真正确立，并一直以此为服务对象。2005年，该刊提出"一刊在手，遍览散文精品"，并以此为奋斗目标，努力不止。

二　汇集八面来风，尽显选者风范

"信息爆炸时代带来大量信息的堆积，文摘类期刊便承担了梳理信息重任，通过整理、筛选、整合等手段，为读者提供信息含量高、凝聚的文章，这是文摘类期刊被看好的原因。"①

《散文选刊》创刊二十年，坚持走纯文学文摘期刊的发展道路，并且取得了很大的成功，可以说是文学类文摘期刊发展的典型案例。

《散文选刊》从创刊开始走的是高品位纯文学之路。因此，在文章的"精"字上很下工夫，所选的文章都是全国文学期刊或报纸副刊中有代表性的文章，因此文章的可读性很强，散文大家的文章文化含量很重，描写亲情的文章感人至深，使人落泪，描写乡村生活的文章能引人想象，心中有无限亲切之感，对人物历史评点的文章扩大读者的知识面，精短美文给人以美的享受，因此受到了读者的喜爱。该刊每期没有固定的栏目，依照每期的文章内容进行调整，增加或减少栏目，每期有8—9个栏目。

《散文选刊》所选发文章的来源很广，所选文章的特点有：

（1）选择面很广。笔者统计了《散文选刊》1985年，1990年和2005年的杂志，发现该刊所选的文章涵盖了全国近百家的报纸和杂志，

---

① 来源：http://www.shsd.com.cn。

还包括中国香港、澳门和台湾地区的刊物。所选的文章不论地域，不分民族，只要是好的文章，都收入该刊。其中选自《散文》的 36 篇，《人民日报》的 30 篇，《羊城晚报》的 21 篇，《文汇报》的 20 篇，《人民文学》的 19 篇，《飞天》的 10 篇，《美文》的 13 篇，《海南日报》的 6 篇，《解放日报》的 8 篇。

除了上述主要的刊物之外，还有《西北军事文学》、《大西南文学》、《芳草网络文学选刊》、《回族文学》、《江南》、《天涯》等刊物以及各省市的党报和晚报。

（2）作者来源很广。被选的作者有知名的散文家，也有名不见经传的散文作者，体现了该刊的公正性。在该刊上有贾平凹、茹志鹃、王安忆、舒婷等大家大作，也有很多文学新秀，比如该刊刊发写作大赛中的获奖之作。

（3）题材风格多样化，不拘一格。该刊不拘泥于纯散文，发表了很多类似杂文的散文，如《新锐散文》栏目，还有散文和诗的结合体——散文诗。

（4）精美。几百字或千余字，一味华章尽知秋。该刊在"精"字上下了很大的工夫，该刊所选的很多文章都是经典之作。《散文选刊》选发的作品很多入选中学语文教材。1999 年第 2 期丁肇中的散文《应有格物致知精神》被选入初中三年级语文课本，王洪应的《冬季台北情》、史铁生的《我与地坛》等入选高中语文课本。

（5）不局限于"大面上"人所多见的报刊，而经常把选优的触角伸向许多人不易发现的角落，采撷到不少粲然的"藏珠"。很多好的作品都是在小的刊物上发现的，还有的是在网络上发掘的，如 2005 年感人至深的《我的疯子娘》就是从网络上选发的。

（6）该刊十分注意作品内容和题材之新，并将其置于优势地位加以考虑，避免和减少了散文作品极易出现的"熟"和"俗"。这一点，对加强作品的可读性，对刷新刊物的面貌是非常重要的一招，从一定意义上说，题材之新，角度之新的本身，就含有质量的意味。

"我们喜欢与时代同步的散文，因为这种散文与我们的生活紧密相连，我们能从中读到所需的信息，能感受到生命的质感和力量，在这种力量中，有和弦的音声，有不屈的奏鸣，也有痛苦的奋争。多彩的世界提供了多彩的愿望，也提供了多向性的思索。"① "非典"到来的时候，作家正常的写作或多或少地受到了干扰，但更多的作家走入了抗击"非典"的第一线。余秋雨写出了《何妨闭门读书》②，提示人们在半封闭状态下，抓时读书，积累知识。石英有《千年疫疬反思曲》③，借"非典"病毒的话题，古今纵横，左右警醒。毕淑敏更是直接，以自己设例，向疫情发出一个公民的慷慨宣言《假如我得了"非典"》④。《散文选刊》在"非典"的特殊时期选发了大家关于"非典"的文章。

在今天，很多人感觉科技的发展是把双刃剑。该刊瞅准时机，刊发了南帆的《准星上的生活》⑤，《移动的倾诉》⑥，写出了信息时代手机带给人的诸多方便、尴尬甚至危险。

《散文选刊》在创刊时，就具有放眼天下的目光，选发了很多国内外优秀散文，比如，C. 沃罗宁的《四季生活》，印度泰戈尔的《金色花》、《自由》，日本井上靖的《散文诗五首》，泽地久枝的《木屐声》，中国台湾叶维廉的《母亲，你是中国最根深的力量》，英国威廉·萨默赛特·毛姆的《脚印》，中国香港张诗剑的《友谊篇》，泰国作家散文选。这些文萃开阔了视野，以全球的眼光来审视散文的创作与发展。这对于打开散文创作者和爱好者的眼光，具有非常重要的作用。没有故步自封，始终在世界的多种声音中聆听，这样，《散文选刊》就永远具有新鲜感和时代同步感。

在与世界接轨的同时，也不忘国学。该刊还选编了很多古文精华，如《文笔秀逸　不拘格套——〈虎丘记〉赏析》和《神思深远　文才斐然——关于荀子的〈劝学篇〉》。这对于继承祖国优秀的文化遗产，陶冶青少年的情操，具有十分重要的意义。

---

① 王剑冰：《2003 年中国散文漫谈》，《河北日报》2004 年 3 月 26 日。
② 载《散文选刊》2003 年第 8 期。
③ 载《散文选刊》2003 年第 8 期。
④ 载《北京晨报》2003 年 5 月 4 日。
⑤ 载《海燕·都市美文》2003 年第 7 期。
⑥ 载《人民文学》2003 年第 1 期。

三 荟萃精华，举荐新人

《散文选刊》虽在河南，已是中国散文界的核心刊物，其在团结广大作家、推出文学新人方面有着举足轻重的地位，是一个立足中原把握散文方向的风向标。

《散文选刊》荟萃散文精华，尤其在散文的名家大作上，该刊不遗余力地推出好的作品。在介绍作品的时候，把散文大家介绍给读者，使读者对他们有更清晰的认识。在《散文百家剪影》中，推出很多散文大家，如《一朵美丽的野菊——郭风剪影》、《挚情的文章挚情的人——记赵丽宏》、《海边留下拾贝长者的足迹——秦牧剪影》、《报春沥血啼未休——峻青》、《多情应笑我——作家白桦印象》等。这一举措，拉近了作家与读者之间的距离。《散文选刊》一直与散文大家保持着紧密的联系，时刻关注大家的最新的大作，如季羡林、余秋雨、贾平凹、冯骥才、史铁生、卞毓方、李存葆、周涛、雷达、詹克明等。该刊还抢先发表贾平凹的原作，争取在第一时间内将最好的作品奉献给读者。

该刊在荟萃精华的同时，更注重对文学新秀的培养：

（一）《散文选刊》从创刊开始就注重培养青年作家

它首创"特辑"形式，每期选登一位作者数篇作品，配发论析细微、文风清新的评论，连同作家剪影、创作谈、小传和照片一起隆重推出，人们谓之"集束手榴弹"，确实造成"爆炸"的效应，推出了一大批中青年作家，如刘再复、王英琦、梅洁、庞俭克、吕锦华等。

（二）2000 年《散文选刊》开始与其他单位联手举办全国大、中学生散文大赛

这是散文刊物第一次的合作。同行间的联手，势必有利于散文事业发展。《散文选刊》与其他报社、企业合作举办散文比赛，在这些活动中发现散文新秀，注重对原创散文的挖掘，而且鼓励在其刊物上刊发优

秀的散文原创精品，这些举动激发了文学爱好者对散文的热爱，掀起散文创作的高潮：

1. 为推举文学新人，展示新世纪最年轻的散文作家阵容，由《散文选刊》、《散文天地》、《中华散文》、《散文·海外版》、《美文》、《散文百家》等联合开展的中国校园散文大奖赛于 2000 年 9 月 1 日开始，全国散文刊物首次联手，给文坛带来了新的生机。

2. 《散文选刊》杂志社、济宁医学院附属医院与济宁日报社携手主办 2002 年"附院杯"全国散文征文。

3. 2003 年 10 月《散文选刊》杂志社、菏泽日报社联合举办第二届"牡丹杯"全国散文大奖赛。

4. 2003 年 12 月 8—11 日，《散文选刊》杂志社、北京古风文化艺术研究所、华夏作家网、贵州文学院等单位联合举办首届"古风杯"华夏散文大奖赛。

5. 2004 年，《散文选刊》和济宁日报社、山东鲁宝集团联合举办"鲁宝杯"全国校园散文大奖赛。

（三）推出散文经典文集，对青年散文写作者有很大的借鉴和指导意义

《散文选刊》推出十七年精选本四卷，并举行了为期一年的由专家读者共同推选"百年百篇"经典散文的活动。2000 年"年度散文佳作选"结集出版，得到广大文学爱好者的喜爱。《散文选刊》主编的《百年百篇经典散文》，受到广大散文爱好者的欢迎。由王剑冰主编、漓江出版社出版的《2001 年度优秀散文》，一经上市，好评如潮。

（四）探讨散文写作理论

2000 年《散文选刊》每期开辟的《本期话题》，吸引众多散文作家、评论家发言，探讨一些较为敏感的话题，如《行动散文，何为行动》、《散文是否可以虚构》、《拿什么样的散文教学生》、《游记散文如何写》、《网络文学写作》等，这为散文发展提供了理论依据。该刊还刊发了大家关于散文理论的文章，设了《散文论坛》栏目，推出大家

在尴尬中突围

的散文理论之作。如贾平凹的《对当前散文的看法》、罗大冈的《散文与散步——关于散文艺术的几点感想》、刘成章的《我们也有三亩七分菜园》、王蒙的《风格散文》、林斤澜的《散文闲话》等以及《散文要高奏时代的主旋律》、《怎样写好散文》、《散文的美》、《心中的灯火——写给青年朋友》等，这些作品在一定意义上给散文初学者和散文创作者以很好的指导。《散文选刊》主编王剑冰应邀到北京师范大学、解放军艺术学院讲学，大大激发了读者的文学热情，对于宣传《散文选刊》有着很大的帮助。

《散文选刊》的这些举措对于文学界的推陈出新，对于散文事业的发展有着很好的促进作用。

四 积极互动,打造交流平台

自 1998 年《散文选刊》全面改版以来，推出了一系列新举措，为发展和繁荣中国的散文事业做出了贡献。该刊的事迹主要体现在文学活动的交流和培养散文新秀方面：

（1）1998—2004 年，每年举办一届"中国当代散文创作研讨会"。

（2）1998—2004 年，每年推出一次"中国散文年度排行榜"。

（3）《散文选刊》主编王剑冰主编有《百年百篇经典散文》、《中国散文排行榜》、《中国最佳散文（年选）》、《中国精短美文 100 篇（年选）》、《百年百篇精短美文》、《中国新时期经典散文》、《中国最佳散文诗（年选）》、《鲁迅文学奖散文获奖者丛书（11 部）》、《中国当代散文排行榜（上、下卷）》等 42 部。为大力弘扬散文事业，扩大散文影响力作出了很大的贡献。

（4）积极参加同行举办的文学活动，2002 年参加第二届全国散文期刊联席会暨北海散文笔会。

（5）2002 年，该刊举办由读者推荐全国报刊上最满意的二十篇散文作品活动。

此外，该刊还加强与全国散文刊物《中华散文》、《美文》、《散文·海外版》、《随笔》、《都市美文》、《小品文选刊》、《中外读点》等的交流与合作，这些活动使该刊的办刊水平得到很大的提高。《散文选刊》在刊物中创办《中国散文信息快报》，作为与国内外主要散文刊物信息交流的平台，主要登载本刊物的活动及最近散文界的动态，这对于了解外界散文的发展情况，决定自身的发展方向有很好的参考作用。知己知彼，才能在散文刊物的竞争中处于有利地位。

五　成于营销，长于策划

《散文选刊》自筹资金，1984 年 10 月创刊，当年发行逾 5 万册，1988 年发行逾 9 万册，2000 年逾 8 万册。每年杂志的销售额为几十万元，获得良好的经济效益。该刊自创刊以来，推出高品位文学作品，既继承了中国文学的优良传统，又培养了散文新秀，在促进散文事业的发展上起到了很好的作用。尤其是青少年朋友，通过阅读《散文选刊》，给他们的思想、学习生活带来很大的帮助，使他们更深刻地懂得了亲情的弥足珍贵，对喜爱的作家有了更深刻的了解，对他们的语文作文有着很大的帮助。《散文选刊》2005 年开始，创办了针对中学生的《散文选刊·火花》，每月的下半月出版发行。这样，《散文选刊》可以每月推出两本杂志。《散文选刊》首次精心选编的 2001 年生活增刊自出版以来，发行势头看好，受到读者一致好评，其所选散文均为生活随感，具有时代特色，个人经历不同，感怀也不同，但都写出了内心的真情，读者反映，这是一个独具特色的生活散文选本。

《散文选刊》从 2005 年 6 月份开始着手加大发行力度：积极开辟第二渠道，多次与发行商进行商谈，并参加有关报刊发行方面的活动；走上街头参与省发行局主办的报刊发行宣传日；四次到新乡解决发行的遗留问题；深入到部分县级学校，同文学爱好者交流与座谈，借以宣传刊物。

☞案例评析

国内散文类的期刊很多，《散文选刊》能在报刊竞争激烈的市场上立稳脚跟，与其成功的策划是分不开的。

一 找准定位,找准读者群

《散文选刊》把自己的读者确定为大、中学生和散文爱好者，这是很有潜力的定位。《东方杂志》王瑛在2003年刊首语中说："一个民族、一个社会的人文环境的改善和提升，要关注青少年；一个人终身成就、人生价值的取得和实现，要关注自己的青少年时期。因为当一个人最质朴、最善良、最真诚的时候，恰恰是离那'通天梯'最近的时候，此时的人文启蒙，此时确立的终极关怀，只要是真正的纯粹和彻底，就几乎可使之直达'通天梯'下，从而开始那永不回头、永不停歇的艰难跋涉直至辉煌的顶峰。"

因此，《散文选刊》在一定意义上有为青少年塑造人生观的重任。它的这一定位有利于培养自己固定读者群和潜在的受众。

二 细分读者群,实现窄播

针对中学生，该刊推出《火花》，创刊号发行量为6万册，从中我们可以看出细分读者群的优势。《中国书报刊博览》杂志在2001年10月20日至11月20日举办了2001年全国公众最喜爱的期刊品牌有奖调查活动。此次调查表明，最爱买期刊的人以年轻人（21—40岁）居多，占了75%。《散文选刊》将定位对准了青少年，并且在受众群中进一步细分读者，可以说该刊找到了一条成功之路。

三 期刊的内容

《散文选刊》十分注重自己的内容，它的文章注重时尚性。选文的时间上，《散文选刊》的文章都是在最近一年的报刊上选摘，选文的内容紧跟社会热点。诚如该刊主编王剑冰所说，"我们喜欢与时代同步的文章"①。在新新人类作家辈出时期，选编一组新锐散文，专门刊发他们的作品。在"非典"时期，编发关于"非典"的文章。保持内容的新鲜就是保证文摘的新鲜性，这样的杂志才会有永久的生命力。在选稿件时注重人性的因素，对摘选稿件的把握及所摘选文章对人们心情和行为的影响力，"只有人性的东西才可以征服人心"②。

《散文选刊》所选的文章透着人文关怀，尤其是她的《亲情依依》、《人间纪实》、《人生感悟》、《文化随笔》、《关爱自然》等栏目的文章很富有人情味。《散文选刊》走的是纯文学文摘之路，她的商业广告很少，只能依靠发行量生存，因此该刊十分注意自身的建设，在"精"字上寻找出路，在创新中寻找发展：

（1）定位定中有变。本来定位是为大中学师生以及散文爱好者。但是在散文爱好者的集中者中学生中专办了《火花》，这样就顺利地实现了窄播。

（2）鼓励原创。内容上该刊摆脱了单纯选文章的固定模式，灵活地在刊物中刊发原作，争取在第一时间将精品推向社会。在选刊中编发精品的原创，保持了刊物的新鲜度和时效性。

（3）每期开始选登一个地方流派的文章。这样集中地介绍地方流派，让读者对该流派有具体的了解，这对推出作家群，增加读者的文学知识，丰富文学园地有着非常好的作用。

---

① 王剑冰：《2003 年中国散文漫谈》，《河北日报》2004 年 3 月 26 日。
② 《文摘类期刊：找准定位细分市场》，http://www.wujix.com/thesis/35260_ 2.html。

《小小说选刊》

——方寸天地,海纳百川

《小小说选刊》封面

1985 年前,《百花园》杂志,仿佛受到天启一般,试办了一期"小小说专号",刊登孟伟哉、赵大年、汪曾祺、林斤澜等人的 40 余篇小小说,不想这期杂志迅即销售一空。从此,《百花园》开始有意识地经营起小小说来,坚持把小小说的牌打下去。在纯文学期刊的发行量一再滑坡、甚至难以为继的严峻形势下,《小小说选刊》的发行量居然达到几十万份,取得了巨大成功。在方寸之地,海纳百川。业内人士将此称为"百花园奇迹"。

☞案例介绍

一 《小小说选刊》的定位:平民品质

《小小说选刊》于 1985 年 1 月创刊,由郑州市文联主办。它代表了文学期刊的品位,不仅体现着编者的文化追求,也体现编者的价值取向和社会责任感。《小小说选刊》的定位是"精品意识,读者知音,作家摇篮",每期汇聚海内外最新最优秀的小小说,坚持为人民群众提供既有精英文化品质,又有大众文化市场的雅俗共赏的精神食粮,让读者一册在手,尽览人生百态、社会万象。小小说提出的口号是:平民艺术。这个口号把艺术文学还原到民间,打破了它高高在上的神话,吸引了无数在文学大门之外徘徊的人，把他们转化为两部分紧紧围绕在自己身边的力量：一部分成为文学作者，一部分则是为提高自己文学修养的读者。《小小说选刊》既不高大也不豪华，甚至是很小、很薄，完全是一种"平民"的感觉。然而细品之后不难发现，它是另一种精工细作的产品，它的"精"，在于处处精心于贴近读者，实用、精致、悦目、经济是其风格追求。巧妙地运用"平平淡淡才是真"的朴素哲理，以一份"平民意识"，以一种平常的心态、平实的手法，在增强精品意识的同时，更强调平民意识。那么，何为平民意识？根据《现代汉语词典》的解释，平民泛指"普通的人民"，在新闻传播中的"平民意识"是指将新闻报道的着眼点和立足点放在普通老百姓的身上，以主要的篇幅和时间，运用现代传媒的各种手段，充分、及时地报道普通老百姓的工作、学习、生活及其喜怒哀乐。在文学期刊中的"平民意识"即指作者在文学创作中把更多的着眼点和立足点放在普通的老百姓身上。这里必须把握两层内涵：一是发表的文章内容应以平民内容为主；二是应当着力反映平民百姓的生活，描写他们的喜怒哀乐。

从传播角度说，媒体的传播内容只有受众接受并认可，百姓关注并欢迎，传播过程才算完成。而要实现这一过程，就必须要求我们多将视点对准平民百姓，关注他们的生活，关注他们的生存状态和生存环境，体现应有的人文关怀。在实际工作中，应深入到百姓生活和社会生活的最底层中去，体验平民生活，倾听百姓呼声，反映群众疾苦，敢于触及老百姓特别关心的热点和难点问题进行深入的报道。事实证明，只有把笔触更多地对准普通人的生活，对准百姓的苦乐冷暖，才能使文章与读者的关系更为密切。《小小说选刊》就是平民文学、民间文学，它把笔触对准了平民百姓的喜怒哀乐和油盐酱醋，从小处着眼，却展示出另一番风情，让读者看了又看，回味无穷。平民品格是作为一种精神体现在整本期刊中的，如栏目的设置与安排、内容的选择、写作的语气等都是立足于平民，让平民百姓爱读。在"读者星空"栏目中，留下了读者的人生感悟。在把读者定位为平民百姓以后，《小小说选刊》开始对平民的物质生活、精神生活等进行了全方位、多层次的把握。而这也是文学大众化的要求之一。在平民小说那里，这主要表现为对平民的日常生活的描写，并直指生存层面的日常生活。

　　不能否认，在经济文化转型的当代中国，具有平民化倾向的小说在某种意义上是商业社会的一个"卖点"，是经济得以拓展的一个手段，但也应该认识到它也是文学适应市场、贴近现实生活、获取丰富的营养、赢得更多读者的重要途径之一。对于当代中国文学来说，它具备的意义是不可忽略的。一是它使受众对文学的功能有了新的认识。过去，我们曾使文学负载着过多的诸如政治斗争等的功能。后来，又走向只重审美和娱乐的另一种极端。它的出现，使我们清醒，文学只要贴近现实，关注现实，对当前受众期待解决的热点难点问题做出独特的艺术描绘和剖析，哪怕并未找到解决之法，也能引起受众的强烈共鸣。文学是国民精神的灯火，不管创造者身处怎样一种充满矛盾与困惑的情境中，都肩负着给更多人以希望的责任。二是这些小小说的出现，似乎昭示了一种令人鼓舞的趋向，当代小小说创作正在走向对自身的艺术回归。文学能动的反映生活要义的本质在这里得到越来越充分的体现。这些小小说及其作者以其反贵族的世俗化倾向——亦即回归大众化的整体形象，完成了从先锋到大众、从个人到社会、从调侃到关怀、从文本到内容的逆转与重归，其对生活本质的开掘与对文学本质的展示，有着重大的警示意义。三是这些作品浸透骨髓的现代意识，给无奈、焦虑、尴尬、黑色幽默等找到了恰当的表现形式，为表达中国式的当代感找到了一条独特的路子。表面上简洁质朴的白描手法和不动声色，掩盖了内里的忧虑与无奈，这是从百姓的平常生活中发现并提炼出的地道中国人的当代意识，他们在对平常生活及生活于其中的人们的生存困境作近乎自然主义的描摹时，仍未失却人类向上、向善、向美的理想之光的烛照，无奈中并不让人绝望。当然，我们仍应该看到，作为世纪末的文学创作的一种新动向，平民化文学创作还不成熟，这种不成熟主要表现在创作总体的浮躁化、肤浅化、表面化、思想穿透力差，文学批判性弱。这些都是需要继续努力不断弥补和完善的。

二 《小小说选刊》的封面设计

　　作品的视觉形象，往往比语言文字更能诱导读者的冲动与遐想。美术设计应当是作品的文化与内涵在艺术上的巧妙概括，同时也是设计者和出版者本身向读者传递自己人格品位的重要手段之一。社会进步要求我们的设计者和出版商，肩负起文化传播者应有的社会责任，用健康向上的价值观念、高雅清新的审美情趣去引导读者，尤其是青少年读者。《小小说选刊》作为大众文化市场的精神食粮，在美术编辑方面表现得尤为别具一格。高雅优美的设计，源自于设计者的高尚人格和美学素养。设计者在设计封面的同时也在塑造着自己。高品位、高格调应该是设计者们的共同追求。

设计者除对必须标注的信息要素（如刊名、刊号、卷期号、责任者的文字、符号等）在规范许可范围内进行艺术加工外，还需根据文学期刊的特点和读者定位，确立文学期刊的设计思想、主题和风格，凭借平面美术设计的思维能力和综合运用平面构图技巧的高超技能以及对整体宏观的把握能力，寻找最具有表现力和个性化的设计元素、构图方式和色彩基调，去表达、构创风格独特的封面图形，力求用简洁、抽象但寓意深刻丰富的构图和画面凸显主题，创建风格独特的全新的文学期刊的外部艺术形象。具体而言，《小小说选刊》封面的个性化体现了设计主体的设计风格和时代的审美取向。设计者从中无不表现出超凡的设计禀赋和鲜明的设计风格，他们或醉心于对民族传统艺术形式的吸纳、融合与演绎，或谙熟于对抽象元素构成关系的构建和独特形式感的把握，或追求简约明快，或崇尚典雅别致。例如，2004 年第 5 期的封面选择的是一个来自陕西省宝鸡市的香荷包刺绣，它外形是一个带有吉祥符号的绿色青蛙，并缀着几种小动物的布艺，做工十分精巧。又如 2004 年第 9 期的封面是一个西部布堆画，简洁的色块组合构成了人物的优美曲线。还有不少封面运用现代时尚元素表现出的深刻寓意令人回味长久。

从艺术表现上来说，封面设计不仅仅在于它具有某种可以瞬间吸引读者的形式，更在于它能创造出一种可以令读者长久思索的意境，亦即赋予它深刻的感染力，这正是优秀封面设计所拥有的可读性和可观赏性。体现封面设计要有各种不同的视觉效果，如不同材料与质地的运用以及新技术处理后所形成的视觉效果等就远远比过去的更加丰富。设计者应该充分认识并恰当利用这一点，使期刊的外观造型设计具备强烈的视觉吸引力，根

《小小说选刊》

方寸天地，海纳百川

据读者求新、求奇、求变的心理，采用多种形式创新，增强消费者的购买欲。

形式与内容相统一是要求封面设计不能孤立存在，设计中的一切图案、文字、色彩等都要为了整体的内容，如果形式不顾及内容，把一些很美的因素强行结合起来，这时的美也失去了它的本来意义。因此，《小小说选刊》的封面设计首先是加深对自己所要装帧对象的内容、性质、特点和读者对象等做出的正确判断，对封面设计的形式拟出方案，解决开本的大小、精装及平装、用纸和印刷等问题。其次是在既定的开本、材料和印刷工艺条件下，通过想象，调动自己的设计才能，并使其艺术上的美学追求与刊物内涵相呼应，达到对刊物理解与艺术表现在创作中的充分和谐一致。以丰富的表现手法、丰富的表现内容，使视觉思维的直观认识（视觉生理）与视觉思维的推理认识（视觉心理）获得高度统一，以满足人们知识的、想象的、审美的多方面要求。通过封面、卷首页、目录，层层递进，曲径通幽，逐步引向深入，步步接近正文。这种由外入内不断行进的过程，就是封面设计与刊物内容的完美统一。

封面设计的纷繁多样是吸引读者的关键，《小小说选刊》正以它地域和文化背景的不同，展示着自己的侧重点和想法，注重色彩的搭配，用抽象的图形和个性的色彩来表达书中内容。毫无疑问，好的封面设计都有好的形式美表现，《小小说选刊》的封面设计与内容表述有着高度完美的结合。

三 《小小说选刊》的插图设计

《小小说选刊》的插图设计，既具有绘画、摄影的一般规律及要素，如构思、构图、造型、色彩、基本情调、画面效果，又具有其特殊规律即个性。优秀的插图可以独立成为艺术作品，但是一般绘画、照片不能代替插图。插图毕竟是图与文、图形与商业设计紧密配合的一种艺术，它和一般绘画、照片的区别简言之就在一"插"字上，因为要符合插的要求，必须吻合插的内容，这就决定了插图的从属性。而《小小说选刊》的插图在忠实体现原作品精神内涵的基础上创作而成。一套好的插图必然能提高整部文学作品的艺术感染力，帮助和拓展读者的思维空间。小说、散文、诗歌等是用文字语言作为表现手段，而插图则是用造型语言作为表现手段，它们有各自的魅力，给予读者的感受是不同的。

插图的表现方法是多种多样的，绘画能分多少类，插图也可分多少类，如中国画、油画、水彩、水粉、版画、漫画、装饰画、逼真画、卡通画、电脑绘画、素描、线描，除此还有摄影、剪纸，等等。插图根据不同的内容给予相应的表现形式，以求主题突出、形象清晰、构图新颖和强烈的视觉冲击力。《小小说选刊》中的插图具体包括以下几种：

（一）情节插图

情节插图一般指人物造型，通过文学中的特定情节环境表现出来。一幅好的插图往往是抓住文学作品的高潮部分加以表达，它是特定内容的补充与表白或者深层次的揭示，常常起到画龙点睛的作用或让人进入豁然开朗的境界。有时还是一定结局场面的表现以及耐人寻味的关键所在。

（二）肖像插图

肖像插图占很重要的位置，它能帮助读者更具体地欣赏理解人物性格和形象特征。小小说作品中人物心理状态常常不是单一的，严肃中有喜悦，喜悦中也可能包含着悲伤。这种复杂的心理状态，没有艺术家强烈的情感和生活体验是表达不出来的；同时还需要高超的表现能力和较深的艺术造诣去准确地把握形象。肖像插图对人物表情、神态细节的刻画要求很高。任何艺术总是以情动人的，作为插图同样是一种具有强烈个性和感情色彩的精神劳动。所以说插图在体现原著精神内涵的基础上，更重要的是与作者的文学作品需要通过一个阅读的过程才能与读者融合，并加以锤炼成艺术形象，如果仅仅是文字的直译，不理解作品的精神，那么所描绘的人物形象，就不能瞬间被读者接受和进行评价。读者可以在阅读文学作品中参看或者先看插图后读文章，也可以读完文章后再来品味插图。

（三）装饰性插图

装饰性插图是根据画面的需求来品味插图。优秀的装饰性插图耐人寻味，成为文学作品与读者之间沟通的桥梁，它将形象、色彩、构图进行主观表现，可把不同的场面、情景、时空组合在一个画面上。其表现形式是艺术家把文学作品精神内涵进行艺术加工，从生活中提炼出来，并加以变化、夸张赋予程式化，强调对称、均衡、分割、虚实等规律，将自然物象转换成主观理解的物象，从中抽取自然物象的特征，再将其有机地组合起来。《小小说选刊》的装饰性插图以其自身的属性规律及独特的艺术魅力博得了广大读者的喜爱。

（四）景物性插图

景物性插图不出现人物，以特定的场面、环境及道具的描写为主要特征。这种插图带给人一种静态的美感，让人有身临其境、融会于情景中的感受。同时也给读者留下了极大的想象空间。《小小说选刊》的景物性插图的巧妙应用，以其独特的艺术魅力唤起读者的共鸣，拓展读者的想象空间。在景、物、道具中体会原文学作品的精神内容，以含蓄、简洁的艺术特点感染着读者。

四　《小小说选刊》的营销策划

《小小说选刊》在明确的定位以后，围绕其"平民艺术"的定位和办刊宗旨，策划开展一系列的营销活动，扩大了其发行量和影响力。

（一）全力搞好多种活动

这些年来，座谈会、研讨会轮番上阵，把作者和作品推举出台，热心得像一个尽心尽力做好分内工作的官方的文学培养基地。这些会议召开的时间都是经过精心选择的，譬如每年十月，全国发行高潮到来前的一段时间。这时的研讨会和座谈会一箭双雕，既提高了作品、温暖了作者，也通过研讨会的消息以及参加会议的人员间接地、让人亲切地得到有关他们刊物的发行消息。他们还常用征文的方式来吸引较多的参与者，一方面从中发掘新人，一方面借此扩大影响。

（二）科学地设置栏目

《小小说选刊》的许多版面都是直接面向最宝贵的普通读者和作者的。计有：小小说风景线、读者长廊等。这些栏目是开放式的，读者和作者参与性强。正是这样的窗口，为小小说打上了"小小说是所有小小说人的小小说"的印记，使每一个人都觉得小小说和自己有关，愿意为小小说讲哪怕是偏颇的一言。众人拾柴火焰高，现在，小小说事业家们的许多新点子的火花，最初就有可能是在这里被擦亮的。不断更新调整刊物栏目。除一些名牌栏目是固定的之外，许多栏目都与时俱进，像"都市之光"、"小小说演习"等，从不同角度满足读者。

☞案例评析

小小说的轨迹大致是：发展、壮大、兴盛。小小说作为一种现象的出现，是与培育分不开的。即使是在发现存在着小小说这样一支阅读群体之后，培育，对编辑家、经营者来说，也是重要的。没有培育，也可能会与时代擦肩而过。

多年来，以郑州为中心的小小说事业家们集编辑、经营、策划、师者为一身。《小小说选刊》直线上升的发行量与他们逐步成熟起来的"培育"观念与培育手法是分不开的。这种培育可以用最简单的话概括为：站稳阵地，培育队伍。阵地与队伍是相辅相成的关系，二者相互倚重，互为"衣食父母"。阵地稳了，才能有队伍；队伍大了，阵地才能更稳。实践证明，这种培育是成功的，特别是在加入世界贸易组织的背景下，这种培育的意义显得尤其突出。

到目前为止，小小说队伍已经形成了四大支柱力量：

1. 编者。这是小小说的总控制中心和枢纽。这部分力量负担着小小说的整体运作的各种事宜，他们随时观察着这支队伍的种种细微变化，及时地制订出各种适合的对策。多年来，他们的工作可以概括为：亲民。围绕"平民艺术"的定位，从作者、读者、栏目设置等方面体现其亲民姿态。

2. 作者。虽然在这里，作家的光环依然是闪着光芒的，但是，这些作家们却深切地体会到，在小小说世界里，他们头上的光环不是永恒的。因为一旦某位作者成熟之后，他们就会看到，扶持之手已经转向了那些年轻人、新手。一些被捧红的人不久就在这里消失了，而另有一些作者却看到，这是一块充满竞争的领地，他们只有不断地奉献出新的作品来，才能在这个圈子里长盛不衰。这样，这个群体的激情和灵感不断得到强化，虽然一小部分人被淘汰出去了，但是，大部分人留了下来。他们在这里展示自己的身手。这些人成为小小说这种文体多年来艺术水平不断得到提高的基本力量。

3. 读者。他们则扮演了消费者的角色。这部分人是小小说事业的物质基础。消费者是上帝，这句话没错。可是，如果完全听命于消费者，生产势必要"追风"。在小小说世界，读者是与小小说一起前进的。一句话，在经过最初的试探之后，消费者不久慢慢地也进入了被培育的轨道。读者——也即消费者中，有相当数量同时是生产者，他们成为消费者潜在理由是他们想从小小说成品中找出生产的秘诀。还有相当一部分人是多年来的回头客。在"漫长"的培育过程中，这部分人的口味已经适应了小小说编著们所倡导的"小小说"。当然，这并不是全部，还有一些身份未明的人，但显然对浅近、亲切不反感的人，游离在这支队伍的边缘。对这些人，小小说靠的是自己的特色。

4. 理论家。这部分力量主要是具备研究能力的学者和热心人，其中，还有一些熟悉的身影来自于小小说事业家队伍。他们既要面向作者，又要面向读者。面向作者，他们要阐明小小说的基本理论，分析作品的得失；面向读者，他们则担负着普及小小说知识、引导阅读流向的任务。

目前，对小小说而言，最迫切的仍然是呼唤精品。看多了即会发现，小小说也存在危机，那就是作者如何提高艺术修养，加大思想深度，解决深入开掘的问题。在不失大众文化品性的前提下，多多创造出独异深刻甚至永恒的艺术珍品，正是读者寄予小小说的期望。

有人说，这不可替代的东西就是平民品质、民间情怀、大众趣味，就因为它抒发了为老百姓喜闻乐见的、普通人的善恶爱憎和传统的道德情愫。这话不一定很科学，却道出了相当的真实。

参考文献

［1］奚同发：《杂志衍生出的热销书——访〈百花园〉杂志社总编辑杨晓敏》，《三门峡日报》2002年10月22日。

［2］李建波：《小名称如何经营成大品牌——〈小小说选刊〉品牌经营策略透视》，《出版发行研究》2004年第6期。

［3］木全整理：《以精短的系列描绘时代画卷——访〈小小说选刊〉、〈百花园〉月刊主编杨晓敏》，《出版发行研究》2000年第11期。

［4］于宏卫：《书籍封面设计的审美特征》，《山东省青年管理干部学院学报》2005年第5期。

［5］陈华平：《个性化科技学术期刊封面的设计与审美特征》，《编辑学报》2005年第1期。

［6］沈晓丽：《浅论插图艺术的从属性》，《内蒙古师范大学学报》2003年第4期。

《小小说选刊》

方寸天地，海纳百川

《小说月报》

——"百花"齐放年代的奇葩

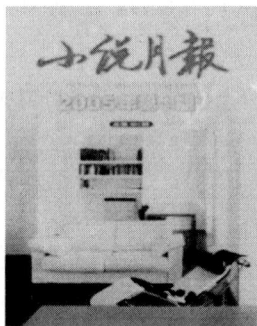

《小说月报》封面

由茅盾先生题写刊名的《小说月报》是中国创刊时间最早、发行量最大的文学选刊。《小说月报》以遴选中国当代优秀小说佳作为己任，以严肃文学为主题，却能够把发行量稳定地保持在 40 万册，成为我国文学期刊出版界一个独特的现象。由《小说月报》的一份刊物发展成为《小说月报·原创版》等 4 份刊物 5 种丛书的《小说月报》品牌系列，连续获得首届和第二届国家期刊奖和第三届国家期刊奖提名奖，无论是社会效益还是经济效益①，《小说月报》都创造了我国文学期刊出版界的一个令人惊讶的奇迹。那么，它是如何取得如此骄人成绩的？我们从以下几方面来进行分析。

☞案例介绍

一　定位策划

（一）办刊宗旨

坚持一切从读者出发，一切为了读者，读者是办刊人员心目中的

---

① 樊国安：《〈小说月报〉："三个意识"是制胜法宝》，《中国新闻出版报》2005 年 11 月 26 日。

"上帝"，这种强烈的读者意识贯穿在《小说月报》编辑部的全体人员之中。《小说月报》主编马津海说，坚持"二为"方针和"双百"方针，坚持"三贴近"原则，注重选发思想性、艺术性俱佳的文学作品，就是既要为读者服务，又要对读者负责，既要听取读者意见，又要引导读者，要使《小说月报》成为密切联系作家与读者的桥梁。① 为此，《小说月报》采取了三项举措：一是稿件的取舍必须考虑读者的需求，坚持雅俗共赏的取舍标准；刊物的版式必须符合读者的欣赏习惯，努力做到贴近时代、贴近读者、贴近生活。二是设立了由读者参与的《小说月报》"百花奖"——由读者投票决定中奖小说的篇目。"百花奖"评奖已经举办十届，实践证明，这种评选方法深受广大读者的拥护和欢迎。每届评奖都吸引了全国各省、市、自治区和香港、澳门特别行政区以及我国台湾地区和海外读者的积极参与，在这些热心读者中，既有工人、农民、干部、学生，也有科技界、金融界的研究人员；既有投身我国重点工程的建设者，也有守岛卫边的部队官兵。许多读者在投票时还给《小说月报》编辑部写了热情、中肯的书信，虽然有的仅有寥寥数语，但是其殷切之情、期望之意，已经跃然纸上——表明了广大读者对这种评奖方式的赞许。三是急读者所急。当中国盲文出版社派人到天津向《小说月报》反映广大盲人读者急于想看到这份刊物的愿望时，《小说月报》编辑部立即决定：不收任何版权转让费，把每期刊物的光盘无偿提供给中国盲文出版社，制作成盲文版，为广大盲人读者送去了宝贵的精神食粮。

《小说月报》还被国家有关部门作为唯一选中的文学期刊，连续多年送给世界各地的留学生；在新闻出版总署和中国期刊协会发起的"赠建全国百家期刊阅览室"活动中，《小说月报》作为入选刊物赠送给"天安门国旗班"、"南京路上好八连"、"雷锋班"等全国先进模范单位，《小说月报》真正深入到了广大读者之中。"一册在手，一览无余"，争取每期刊物都让读者爱不释手，以优秀的作品和雅俗共赏这一鲜明特色赢得读者。持续增长的发行量就是《小说月报》坚持一切为了读者的理念获得

---

① 赵敏：《〈小说月报〉：行读者之道》，http：//www.gmw.cn/content/2005 - 05 - 22/content_ 236035. htm。

成功的证明。

（二）读者定位

《小说月报》的覆盖范围非常广，公司职员、教授、公务员、律师、个体户……各行各业，各个阶层，几乎都有《小说月报》的忠实读者。特别值得骄傲的是，《小说月报》还覆盖了影视界，许多知名导演，都看中了《小说月报》强大的读者基础，因此，爱从《小说月报》中选取创作素材，石钟山的《父亲进城》、池莉的《来来往往》、铁凝的《永远有多远》、苏童的《妻妾成群》、池莉的《生活秀》、梁晓声的《今夜有暴风雪》、毕飞宇的《青衣》等，都是从《小说月报》走进了大众的视线，又走上了影视屏幕。

二　内容策划

（一）以大众口味为取舍标准

作为选刊，《小说月报》始终保持着自己的鲜明特色，即选得快、选得准、选得精和多样化。特别是注重选发贴近现实、紧扣时代脉搏、格调高昂、思想性和艺术性较强的作品，使刊物既厚重又丰富多彩，既满足广大读者的阅读欣赏需要又照顾到专家学者研究鉴赏之需。一本文学期刊，发行量如此之大，这在期刊界绝不多见。百花文艺出版社的《小说月报》是一个特例。它以引人入胜的精品小说及遴选者独到的眼光与智慧，使文学作品重回读者中间，创立了一个符合大众口味的文学期刊品牌。"跳出圈子，使文学作品重回读者中间"，这说来简单，做起来却并不容易。1980年《小说月报》创刊的时候，文学期刊已初步形成格局，一些期刊已被公认为高水准期刊，在圈子里颇有影响。在这种情况下，一本新的文学刊物想要迅速崛起，就必须独辟蹊径。《小说月报》创办者经过一番深思熟虑，决定跳出圈子，大行读者之道。正是这个具有战略意义的"决定"，推开了《小说月报》成功的大门。要行读者之道，就必须让读者看懂，让读者喜闻乐见。当然，要打造品牌，还需要使作品具有一定的思想深度，让读者掩卷沉思，深感意蕴无穷，不能是粗俗浅薄，为人不齿。百花文艺出版社社长薛炎文将上述遴选标准简述为六个字：有意思，有意义。正是这六个字，使《小说月报》在20世纪80年代末，各种"先锋"写作手法风行之日，依然追求朴实无华的创作理念；正是这六个字，使《小说月报》坚持"以文取文，不以人取文"，"坚持为读者选文，不为作者、编者选文"——每一篇小说都极具吸引力，又能深刻反映社会现实；同样是这六个字，使《小说月报》在文学被称为"文人之学"，近乎无人喝彩的时候，依然能成为作家和读者紧密联系的纽带。薛社长认为，《小说月报》之所以能始终如一地坚守遴选标准，在于编辑队伍的相对稳定，在于编辑心中深深的责任感。①

（二）加强与读者的互动

每年的春节前夕，《小说月报》编辑部的工作人员都要给来信的读者寄赠一份精心设计的贺年卡。贺年卡虽小，但是在读者中引起的反响却很大。一位读者说："我在半年前给你们写了封信，提了点建议，自己都忘了。没想到你们还记得我这个普通读者，真是一张贺年卡，情系读者心！"广大读者在写给《小说月报》编辑部的信中亲切地将其称为"自己的刊物"。

（三）增强创新意识，保持刊物活力

创新意识是一个刊物保持活力，在激烈的市场竞争中立于不败之地的灵魂。在"百花奖"的评选中设立了文学期刊编辑奖，这是对甘为作家做嫁衣的无名英雄——文学期刊编辑付出的劳动和心血的承认与尊重；于1980年1月创刊的《小说月报》，发行量最高时达到180万份。1984年开始设立"百花奖"，从第二年起每两年评选一届，因完全由读者评选，在读者及作家中具有广泛的影响。但直到1999年，百花文艺出版社才开始编写"小说月报百花奖获奖作品集"，并且一出就是1—9届。策划者王俊石的思路是，进入新世纪，需要对新时期的中短篇小说创作进行一个系

---

① 赵敏：《〈小说月报〉：行读者之道》，http：//www.gmw.cn/content/2005 – 05 – 22/content_ 236035. htm。

统的总结和回顾，同时给研究者和读者提供一些资料。正如作品集后所注：名家荟萃、小说大观、鉴赏研究、经典收藏，这也是他们编书的主旨。当时已有多家出版社出版年度精选本，但王俊石觉得《小说月报》有自己的特色和优势，即优中选优的品牌和完全反映读者审美观点的"百花奖"，社会认可度更高。当时第 8 届获奖作品刚刚评出，其中有很多被改编成影视作品，抓住这一契机，他们从第 8 届获奖作品编起，每一篇小说后都附有作者照片、简历及创作谈，每一位作者分别构成单元，给读者提供了足够多的信息。该书出版后一炮走红，发行 8 万册，获得"天津市畅销书奖"，随后推出的 1—9 届获奖作品集，反响也非常好。但王俊石觉得这些还不够，因为尚有很多入围作品受到获奖名额的限制。于是他从 2001 年开始又编写了 1—9 届"百花奖入围作品集"，加上 1—9 届获奖作品集，18 本书共 1000 多万字，囊括了新时期以来的优秀中短篇小说。后来，他又在 2003 年第 10 届和 2005 年第 11 届"百花奖"评出后，出版了两套精品集。《小说月报》品牌期刊出版资源的再开发，产生了良好的社会效益和经济效益。

三　品牌策划

（一）品牌建设是该刊的核心工作

《北京文学》杂志执行主编杨晓升说："我觉得现在能称得上'双效'的文学杂志非《小说月报》莫属。说它是文学品牌是因为从 1980 年创刊到现在，中国最重要的小说作品都被它选载过，它记录了新时期文学发展的轨迹。说它是市场品牌，是因为它卖得好。因为职业原因，我常去北京的报刊亭看一看，发现卖得最好的文学刊物就是《小说月报》，读者购买时一般不翻看目录，只要《小说月报》到了，就交钱拿刊走人，这就是它的市场品牌。《小说月报》的成功不是偶然的，靠的是大智慧，靠的是办刊理念的突破。《小说月报》创造了文学期刊的奇迹，值得认真研究。"① 为了打

---

① 樊国安：《〈小说月报〉："三个意识"是制胜法宝》，《中国新闻出版报》2005 年 11 月 26 日。

造《小说月报》的系列品牌，该刊编辑部采取了三项措施：一是加强与读者、编者和作者三方的沟通。为此，《小说月报》制定了每年召开一次作家笔会、一次编辑研讨会和坚持两年举办一次"百花奖"评奖的制度，这项制度对全面提升刊物的知名度和影响力、扩大品牌效应、坚持文学的正确导向、弘扬民族的优秀文化产生了非常积极的影响。二是在选用稿件时坚持以文取文的原则。《小说月报》编辑部选用稿件的标准是：坚持"可读性、思想性、文学性"并重的选文标准，重文不重人，重质不重名，在权衡每期入选作品时，注重选发贴近现实、时代感强、能及时反映广大群众"热点"和呼声、格调高昂有感染力、能够陶冶情操净化灵魂并能够鼓舞人奋发向上积极进取的作品。坚决杜绝"人情稿"、"关系稿"和"照顾稿"，刊物只对读者负责。这种公正的选稿原则不仅保证了真正优秀的文学作品得以转载，保证了文学新人有一个公平竞争的平台，而且使《小说月报》的声誉日益隆重，品牌效应大增。三是用品牌带动品牌。经过多年的精心打造，《小说月报》的品牌已经深入人心，百花文艺出版社决定在此基础上实施用老品牌带动新品牌的战略，将原来主办的另一份刊物《小说家》改成《小说月报·原创版》，结果一炮打响，这份新刊物依靠《小说月报》的品牌效应立即获得了成功——首期发行达到了3万份，第2期跃升到6万份，第3期飙升到9万份，如今已经达到了每期发行量15万份。一个文学新刊物在一年内获得这么大的发行量，堪称中国文坛的奇迹！随后，该刊编辑部又相继开发出了《小说月报增刊·长篇小说专号》等5种系列品牌丛书。《小说月报》的品牌系列刊物和丛书在2004年的总发行量达到了656万册，总发行码洋达到了5000万元，不仅成为百花文艺出版社一个重要的经济支柱，而且成为无可争议的中国文艺书刊出版的"单项冠军"。

（二）"百花奖"——《小说月报》品牌建设的重头戏

"百花奖"对《小说月报》的品牌建设起着至关重要的作用，它是《小说月报》的"宣传大使"，它提升了《小说月报》在读者心目中的地位，也加强了编者、作者与读者之间的交流。

由《小说月报》于1984年始创的"百花奖"评选活动，为每两年评选一次的全国性小说大奖。它是国内文坛唯一采用读者投票方式，并完全依照票数多少而产生获奖作品，也是国内唯一设立优秀责任编辑奖及读者奖的评选活动。

"百花奖"不仅是一家文学刊物在向获奖作家颁奖，而是我们的读者通过《小说月报》对作家们进行鼓励和鞭策。《小说月报》"百花奖"一直坚持读者参与投票评选的方式。这种方式证明，在小说和读者之间，是有理由、有空间、有必要搭建一座彼此沟通的桥梁的。《小说月报》主办的"百花奖"已经评选了十一届，这个活动的突出特点是根植于广大读者和作家中，因而具有广泛的影响，受到了全国众多作家、评论家、编辑、读者以及政府主管部门的关注。《小说月报》"百花奖"的评选旨在推荐名篇佳作，培养文学新人，弘扬先进文化，打造期刊品牌。实践中，"百花奖"的评选也扩大了《小说月报》的影响力。在文学期刊不景气的今天，《小说月报》的月发行量达到40万册，就是一个很好的证明。

"百花奖"不仅奖励作者，而且连带奖励原刊编辑。这无疑给文学工作者以很大的鼓励。"百花奖"代表了作家在读者心目中的地位，离开了读者，试问作家还有存在的必要吗？"百花奖"确实起到了纽带的作用，沟通了读者、作者和编辑。"百花奖"获奖作品为电影、电视剧提供了素材，同样，电影、电视剧也使得这些小说更加深入人心，提高了小说和作者的知名度，也提高了《小说月报》和"百花奖"的知名度，真是一举多得。在此，我们应该意识到《小说月报》之所以成功，是与这么多热爱小说，从事小说创作的人分不开的。当然我们也应该感谢"百花奖"，正是这一读者投票的评奖方式，让无数小说精品走入读者视野，也走向电影、电视屏幕，走向数亿百姓家庭。

《小说月报》的品牌树立与"百花奖"有着密切的联系。不论是名作家、电影、电视剧都让读者认识了《小说月报》，它的品牌效应也将像滚雪球似的，"越滚越大"。

☞案例评析

事物都是需要不断发展、创新的，停滞不前是没有出路的，《小说月报》只有不断适应读者需求，才能保持长盛不衰，从而适应市场竞争的规律，发行量才能居高不下。

（一）版式有待加强

20世纪70年代末80年代初，《小说选刊》、《十月》、《百花洲》等曾留给当时的人们或感伤或振奋的情感记忆。当时有较广泛社会影响的文学期刊就达50多家。而我国目前有近900家文学期刊，勉强可维持的不到100家，能赢利的也只有《小说月报》、《十月》、《当代》、《收获》、《小说选刊》等屈指可数的几家。这样尴尬局面的出现背后自有许多原因，但文学类杂志在版式设计方面的不足是其中的重要原因之一。这是因为，版式设计虽然是形式问题，但它是编辑思想的最后的总体体现，传递着隐性信息①，并且一旦完成就无法更正；同时它是杂志的"脸面"，给读者以直接的第一印象，务求美观，有风格而服务于阅读。因此版式设计的重要性不言而喻。《小说月报》的版式设计，也不免存在着一些问题。

《小说月报》的版式给人的印象是沉重严肃而有些过于呆板。虽然它风格上要求严肃深沉，不同于娱乐杂志，不媚俗时尚。但总体上的过于呆板沉闷则会影响读者阅读兴趣。16开的杂志，版心面积占总面积的2/3，这属于传统的模式，版心充实但不过分紧张；然而行间距小，除了少数一两篇短篇小说是稍微大点的字体外，字体大多很小，版心内字数容量大，字体又一律都是显得端方正直的宋体字；标题、作者名嵌在黑白图片中，周围没有空白；《小说月报》根本没有彩色，完全的黑白。黑白、虚实的比例不协调；除了标题页有图片外，其他版面除了内容和页码，根本没有其他装饰，这固然合乎质朴严肃的特点，但未免太死板。加之，其文章长而内容多为深沉的官场商场的尔虞我诈、小人物的无奈等，更使得它没有节奏和韵律的变化，显得呆板沉闷。

此外，《小说月报》的图片位置都集中在标题处，虽然起到了突出标题的作用，但一本杂志一贯如此，且图片又都是黑白色，都是四方形，这

---

① 隐性信息按其功能划分，主要有评价性信息、情感性信息和启示性信息。

在形式上变化太少。更何况，图片所体现的内涵并不够深厚，往往是形式上显得深沉老道，实际上图片内涵单薄。

《小说月报》版式设计上的问题，实际上是吸引新读者，进一步稳住已有读者群的最大内阻。首先，过于死板的版式，在视觉上不能一下吸引眼球；在现代这么个快节奏时代，给读者以最快方式的视觉美感享受，已逐渐成为杂志制胜的第一个关键步骤。当然这里的视觉美感一定要与杂志本身内容风格特点相符合。文章的内容固然重要，如果再有一个设计新颖的版式，不更能够增强对读者的吸引力，更充分地展现自身的个性特征吗？因此，作为文学杂志的《小说月报》不应如此保守，应该在追求严整统一、朴素深沉的同时，适当有所变化。

比如，应该在版式上辅以一些色彩。色彩不一定就意味着不深沉、不质朴、不严整，相反色彩选得好，搭配得好一样能出好的效果，同时还能更有美感，更吸引人。而且色彩的出现也意味着变化的形式多了一个方面的内容，变化形式多也就又意味着表现杂志文章内容个性的方式增多。色彩在使用和空间布局上，应做到整齐有序，变幻而不杂乱，大的地方简洁大方，一目了然，小的地方精细到位，细微之处见精神，用色以中性色为主，整本杂志色调一致，变化丰富而不杂乱。图片色彩不应过于奢华雕琢，应有其朴素深沉的自身特点，体现一种独特的文化内涵。

再有，《小说月报》在版式上还应该多些其他的变化。版区的形式不应总是从头到尾的四方形。应该打破这种死气沉沉的局面，多出一些其他的变化，比如篇尾的作者介绍，可有些形状上的变化，如用加边框的圆形。篇尾如是广告，也可以有些变化。

总之，《小说月报》虽然是文学类期刊，但它的读者是"社会性"的。因此，其版式设计更要讲究"美感"，吸引留驻一时的读者；在读者犹豫不决时，悄悄地影响其选择。版式设计要充分借助无声的语言去艺术地表现内容，抓住读者的视线，使读者产生丰富的联想和强烈的美感。做到这些，版面设计的效果就可达到既新颖、美观、大方、雅俗共赏，又与自身定位相结合。

（二）作品来源有限

单就发行量而言，《小说月报》是佼佼者。其 38 万的发行量与举办由读者推荐的"百花奖"这一创意有关。"百花奖"不仅奖励参与的读者，奖励作者且连带奖励原刊编辑。这无疑给文学工作者和爱好者以很大的积极性。"百花奖"评出过不少精品，这些佳作因为被选载和评奖而广泛地被阅读。但其作品来源非常有限，集中于《人民文学》、《上海文学》、《北京文学》、《十月》、《当代》等几家刊物，一些坚持文本形式探索和较偏远地区的刊物所受到的"光照"时间和强度均不够。作品来源的集中造成审美趣味比较单一。

（三）对名作家过分依赖

当今文学所面临的问题，选刊其实起了推波助澜的作用，而且有些问题在选刊中表现得更为集中，比如，对名家的依赖。

参考文献

[1] 樊国安：《〈小说月报〉："三个意识"是制胜法宝》，《中国新闻出版报》2005 年 11 月 26 日。

[2] 舒晋瑜：《好书出笼之——无心插柳，有心栽花》，《中华读书报》2002 年 4 月 10 日。

[3] 赵敏：《〈小说月报〉：行读者之道》，http：//www. gmw. cn/content/2005 – 05 – 22/content_ 236035. htm。

《故事会》

——"眼睛向下，情趣向上"的中国期刊传奇

《故事会》封面

创刊于 1963 年的《故事会》是中国的老牌刊物之一。它是一本面向群众、具有浓郁的民间文学色彩又充满时代气息的通俗性、文学性刊物。虽然是这样"一本普普通通的刊物，传统的小 32 开本，装帧谈不上时尚，封面也没有'大美人'吸引人的眼球，可是它四十年来送给读者一串串美妙动人的故事"①，书写了中国期刊史上的一个传奇故事。

☞案例介绍

一　眼睛向下，情趣向上

《故事会》创刊号在开卷的"编者的话"中写道："它专门刊载基本上可以直接供给故事员口头讲述的故事脚本，以促进群众故事活动的发展，扩大社会主义宣传阵地，丰富群众文化生活。……《故事会》的对象，以农村故事员为主，兼顾工厂和其他方面"。1984 年《故事会》由双月刊改为月刊，此时刊物的宗旨和风格基本稳定，即以发表反映我国当代生活的故事为主，同时刊登各类传统的中外故事，在坚持故事文学品种的特点上，塑造好人物形象，提高艺术美感，易讲、易记、好读、能传。"眼睛向下，情趣向上"是《故事会》办刊宗旨的高度概括。与此同时，

---

① 石峰：《如歌的故事——解读〈故事会〉》序，《编辑之友》2003 年 06 期。

读者定位也发生变化，原来读者群的年龄段主要集中在中年，而刊物改版之后，读者群的年龄结构开始出现由中年向高龄和低龄两头辐射的新情况，读者群的地域分布也从原来的农村为主发展到城乡结合。

二　栏目应读者需要而生

许多《故事会》的读者都说："我们想要什么，《故事会》就来了什么"①。故事会的每一个栏目都可以说是应读者需要而生。

中学生是《故事会》很大的一个读者群，他们希望能在故事中看到自己生活的影子，结果就诞生了一个备受中学生欢迎的栏目：16 岁故事。在通俗文学期刊泛滥、"少儿不宜"的各种色情、凶杀书刊铺天盖地袭来的时候，读者对《故事会》上这些为青少年发表的故事反响强烈。无疑，读者是一本刊物最好的"评审员"。这些针对青少年读者设置的栏目已经成为刊物的名牌栏目。

改革开放，给全国人民带来了一个了解外部世界的机会，这时的读者也都很想了解国外的一些作品。《故事会》了解到读者的这种需求，先是不定期地发表了一些介绍国外著名作家、作品的文章，看看读者的反响，结果反映不错。特别是一些学生读者，更喜欢这些故事。于是，就逐渐地将这个栏目固定了下来，开始取名"外国故事"，后来又从单纯读故事改为"外国故事鉴赏"，又将范围由故事扩大到文学，改为"外国文学故事鉴赏"，将读者引导到正确的阅读与鉴赏外国文学名著的轨道上。现在，"外国文学故事鉴赏"已经成了《故事会》的一个品牌栏目。为了减少读者的阅读困难，节约读者的阅读时间，在每一篇改编的外国名著前，都有一节简短的介绍，这就起到了一种效果很好的导读作用。

"中篇故事"栏目的推出同样源于适应读者、引导读者的思想。《故事会》的编辑在编发中篇故事时，严格按照刊物的要求，与刊物的总体风格相一致。同时，每一个中篇都尽力做成"压缩饼干"，宁可将长篇压缩成中篇，让读者花最少的时间，获得最大的阅读效果。这个栏目经过读

---

① 《第一次挑战》，http：//book.sohu.com，2004 年 07 月 14 日。

者多年的筛选，至今仍保留着，成为每期刊物最后的一道"大菜"。

三 读者主要看的是里面的故事

（一）《故事会》的根基就是其作品的口头性

《故事会》从一开始，就高高地扬起了故事要适合"口头文学"的旗帜。在创刊号的"稿约"一栏里，《故事会》的这种用稿标准提得更加明确："……不论是根据小说、报道、戏剧、曲艺、电影等文艺形式改编的还是创作的，只要可以供口头讲述，适合群众的欣赏习惯，我们都欢迎。"在20世纪80年代中期到90年代初短短十年间，故事类报刊如同雨后春笋般出现，仅在上海就有好几家，全国几乎每个省都有一家故事类的报刊。进入21世纪之后，这种报刊还在增加。仅从1984年下半年的统计来看，当时全国故事类刊物已多达六七十种。除此之外，故事又开辟了一个新天地，即从刊物向报纸延伸，《中国故事》、《故事世界》、《故事大王》、《故事林》、《故事家》、《外国故事》、《古今故事报》、《今古传奇·故事版》等层出不穷。《故事会》在神州大地独领风骚的局面已不复存在。经过反复的思考之后，《故事会》编辑部形成了一个共识，即充分发挥自己的长处。《故事会》的根基就是其作品的口头性，就是要便于老百姓记忆和口头流传。刊物上所发表的作品，尽量做到让读者看了一遍就能记住，并且能够很快地复述出来。要做到这一点，不仅仅是一个语言口语化的问题，同时还涉及与口头传播相适应的思想内容和艺术形式，这就要求刊物所发表的作品尽可能地从内容到艺术与故事传播者的思想和艺术口味保持一致。《故事会》总编何承伟认为，既然《故事会》要姓"故"，那它所发作品的艺术风格上，就必须继承民间故事的长处，采用中国老百姓所喜闻乐见的形式，用白描的手法刻画人物，结构明快简洁，故事完整连贯，情节单线发展，写作要尽量采用短句，切忌用欧化句子。要多用比喻，节奏感要强，要朴实上口，易记易传——这便成了《故事会》以后的一大特色。

（二）把作者看做是自己的良朋益友

与"作者是衣食父母"的理念不同，《故事会》把作者看做是自己的良朋益友。通过各种渠道和方法，组织起一支全国范围内的精良的故事创作队伍，成为期刊市场竞争最有力的出版资源。《故事会》编辑部在上海及全国设立了许多故事创作基地。1984年11月20日，中国新故事学会成立，上海、抚顺、九江、山西等地的分会也纷纷成立，引起了国内文艺界、民间文学界、理论界的关注。从此，上海的金山、浙江的桐庐、辽宁的抚顺、河南的新乡等地，都成为编辑人员经常深入的地方。他们在那里与当地的作者们交换意见，虚心听取来自群众的声音。从1979年复刊至今，《故事会》已举办了几十次故事创作班和研讨班，成效显著，许多新作者都把这个研讨班当成了故事创作的"黄埔军校"并以此为荣。为了培养作者，与各地文化单位联系，《故事会》在上海的工人俱乐部和各市区与郊县，以及由此而发展到北京、湖北、江苏、河南、山东、浙江、江西、广东等全国部分地区，建立了自己的民间组织——故事沙龙，利用这种形式，将故事爱好者组织起来，相互学习，相互提高，并从中发现培养有发展前途的作者。《故事会》还花费大力气建设"作者数据库"，把全国知名作者都登录在册，定时联络感情，联络作品；在全国各地建立创作基地，把《故事会》的信息及时传达给作者；每年两次的新老作者笔会，成为作者们创作故事的交流中心。

作为一本大众的通俗故事刊物，《故事会》在很长一段时间里基本是不登名家来稿的，它的主要作者队伍就是那些终年生活在人民群众中的业余故事作者，因为他们是好故事的源泉。

（三）淡泊名利、风雨不移的编辑队伍

《故事会》的编辑们是一群随时都恪守着"群体本位价值观"的人，除了每年一次的笔会或者是一些编辑部的活动之外，他们几乎从来都没有组织和参加过社交活动。他们数十年来如一日，淡泊名利，风雨不移，因此，读者在翻开每一期的《故事会》时，才能从那精心设计的版面和故事的字里行间，真切地感受到一种情感的交融和心灵的沟通，感受到刊物

背后的那种人格的力量。已经在北京担任文物出版社编辑室主任的崔陟谈到他第一次向《故事会》投稿时说，老编辑陈中朝不畏严寒从上海来到邯郸找他就是为了和读者面谈修改稿件。后来当崔陟看到自己那篇名叫《老山沟的奇闻》的修改稿时，他发现上面陈中朝用红色毛笔写下的蝇头小楷，密密麻麻地布满了稿纸。

　　《故事会》为了加强编辑部的内部管理，还制定了一系列行之有效的编辑制度。在编辑用稿时，除严格实行三级审稿制度外，编辑还要认真填写对于作品的意见，这个意见包括作品的特点分析，修改建议，同时还要给作品"打分"。即编辑在审稿时得给送审的稿子分为 A、B、C 三级，A、B 级中又有 "+"、"-" 之分，而 C 级作品仅作为备用。编辑部还规定，每期稿子均须有一定数量的 B+。何承伟即便后来担任了出版社的社长，但在终审时也同样给作品进行"打分"，这在中国现在的出版界，恐怕也为数不多。另外对于约稿、审稿、改稿与作图、划样、发稿、校样、清样等，都建立了一系列的保障性制度，这使《故事会》的出版发行更加规范化、制度化、科学化。从 2000 年开始，编辑部又重新制定了更加严格的审稿制度，就是在原有的"三审"制度之外，又实行了"社外审稿制"。所谓"社外审稿制"就是在编辑部将经过"三审"选下来的稿子，再送交出版社以外的有关人员审核，社外的有关人员，必须对所发稿子的每一个细节进行生活和艺术的"核实"工作。这些能够参加"社外审稿"的人员都是必须经过资格认证的。他们所具备的基本条件有四条：一是对故事这种文学形式有很深刻的理解；二是有一定的故事创作经验，本人曾经在《故事会》上发表过大量的故事作品；三是时刻关心全国各地与故事相关的刊物，了解当前故事发展的走向；四是有一定的文学鉴赏能力。

（四）读者互动

　　为使杂志更具亲和力，《故事会》采取许多措施，让读者参与到杂志的建设中。《故事会》分布全国的故事创作基地、建立的民间组织——故事沙龙，都成为与读者充分交流的窗口。还有专门设立的"读者信箱"，让读者通过各种渠道投票评刊、评稿，及时接受与反馈读者的信息，把读者的意见摆在第一位。1996 年，编辑部成立了"《故事会》读者俱乐部"，拥有会员八千多人，为《故事会》读者购书、找书搭起平台。编辑部每两个月为会员提供一次图书出版信息，替会员找书、买书，疏通会员"买书难"的"瓶颈"，同时每年还为会员提供两次本版的折价书。此外，编辑部还特别规定，对于会员的故事作品，保证做到每件必复，优秀作品可以择优在《故事会》上刊登。1998 年，编辑部推出了"《故事会》优秀作品大家评"，进一步扩大读者的参与范围。让读者对每一期的刊物内容评头论足，并从中挑选出他们最喜爱的作品。此项活动一下子激活了读者的参与意识，仅半个月时间，参与的选票高达 4 万多张。据统计，1998 年，《故事会》举办的"月月评"活动，共收到参选的读者选票达 54 万余张。编辑们从读者选票所透露出来的信息中基本上看出了读者的喜好，也大致掌握了《故事会》读者的文化结构，编辑部也由此坚定了办刊的信心和意志。1999 年 1 月，《故事会》开展了"我为《故事会》添风采"活动。在此次活动结束之后，编辑部邀请在这次活动中有突出成绩的 36 名读者代表，由《故事会》出资，请他们到上海来参加"《故事会》与 21 世纪研讨会"，实际上又创造了一个与读者交流的机会。

（五）媒体互动

2005 年 5 月，《故事会》和中国影响力最大的门户网站之一——搜狐网携手举办《中国最有影响力的故事》征文大赛，共同搜索中国最有影响力的网络故事。入选的作品除在杂志上发表外，还将收入《中国最有影响力的故事》一书。2005 年 9 月，《故事会》与有关短信公司合作在全国范围内开展"短信人气王"活动，征集和吸纳民间口头文化，借此打造刊物新的增长点。2006 年 3 月，《故事会》面向未来无线阅读市场，与资深移动百宝箱内容提供商北京掌讯达成合作，顺利通过中国移动百宝箱评审，成功上线。目前部分手机用户只需登陆百宝箱，通过电子书下载，花上 8 元钱，即可在自己的手机上流畅阅读图文并茂的《故事会》期刊，包括最新与以往期刊，甚至可以读到几十年前的《故事会》。《故事会》是我国首个正式被百宝箱收录的传统平面杂志。

四 装帧上一直保持比较低调的风格

《故事会》在装帧上一直保持比较低调的风格。对此，主编何承伟认为，"读者主要看的是里面的故事，而不是装饰，但是也不能让读者觉得拿到手里的杂志是一本脱离时代潮流的杂志"①，于是，《故事会》从1995 年开始采用彩色胶印封面。1999 年，《故事会》为防盗版又改用 49 克双胶淡黄色卷筒纸印刷出版。

刊名题字是刊物的名片。为了突出这张"名片"，《故事会》美术编辑李宝强在设计时为文字加了一道红色的底衬，将这三个字的笔锋按照光的投射，用白色为底色，逐渐地显现出明暗相间的立体感，使这三个字更加显得厚重，如同三个刀刻的铜字，镶嵌在这本刊物上方十分显眼的位置。

20 世纪 80 年代初期，国门初开，外来文化大量涌入，几乎是在很短的时间里，一大批刊物就迅速地改头换面，纷纷在刊物的封面上打出了巨大的头像以吸引读者。《故事会》在这场刊物的"换脸"大潮中也改变了封面，采用的是当时很少刊物用到的人物全身图像，同时根据《故事会》的特色，将这些人物从美女中解放出来，老人、儿童、妇女等各种极普通的人物都成了关注对象。这些看似简单的图片其实也有很高的选取要求，那就是这些图片都必须与刊物的办刊宗旨相适应，即必须强调其通俗性、故事性、色彩性，所选取人物的全身图像必须有动感，"肢体语言"要丰富，要使读者拿到这本杂志后，能够从封面上看到故事，吸引读者走进故事的世界。

《故事会》在开本上有自身的弱点，那就是不能像大开本刊物那样在图片安排上大量"留白"，于是，《故事会》大胆采用了与众不同的设计方法，画面饱满，少留或不留白，在色彩上尽量艳丽。这种设计使它在五光十色的众多期刊中独树一帜。

---

① 《故事会》总编辑何承伟做客新浪网聊天实录，2004 年 12 月 22 日。

五 利用《故事会》品牌效应,走立体化发展之路

　　《故事会》将"打造"出来的品牌"说书俑"在工商行政部门进行了商标注册。《故事会》为每一个栏目精心设计了栏目图。每一个栏目图都是一个识别标志,天长日久,随着那些生动的故事,这些栏目的标志就印进了读者的脑海里,形成一种无法磨灭的印痕。"东方夜谈"这个栏目的上方,画的是一弯月牙,几颗星星,两个讲故事的人像坐在月牙上。在这静静的夜晚,一个正讲得入神,另一个则听得大笑,给人一种温馨恬静的感觉。而"名人讲故事"则是一位戴着眼镜的智者,背后是一只放满书籍的书架,智者正伸开双手,向人们讲着生动的故事。他那被夸张了的鼻子和头颅,让人们的目光一接触,就会情不自禁地笑出声来。还有那些充满着诗情画意的"中国新传说"、"16岁故事"、"传闻逸事"等栏目标志图,以及与此相配套的小题花,使每一个栏目都顿时生辉。为了使每一个栏目更加突出各自的个性,在经过精心选择之后,刊物在每篇作品的右上角还设置了栏目语,用黑体字刊出,使读者能够一目了然。这些栏目语有的来自作者,有的来自读者,也有的是编辑部经过多次反复研究或请一些专门人士共同开发的。其主要目的是既体现栏目的内容,又要有一种民族文化的特色,要与这本刊物的基本特点保持一致。

　　进入新世纪,《故事会》在品牌管理上进入到了品牌延伸阶段,也就是利用《故事会》品牌效应,大力开发故事资源,走立体化发展之路,寻找、激活与之相应的图书文化市场。

　　1996年,何承伟根据中国图书市场的行情,结合品牌建设,依托着出版社的有利条件,在编辑部内部开始策划一套"故事会爱好者丛书"。1997年,"故事会爱好者丛书"的五个新品种出台,即《芝麻官故事》、《聪明人故事》、《生意经故事》、《家庭故事》和《历险故事》。这些书名都是从《故事会》的一些品牌栏目中选出来的,而里面的故事也都是在实践中得到了广大读者喜爱,并且广为流传。这套丛书除了在内容上向期刊《故事会》靠近之外,还在封面设计、内文安排、题图、插图等方面尽量地向期刊靠近,同时将刊物的品牌标志——"说书俑"和《故事会》

期刊的刊名用于丛书封面和封底，强化了丛书对于期刊的"家族"认同感。经过这样从里到外的精心设计，靠着《故事会》近四十年发展所创下的品牌效应，在当年的全国图书订货会（长春）和上海冬季图书订货会上，这套丛书力挫群雄，订数猛增，荣登当时全国畅销书的排行榜。目前，这套"故事会爱好者丛书"在原有的基础上又先后出版了《16岁故事》、《情爱故事》、《滑稽故事》、《荒诞故事》、《名作故事》、《谜案故事》等共55种，发行量平均每套已达30万册。

之后，在过去"故事会爱好者丛书"的基础上，故事会又策划了"故事会图书馆"。这里"延伸"的就不仅仅是几本书了，而是一种文化，一种意识，一种与《故事会》读者的更亲密的接触。为了办好这个"图书馆"，编辑部在资源利用和市场调查方面都做了大量的工作。他们首先选择无人愿啃的"硬骨头"——学术类图书，如朱自清的《经典常谈》、叶圣陶的《文章例话》、朱光潜的《谈美》、顾颉刚的《中国史学入门》、梁启超的《清代学术概论》，等等，经过精心编辑之后使这些学术类著作变得深入浅出、举重若轻。之后《故事会》又将其品牌延伸到文学领域。编辑部首先编辑了"经典小说系列"，一出版就受到读者欢迎，这套丛书目前已出版了几十种。接着他们又编辑了"外国散文系列"，同样走俏市场。2004年《故事会》编辑部出版的《话说中国》继承《故事会》的特色，在图书市场上掀起一阵狂潮。全球发行量最大的期刊美国《读者文摘》购买了《话说中国》书系；为进一步加强合作，《读者文摘》每月向《故事会》提供一篇最新的故事；编辑部采用图书与磁带相配合的形式出版《妈妈讲故事》；利用自身与读者、作者的网络优势，策划新的图书《青春读本——感动中学生的100个故事》；与影视公司联袂，共同开发《故事会》的故事资源，拟共同出品"悲剧故事"、"阿P故事"中的部分作品。

《故事会》坚持以"讲"故事为主业，打造了一条故事生产的流水线，成了一家名副其实的"故事制造厂"①。

---

① 朱胜龙：《老刊虽好，不进则退——向三大名刊建言献计之〈故事会〉篇》，来源：媒中媒。

☞案例评析

《故事会》每月的来稿和读者来信均在一万封以上，而实际的采稿量
为千分之一。《故事会》有如此丰富而稳定的民间资源让一些学者感叹不
已。实际上，对于这些"直接来自民间、来自现实、来自泥土"① 的文化
资源，还有很大的发掘与利用空间。《故事会》可以将那些不符合刊登标
准但却具有文化价值的稿件提供给一些民间文化研究机构，借此契机再策
划一些相关的活动，一方面可以提高刊物的知名度，另一方面也可以在一
定程度上推动民间文化的发展。

近年来《故事会》确实存在略显滞后的情况。其一，表现在内容方
面，如 2001 年第 3 期在"当代写实故事"栏中有一篇"杀狗"，讲的是
生产队时期的一个故事，故事虽然具有启发性，但是那个年代发生的事在
许多年轻人看来毕竟有些遥远，而且还将该故事列入"当代写实故事"
栏目中，让人感到有些文不对题。在选材上应该更具广度和深度，更贴近
时代。其二，表现在经营体制上。社办期刊体制的弊端在《故事会》身
上也暴露无遗，《故事会》没有自己独立的经济，体制不活就留不住年轻
人，编辑队伍出现年龄断层，这也是《故事会》出现脱离时代现象的原
因之一。

《故事会》在装帧方面一直是众人争议的焦点。四十多年来，开本、
封面都没有太大变化，这一点被很多人认为是《故事会》落伍的表现，
但笔者认为《故事会》不是时尚类杂志，它作为一本面向大众的通俗读
物不宜装帧得过于豪华，这一方面会使成本上升，另一方面也会使它的主
要读者失去亲切感。畅销中国几十年的一些老牌期刊在装帧方面也没有很
大变化，如《读者》、《知音》、《家庭》，它们也是一直以亲切而且熟悉
的面孔出现在读者面前。但是《故事会》的封面长期以来一直以外国人
的形象作为封面主体，虽然每期封面搭配的图片都与刊首语相互映衬，但
外国人的形象总给人一种疏离感，与《故事会》的中国民间文学风格不

---

① 赵岚：《〈故事会〉：一个发行的神话》，《东方早报》2003 年 12 月 30 日。

统一。不过，从 2005 年开始《故事会》好像意识到这点，开始启用一些国人形象的图片。在封面设计上，《故事会》还应该多下工夫。

《故事会》创刊以来策划举办的各种活动大多数都是围绕刊物本身，功利色彩较重，而且宣传不到位，影响力不大。今后应多举办像《读者》种植"读者林"之类的社会公益性活动，使之在品牌形象塑造方面发挥更大的作用。

参考文献

［1］沈国凡：《解读故事会》，上海社会科学院出版社 2003 年版。

［2］邢晓芳：《故事会故事越讲越多》，http：//www. booker. com. cn/，2002 - 02 - 01。

［3］吴繁：《故事会将有电视版》，http：//sh. sohu. com/，2001 - 02 - 27。

［4］朱胜龙：《老刊虽好，不进则退——向三大名刊建言献计之〈故事会〉篇》，http：//xlcbs. com，2005 - 06 - 22。

［5］赵岚：《〈故事会〉：一个发行的神话》，http：//www. news365. com. cn，2003 - 12 - 30。

［6］徐升国：《名刊的"软肋"——给〈故事会〉、〈女友〉、〈读者〉挑刺》，《出版参考》2001 年第 8 期。

［7］李频：《中国期刊产业发展报告》，社会科学文献出版社 2005 年版。

［8］admin：《〈故事会〉：走大众文化精品之路，内容为王创造市场奇迹》，http://www. mediaok. net，2005 - 04 - 15。

［9］《第五媒体牵手〈故事会〉平面杂志进驻小手机》，http：//www. mediaok. net，2005 - 03 - 02。

［10］2005 年《中国最有影响力的故事》征文大赛拉开帷幕，www. shwenyi. com，2005 - 09 - 17。

《少年文艺》

——一座文学之桥和心灵之桥

1953年7月创刊于上海的《少年文艺》是国内最老牌的儿童文学刊物之一，1998年被中国新闻出版署确定为1998—1999年度"全国百种重点社科期刊"之一。作为我国为数不多的老牌名刊之一，《少年文艺》五十多年来始终保持纯正的文学品格，发表了大量优秀的小说、散文、诗歌、报告文学等作品，曾被誉为"作家的摇篮"，并获读者广泛支持，成为目前国内发行量最大的儿童文学刊物之一。

《少年文艺》杂志封面

☞案例介绍

一 用文艺的各种形式，反映少年群众的现实生活及学习情况

《少年文艺》于1953年在上海创刊，它是中华人民共和国成立后第一本以少年为对象的纯文学期刊，面向小学中、高年级和中学生。它的创刊号就明确地表明了这一办刊宗旨："本刊是以广大少年群众为对象的纯文艺刊物。它的目的，是用文艺的各种形式，反映少年群众的现实生活及学习情况，通过这些，培养他们新的道德品质，丰富其一般的知识。"[1]

---

[1] 任大霖：《灌园杂忆——一个编辑的甘苦谈》，《编辑学刊》1986年创刊号。

这个宗旨也是符合宋庆龄同志在发刊词《让鲜花开遍这块园地》中提出的要求的。她在发刊词中写道："我希望《少年文艺》成为这样一块园地：这里将盛开着和平的花朵，健康的、欢乐的少年们在这里游玩，他们从这里增加了克服困难的勇气，并且准备着为了保卫和平、建设美好未来贡献所有的力量。"①

在此后的刊物运作过程中，《少年文艺》的编辑们不断完善和补充原有的编辑方针，提出了"亲切"、"新鲜"、"多样"、"有趣"八字方针，以便更好地贯彻这个宗旨。亲切，就是要结合少年思想实际，要真实地反映生活，要有生活气息。亲切的对立面是虚假、做作。新鲜，就是题材、写法要新颖，鼓励作者不断创新，使刊物不断有新面貌。新鲜的对立面是陈旧、老套。多样，就是内容丰富多彩。《少年文艺》是文艺百花园中的一朵花，而刊物本身又应当是一个小百花园，只要是有益于少年的花，不论大小如何，形态怎样，都可以在这儿开放。多样的对立面是单调、划一。有趣，则包括了作品的可读性、趣味性、娱乐性、情趣和幽默感，等等。有趣的对立面是枯燥、乏味。这八字方针是符合文学创作的艺术规律的，而且经过这些修订、补充，其编辑方针也更加明确了，因而受到了更多的作者和广大少年读者的欢迎。有的作家写信说："编辑部提出亲切、新鲜、多样、有趣，我愿做一些尝试。"② 于是刊物的面貌很快有了新的起色，一批题材新颖、手法别致而富有艺术魅力和儿童情趣的不同风格的作品，陆续在刊物上出现。刊物的发行量也持续上升，从创刊号的 1.5 万册，增加到 2006 年的 20 余万册，其中"惊险小说专号"、"童话专号"发行量更大。

二　栏目策划

《少年文艺》主要发表短篇儿童文学作品，包括小说、诗歌、童话、散文，其中"新芽"（原名为《金色的草地》）是专门发表少年习作的栏

---

① 宋庆龄：《让鲜花开遍这块园地》，《少年文艺》1953 年创刊号。
② 任大霖：《灌园杂忆——一个编辑的甘苦谈》，《编辑学刊》1986 年创刊号。

目，也是《少年文艺》独具特色的一个栏目。它专门发表少年习作，同时附有讲评。"新芽"栏目下开设"写作班学员习作"，发表部分《少年文艺》写作辅导班学员的优秀作品。自20世纪50年代创立以来，该栏目发表了无数有才华的少年文学爱好者的习作，其中有外交部长李肇星、当代著名作家张抗抗等人在少年时期发表的作品，也有普通中小学生，该栏目被誉为"作家的摇篮"。

创办于2002年初的《阅读前线》，作为《少年文艺》的下半月刊，它以通俗文学为主，所量身定做的栏目以及风格跟以往不同，具有极强的时代气息。它开设了一个富有原创力的栏目"校园聊斋"，这个栏目因为刊发了几篇内容比较恐怖的作品而在读者和家长中反响很大。青少年读者大多非常喜欢阅读这类"新形式的鬼故事"；而部分家长却持反对态度。《少年文艺》下半月刊执行主编徐东达说，他们之所以开设"校园聊斋"这一栏目，也是考虑到目前儿童文学写作圈子里，专写"鬼故事"的作家并不多，而这个栏目的开设可吸引更多作者，包括青少年作者参与进来，为国内原创恐怖小说的成熟提供舞台。①

三　内容策划

（一）一个出色的刊物必然离不开出色的编辑

从李楚城按照起初的编辑方针来创办《少年文艺》始，到任大霖提出"亲切"、"新鲜"、"多样"、"有趣"八字方针再到任溶溶、施雁冰、任哥舒等优秀编辑的不断努力探究，该刊物的办刊方针更加明确，风格也愈加鲜明，充满了生命力和创造力。即使在那个艰难的岁月里，这些优秀的编辑们依然顽强而灵活地捍卫着这块少年儿童的乐园，维护其"纯文艺"的编辑方针，虽历经磨难而心无悔。如在"反右"扩大化和随之而来的"业务思想批判运动"中，《少年文艺》被迫宣告停刊整改，其编辑方针成了评判的重点。编辑方针中的"亲切"、"新鲜"、"多样"、"有

---

① 陆梅：《儿童文学怎样写"恐怖"?》，大道中文期刊网，2002 - 08 - 09。

趣"，成了修正主义的"八字方针"，说它"取消了共产主义教育的内容，否定了刊物的政治方向，完全是资产阶级的货色"①。主编任大霖在某个文艺思想批判运动中受到了批判，但对此他却无怨无悔，处之泰然。20世纪60年代初，文艺、出版政策有了一些松动，"百花齐放，百家争鸣"的方针又提出来了，《少年文艺》在施雁冰同志的主持下，又恢复了它的文学性和少年性特点，1963年3月号徐慎的小说《换了人间》引起了强烈反响，得到许多少年读者的喜爱。在那个年代发表这样容易引起政治争论的作品，充分体现了编辑们维护其编辑方针的勇气和决心。

研究《少年文艺》的发展历程，我们会发现它有一个好的传统：主编都能从事创作活动。任哥舒在谈及这个现象时认为，编辑人员从事创作对本职工作有三个好处。第一，能沟通编创之间的感觉，知晓作者写作的艰苦。第二，对稿子有更多的发言权。第三，在急迫需要某类稿件的情况下，自己写一篇"范文"，更能起到组稿的作用。②

《少年文艺》编辑人员重视做作者的工作，多年来，不仅团结了一批老作家，还积极发现和联系了一批很有才华的文学新人，其中不少人后来成为知名作家。胡景芳、金振林、汤吉夫、张抗抗、郑渊洁、余通化、赵敏等活跃在当今文坛上的中青年作家，他们的处女作都是在《少年文艺》上发表的。伍美珍是目前国内著名的青少年文学读物品牌"花衣裳丛书"的作家，北京少儿出版社曾专门为她打出"阳光姐姐童书"这一崭新的图书品牌。她曾把自认为怪怪的一篇小说《穿浅棕色大衣的女孩》，寄给了《少年文艺》。事后她回忆道："回过头来看这篇小说，其实所谓的怪气，恰是我小说的风格，幸亏一开始便碰到了一个有眼光的编辑，否则很可能被扔掉了。因为这篇小说我成了这家杂志的重要作者。"③

最近几年来，《少年文艺》编辑部在做编辑工作同时，十分重视开展读者工作，从科室主任到普通编辑都积极创造和利用各种机会，走出编辑部，到读者中去搞发行宣传活动。2003年下半年以来，《少年文艺》先后在曹杨二村附属学校、上海西南位育中学、山东东营实验中学、江苏常熟

---

① 任哥舒：《访〈少年文艺〉》，http：//www. sunww. info，2004－02－15。

② 任大霖：《灌园杂忆——一个编辑的甘苦谈》，《编辑学刊》1986年创刊号。

③ 伍美珍：《花火——纪念女友宗兰》，http：//www. sunkwy. com，2002－07－23。

市各中小学等学校组织座谈、文学讲座、联合征文等活动，不仅全面加强刊物与读者沟通交流，而且起到宣传效果，促进刊物发行，从而使这本创刊五十周年老牌名刊为最新一代读者熟悉、认可，并在他们心中牢牢地扎根。

（二）只有拥有优秀的作者方能拥有高质量的作品

一个刊物能否在内容上真正实现其办刊理念，跟作者群的素质有很大关系。《少年文艺》的编辑们深知：只有拥有优秀的作者方能拥有高质量的作品。多年以来，《少年文艺》从业人员一直重视做作者的工作，不仅团结了一批老作家，还积极发现和联系了一批很有才华的文学新人，令《少年文艺》成了一座名副其实的"文学之桥，心灵之桥"。

许多老一辈的著名作家、诗人都曾为《少年文艺》写过稿，用他们的汗水浇灌出一朵朵绚丽的鲜花，如巴金、叶圣陶、冰心、茹志鹃、柯蓝、袁鹰、管桦、王若望、公刘、严文井、高士其等；当代许多著名作家是从这里起步，逐渐走向文学殿堂的，如张抗抗、王安忆、叶辛、张成新、秦文君、沈石溪、陈丹燕、梅子涵等。张抗抗曾这样深情地描述《少年文艺》在其文学之路上的巨大作用："延安西路1538号，在我心目中从此成为一个近于神圣的地方。后来的十年时间里，他（当时《少年文艺》的主编任大霖）从延安西路少儿社调到了绍兴路文艺出版社。我也从杭州去了遥远的北大荒农场。那个我童年就背熟了的地址，从我的生活中消失了，但对于文学的念想却在我心里一日日萌发。延安西路1538号就像一只小船，摇着摇着，驶出了儿童文学的港湾，把我送上了文学宽阔的大海。每当我从苍茫的海面上回首望去，总可看见驻守岸边的那棵老树，在风里雨里为我祝福。"①

纵观《少年文艺》里优秀的作者群，我们不禁赞叹这一中国当代儿童文学领域里所独有的风景。这里有阅历丰富、学养深厚的一代作家，如陈伯吹、郭风、叶君健、秦牧、林海音等，他们在1949年以前就开始了儿童文学创作，这一代作家大都阅历丰富、学养深厚，饱受中国传统文化

① 张抗抗：《延安西路1538号——怀念任大霖恩师》，《中国教育报》2004年8月21日。

濡染，也不乏西方民主自由思想、先进文化和文学思潮的影响，其作品富有自由和人道情怀，富有爱心、童心，注重文本的艺术品位，从整体上承继和弘扬着五四新文学的传统，有较强的生命力和较为长久的历史效应；有20世纪50年代成长起来的，到80年代正当中年的一代作家，如施雁冰、王一地、邱勋、韦苇、吴然、佟希仁、倪树根、许淇等；有成长于"文化大革命"前后，几乎与新时期同步开始文学写作的一批"知青作家"，如肖复兴、陈丹燕、赵丽宏、梅子涵、陈益、鹿子（陈丽）、金曾豪、董宏猷、班马等，他们是思想史和文学史上的又一代觉醒者和探索者；有出生于20世纪60年代和70年代，而于90年代浮出海面的一批最年轻的创作者，如徐鲁、玉清、简平、庞敏、萧萍、张新颖、张洁、殷健灵、王蔚、叶凤春等，他们为中国儿童文学创作注入了一脉脉清新的活水。① 正是有了这样一群优秀的作者，一批批优秀作品才得以灿烂盛开：《我的第一个老师》、《谁是未来的中队长》、《勇气》、《少奇爷爷，原谅我吧》、《没头脑和不高兴》、《男生贾里》、《女生贾梅》、《中国少女》等。

（三）团结读者，真正做到与读者的互动

《少年文艺》采取了多种喜闻乐见的文艺形式或相关活动来团结读者，真正做到与读者的互动。1952年《少年文艺》开办了写作函授班，那时候刊物办写作班在国内还不多见。在历届《少年文艺》写作辅导班担任责任教员的有秦文君、张成新、任哥舒、朱效文等许多人是在儿童文学创作领域颇有成就的著名作家。写作辅导班在家长与少年中很有影响力，它最大的特点在于每个责任教员用自己的实践经验对学员进行"笔谈"、"笔授"。《少年文艺》写作辅导班每年招生两次，参加的学员来自全国各地、有小学生、初中生和高中生，也有在校的老师和成年人中的文学爱好者，年龄最小的学员仅小学三年级，年龄最大的已六十多岁。面对一个数量庞大、水平参差不齐的学员队伍，的确得费一番神思。责任教员根据每个学员不同的起点、不同的文化程度及经历，编成

---

① 徐鲁：《儿童文学50年"排排座"》，《中国图书商报》2005年9月2日。

小学组、中学组和成人组，因人施教，对症下药，使每个学员都能获得一定的提高和帮助。写作辅导班培养了不少人才：第二届学员殷健灵后来曾任《现代家庭》杂志的主编，并出版长篇小说、中短篇小说集、散文集等十多部，是目前国内颇有建树的年轻的儿童文学作家；第三届学员张雅珍为北京电视台少儿部编辑和主持人，也有长篇小说出版；第四届学员李志伟目前是江苏无锡的专业作家，擅长童话和科幻小说创作，已出版各类作品集十部，在少年读者中有较广泛的影响……

从1978年起，编辑部在广泛征求读者意见的基础上，每年都评选出一批"好作品"。自1986年起，为扶植与培养儿童文学创作新人，《少年文艺》已先后举办了陈丹燕、孙云晓、秦文君、郑渊洁、孙云晓、于立极等青少年作家的作品讨论会，受到各方面的重视与好评。"新芽"写作班、文学夏令营和"青春形象大使"选拔赛、"回澜杯"全国首届中小学生漫画大赛等系列活动也在读者中产生了广泛影响。通过这些活动，《少年文艺》不但能进一步拓宽读者群，让读者真正成为积极的参与者，而且为其将来的长足发展了培养了一批批潜在的作者群。

四　装帧庄重典雅而不失活泼

《少年文艺》被人们誉为作家的摇篮，它内容的高品质早就有口皆碑。最近两年在少男少女中再次声名鹊起，编辑们的装帧策划也是功不可没的。纵观《少年文艺》历来的装帧设计，一直给人一种庄重典雅而不失活泼的感觉。这种装帧风格也是与《少年文艺》的文学性、少年性特征相吻合的。它的封面一般是以充满阳光气息的少男少女为主，且色调较明朗欢快。设计者巧妙地运用了对比、均衡、节奏、空白等形式美的规律，使得每期封面尽可能洋溢着浓郁的青春气息。书中版式的布排则疏密有致，明快而有节奏。正文中的版式有的横版跨页，有的稍加点缀等，常在不经意中给人耳目一新的感觉。这种设计使它在五光十色的众多同类期刊中独树一帜。

五　围绕文学性和少年性进行品牌策划

　　《少年文艺》主要是围绕着文学性和少年性两个方面进行品牌策划的。该刊物在创刊的时候，针对当时儿童期刊市场已存在适合少儿、小学生阅读的期刊，而缺少适合高年龄段读者阅读的期刊的情况，编辑们果断为《少年文艺》锁定目标读者群，即以小学高年级、初中程度的少年为读者对象，这一鲜明的读者定位无疑使它很快树立起了自己的品牌形象。在此后的办刊过程中，编辑们策划了一系列活动与读者互动，如经常编辑"教师作品专辑"、"少年习作专辑"、"童话专辑"等专辑，设有"函授之窗"、"读者·作者·编者"等栏目，举办了少年作家的作品讨论会、"青春形象大使选拔赛"等活动。这既充分调动了读者的阅读积极性和参与性，也为其品牌的延续培养了一大批忠实的读者群。2002 年它以通俗文学的形式创办了下半月刊《阅读前线》，主要刊登反映社会热点的纪实文学及受读者欢迎的侦探小说、武侠小说、恐怖小说、青春期情感小说等文学作品。这一举措也是为了扩大《少年文艺》少年读者的阅读面，顾及不同读者的阅读兴趣，从而得到市场和读者的认可，使得其期刊品牌得到长足发展。

　　另一方面，《少年文艺》紧紧围绕纯文学性来强化刊物的内容与质量，实施精品战略。这样与同类期刊相比，更易于被读者识别和认同，也在根本上为其品牌形象的树立奠定了厚实的基础。在它走过的五十多年历程里，《少年文艺》以其纯文学性几乎将中国当代最优秀的儿童文学创作者囊括其中，打造了一个可谓朵朵鲜花灿烂怒放的儿童文学领域，成了一座名副其实的"文学之桥，心灵之桥"。作品不但具有文学性，还注重对当今青少年的道德品质的引导，关注少年的内心世界，关注他们成长中的痛苦、困惑，努力培养青少年健全的人格。在儿童文学要大力加强民族文化建设的今天，这些作品里展示了中国传统人文风采，充满了澎湃的民族激情和英雄主义气概，因而具有时代意义。

　　《少年文艺》在其五十多年的历史上作为我国发行量最大的少儿文学期刊之一，已影响了三代读者，其品牌的影响力无疑是强大和深远的。正是围绕其文学性、少年性，《少年文艺》的编辑们才打造出了这一中国少年期刊的品牌。使得《少年文艺》成了一座架在作家、编辑与广大少年读者之间的"文学之桥"和"心灵之桥"。

外交部长李肇星曾在《少年文艺》创刊五十周年特刊中专门写文章，回忆《少年文艺》对他少年时代的影响。他在那篇《少年理想伴我成长》里回忆道："我从小就做文学梦，后来做了外交官，文学梦还一直在做。少年时代对美的追求，以及为这种追求注入活力的人和事，是不会忘记的。"对于出生和生活在共和国最初的日子，乃至六七十年代的作家和读者来说，《少年文艺》如今已经成为他们童年时代里最美好的阅读回忆了。如今它继续以它所特有的纯美、高格调、高品位的文学作品，精心维护着自己的品牌形象。

☞案例评析

《少年文艺》之所以取得成功，很大一部分原因在于其编辑策划的正确性、科学性、明确性，既符合少年儿童的天性，又符合文学的特性。半个世纪以来，该刊物都未曾偏离文学性、少年性这个最根本的方向。

处理好文学性、哲理性与可读性的关系，是少儿文学刊物必须面对的一个问题。通观我国儿童文学，我们发现它承载了太多教育意义及道德训诫功能，以致出现少儿作品成人化的弊端，而《少年文艺》是很善于吸取经验教训的：这就是用美的情感对少年进行美的熏陶，而这种美又存着丰富的内涵和意蕴。它力求寓丰富于单纯，寓深刻于浅近，其作品既涵盖故事情节的生动性、感染性，又能囊括人物的情感、人性内涵的哲理性揭示，因而刊物的美学韵味更加悠长、厚实，使得其既能贴近孩子的实际生活，又能贴近他们的精神世界，深得孩子们的喜爱和拥护。

随着时代的发展，《少年文艺》在内容方面出现了若干新变化，顺此探究，可以看出它在变革年代所作的思考以及美学上的新特征，但保持刊物的高品位、高格调，却是《少年文艺》一贯的追求，而这点并未因社会的转型而产生动摇和移位，这是编辑们强烈责任感的体现，也是《少年文艺》长盛不衰的源泉之所在。在新世纪，编辑们力求该刊物定位更加精确，愈加重视其个性塑造，多方发掘栏目功能，使得办刊方式更加灵活多样，真正做到紧跟时代，贴近读者。

《少年文艺》内容的高品位、高格调是不容置疑的，但所刊登的部分内容与现实生活联系不够紧密，思想内容和表现手法缺乏新意和时代感，如有些作品不容易懂，有些散文内容太抽象，封面、排版等有点呆板，美术设计稍显简单化等。据新闻出版署公布的一份发行资料表明：沪上几家名牌少儿文学杂志的发行量不尽如人意，《少年文艺》已从20世纪80年代每月100万份降至目前十几万份。究其原因，这既与目前少儿刊物市场发展状况有关也与其本身存在某些不足有关。因此，《少年文艺》在保持内容的高格调外，应运用新颖的文化题材和丰富生动的阅读形式，有针对性地向读者展示出适合时代发展的理念和知识，使他们形成健康向上的精神追求和完美的人格模式，并在保持自身特色的基础上不断超越自我，与时俱进。

一本好的杂志，首先要编辑得好，才能在市场上站稳脚跟。《少年文艺》面对的读者群是成长着的读者群，他们的阅读需求是不断变化的，但是有的作者在年龄、观念、写作手法上稍显老化，他们的作品很难满足成长着的读者的需求。所以，《少年文艺》必须培养和建设自己的作者队伍，着力培养不断成长着的小作者，提供更高质量的稿件，为这个老牌儿童文学名刊注入新的活力。

《青年文摘》

——25 年铸就辉煌路

《青年文摘》杂志是由共青团中央主管、中国青年出版总社主办的 16 开本综合性文摘刊物，是全国发行量最大的青年杂志。自 1981 年创刊以来，《青年文摘》在全国青年类杂志中发行量稳居第一位（每月发行 250 万—260 万册），2005 年起改为旬刊，分别为："红版"封面为红底白色刊名，提前一个月的 15 日出版，发行量每期 110 万册；"彩版"封面为白底彩色刊名，提前一个月的 22 日出版，发行量每期 46 万册；"绿版"封面为白底绿色刊名，当月 1 日出版，发行量每期

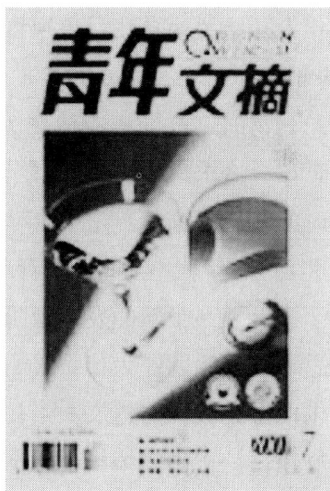

《青年文摘》杂志封面

100 万册。《青年文摘》风风雨雨二十五载，走上了健康、辉煌的发展道路，取得了良好的社会效益和经济效益，赢得了业界同仁和广大青年读者们的一致认可。

☞案例介绍

一 《青年文摘》的办刊理念：分层、系统、多样

1981 年《青年文摘》创刊时的编辑理念是以传播普及知识为主，这与当时的时代氛围是相吻合的。20 世纪 80 年代初，人们刚从数年的思想

文化禁锢中解放出来，知识的匮乏，使人们对知识有种如饥似渴般的渴望和需求。"知识就是力量，书籍是人类进步的阶梯"，这些就成了当时不少青年人生活的座右铭，并成为他们奋发向上的动力。《青年文摘》正是顺应了时代的这种要求而诞生的。在1985年以前，刊物的定位是："开阔视野，促进身体健康"，内容以知识介绍为主。此时，《青年文摘》在青年人的生活中扮演的是知识传播者的角色。随着改革开放不断深化和发展，使中国的社会呈现出丰富多彩的多元化发展趋势。面对纷繁复杂的大千世界，多元化并存的人生观、价值观，"知识"并不能解决所有问题，青年人开始关注自我，审视自我。同时，知识类的刊物也不断涌现。此时《青年文摘》勇于面对时代，大胆调整编辑理念，从传播知识走向探讨人生。刊物的定位也相应地变为"扩大知识视野，丰富生活情趣，倡导现代意识，追求人生真理"，既具有生活的涵盖面，又有人性的纵深度。而此时的《青年文摘》在青年人的生活中又成为温情而又宽容的人生导师。20世纪80年代中后期，《青年文摘》编辑理念的及时转变使刊物焕发生机，登上了一个新的发展台阶，发行量达百万册。如今，编辑人员又在认真思考一个问题：为什么《青年文摘》销量好几年总徘徊在百万册左右，而未取得突破性的进展？当初，使编辑理念顺应时代潮流造就了"百万"的辉煌，是正确的编辑理念推动了前进的步伐，那么，今天是不是编辑理念的陈旧阻碍了刊物的发展？

如果说，创业期《青年文摘》的编辑理念停留于知识的层面，发展期立足于人生和情感，那么未来《青年文摘》的编辑理念应该是青年素质的全面提高。如何来界定这一编辑理念，《青年文摘》编辑部的同志用六个字来概括："分层"、"系统"、"多样"。这就是新时期《青年文摘》的编辑新理念。

二　《青年文摘》独树一帜的栏目设置：启迪性、　哲理性、现代性和指导性

在栏目设置上，紧贴青少年生活的各个层面，设立"成长"、"情感"、"人生"、"社会"、"人物"、"时尚"、"视野"、"文苑"、"热读"

等板块，其中涵盖的栏目有："每月欣赏"、"青年一代"、"心海浪花"、"品味人生"、"青春风铃"、"社会之窗"、"成功路标"、"环球采风"、"人世间"、"精品书屋"、"至爱亲情"、"走向成熟"、"沉思与遐想"、"历史一页"、"文苑漫步"、"万叶集"、"今日谈"、"往事回眸"、"流金岁月"、"我的故事"、"名人自述"、"成长阶梯"、"信息时代"、"心情小站"、"人间传奇"、"幽默故事"、"名人轶事"、"名家经典"、"理想的旗帜"、"青年一代"、"香港传真"、"人生风景线"、"人物"、"传奇故事"、"名作欣赏"、"科学史话"、"青春策划"、"两代之间"、"现代交际"、"专题资料"、"人在旅途"等栏目。通过各种形式，挖掘生活中的真善美，塑造积极向上的青年形象，弘扬社会的正义和美德。创刊以来，朴实亲切、淡雅清新的风格一以贯之，启迪性、哲理性、现代性和指导性并举，在期刊市场中独树一帜。

《青年文摘》的彩版栏目为："旧闻·新闻"：不计较是什么旧闻和新闻，只要它们搭配在一起，要么趣味横生，要么引人思考。"金故事"：具有现实讽刺意味的故事、给人无限思索空间的故事、让人拍案叫绝的故事。"理论对理论"：反对，解剖，抨击，批判。文笔平白锋利，刀刀见血。"商计"：商业中的计谋故事，故事情节要巧妙。"工作"：职场中的成功故事。"广告 VS 广告"：有关广告创意的精短文章。"名家手抄本"：让文字回归原始。刊登文坛名家的手写体文章，除了文章内涵，读者从字体上就可以感受到一位大家的独特个性和人生积淀。"纯文学"：文学栏目要有高档次、震撼人心的故事。"也文学"：有点另类的思维叙述，让人耳目一新的文字。"滞销书摘"：虽然不畅销，却闪耀金子般的光芒。摘选最精彩的一章。"娱乐"：关于娱乐圈的文字，新鲜的，尖锐的。

三 《青年文摘》的内容策划：加大思想文化含量、拓宽选材范围、增加信息容量

《青年文摘》发展过程中进行了三次内容定位的确立和调整，形成了自己的品牌：

第一次是在 1981 年创刊之初。那时"文化大革命"刚刚结束，青年渴望获取知识，《青年文摘》于是定位于"荟萃知识精华"，以知识传播为主。

第二次调整是在 20 世纪 80 年代中后期，全社会教育已经步入正轨，知识荒漠的状态已经不复存在，此时社会上出现了世界观、人生观、价值观的讨论，青年需要的是理性的思考和判断，因此《青年文摘》把"知识型"的思想定位转变为"思想文化型"定位，并且贯穿于以后十年的办刊思路中。

第三次调整是在近几年。到了 1999 年，"思想文化型"的定位仍然是《青年文摘》办刊思路的核心，但是这种内容定位已不能满足当今处于社会转型期和知识经济加网络时代青年的要求。他们对自身的生存发展比任何时候更为关注，更愿意继续获取新知识，更新观念，迎接新时代的挑战。因此，《青年文摘》在进一步加大思想文化含量的同时，拓宽选材范围，增加信息容量，归类划分出深受青年喜爱、与青年生存发展密切相关的"成长"、"情感"、"人生"、"文苑"、"社会"、"视野"、"人物"七大板块。

四 《青年文摘》的品牌策划：贴近时代、贴近生活、贴近青年

《青年文摘》的发展和成为著名品牌凝聚了《青年文摘》几代人的心血、汗水和智慧，特别是中国青年出版社领导高度重视《青年文摘》的工作。《青年文摘》之所以能够在品牌发展道路上取得一定的成绩，是因为有自己的一套独特的办刊策略。

1. 坚持正确的舆论导向，实行严格的"三审制"。《青年文摘》按照政治家办刊的要求，始终坚持对每期的内容严格把关，使刊物坚持正确的政治方向，坚持高格调、高品位，不打擦边球，不闯红灯；做到"两个满意，两个放心"。在内容上坚持表现人类健康美好、积极向上的一面；立足于传播先进文化，塑造美好心灵；弘扬社会正气，歌颂人间真情；陶冶青年情操，帮助青年增长知识、开阔视野、启迪心智，做青年的良师益

友，为广大青年提供一个美好的精神家园。

2. 搞好读者调查，研究市场动向，确定准确的读者定位和内容定位，坚持以青年为本的办刊理念，主动适应青年精神文化需求的新变化。

3. 《青年文摘》有自己独特的形象特征，活泼风趣却"不另类"的责任感；脚踏实地，拒绝"狂妄"的实在感，视野广阔的现代感。

4. 强化品牌意识，确保质量，不断创新。

5. 引进竞争机制，充分调动员工的主动积极性，重视人才培养，加强编辑队伍建设。

6. 强化服务意识，切实搞好读者服务，同时还成立了读者俱乐部，来回报读者。读者服务工作的有效进行，有助于刊物在读者心目中树立良好形象，增强和提高刊物的亲和力和综合竞争能力。

7. 发行工作得到了重视和切实加强。这是《青年文摘》改版之后实现较大发展的重要原因之一。

经过《青年文摘》杂志社全体同仁的共同努力，刊物在内容选择、文章风格等方面已经形成自己比较鲜明的特色——通俗易懂又不疏于肤浅，在朴实亲切的文风中达到感化引导的目的。从栏目设置上来看，以关注年轻人生活体验的情感、成长、人生、文苑为主打板块，辅以社会、视野、人物，再以万页集为点缀，包括纪实性、体验式、抒情式、哲理性的各类文章。在布局上较为合理，形成《青年文摘》轻松之余又缓急有致的阅读节奏。因为刊物立足于贴近时代、贴近生活、贴近青年，从内容和设计风格已经和其他杂志区别开来，形成了自己比较鲜明的风格特色，创立了自己的品牌。《青年文摘》不断进取，不断调整，一步一个脚印地走出了自己的品牌发展道路，同时其成功给了我们诸多可供借鉴的经验。

五 《青年文摘》的营销策划：守住质量底线，加大市场开拓力度

一些业内人士认为，如今期刊品种众多，竞争激烈，期刊市场处于饱和状态，要大幅度提高期刊的发行量，是件难事。但事实并非如此，《青

年文摘》却创造了奇迹，然而这个奇迹不时从天上掉下来的，而是来自他们对期刊市场变化趋势的深层次认识和把握，来自他们对期刊营销策略的熟练驾驭和恰到好处的运用。《青年文摘》近十年的发行量一直保持在100万份以上，在期刊激烈竞争的情况下，这样的发行量则是其他期刊梦寐以求的。但《青年文摘》并不满足，他们从读者对融思想性、品位性、趣味性的精品文章百读不厌、多多益善的需求中，看到期刊扩大发行的潜在市场，加大了期刊创意策划和市场开拓的力度。在创意策划上，该刊在保留读者喜爱栏目的基础上，对期刊风格进行了微调，对原有的策划思路进行了延续和创新，同时明晰了期刊的整体设计，将上半月和下半月分为红版和绿版。红版以深沉为基调，绿版则体现了灵动的特色，形成了期刊的颜色识别系统，在读者的视觉中形成了比较容易辨别的色彩定位，这种渐变式的调整，使读者感觉到刊还是那个刊，但味道更醇，更值得品味，更有嚼头。

但是"纸上谈来终觉浅"，刊物改版的策划意图能否实现，能否将高风险转化为高效益，关键在于发行。在发行的营销策略上，该刊使出了两个高招。一是"避实就虚"，将增加的4期下半月刊全部交给邮局零售，以避免与一直交给邮局征订发行的上半月刊"撞车"，以期刊零售的形式，为期刊的扩大发行开辟新的市场领域。二是"放水养鱼"，期刊社将4期杂志全部交给4个代理邮局，每期只向代理邮局收取2万元的租片费，期刊的发行利润全部让给4个代理邮局，由代理邮局自行投资、印刷发行。经营成果与自身利益挂钩的机制，激活、解放了发行生产力，代理邮局的经营积极性得到了前所未有的调动。他们发挥邮局与报刊零售商联系面广的优势，使出了浑身解数，千方百计地扩大零售网点，消灭发行"盲区"，使《青年文摘》得到了更多与青年见面的机会。由于《青年文摘》质量"含金量"高，卖点突出，在零售市场十分抢手，报刊零售商从发行中尝到了甜头，纷纷以提前预付款的形式，加大从代理邮局进货的"保险系数"，使《青年文摘》下半月刊出现了供不应求的态势，为此代理邮局以重印下半月刊的方式来满足市场的需要。

☞案例评析

有人说，文摘工作不过是剪刀加糨糊。这只是观其表面，而未深入观察的浅见。如何使一堆似乎不相干的文章，组成一个既协调一致又极具特色的整体，编辑的眼光全在里面。《青年文摘》的成功足以说明这一点。沙里淘金，需要试金石，文摘类刊物的编辑理念就是试金石。编辑的理念就是选稿的标尺，它决定了文章的内容和形式，决定了栏目的设置，最终决定了刊物的风格和特色。

一个期刊是否成功，是否受到广大读者的欢迎，必定有其内在的更为深刻的原因。通观国内期刊，大凡成功者都是如此，《青年文摘》的成功亦如此，具体来说主要有以下几点：

一　主旋律强调共性，多样化要求个性

"我们的办刊方针要着意于教化育人、培养根基。"《青年文摘》是由团中央主管，中国青年出版社主办。它虽不同于团刊，但既要体现青年的特点，又要体现出版社文化积累的必要性。《青年文摘》虽然一般不正面刊登政治理论或阐发方针政策一类的文章，但是，它可以从广阔的思维空间选取一个侧面，把思考的焦点聚集在教化育人、培养根基上。此外，《青年文摘》还抓住一些有共性的、永恒的人生主题。正是这些永恒的主题与时代感强烈的主旋律交相辉映，参差互补，才构成了《青年文摘》的思想内容特色。表现在以下几个方面：

（一）人生教育。尽管时代不同，社会各异，人生教育可以说是个永恒的主题。在人生的教育中，我们特别要注意到的是品格的启发。罗兰说过："没有伟大的品格，就没有伟大的人，甚至也没有伟大的艺术家，伟大的行动者。"气节也是人生中非常重要的。在当前市场经济条件下，社会上一时间出现金钱至上的不良风气之际，使青年懂得"事业文章随身销毁，而精神万古如春，功名富贵随身转移，而气节千载一日"非常重要。

（二）真善美。崇尚真善美，这是人类的本性。尽管善与美在不同的

时代，社会标准完全不同，但总可以找到一些共同的东西。比如那些具有人格魅力和人情味的东西，一定会打动读者的心灵，乃至会影响人的一生。这类主题的作品，最容易把读者的心灵引入到一个崇高的境界，其魅力绝非一般庸俗浅薄的作品所能及，有着非常现实的社会意义。青年教育是《青年文摘》最为突出的一个内容。易卜生说："青年时种下什么，老年时就收获什么。"我们要使青年懂得："青春是有限的，智慧是无限的，趁短短的青春，去学习无限的智慧。"我们要比较多的刊登各种人士在青年时勤奋学习，在事业上取得成功的故事。但与此同时，作为青年的朋友，我们还要认识青年的特点，理解青年。我们在工作时发现，青年中有这样一种奇特的"远"与"近"心理：他们有什么苦恼、忧愁、寂寞，不愿意给老师家长讲，却愿意写信给编辑部倾诉。编辑要真正的理解青年，把刊物办成青年的知音，给青年一个可以无声交流的对象，从使他们得到一些慰藉和启示。

青年教育中还有一个问题值得注意。青年人争强好胜，有进取心，勇于开拓，但青年人好高骛远，急于求成，经受不住挫折和失败，却是普遍现象。因此，一个成熟的刊物，光注意引导青年进取奋斗是不够的，还要引导青年认识："顺境不足喜，逆境不足忧"，培养一个积极进取、勇于开拓与乐观豁达、宁静淡泊相共融的人生观。如果我们能使刊物所包含的思想明确些、深刻些、睿智些，让读者感到"各种蠢事，在每天阅读好书的情况下，仿佛像烤在火上一样，渐渐融化"。那么我们的刊物就有了立足之地。

二　内容决定形式，个性产生风格——"软性"刊物必须要春风化雨，寓教于乐

具有青年教育和文化传播两重性的《青年文摘》，在春风化雨，寓教于乐上如何具体化呢？《青年文摘》有自己的杀手锏。

（一）加强针对性，有的放矢。《青年文摘》以青少年为核心读者群。读者年龄比例：17—24岁占72%，16岁以下占15%，25岁以上占13%。读者性别比例：女性占57.7%；男性占42.3%。读者受教育程度：高等

占45%，中等占44%，初等占11%。不同年龄，不同层次的读者，他们的读书观是不同的。比如说高层次的读者，他们需要的是那些能引起思考、耐得住回味、闪烁着智慧之光的东西。加强针对性的另一个问题是文章思想内容的适时性。同一篇文章在不同的时候刊登，可能会有不同的效果。如根据国内外的形势或重大事件，适时的刊登一些知识性背景资料或人物故事，其效果会比其他的时间刊登要好得多。

（二）能够引起心理共鸣。罗兰说过："从来就没有人在读书，只有人在书中读自己，发现自己或检查自己。"一篇文章，一本杂志，读者喜不喜欢看，其中的道理读者乐不乐意接受，很重要的一点就是能不能够引起读者的共鸣。因为现代读者更愿意先找到共鸣，再去探求和分析。"酒逢知己千杯少，话不投机半句多。"办刊物也是如此，如果你刊登的东西能够引起读者的心理共鸣，如果刊物与读者的心灵相通，如果提供的内容正是读者所寻求的，又何愁"洛阳纸贵"？

（三）哲理与含蓄。刊物要赢得读者，就要满足读者两只眼睛的需求，这就要做到含蓄内在，言近意远。刊物的宗旨，是要体现一种思想，一种意念，它不能是直白的、浅陋的，而应该寓于人物心绪、故事及过程中，让哲学的思考渗透着美学的思想，形成富于生动的、感性的、形象的哲理美。

（四）要富有人情味。关于人情味的问题要注意两个方面：第一是感情必须真挚；第二是注意把握好情感的细腻、温馨与博大、崇高的关系。

三　纸上谈来终觉浅，须知此事要躬行——只有锻炼眼力和功力，方可达到目的

一个刊物无论它的设想如何，都必须通过工作在第一线的文稿编辑去实施，并通过美术编辑包装设计，才能得以实现。刊物是编辑的影子。爱心得匠意，则杰作在望。爱心，要求我们有敬业爱业的精神。匠意何来？这就需要有眼力、功力、想象力和创造力。杂志不同于图书，它是一种连续出版物，它可能会因其中的一篇或一期引起轰动效应。但要在读者心中生根、开花、结果，在刊物之林中长盛不衰，就要靠长久的影响力。办杂

志是一种"持久战"，而不是靠一次两次战斗决定胜负的。要取得"持久战"的成功，不能有侥幸心理或短期行为，需要的是眼力、功力和毅力。

参考文献

［1］张红溪：《且看〈青年文摘〉怎样创品牌》，《出版发行研究》2004 年第4 期。

［2］岳芃：《采掘他山之石——〈大众文摘〉与〈青年文摘〉比较谈》，《报刊之友》2002 年第1 期。

［3］余炳毛：《当代的青年、健康的青年——〈青年文摘〉的形象特征述略》，《报刊之友》2002 年第2 期。

［4］杨青：《品牌崛起的奥秘——〈读者〉〈青年文摘〉创品牌的经验及启迪》，《邵阳学报》2002 年第5 期。

［5］朱胜龙：《只有滞胀的期刊，没有萎缩的市场——〈青年文摘〉的营销策略》，《出版参考》2001 年第1 期。

［6］李频：《期刊营销策划初探》，《学习与探索》1999 年第4 期。

［7］杨润秋：《面向新世纪的编辑理念》，《编辑学刊》2000 年第6 期。

［8］《新京报》2005 年1 月15 日。

［9］李频：《中国期刊发展报告》，社会科学文献出版社2005 年版。

［10］崔保国：《传媒蓝皮书——2004—2005 年中国传媒产业发展报告》，社会科学文献出版社2005 年版。

［11］青年文摘网：http：//www. qnwz. cn/aboutus. aspx. com，2006 - 04 - 15。

［12］中华期刊展示网：http：//www. mashow. com，2006 - 04 - 16。

［13］易文网：http：//www. ewen. com，2006 - 04 - 21。

［14］中华传媒网：http：//www. mediachina. net，2006 - 04 - 28。

《读书》

——读书人的精神家园

作为中国期刊的一个名牌，《读书》与三联书店的众多著名出版物一样，深深地影响了一批又一批学人，在很大程度上左右着读书的导向与学术的价值取向。《读书》是知识界的读物，是学术研究与学术探讨的领地。《读书》杂志着力倡导的是一种自由思想的治学方法，着力营造的是一种互相启发的学术氛围。多年来，通过办刊人的不懈努力，它已经成为中国知识界的一面旗帜。

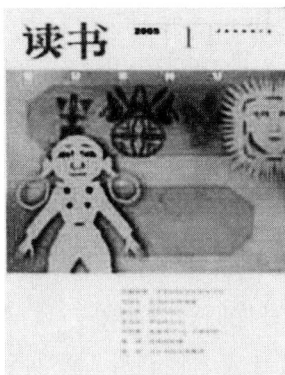

《读书》封面

☞案例介绍

一 展示读书人的思想和智慧，凝聚对当代生活的人文关怀

《读书》杂志由生活·读书·新知三联书店主办，《读书》杂志是以书为中心的思想文化评论刊物，凡是涉及与书有关的人、事、现象都是《读书》关注的范围，内容涉及重要的文化现象和社会思潮，包容文史哲和社会科学，以及建筑、美术、影视、舞台等艺术评论和部分自然科学，并一向以引领思潮闻名全国。

它是以"书"为中心，从思想、文化、学术等方面进行评论的学术刊物。二十多年来，广布知识、探讨问题、解放思想、平等对话、引领读书界的话题、推动社会的读书风气，已成为大家普遍认可的《读书》的特色和贡献，也可以说是《读书》二十多年历史的关键词。

《读书》的宗旨是：展示读书人的思想和智慧，凝聚对当代生活的人文关怀。杂志的主要支持者与撰稿人大都为学术界、思想界、文化界有影响的知识分子。

二　把《读书》办成一个"以书为中心的思想评论刊物"

谈到《读书》最初的风格确定和内容策划，还要从"文化大革命"时期说起，那时三位我国的著名出版家正在干校里被监督劳动，他们号称"陈范集团"，其中有"两陈一范"，"两陈"是陈翰伯、陈原，"一范"是范用，这几位出版界的"老一辈无产阶级革命家"当时的头衔是"出版界的资产阶级代理人"。年逾八旬的范用老先生回忆，就是在下放期间他们几个聚在一起商量"这样下去是不行的，有机会咱们还得办杂志"①。几个老伙计终于盼来了这一天，1978 年 11 月召开党的十一届三中全会，12 月他们就开始筹办《读书》。在《陈原出版文集》中有这样一段话："抗日战争胜利后，我回到上海。生活书店把原来一个宣传推广的刊物《读书与出版》改成一个以书籍为中心的思想评论的综合性杂志，由史枚主编，1947 年春史枚调香港，由我接办。编委会有周建人、杜国庠（守素）、戈宝权，陈翰伯和我五人，我们每个月聚会一次，定选题，分任务，一直出到 1948 年冬，因政治环境恶化而停刊。回头一望，这个杂志在那'黎明前最黑暗的'时刻，起了我们预想不到的作用。"② 很明显，后来确定的《读书》杂志的宗旨："以书为中心的思想评论刊物"，由此而来。《读书》创办时，是属于国家出版局政策研究室的，机构则放在人民出版社，出版名义是生活·读书·新知三联书店（当时不是独立机构，仅有一名义而已）。这一来，出版界的各路英雄豪杰很大一批集合在一起了。陈翰伯和陈原是《读书》的老前辈，"文化大革命"中，两位都是出版界"黑帮"头头，屡被戴高帽子游斗。特别是在反"复辟回潮"时，

---

① 沈昌文：《阁楼人语》，作家出版社 2003 年版。
② 陈原：《陈原出版文集》，中国书籍出版社 1995 年版。

新锐飞扬

期刊策划著名案例

被认为是出版业"复辟"主将，革命小将们于是将这"二陈"命名为"CC俱乐部"。《读书》1981年四月号上那篇《两周年告读者》，是陈翰伯亲自执笔的，当时他已贵为全国出版行业的最高行政主管，但还是保持20世纪40年代办报的那种亲力亲为作风，亲自为报刊写社论。另一个"C"，即陈原先生。陈原先生在《读书》提出种种纲领、主张，最后还要审定重要稿件。他为人温和，但在关键问题上也绝不妥协。曾任《读书》主编的沈昌文在回忆《读书》时说："记得有一位著名的诗人和翻译家，写了感时的旧诗在《读书》发表。某日我们忽然收到署名'某某办公室'的来信，并附一文，批评说是这些诗反党反社会主义云云。这文章发不发？《读书》众帅反复讨论，最后，陈原先生说了一句名言，获得大家首肯：'《读书》的性格，应当是容许发表各种不同意见，但不容许打棍子'。此文经各人反复阅读，认为不是争鸣，而是'棍子'，乃退。"①1979年4月的《读书》创刊号刚出版就引起了轰动性的社会反响，其中最重要的一篇文章就是时任中宣部理论局局长李洪林的《读书无禁区》，该文至今仍被广为传颂。

三 《读书》成为"读书人的精神家园"

《读书》创办之初，在办刊思路上就存在很大分歧，一种意见认为办刊物"重在过程，不在结果"，只要能在思想史中留下启蒙的声音，和"左"的思想作坚决斗争，就算作"烈士"也值得；另一种认为需要讲究策略，温和的传播民主自由的进步观念。因此，两方面常常为了一篇稿子吵得不可开交，最后结果往往是两方面妥协的产物。

同时也有一批人在为读书提供默默地保护和支持，沈昌文回忆说有件事他一直到现在都想不明白："那会儿我们正为检讨过不了关为难的时候，一天我突然收到一封信，上面指名我收，打开一看居然是当时主管意识形态的领导胡乔木的稿子，而且没有通过办公室，是以个人身份让人从邮局寄的。我马上灵机一动把这篇稿子到处给人看，他们大吃一

---

① 陈原：《陈原出版文集》，中国书籍出版社1995年版。

惊，在这个时候，胡乔木居然给我们投稿，也就不怎么难为我们了，他们大概以为我们在上面很有背景，其实我根本不认识胡乔木。"① 直到有一次会议上胡乔木似乎是顺口说道："比如《读书》这个杂志，还要办下去，思想评论也不是不能搞，但要加强马克思主义世界观和毛泽东思想的指导。"②

从那以后《读书》就加强了"马克思主义世界观和毛泽东思想的指导"，减少了对"资产阶级"思想的传播，越来越多的以学术研究的名义讲18—19世纪的革命故事，再就是大谈马克思主义经典，比如《评普鲁士的书报检查令》，旨在引发读者自己的思考。实际结果发现读者其实都心领神会，读者来信络绎不绝。

沈昌文先生对自己的一个策划非常得意，当时有很多读者来信表示希望《读书》能够定期组织一些沙龙性的讨论和座谈，编辑部也认为这样有助于加强作者和读者的交流，丰富选题策划工作。但这个想法，在实施上却有一个非常大的困难，就是这个活动到底如何命名，叫"读者沙龙"当时还是行不通的，"资产阶级"的味道太重；叫"读者俱乐部"也怕会让人联想起"裴多菲俱乐部"。正在苦恼的时候，有一天电视里看到一条牡丹电视机厂组织顾客服务日的广告，沈先生一下子灵光闪现，干脆就叫"读者服务日"吧，读者就是我们的顾客，就跟买电视机一样，我们是在给刊物做售后服务。"《读书》服务日"每月至少一次，租个咖啡馆，摆上十来张桌子，请作者、读者随意坐下，随便喝咖啡聊天，杂志的工作者周旋其间，借机了解信息，讨教主意。这种集会没有主题，不拘形式，甚至有时分不清来的是谁。但这种散漫的形式往往比正式的座谈会更有收获，有一些常客，比如王蒙先生，当时对《读书》的发展就起到了很大的帮助。

那时候的《读书》对于热爱思考的读书人来说绝不是一本简单的杂志而是一个精神家园，在那个读者的选择空间极为狭窄的年代，有人说，你可以不读书，但不能不看《读书》。

① 沈昌文：《阁楼人语》，作家出版社2003年版。
② 陈原：《陈原出版文集》，中国书籍出版社1995年版。

新锐飞扬

期刊策划著名案例

四　保持品牌，开拓经营

《读书》二十多年的发展历程中经历了三代主编的更替，也经历了从"一心编刊、不问经营"到"保持品牌、开拓经营"的思维转变过程。

20 世纪 70 年代末到 80 年代前半期的陈原时代被称为启蒙时期。那时的《读书》高擎思想自由的大旗，一心只为编辑而编辑，而不考虑经济经营问题，而《读书》也正是因此而形成了自己的品牌。当时《读书》在知识分子中的影响力很大，可谓"登高一呼，应者云集，吕叔湘、金克木等一群'文化大革命'时受到压制的开明知识分子纷纷奔投而来。"① 以"读书无禁区"为代表的一系列尖锐触及现实的评论文章陆续发表，《读书》真正成了思想的"解放区"。

1986 年，曾给范用当过秘书的沈昌文，出任《读书》主编、生活·读书·新知三联书店总经理，开始了《读书》的沈昌文时代。与之前相比，《读书》的风格没那么尖锐了，但杂志的发行量并无太大变化。

1996 年，汪晖接任主编后，在保持杂志原有风格的基础上，对杂志内容进行了一些改进，树立了经营理念，开始关注销售和市场，曾经使《读书》的印数达到过最高峰。

"《读书》从创刊起就是个人自费订阅的杂志，只是现在的市场化对利润增长的要求更高，对经营模式的要求也相应更专业化"，《读书》副主编李学军说。这与二十多年前《读书》创办者们最初完全不考虑市场的初衷相比，变化很大。如今，《读书》每年实际发行收入在 400 万元左右，加上一些图书广告收入，利润十分可观。《读书》目前的发行量稳定在每月 10 万份，远远领先于同类杂志，即使在世界范围内，这样发行规模的思想评论性刊物，也是罕见的。

---

① 曹红蓓：《那时〈读书〉》，《中国新闻周刊》2004 年第 31 期。

☞案例评析

《读书》是一份以书为中心的思想评论刊物，它以思想开放、介绍新知而闻名。曾经，很多人因为经常在《读书》中发表文章而成为闻名全国、举足轻重的人物。"杂志与作者相互争辉。杂志创造名家，名家成就杂志。"①

然而，20世纪90年代以来，随着市场经济的深入发展，随着人们对实用知识的渴求逐渐替代对于思想的崇拜，随着各种专业杂志的发展，各个学科自身发展开始凸显，每一个学科开始有自己的文献、自己的方法特征，每一个学科内部，也开始越来越专业化，学生们写论文，也越来越偏向于具体问题的研究，其要求也越来越有规范：要有大量的文献回顾、要有具体的研究问题、研究资料、研究方法选择，以后可能还需要有自己的研究地区。20世纪90年代也出现了许多思潮，还出现了一些热潮，比如制度分析潮流、近代思想史热、政府与市场之争，还有自由主义与新"左派"之争。但这些思潮有很大的学术味道。在这一进程中，《读书》作为一个杂志，也经受了由思想向学术转变的影响，《读书》作为一个思想性而非学术性的杂志，在整个读书界由思想向学术转变的背景下，其所分享的思想崇拜或者学术尊敬，自然也会有所减少。在90年代末，自由主义撰稿人疏远《读书》，《读书》的编辑们热心新"左派"和后现代思想，文艺批评的文章比重越来越大，其所包含的术语等也越来越难以令人理解，离社会现实问题也越来越远，或许恰恰是这些因素，使得《读书》失去了一部分读者，订量有所减少。随着中国学术专业化的继续发展，读书人越来越重视知识，而把思想看作只是知识的一个组成部分，而不再是知识之王。研究者也越来越重视实际问题的深入研究，并且其方法、价值、理论以及所关心的问题越来越专业化或者具体化，那么《读书》作为非专业杂志，其订量肯定会高于专业杂志，但逐渐失去一部分读者，也

---

① 毛寿龙：《善待读书、读书人与〈读书〉》，http://www.xinhuanet.com，2003-04-18。

是正常的。①

再加上二十多年来功利读书思想的逐渐渗透，实际上，《读书》的生存环境并不乐观。然而，在这样的情况下，《读书》仍然能够保持自己的特色，是不容易的。"它没有把自己变成什么阵地，也不是什么思想的专栏，它与学术无关，但也做一些介绍学术思想的事情，它的读者对象主要是关心新思想的读者。它在过去艰难的岁月里走出来，创下自己的牌子；在将来，它也将面临残酷的竞争，继续闯出自己的路子，谋取自己的生存和发展。而没有变化的，就是为读书人办杂志，即使由于读者群的分化而失去读者，但为读书人的宗旨是不会变化的。"②

在这里，我们不想对《读书》将来的命运做什么猜想，我们所能做的，只是祝福《读书》。然而，我们更加期待的是《读书》所倡导的精神和其优良的办刊传统能够继续发扬，能够一如既往地坚持"读书无禁区"的自由办刊思想，正如《读书》的编辑所说，"我们希望的，是让这严肃思想、认真求知的心永远年轻……我们祈祷的，是让我们的自由思想与寻求正义和美的决心茁壮成长，不再遭受践踏和摧毁。我们拒绝的，是哗众取宠的招牌和冷眼背后的非难。"

《读书》 读书人的精神家园

---

① 毛寿龙：《善待读书、读书人与〈读书〉》，http：//www.xinhuanet.com，2003-04-18。
② 同上。

第二部分 生活时尚类

《时尚先生》

——中国男性时尚旗舰刊

　　《时尚先生》是《时尚》的系列期刊。《时尚》杂志社是国家旅游局主管、中国旅游协会主办的中央级大刊。自1993年创刊以来，始终坚持"国际视野、本土意识"的办刊方针，并以其高雅的品位、独特的风格、风趣的文字、新颖的版式引导着潮流，倡导时尚。1997年，《时尚》就分为《伊人》和《先生》两个专刊，单、双月交替出版。1999年，《伊人》变为月刊，《先生》保持双月刊，1999年4月，《时尚先生》与美国 *Esquire* 杂志版权合作，改为月

《时尚先生》封面

刊。《时尚先生》是中国第一本男性时尚杂志，其销量、收入均居中国男性刊物之首。《时尚先生》是世界最大的月刊出版集团美国 Hearst 集团旗下 *Esquire* 杂志的中文简体版。*Esquire* 是世界第一本男性时尚杂志，海明威曾在 *Esquire* 上首次发表《乞力马扎罗的雪》，而《麦田守望者》的主人公霍尔顿·考菲尔德也最先出现在这本杂志上，就连《花花公子》的灵感也来自 *Esquire*。《时尚先生》既吸收 *Esquire* 的精华，又发挥本土集团优势，它的内容涵盖人物、休闲、运动、健康、旅游、服饰、理财、文化动态、各种消费精品及心理情感等男士生活的方方面面，全景描述了精英男士的品质生活。至今已发展成为当之无愧的最适合中国男人需要的一本高档生活消费杂志。

一 《时尚先生》定位中国最具生活品位和
消费能力的男性读者群

《时尚先生》是综合性权威刊物，定位中国最具生活品位和消费能力的男性读者群。《时尚先生》在生活消费方面给予男士们全方位的指导，是描述成熟男性理想、兴趣、好奇心以及感情生活的杂志。其内容涵盖了时尚人物、时装、旅游、休闲、理财、文化动态、各种消费精品及心理情感等男士生活的方方面面，是中国面对成功男士的、最具影响力的生活消费类期刊。

《时尚先生》是最具国际化的男士生活消费引导者，多年来稳固发展奠定了《时尚先生》在中国时尚期刊市场不可替代的地位，它拥有最成熟、最有消费能力、最具生活品位的庞大男性读者群。依靠中国最具实力的期刊出版集团《时尚》，成为国内本土期刊市场上名副其实的领导品牌。《时尚》集团与美国 Hearst 集团合作诞生的《时尚先生》，致力于为中国男性提供最丰富多彩的国际国内潮流资讯以及具有《时尚先生》独特视觉的人文关怀，使读者的物质消费更具品位、生活方式更为健康，同时也使该刊成为国际、国内顶级品牌展示形象的大舞台。

二 《时尚先生》丰富独特的编辑内容
最能满足中国男士需要

《时尚先生》是强势外刊资源与国内编辑力量的完美结合。美国 Hearst 集团旗下的 *Esquire*，是一本具有悠久历史的名牌绅士杂志。在众强林立的美国期刊市场上，其历来以文化品位高、内容独到深刻、聘请著名作家为专栏作者这几大特色作为自己的特长和优势，并因此具有十分强大和持久的影响力。《时尚》集团所属的《时尚先生》，既吸收合作伙伴的精华，又发挥本集团的优秀传统，立足于中国本土，发掘出大量富有特色和价值的内容，使这本具有国际背景的杂志，成为最适合中国男人阅读、最能满足中国男人需要的杂志。《时尚先生》以其高雅的品位、独特的风格、风趣的文字、新颖的版式引导着潮流，刊物每个栏目都别具特色、吸引读者、倡导时尚。

"访谈·人物"：每期都有中国最成功的时尚男人出现在《时尚先生》上，而通过对他们事业、生活有关侧面的精心选取，使他们的形象生动地展现在读者面前，成为大家赏析和学习的对象。由于所宣扬的价值观和品位与广大品牌经营者理念极为吻合，所以此类内容也成为他们所重点关注的对象。

"生活·情感·健康"：男人的兴趣是多种多样的，他们在生活中所需要解决的课题也是多种多样的。《时尚先生》的内容，既着力满足现代化人士在生活方方面面的具体需要，又为他们提供精神生活所需要的养料，并满足他们在体育、旅游、见闻、时事、女性等方面的趣味需求。

"生活消费"：《时尚先生》不仅每期都拿出大量篇幅对最新的服装、汽车、手表、电器等生活消费品和游艇之类奢侈消费品进行系统介绍，还着力对人们的消费观念进行有效引领。同世界一流品牌的经营理念站在统一的出发点，《时尚先生》力求把最新的生活观念、消费动态介绍给时尚男人，并让他们在领悟时尚生活内涵的前提下，把那些最好的物品作为自己最好的生活伙伴。

"品牌故事"：以《时尚先生》的风格进行采写，讲述国际一线品牌发展过程中的故事，区别于一般的软性宣传文章。

"时尚美食家"：这是《时尚先生》为更好地指导人们的消费生活、激发人们的生活情趣，而开设的一个专门园地。其对美食知识、名酒知识和最新的中国各地高档餐饮娱乐场所进行介绍、分析和评价，成为时尚人士的日常生活指南。

三 《时尚先生》产业化经营

时尚集团在中国称得上时尚杂志界的龙头，旗下的每一本杂志都能坐上行业内发行量和广告量的前十名交椅。时尚集团在 20 世纪 90 年代就开始与境外媒体进行版权合作。1997 年 9 月，与美国 IDG 合资成立时之尚广告公司，开始寻求国际版权合作；1998 年 4 月，《时尚伊人》与美国著名女性杂志 *Cosmopolitan* 进行版权合作；1999 年 9 月，《时尚先生》与美国著名男性杂志 *Esquire* 进行版权合作。

时尚集团取法美国 IDG 的经营方式，对于杂志的经营，完全依照产业经营的目标，即以经济效益为目标。因此有关杂志内容的定位、编辑思路以及相关的编辑活动、出版发行等，都服从于投资的回报率。所谓真正的产业化，包括加强对市场的调查和分析，根据市场调查确定投资的目标市场；为进入市场所进行的资本运作；营销策略的制定；生产过程、流通过程，即杂志的编辑、印制、销售、发行、物流等，都以获得利润为目标。

（一）树立品牌——巩固《时尚先生》业界旗舰地位

树立品牌——巩固《时尚先生》业界旗舰地位。品牌形象可说是当今时尚产业的一项无形资本，而它的建立可以通过营销传播活动来造势，包括广告、慈善活动、赞助活动、展览、读者俱乐部，还可以通过一系列社会活动，从而在社会和读者中确立自己的地位和形象。凭借着集团化的优势，利用集团内部各刊间的资源共享，经常联合各刊举办大型媒体造势活动，比如 2006 年初由《时尚先生》、《时尚男人装》与《时尚健康男士版》三刊联合举办的男人节活动，就是它利用集团化打造品牌效应的例子。此外，时尚集团引进了国外常见的读者俱乐部制度，在发行方面坚信取得新客户的成本要大大高于维护老客户的成本。时尚集团旗下的 15 本杂志都会定期直接接触读者，以读者俱乐部的方式记录读者动态，并且不断培养读者的品牌忠诚度。

（二）媒体合作——网络、广播、电视、纸媒

媒体合作——网络、广播、电视、纸媒强强联手。联合各路媒体，唱响时尚的主旋律，发挥各自专长，踌躇时尚之志。国外大多数时尚杂志都设立网站，例如，美国 *Vogue* 的网站 STYLE. COM 就是一个极为成功的网络渠道，它结合了各大品牌的行销通路，成为一个独立于杂志外的营利媒

体。由于中国目前的奢侈品市场尚未发展成熟，时尚集团受限于大环境，无法像 STYLE. COM 一样与品牌建立线上购物的通路，然而时尚集团还是很早就意识到网络媒体的影响力与主导性，率先架构了时尚网站。作为时尚系列刊物的网络版，时尚在线主要由"时尚动态"、"互动社区"和"关于我们"三个平台组成，及时给客户传达时尚系列刊物最新内容及动态、充分利用网络特性为编辑部与读者提供直接对话沟通渠道。重视媒体的核心业务，这也是中国"入世"谈判从未向任何一个国家承诺开放的领域，掌握核心业务，就是掌握了市场的中心地带。

（三）服务为本——读者重要，客户更重要

服务为本——读者重要，客户更重要。精英俱乐部 Esquire Club 全面启动，网罗顶级客户，饕餮高端读者携手高尚品牌，打造精英男士品位生活。《时尚先生》以其独特的办刊宗旨及 12 年办刊历程所积累的丰富资源在 2005 年隆重推出了"Esquire Club 时尚先生俱乐部"。

《时尚先生》将定期举办"Esquire Club 时尚先生俱乐部"系列活动，以《时尚先生》业内的权威显著地位为自身形象及优质品牌提供展示个性的平台，向读者传递全新时尚生活概念，并推荐值得信赖的产品。俱乐部旨在将杂志关注的男人的物质生活与精神生活立体化，以互动的形式加强杂志、品牌与读者三方的积极交流，一切男人关注的问题都将在"Es-quire Club"得到关注、开展讨论。"Esquire Club 时尚先生俱乐部"每两个月举办一次，每期将推出一个为现代男士所普遍关注的热点话题，比如服装搭配、健身休闲、业余收藏、美食美酒，等等。

（四）发行推广——《时尚先生》无处不在

发行推广——《时尚先生》无处不在。户外延续发布、高档场所包括机场、超市、书店等时尚场所全面铺货。《时尚先生》尽管是国内男性时尚刊物之翘楚，依然重视对媒体起重大作用的两大因素——市场和发行。2005 年度，《时尚先生》在北京、上海、深圳等国内一线大城市加大了市场及发行的推广力度，不仅使《时尚先生》杂志的品牌知名度和品牌形象大幅提高，还使发行量一路飙升，屡创新高。

2005 年度"时尚先生"评选活动在北京、上海等国内一线城市推广宣传。繁华路段的巨幅海报不仅传递了"时尚先生"评选活动的最新信息，还有力地提升了《时尚先生》的品牌形象，大手笔的宣传活动领国内男性时尚刊物之先。《时尚先生》和《时尚伊人》强强联合，在 2005年夏发起了新一轮的市场宣传攻势。

2005 年 6 月份杂志（附赠国际两大表展之特辑——《钟表别册》）的上市，在国内一线大城市的报刊亭均张贴有明显的宣传海报，有效地刺激了发行。伴随着《时尚先生》新刊号的启用，加大了其发行推广力度。

（五）广告策划

作为国内时尚男性旗舰期刊的《时尚先生》，在编辑内容上，力求为读者提供更为丰富多彩的潮流资讯。在广告方面，除了常规的硬广告刊登发布，也积极开拓更多的合作形式，以期在市场竞争日趋激烈的现在，为广告客户提供全方位的合作方式，使宣传效果最大化。根据《中国广告》2002 年的统计，《时尚伊人》的广告收益排名在时尚类杂志中名列第一。其他杂志像《时尚芭莎》与《时尚先生》也取得相当不错的广告成绩。尽管集团化媒体可以选择更多的盈利方式，但是由于存在众多障碍，多点经营未必能在短时间内形成效益。而广告收入则是核心业务所直接带来的盈利渠道，是媒体经营不可放弃的最主要阵地。

广告专册策划：时尚界的热点话题、品牌的当季主推产品等都可以以广告专册的形式呈现，丰富的信息可以在第一时间内起到强化的目的，读者对主题的认知也更深入。

杂志特殊形式策划：平面杂志的广告形式可以是千变万化的，不同类型纸张的选择，页面组合的构成，特殊印刷工艺的运用等都可以让原本单调的平面广告形式变得立体生动，并最大限度吸引到读者的注意力。《时尚先生》凭借多年丰富的策划经验，为客户提供不同需要的特殊广告形式方案。

合作专栏策划：服务于客户长期主题宣传的需求，开辟符合产品特点与杂志编辑特点的专题栏目，根据《时尚先生》读者的阅读习惯和兴趣，设计相应的编辑主题，每期连续刊登不同内容相同版面设计的文章，达到

新锐飞扬

期刊策划著名案例

读者连续阅读而积累的深度记忆,特别适用于客户主线产品的推广。

☞案例评析

以往在现实生活中,人们对"时尚"这个词汇的含义并没有一致认同的答案。一部分人认为,时尚就是时髦,是关于穿衣打扮的学问,是对新潮生活方式的追逐;另一部分人则认为,时尚就是目前人们所向往追求的东西,比如财富、成功,谁取得的成就大,谁就是时尚的引领者……仅仅局限于某一模式、某一方面,并不能涵盖社会中绝大部分人的想法和趣味。特别是对于男人,他们的志向、生活方式和思维的兴奋点是多种多样的,根本不存在一个统一的框架模式。

Esquire 杂志的总编戴维·格兰杰(David Granger)先生,对男士杂志的解释是这样的"*Esquire* 很独特,因为它是一本男士杂志。我们不能称它是男士服装杂志,它也不是一本男士健康杂志,更不是男士赚钱理财的杂志。以上所说的任何一种杂志都不是 *Esquire*,*Esquire* 是它们的综合体,包含它们所有。它已经诞生六十四年了,是一本描述男士兴趣、好奇心以及热情的杂志。"

《时尚先生》是中国第一男刊,它隶属中国最具实力的期刊出版集团时尚集团,是中国男性时尚生活旗舰刊,是中国第一本男性时尚杂志,也是销售量、销售收入第一的中国男性刊物。业界人士常说中国的传媒市场还有 90% 没有开发,但一进入操作人们却都涌向那已经争夺得十分激烈的 10% 的市场,而 90% 的市场在哪里根本没人看到。一窝蜂的现象不能带来真正的市场的繁荣,反而会导致伪竞争、恶性竞争,造成人力、物力资源的浪费。相对而言,综合性的时尚类期刊市场已趋于饱和,目前占据优势地位的《时尚》、《世界时装之苑——ELLE》和《瑞丽》三大家,既有多年来积累的经验,又有相对的国际资源优势,自身的品牌也逐步成型。《虹》、《世界都市》和《风采》等第二梯队刊物也经过不懈的努力在市场基本站稳脚跟。而读者对于综合类时尚期刊的需求其实十分有限。

未来市场的发展趋势必然是细分化、专业化,时尚类期刊也是如此。对于读者定位,绝大多数时尚类刊物都是定位于 25—35 岁的职业女性,月收入在 3000 元以上，甚至 5000 元以上。大家都炮制时尚期刊是因为此类杂志广告看好，或者说所谓白领阶层和时尚人群最受广告主青睐，这实际上是个误区——当你的发行量微乎其微或者说发到一定量就不敢再发时，你的所谓"白领"时尚人群根本就是一个可以忽略的、无法准确描述的、想象中的人群。与其去抢占别人已经开发好的市场，不如去开拓新的疆土。主妇类杂志的出现是开发分众获得成功的一个较好的例子，避开已经形成了一定规模和气候的综合类，挖掘出新的读者需求。少女类、男性类也开始了市场方面的探索，激烈的竞争刚刚开始。

杂志本身就是一种小众媒体，与广播、电视、报纸相比，它是唯一的真正意义上的付费媒体。广播节目的收听、电视节目的收看绝大多数是免费行为，虽然需要购买收音机、电视机，但是对内容的消费基本上是免费的。报纸、有线电视需要付费，与杂志相比所需费用十分低廉，几乎可以忽略不计。但是杂志，尤其是时尚类杂志，动辄 18 元、20 元，甚至近几年出现了 39 元的《新娘》杂志，30 元的《青年视觉》杂志，这对于消费者来说，是一笔不小的支出，因此，在购买的时候会格外在意其内容是否物有所值。

期刊的种类增长很快，同质现象严重。包括《时尚》、《世界时装之苑——ELLE》、《瑞丽》在内的相对来说做得比较出色的杂志在内容方面也往往陷入既有的窠臼。提起时尚是什么，大家都会说真正的时尚是一种生活态度，是一种不断求新、求美、求高品质的生活态度。但是眼下的时尚类杂志大多流于表象，有欠深意和人文关怀。不少读者都反映，一些时尚杂志虽好看，但只限于"瞬间"，过后留下的印象很浅；也有的读者有鸡肋之感，觉得"食之无味，弃之可惜"。表面上看来都是提出要引领读者享受高品质的生活，追求格调，但是往往所谓的高品位就是彰显各种名牌的价值，而名牌意味着价格昂贵，背后所隐藏的还是物质的力量。杂志所提倡的确实是一种优雅动人的生活，但是要实现这种生活，必须有相当的经济实力。

参考文献

[1]《时尚先生》2004 年 1—12 期，2005 年 1—10 期。

［2］《时尚》2003 年 7—11 期，2004 年 3—10，2005 年 1—10 期。

［3］《新闻记者》2005 年第 8 期。

［4］《时尚先生》主编逄伟致辞：见证男人的时尚。

［5］www. trendsmag. com。

［6］www. trendsmag. com/trendsmag/esquire/。

［7］www. trendsmag. com/trendsmag/client/about/affair. jsp。

［8］www. trendsmag. com/trendsmag/client/about/esquire. htm。

《时尚先生》

中国男性时尚旗舰刊

《瑞丽》

——十年铸就辉煌，领跑时尚杂志

《瑞丽》封面

《瑞丽》系列期刊是由中国轻工业出版社主办，北京《瑞丽》杂志社出版的著名系列品牌杂志。《瑞丽》以设计美丽，设计生活为出版宗旨，以伴随女性生命的每个阶段为出版理念，以实用、时尚为编辑方针，自1995年创办以来，《瑞丽》即以信息量大、实用性强、图片精美的特色开创了中国时尚杂志的实用先河，赢得中国广大城市女性的厚爱。其中《瑞丽服饰美容》和《瑞丽伊人风尚》两刊的发行量多年以来一直名列全国时尚杂志发行首位和第二位。

☞案例介绍

一 《瑞丽》伴随女性生命的每个阶段

瑞丽品牌办刊理念：《瑞丽》伴随女性生命的每个阶段。瑞丽品牌严格推行"按生活状态和年龄细分读者"的定位策略。定位鲜明的出版理念保证企业经营方向具有无限的延展性；旗下各刊定位明确、协调发展、全面开花，《瑞丽》已形成强大的品牌效应。瑞丽品牌出版宗旨：设计美丽，设计生活。《瑞丽》视"提供女性美丽与生活的自我设计提案"为己任；既满足女性对美丽、青春、幸福的一致愿望，又发挥时尚杂志对

"生活设计"的演绎功能；构筑完美，连接目标读者和广告客户，提供最富商业推广价值、最实用的时尚美丽、生活内容提案。瑞丽品牌编辑方针：实用、时尚。分享潮流时尚，引领消费观念，设计美丽生活。《瑞丽》始终站在时尚最前沿，以及时准确的流行情报和贴心称心的扮靓指导，将世界潮流热点与时尚精华转化融合为东方风格的实用提案，奉献给中国的普通女性，鼓励她们走进时尚、分享时尚，帮助她们成为从内涵到外表都有品位有气质的现代女性。瑞丽企业文化：创新、团队、奋斗、领先。创新是瑞丽人的基本原则，渴望突破、鼓励脱颖、激情与想象力是《瑞丽》至宝；团队是瑞丽人可持续发展的基石，团结与主人翁精神成就《瑞丽》；奋斗是瑞丽人走向成功的境界，正视挑战，敢于竞争，不懈奋斗；领先是瑞丽人不断追求的目标，不满现状，自我完善，务实拓展，追潮流之尖，领时代之先。

二 子刊争奇斗艳，整合利用资源

《瑞丽服饰美容》是中国发行量最大的女性时尚杂志。时效性最强、信息量最大、实用度最高、图片最丰富。国际时尚精华，指导自我形象塑造，为都市年轻女性提供最具影响力的服饰美容潮流资讯。引领都市女性掌握美丽技巧，提供即学即用的扮靓搭配，影响她们的审美取向，改变她们的生活方式。它具有定位明确的内容结构和目标读者。其读者60%为年轻女性，20%为大学生，其他人群占20%。

《瑞丽伊人风尚》是一本指导都市白领女性美丽与生活的时尚杂志，时尚与实用、优雅与智慧完美融合。为都市白领衣着打扮提供美丽必读，帮助成熟女性提升气质修养。鼓励女性拥有事业，拥有情趣和多样的生活，帮助她们追求身心和谐的生命质量。推介品位时尚，提供美丽秘籍，设计最鲜活的消费文化及新兴生活方式。它的读者定义为最具消费能力的"骨干"女性读者群。其读者60%为白领女性，30%为其他职业女性，10%为大学生。其内容50%是关于服装服饰的，25%是关于生活方式的，20%是关于美容健康的，5%为其他。

《瑞丽家居设计》帮助都市高、中收入阶层实现高品质居家生活，积极倡导优雅生活品位，传播卓越家居理念，引领实用、华美、舒适的家居消费，主张家居的人文关怀，推介国际最新家居潮流和强档精品，全方位提供家居实用提案。它拥有一批消费能力强、生活富足的读者群，其读者50%为公司职员，25%为高级白领，15%为私营企业主，10%为自由职业者。

《瑞丽时尚先锋》是一本倡导时尚女性个性、创意和品位的潮流杂志。抢先推介最新、最 IN 的前沿时尚，收集多样化的流行情报。聚焦服饰搭配、化妆美发以及生活、娱乐领域，展示鲜活时尚，发出品牌声音。倡导女性尝试新鲜事物，多样选择，多样生活，开拓女性的生存空间和视野。鼓励女性追求梦想，同时引导她们脚踏实地、认真追求。其读者定义为"立志引领潮流"的都市女性，55%为新兴时尚行业及自由职业者，25%为大中学生，20%为关注时尚品位的其他人群。其内容48%为服装搭配，20%为生活方式，17%为美容发型，10%为娱乐，5%为其他。

《瑞丽 BOOK》是瑞丽品牌的刊书延伸经营。《瑞丽 BOOK》已出版十个系列50余种，累计印数达400多万册，其中部分品种重印次数达到十余次。①

《瑞丽 BOOK》是《瑞丽》首推的品牌延伸业务，内容覆盖美衣、美容、美肤、美发、美体、美足、美家、美文等领域，集专业海量的实用信息提案于一体，最大限度与读者分享时尚。它密切追踪《瑞丽》期刊内容的市场反馈，洞察市场玄机，第一时间策划系列刊书。集图书的严谨、系统完整性和期刊绚丽的色彩、灵活的版式、煽情的文字、消费主义风格为一体，成就《瑞丽 BOOK》独特阅读风景。《瑞丽 BOOK》沿袭完全市场化的期刊经营运作模式，哪里有《瑞丽》杂志，哪里就有《瑞丽 BOOK》，实现《瑞丽》期刊、活动、网络资源的整合利用。《瑞丽 BOOK》具有 B2B 服务客户的更佳途径，将客户的品牌内涵和产品使用融入《瑞丽》的实用内容，既顺应读者获取信息的心理，又满足客户沟通消费者的要求。主打系列有《百搭系列》、《伊人系列》、《完美妆容系

---

① 参阅《瑞丽 BOOK——瑞丽品牌的刊书介绍》，http：//www. Sina. com. cn 2005 年 12 月28 日。

列》、《完美发型系列》、《美体系列》 等①。

三 小众化的受众细分,高针对性的营销

瑞丽品牌的成功秘诀:

第一,实用化的品牌定位,小众化的受众细分。1999 年,瑞丽率先在中国期刊界明确提出按年龄和读者状态细分目标读者的期刊定位原则,并成功应用于《瑞丽》的发展战略。这样的细分策略使得《瑞丽》对读者群的划分更加细腻。在设计美丽,设计生活,伴随女性生命的每一个阶段这样一个总的品牌定位之下,《瑞丽》又为处于不同年龄和生活状态的小众女性量身打造了四本不同风格的贴心读物。

第二,从内容方面来看,《瑞丽》可使读者获得视觉和精神的双重享受。

第三,卓越的广告营销和高针对性的营销活动。媒体的盈利模式,原来靠发行,现在多靠广告。《瑞丽》在传统的基础上加上了一些新的盈利模式。走的是"发行 + 广告 + 物流 + 媒体整合"的综合盈利模式。《瑞丽》借助已经树立的良好形象,积极开展各种形式的营销活动,实现了以下两个营销目的:

(1) 提高《瑞丽》杂志的品牌知名度和美誉度,加强受众对《瑞丽》的认同感。如瑞丽俱乐部和美丽研究室经常邀请会员、读者参加品牌的新品发布会,或是某品牌的时尚创意大赛,并及时通知会员参加《瑞丽》读者 SHOPPING 活动等。

(2) 提高广告客户的品牌知名度,帮助品牌与消费者进行零距离的沟通。如曼秀雷敦封面女孩大赛,利用曼秀雷敦和封面女孩间美丽这一连接点展开活动,赢得了全国 16—24 岁女性的广泛关注,通过大赛对于选手的选择标准,生动而详尽地阐释了曼秀雷敦的品牌内涵,扩大了品牌知名度。

---

① 参阅《瑞丽 BOOK——瑞丽品牌的刊书介绍》,http://www.Sina.com.cn 2005 年 12 月 28 日。

第四，完善的发行体系。2003 年之前，《瑞丽》的发行依托轻工业出版社发行部。其后，《瑞丽》将发行转交给大华弘景期刊发行公司代理其发行业务。大华弘景由大华发行公司和轻工业出版社合资成立。作为专业的第三方发行公司，大华弘景将《瑞丽》的发行业务剥离出来，实现独立经营和市场化运作，并在以下方面取得了相对优势：1. 通路优势。大华弘景的发行网络覆盖了中国地级以上市场和县级市场，使《瑞丽》的发行形成垂直营销渠道网络联合体，发行网络稳定健全。2. 信息优势。大华弘景拥有强大的信息管理系统，为《瑞丽》的营销活动、直投业务等提供详尽的市场和读者两方面的信息反馈，及时跟踪了解市场和读者状态，为《瑞丽》进一步营销推广提供调查报告和数据分析。3. 网点优势。大华弘景发行渠道畅通、灵活，网点覆盖除传统的报刊亭、书店外，还建立了机场、地铁、超市、便利店、校园等专门针对《瑞丽》目标读者的新的销售通路。

四 借用外部资源进行品牌推广

《瑞丽》和招商银行推出的《瑞丽》联名信用卡是一个典型的传媒借用外部资源进行品牌推广的案例。2005 年 9 月，《瑞丽》联手拥有丰富的信用卡发卡及服务经验的招商银行，共同推出了专门为都市女性量身定做的瑞丽联名信用卡，将对时尚女性的关爱进一步升级。这张联名卡不仅是一张功能全面的国际标准信用卡，还是瑞丽俱乐部的会员卡，拥有瑞丽会员专享的贴心服务和瑞丽特惠商户的折扣优惠，可同时积累招商银行和《瑞丽》的积分。该卡在 2005 年 9 月 10 日上市时就曾引起市场的普遍关注，因为尽管市面上女性信用卡众多，但由于瑞丽联名信用卡整合了招商银行和《瑞丽》传媒的双重资源，它不仅成为国内首张香味信用卡，还拥有众多富有特色的特约商户和折扣优惠，自然成为女性钱包中常备的标志性爱物。

瑞丽联名信用卡能迅速成为 2005 年信用卡产品创新的一大亮点，并喜获《新周刊》"创意中国 TOP10"，除了该卡内外兼修的品质外，可爱的维尼趴趴熊开卡礼以及由《瑞丽》传媒提供的一万份法国著名化妆品娇韵诗试用套装抽奖等营销策略也是俘获众多女士芳心的全新创意。一方面，对于《瑞丽》这个媒体来说是把时尚生活和时尚文化进一步落实到实用层面的重要举措，是一种基于品牌发展理念的商业化创新，将《瑞丽》"设计美丽、设计生活"的理念延伸至金融领域、日常消费领域，提升品牌知名度。《瑞丽》将通过不断增加媒体产品和服务的附加值，强化自身作为中国领先的品牌媒体形象、增加读者忠诚度。另一方面，对于招商银行来说，引入新锐时尚的品牌元素，提升了品牌层次；利用合作方的发行销售渠道，扩大了用户圈；建立良好的媒体关系，增强了媒体公关能力。

☞案例评析

2005年4月世纪华文国际传媒对北京、上海等内地十大城市时尚类杂志的市场调查显示，《瑞丽服饰美容》占21.09%的市场份额，《瑞丽伊人风尚》紧随其后，《时尚·COSMO》排名第三，市场份额基本维持在10%—15%之间，《瑞丽时尚先锋》第四，"ELLE"第五。《瑞丽》之所以能在同类杂志中位居前列是因为它不是将"小帆船"绑在一起，而是用心打造"航空母舰"。自1995年成立以来，《瑞丽》开创了国内第一个覆盖18—40岁年龄跨度的女性系列媒体，相继推出的瑞丽系列丛书，瑞丽女性网，瑞丽读者服务部都是根植于瑞丽品牌，逐渐将《瑞丽》服务立体化的过程。随着2005年8月《VOGUE》登陆中国，《ELLE》(《世界时装之苑》)、"Cosmopolitan"(《时尚·COSMO》)、"Marie Claire"(《嘉人》)、"Harper's Bazaar"(《时尚·芭莎》)，全球五大高档女性时尚杂志齐聚中国，这意味着时尚类杂志的竞争更加激烈。在大风大浪中如何站稳脚跟，风格是有效的核心竞争力，这就好比全球化的今天，"任何公司想依赖于其产品好于或差别于其他对手的这样一种能力已经变得极其难以维持了"(Bert Rosenbloom：《营销渠道管理》，机械工业出版社)。虽然借鉴日本的杂志风格，使《瑞丽》从创刊伊始就风格明晰，有着较高的起点。但是，作为一个真正的一流的杂志，需要在拿来主义的基础上充分消化吸收，根据本土化的需求，真正形成自己独特的风格。《瑞丽》所一直坚持的实用风格固然是有效地吸引读者的一种方式，但是，究竟"实用"在哪个层次上，值得进一步思考；中国纺织出版社和日本讲谈社合作推出《昕薇》杂志，上海美术出版社和日本著名的 *Oggi* 杂志合作推出了《今日风采》杂志，在风格上都与《瑞丽》相当接近，这表明《瑞丽》曾经相对独特的日式风格也已经不再有与众不同的地位，怎样继续保有在市场上的特色，是《瑞丽》所急需解决的问题。另一方面网络杂志热持续升温，这使得更多的机构和公司投身网络杂志的开发及运作。传统杂志的两大巨头时尚系和瑞丽系也在运作网络杂志，但不管是时尚系的《时尚炫妆》、《时尚先生》还是瑞丽系的《瑞丽姐妹》，从内容上来看，不过是把传统杂志的内容进行了简单的整合，加入了部分素材，和多媒体网络杂志相比还是有相当的距离。

参考文献

[1]《解读〈瑞丽〉》，新闻网，2004 年 3 月 8 日。

[2] 马雪芬：《瑞丽十年演绎实用时尚》，《中国图书商报》2005 年 9 月 9 日。

[3] www.ruili.com.cn，2006 – 09 – 07。

[4]《〈瑞丽〉期刊是一个品牌媒体》，www.mediaok.net，2005 – 08 – 23。

《女友》

——女性的知己，男性的知音

    《女友》杂志社成立于 1988 年，同年 7 月诞生了《女友》月刊。《女友》自创刊以来，坚持开拓创新，制定远大目标，努力向高标准看齐，与国际接轨。多年来，《女友》以鲜明的特色、较高的文化含量和文化品位，以信息、知识、思想和审美的高要求、高标准，精美的装帧设计和印刷，以突出而成功的广告质量和效应造就了自己的品牌优势。自《女友》1988 年 7 月创刊以来，发行量每年递增 30 万，到 1993 年 10 月，月发行量高达 153 万。

《女友》封面

☞案例介绍

一　以拟人化为核心，以情动人、以理服人

    鉴于众多女性期刊当时已有的特色和风格，《女友》力求别具一格，把主体读者选择在 15—30 岁这个年龄段；在充分照顾女性读者的同时，将吸引男性读者也作为目标；而且，"面对读者，不愿为师，只愿做友"，尽心尽力做"女子的知己，男子的知音，所有男性和女性读者的益友良朋"。以拟人化为核心，原总编王维均要求《女友》的文章力求在求新、求实、求真上下工夫，力求做到以情动人、以理服人，突出女性温柔、细腻、富于情感的特点；若七音台阶动人心弦，若涓涓清泉沁人心田。为

此，《女友》在总体设计中，从创刊号开始，就采取拟人化的办刊手法，让《女友》以一位美丽、聪慧、善良、温柔、热情的现代东方女性的形象展现在读者面前，要求在"爱与美"的永恒主题下，通过心的交流、情的交融，给读者朋友最真诚的理解、启迪、帮助和慰藉，与读者朋友一道开阔视野，增长知识，排忧解难，娱乐消闲。从卷首到按语，只要是代表《女友》杂志的，一般都用身边的女友的口吻亲切对话，多用"我"，而不用"我们"。

二 体现高水平的思想性和高层次的知识性

根据既定办刊宗旨和"交友、服务"的职责，杂志社每年都从形势发展和读者需求的实际出发，认真研讨、设计骨干栏目，尽最大努力使《女友》期期有新意，年年上台阶，逐步走向"大型化、深内涵、新视觉、高品位"。从最早的"新潮透视"、"危墙档案"、"黄河女儿"、"生活原型录"、"异性对话"，到后来的"红黄蓝纪事"、"女友专访"、"LOVE 你我他"、"那年那月"、"现场新闻"，再到1995年的"女友行动"、"新新新闻"、"女性百相"、"女友生活方式"、"真情善始终"、"淡蓝色情调"等专栏，始终突出社会热点新闻和读者关心的、离日常生活很近的大选题，使文字艺术不只是一般的信息传递，而是赋有深刻的观点、深邃的思想、深度的哲理；以生动的"多样化"奏响时代的主旋律，体现高水平的思想性和高层次的知识性。

三 主题内容是杂志的灵魂

主题策划历来被办刊人重视，因为它是办刊宗旨和编辑指导思想得以体现的保证。一本文化综合类期刊，如果没有主题，就等于丧失了灵魂。《女友》的主题主要是通过三方面来策划落实的。

（一）认真制作特别企划

《女友》杂志社从适应读者需要和引导读者上进的客观实际出发，通过组织编辑集体讨论，共同拟定选题，然后交给执行编辑具体制作。形式可以多样，内容却必须具有针对性、普遍性、典型性、时效性，有时还要尽可能保持连续性、系统性。例如1990年和1991年，杂志社根据党对宣传工作的要求和青年读者中存在的思想倾向问题，把全年各期的特别企划主题分别确定为：热爱生命、热爱家庭、热爱女性、热爱青春、热爱劳动、热爱儿童、热爱党、热爱军队、热爱教师、热爱祖国和真实、善良、美韵、友情、亲情、童年、创造、奉献、知识、爱情、健康、幽默；1996年，根据近年来改革开放中出现的一些社会现象和问题，提出要用现代科学的眼光和思路，对中国传统文化进行新诠释、再认识，古为今用，弘扬民族优良传统，倡导文明生活方式，防止道德滑坡，把前半年《女友》特别企划分别确立为：忠、孝、礼、义、廉、信和吃、喝、住、穿、戴、行。

（二）精心编撰重点栏目和重头稿件

一本杂志要充分体现主题效应，除了特别企划，还需要通过重点栏目和几篇重头稿件来配合、衬托。在这方面，《女友》杂志一直是指定专人来认真完成的。在"女友行动"、"女友专访"、"红黄蓝纪事"、"那年那月"等常设栏目中，记者自己深入采访、撰写的《寻找生命的复苏》、《男人：进亦忧，退亦忧》、《希望工程：人人有书读》、《汗青纪事：沉痛悼念毛泽东主席逝世》、《1990，我们崇拜什么》、《1993年的遗憾》、《张海迪的轮椅世界》、《一个叫牛玉琴的女人》等"专题专稿"，都是非常成功的。

（三）在细节上下工夫

编辑在栏目、文章的前后，适当地加上提示、注释、说明性文字（栏头语、题头语、按语、编后等），对沟通作者、编者、读者的感情，强化舆论导向，渲染、突出、深入主题，有着不容忽视的作用。《女友》从创刊到现在，一直追求精益求精。比如，在"那年那月"栏目前加上"回首那年那月，思索今朝今夕"；在"心态曝光"的专栏前，加上"透过友人的瞳孔，寻找自己的影子"；在《人口增殖大忧虑》文题下，加有

"科学家警告人类:人口膨胀所构成的威胁,仅次于核毁灭……中国使世界人口倾斜!中国人口危机——大忧虑!!!";在《逝者魂安在?》一文前,加上"热爱生命,生命才真正辉煌。在人生的搏击中,谁都无权过早地退场";在《关于重庆"中美合作所"的最新报告》一文前,加上"没有历史感的民族,是没有希望的民族,忘记了为中华民族新生而献出了生命的先烈,是对祖国母亲的背叛"。这些文字,不仅扩充了栏目和文章的感情色彩,而且增强了宣传力度和说服力,在很大程度上,起到画龙点睛的作用。

四 与时代同步打造时尚品位

时代发展到今天,审美意识已经渗透到了社会各个领域,整个世界充满了艺术之美,人们对美的要求也达到了更高档次和更大范围。商品的装潢,早已变得款式新颖、色彩绚丽。作为精神食粮的出版物,《女友》不能不与时俱进。

在期刊林立,五彩缤纷,令人眼花缭乱的格局下,《女友》杂志社尽量适应年轻人喜新求变的时尚心理,从开本、纸张、印刷,到语言风格、文图效果,进行不断改进。先后将《女友》从 16 开本 48 码,改成国际标准 B 组型大 16 开 64 码,又改成国际标准 A 组型大 16 开 96 码另加 8 码彩插。封面、内文用纸,也由国产铜版纸改为进口铜版纸,52 克凸版纸改为 55 克专用胶印纸。形式上的革新带来了封面设计的全新创意,多那么几个几十个毫米的地界使装帧设计人员有了纵横驰骋艺术情思的乐土。自然的,全新的面孔引来了好奇的读者。这一全新的革命使《女友》杂志的市场占有量从 60 万册一跃上升到 108 万册。读者惊喜,《女友》杂志社惊喜,期刊界瞩目。中国大众化文化生活类期刊改幅扩版的大革命之潮由此涌动,《女友》的改版对中国当代期刊界、印刷界都产生了强劲的冲击波①。

---

① 傅岩山、陈德保:《〈女友〉:文化生活杂志的一枝奇葩》,《编辑之友》1995 年 4 月。

（一）封面设计

封面是期刊自己的最佳广告版面，在图片、文字、色彩及其构图上，自然需要十分讲究。在版式编排与美术装帧上，《女友》力求体现现代风貌。其"封面女友"的策划与实施，更是独家首创，最新奉献，每个女性读者都有机会在《女友》上尽显她的丽姿秀容。这首先是对美丽聪慧、热情现代的东方女性形象的强化，也是对读者阅读立体地位的自觉认同。这种编辑呼唤读者参与，读者美饰期刊的双向交流活动，生动、鲜明地反映了《女友》期刊策划的新潮性。这种新潮性，既体现在美容美姿装点期刊门面的表现形式，更在于现存其中的尊重读者、切合读者心理的现代编辑观念。

为了充分展示《女友》的个性特色，杂志社不但通过多种渠道，征集组织封面人物照片，还多次邀请专业摄影师和《女友》封面模特，进行专门拍照。他们每期将刊名和版本作为装饰性符号固定在一个位置，以不同字体、不同色彩将要目排列在醒目的地方，追求的效果就是要给读者一个坦诚的自我介绍；用青春女性亮丽明快的形象和具有美感、诗情意境的文字有机组合，让人们在书摊货架前一眼就能看到《女友》熟悉、鲜亮的面孔。

（二）版式设计

《女友》较早地采用了"美学介入"的编辑手段，提出了《女友》要适当向画刊靠近，在栏目、标题、文章内容的综合设计下，尽可能多地发一些能表现真情、有内涵、有品位和审美价值的图片，来拓宽、深化、升华主题，扩大读者视觉和心理上的感受。为此，还特别制定了《美术编辑规划》和《女友杂志社美术编辑职责》20 条。在《'94 新版〈女友〉美术编辑规划》中，提出了"大型化、高品位、深内涵、新视觉"的新概念，以此来规范和要求设计人员。《女友》不是把装帧设计作为文字和图片的简单组合，而是使图文尽可能地达到内在形式上的协调和外在形式上的整体统一，把图文版式作为期刊整体表现效果的一次再创作。他们对版式的整体要求是：清新、淡雅、整体、大图、大空白；用图不用整页，避免粗犷的感觉。配图要求简洁、优美、现代、含义深刻，多用摄影作品，为读者提供合适的视觉感受；配发的纪实类图片均应有文字说明，字号字体要保持一致，讲究规范，协调；栏目标志图案风格要系列化，期期都有，不能随意调换；版式总体设计要有空白，构成要大气、雅致，体现《女友》的整体品位格调；而且文稿标题字体也要体现女性的温柔美丽，少用黑体字；点、线、网的大小、粗细、深浅，都要使用准确，要考虑成品后读者的视觉效果，注入阅读的流畅、舒适感，每页用图不得少于一幅，以此来增强对读者的吸引力。①

（三）广告设计

广告对文化综合类期刊来说，已经成为不容忽视的一方领地。它不仅仅是为树立企业形象、产品形象和宣传促销服务，也为人们提供商品经济信息和指导生活消费服务，还为读者扩大视野、了解社会、增强现代文化艺术修养服务。作为一种消费文化，广告在期刊中不应该是一般性的厂家介绍、产品罗列、性能说明书，它应作为一种艺术作品，成熟地融入期刊之中，成为期刊不可分割的一部分。这方面做得好坏，都将直接影响着期刊本身的品位和档次，所以广告设计对期刊的装帧显得尤为重要。《女友》杂志社强烈意识到了这一点，不甘落伍，配备了专业人才，分别在广告语言、广告美术设计上钻研探索，创新制作。无论是彩页广告，还是内文广告，都收到了良好的效果。《女友》用美的图片，合理的文字组合，合理的文图结构，使读者能在欣赏画面美感的同时获得广告信息。使《女友》在创新和竞争方面具有独到的优势。

五　赢得社会效益和经济效益的统一

让读者和作者崇敬一个刊物的发行量，这在市场经济下纯属正常，也是每一个期刊社必须努力的一个重要趋向。因此，《女友》杂志社的做法是：

---

① 陈德保：《从〈女友〉装帧策划看市场竞争》，《中国出版》1996 年 3 月。

（一）强化自我形象的树立

《女友》创刊不久，就在封面和内文里反复打出这样的口号："《女友》——男人的朋友，女人的朋友。""爱在你心中，爱在我心中。""LOVE（爱）——《女友》永恒的主题，不变的旋律"。"母爱、父爱、孺爱、眷爱……骨肉亲缘之爱；珍爱、热爱、喜爱、友爱……党朋同仁之爱；慈爱、宠爱、敬爱、怜爱……师徒干群之爱；性爱、婚爱、恩爱、情爱……人类常理之爱。""读者朋友，作者朋友，我们都是朋友，所有我的朋友都是您的朋友，您所有的朋友都是我的朋友。""《女友》——新潮、温情、挚爱、互助。订阅一份《女友》，每月一份温柔。"可见，爱（LOVE）和友（FRIEND），始终是《女友》在读者面前树立自我形象的两面旗帜。并且在每年的发行月里，又精心构想、隆重推出自我广告语，比如1992年，《女友》改版（改为国际大16开本）宣言："跨世纪之行——迎接中国期刊新转折"；1993年，"《女友》风：追求之风、创造之风、奉献之风、参与之风"；1994年，"《女友》十八变：一种厚实的感觉、一种不落伍的感觉、一种完美的感觉、一种满足创造欲的感觉"；"变、变、变，1995年推出《女友》第三代：开本规格又大一码，印刷纸张又上一品，美术设计又出一格，内容风格又入一境"，"《女友》爱心坦白：风雨欲来、风雨同舟、风雨无阻、风雨兼程；相信我，1996我是你的好友"。与此同时，编辑部还把新的一年里《女友》将要实施的新举措、新行动、新变化、新承诺，撰文公开发表，告诉读者，以接受读者的监督和检验。

（二）注重成本核算

在目前形势下办刊，如果不能按照当时当地的纸价、印价、邮发费用认真核算一本刊物的成本，合理地确定其销售价格，这就无异于拒绝承认期刊是商品，拒绝参与市场竞争，拒绝进行新时期期刊社应有的建设和发展。《女友》杂志社一旦意识到了这一点，就把核算和定价作为《女友》营销的重大问题进行调研、决策。1994年、1995年，《女友》连续两次大幅度涨价。但1996年，在增加一个印张的情况下，《女友》价格仅上

《女友》

女性的知己，男性的知音

调 0.20 元。这种似乎违反常情的做法，其实是经过科学分析，有意识采取的一种市场竞争手段。《女友》有着明确的目标，就是要从中赢得社会效益和经济效益的统一，而这种统一，具有很重要的战略意义，它会经得起时间的考验。

（三）采用有效的促销手段

产销合一，供需见面，由生产单位直接把握推销出售商品的多种做法，对我国商品经济的繁荣和发展起了极其重要的作用。可是，至今社会有关方面还没有形成统一意见，使得期刊的发行渠道和手段仍然只能限定在某种单一的方式下。面对这种状况，《女友》杂志社只好采取在夹缝中生存和开放搞活的办法来实现发行难度的突破。例如，有选择性地在一些大城市举办展览，开展活动，与读者联谊，与邮局、书摊联手，借以打开那里的封闭市场；在正刊以外，编印推销其他一些友情系列出版物，为正刊扩大影响，开辟市场；改发行月印制招贴画为印发小贺卡，直接向县、区邮局致函通联，来调动基层第一线发行人员的积极性等。

六 注重编读互动,做读者知心朋友

《女友》自创刊开始就把"互动"这两个字打在封面上，后来，又随着时代的发展进一步将它演化为"快适飞跃，相形连胜"。《女友》杂志社从最初成立的公共关系部、美化生活服务部，发展为现在的惠友文化科技开发公司、期刊研究室，都是专门来负责这方面的工作的。编辑部一直坚持每期《女友》都要刊出读者"调查表"和"评刊表"，从读者那里不断汲取营养，接受监督。《女友》还通过举办函授、大赛、联谊、单身客厅、文明诗友笔会以及邮购等活动，为读者进行培训教育、排难解忧、社交结友、生活消费的服务，并通过开辟"女友答问"、"珍妮信箱"、"绿色沙龙"等专栏，与读者直接对话交流。

多年来，《女友》坚持认真编办仅供内部参阅的《评刊专栏》、《信息简报》，并且在处理来自读者多种信息的同时，经常利用有利时机为编采人员举办专题报告会、座谈会、一年一度的期刊理论研讨会和季度编辑工

作会议。要求人人开动脑筋，畅所欲言，出思想，出理论，出点子，最后统一认识，形成文件文章，把多方面的具体任务落实到每一个人的职责觉悟和本职工作上。①

☞案例评析

对于《女友》的整体策划，王维均总编这样说："我们这些从客观实际出发的总体策划，既符合时代发展的潮流，又符合编办现代期刊的规律；这正是《女友》赢得读者、发行量不断上升的关键所在。但是，达到对这种认识的明确和统一，也有一个过程。曾经有一个时期，面对关于《女友》是'文化快餐'、'短期效应'、'玩表面花样'的议论，我们曾有人发生过动摇，想模仿他刊，沿袭传统办刊手法。后来《女友》连续三年稳步发展的事实，才使大家得到了启示：怀疑《女友》的探索与成功，其实是对新时期应有的办刊手段缺乏本质的了解；期刊市场日益走向繁荣和成熟，我们办刊人不能再带着在这方面的无知和幼稚，来看待期刊界出现的新气象和大趋势。期刊在市场上的竞争，从实质上看，它是在争夺读者。选定读者对象，贴近现实生活，体现独特个性，乃是一种刊物在市场上得以立足、发展的关键。作为20世纪80年代后期创办的现代文化生活类期刊，《女友》最成功之处在于办刊人一开始就认定了这份期刊面向大众的商品属性，承认并尊重这一客观事实，办刊同仁们苦练内功发掘自身潜力，千方百计在办刊实践的各个环节去努力适应改革大形势的要求，使各项措施针对优胜劣汰的市场法则。刊物形象、刊社形象的优化巩固和宣传强化，成为《女友》大步走向市场的重要一步，关键一步。实践证明，我们抓住了读者的心。"

在《女友》1988年第2期卷首《本刊主编的话》里，王维均朴朴实实地写下了这样的文字：

"我爱《女友》，因为《女友》像我：

——面对读者，不敢为师，只愿做友；

---

① 王维均：《〈女友〉营销策划及市场反馈效应》，《编辑之友》1996年3月。

——面对作者，尊贤敬能，以文会友；

——面对编辑、记者，对社会，对所有的人，多些怜爱和理解，多些友情与友谊。

我想，大家都该是这么样……"①

王维均总编认为：作为精神产品、社会宣传教育媒体的大众文化生活类期刊，社会效益是它的最高生存原则，经济效益是它的起码生存基础。办刊人既要关注期刊的文化意识形态属性，更须留意它的市场商品属性。两种属性之中，先后、大小、轻重之分是显而易见的。办刊之难，便是在二者间寻求平衡。多年来，《女友》杂志社在直面市场、服务大众、巩固并强化杂志形象的同时，高度重视期刊作为精神文化产品所独具的意识形态属性，并在组编稿件的每个环节坚持原则，刻意求新。他们在编采工作中始终坚持一个指导原则：吃透两头，搞好渗透。所谓两头，一是上头即党中央和各级领导、管理部门的指示精神、有关文件，另一头即是广大读者、人民群众的情绪、意愿，存在的问题和实际需求。渗透之说，主要指寓理于情、寓教于乐，让读者沉迷于丰富多彩健康活泼的刊物内容中去，进而在潜移默化中达到指路育人的目的。也就是说，要在稿件编排中力戒虚张声势好为人师的学究气、道学气，把理论深度和道德教化全方位地落实到刊物新鲜活泼、赏心悦目的文章、图片、版式中去，在办刊实践中较好地解决三对矛盾：党的要求和读者情趣之间的矛盾，刊物品位格调和市场实际需求之间的矛盾，服务对象和发行量之间的矛盾，最后努力达到三个统一：政治方向与宣传艺术的统一，现代意识与国情民情的统一，高雅内容与活泼形式的统一。②

在装帧策划上，王维均认为《女友》走过了一条艰难曲折的路。"毋庸讳言，我们的革新创意，是吸取和借鉴了一些海外期刊的长处；但是，所有做法，都是从我们的社会现实出发，是把现代新潮意识和国情、民情有机结合的再创造。无视时代前进的大趋势，无视社会发展的新潮流，无

---

① 傅岩山：《开弓，没有回头箭——〈女友〉杂志访问记》，《新闻出版交流》1995年第5期。

② 李频：《黄土地走出的"书呆子"——记〈女友〉社长、总编辑王维钧》，《新闻爱好者》1994年第6期。

视市场需求的快速变化，无视读者的情趣与愿望，闭关自锁，因循守旧，绝办不好现代期刊。"

在谈到《女友》与读者的"互动"问题时，王维均感慨万千："它使我们越来越深刻领悟到：今日期刊的广大读者，有着越来越突出的现代阅读心理：他们不再是单纯的、目标很清的求知求识，对各种信息、问题的了解带着浓郁的好奇心和随机性；他们不再是盲目信从宣传中的流行导向，而是具有强烈的思维独立性和研讨开拓欲；他们不再是仅仅满足于良师的教化，更多地希望接受益友的影响；他们刻意寻找一种契机，想从中得到思想沟通、情感抚慰、尽兴尽趣、娱乐消闲；他们希望幸运机遇，以获得婚恋、家政以及学习、工作、生活上的种种实惠。在这种心态下，他们购阅期刊有着新的完全正当的要求：要以平等的身份与作者、编者对话，交流，同声相应，同气相投，建立精神上的联合、心灵深处的共鸣；要以拥有者的资格走入刊物，占领其一席之地，来想其所想，闻其所闻，言其所言，为其而为，进行爱与憎、好与恶以及喜、怒、哀、乐、烦、忧、躁的自我调节；要以大家庭的一员，同刊物一道走进社会，参与活动，干预社会，享受生活，在新潮、温清、挚爱的民主态势中展示自我。这些，无疑是我们现代期刊走向成熟、走向兴旺的能源和推动力。"

观念的转变是根本的转变。《女友》营销策划的创新，来自办刊人对传统办刊观念的更新，同时也促成了这种观念更新的递进。然而，观念的转变又是艰难的转变。它要不断冲破自身及周围有关方面、有关人员的守旧影响，每前进一步都得付出闯路的相应代价。能让《女友》始终坚定不移的只有一个信念——前途是光明的，道路是曲折的！

参考文献

[1] 初弈：《谈谈〈女友〉的创意性思路》，《今传媒》2005 年第 2 期。

[2] 刘志杰：《从〈女友〉看期刊的广告策划》，《出版发行研究》2005 年第 5 期。

[3] 李频：《王维钧与期刊编辑学研究》，《中国出版》1994 年第 2 期。

《女友》┃女性的知己，男性的知音

《知音》

——生活的教科书、读者的知心人

《知音》封面

《知音》杂志社创立于 1985 年 1 月，除了品牌杂志《知音》以外，还有 7 个子刊、5 个子公司、1 个网站、1 所学院，员工 710 余人，总资产逾 4 亿元，净资产 2.3 亿元，利税收入 7000 余万元，产业由期刊出版延伸到网络媒体、广告经营、书刊发行、印刷制版、物业开发、高等职业教育等领域，基本形成了多元化、规模化经营的格局。2000 年 1 月，经湖北省人民政府批准，成立湖北知音期刊出版实业集团有限责任公司。

其核心产业《知音》杂志是中国发行量最大的新闻纪实类杂志，由湖北省妇联主管，它以故事性见长，讲述社会上发生的逸闻趣事、新闻事件、重大案例、名人明星信息，以及年轻人的时尚生活。关注社会、关注焦点、关注潮流，集时代性和趣味性于一身，呼唤人群的正义感，提供消闲生活的娱乐新闻，开辟寻梦季节的专用空间。信息量大，被拥为读者群中最喜闻乐见的知音，已经深深地植根于读者心目之中。《知音》在二十余年的发展历程中，可谓一年一个样，年年有辉煌。

一 追求人文关怀,做平凡人的知音

《知音》杂志是湖北省妇联主办的刊物,但她的定位并没有局限于在妇女朋友中发展,而是通过这个"窗口",把触角延伸到社会生活的方方面面。《知音》名字的由来就是做一般读者的"知音"。所面对的读者年龄层是18—45岁,文化程度一般为高中至大专以上,男性读者占48%,女性读者占52%。因而《知音》的读者对象定位于平凡人身上,故事也主要来源于平凡人,写平凡人的不平凡故事给平凡人看,题材也是主要体现平凡人之间的亲情、友情、爱情、人性等,为此,《知音》制定了"深入生活、深入家庭、深入心灵"的办刊原则,坚持在内容上突出"人情美、人性美"的主旨。

"'人情美、人性美'是中华文化的传统美德,也是人类共有的人性深处最美好的精神和情感,它主要包括三个方面:一是探索创造,包括人的追求、奋斗、创业,并以此实现人生价值;二是无私奉献,包括人与人之间、人与社会之间的各种美好关系,如友情、亲情、爱情等。三是生命的尊重关怀,包括对生命本身的感悟、体验和诗意表达等。"① 这些人性中美好的东西是通过真实的人生故事表现出来的。

二 追求纪实风格——以典型的新闻故事
表现人性中美好的东西

动人心弦、给人以心灵的震撼,是《知音》最显著的风格特征。作为纪实性杂志,《知音》要求它的故事完全真实。为了做到这一点,他们有一套严格的审稿制度,即每一篇稿件要经过五道审核关:编辑—编辑部—执行副主编—总编—法律事务部,主要是审查新闻作品的证明材料

---

① 文心、李艳华:《〈知音〉杂志发展的三大战略探讨》,《编辑之友》2005 年第 1 期。

《知音》生活的教科书、读者的知心人

是否齐全。从 1997 年开始，除"三通过"的证明外，还必须具备其他证明要件。《知音杂志社编辑管理规定》第三章第十五条明确规定："编辑所发新闻纪实性稿件必须严格审查其真实性，下列要件不具备不予签发：（1）审查文稿是否有作者单位和主人公单位签署的意见和公章；（2）审查文中主人公是否同意发稿；（3）有些不便由主人公及其单位签字的稿件，要审查是否有其他可以证明的材料，如案件报道中的人民法院判决书、离婚案件中民政部门所发的离婚证、民事纠纷中合同书、协议书的原件或复印件；（4）二审和三审时认为必须提供的证明材料。"并要求每一篇稿件要提供作者单位的证明及相关的证明材料，并与第一作者签订有关作品"真实性"的协议书。

《知音》在表现"人情美、人性美"时，从来没有说教，而都是通过普通人的真实故事，在善与恶、美与丑的激烈冲突中表现出来的。如 2005 年第 21 期的《我相依为命的父亲，携女流浪南北》，讲述了黄来女和父亲相依为命的故事，黄来女自幼被母亲抛弃，父亲带着她一边流浪一边供她读书。她考上了武汉大学，此后，父亲又来到武汉汉口吉庆街卖唱继续供女儿上大学，谁知，一天父亲突然小脑出血，脑瘫在床！医生说，即使保住了性命，也可能是长期卧床的植物人，遭此厄运的黄来女举目无亲，身无分文，她打电话给唯一可以依靠的叔叔，叔叔说：让他死了算了！然而，父亲没有死，甚至站起来重新拉起了二胡，女儿的泣血反哺之情，感动了武汉，创造了催人泪下的生命奇迹。基调是悲壮的，但绝不让人感到压抑、感到气馁、感到人生无望；而结局则是光明的，给人以希望、给人以力量，让人感受到生命的可贵、感到生活的美好。文章所关注的是老百姓的道德建设，而这种道德的基调，是"天行健，君子以自强不息"的阳刚之美，是"扶危济困，趋善抑恶"等中华民族的传统美德与社会主义道德的完美结合。

三 以质量求生存，跟上读者的需求变化

《知音》从 2004 年以来，从总编开始自上而下加大质量管理的力度，全面切入组织稿件、题材选择、文字加工、主题提炼、整体策划、标题制

作等编辑过程。力求实现与刊物内涵、风格的高度契合，使内容与形式并驾齐驱。封面设计，突出画面的张力和视觉冲击力，使《知音》的封面更加亮丽和时尚；版式设计，追求自然和率性的风格，使版面更加清新和大气。严把政治关，牢牢掌握正确的舆论导向。早在创刊之初，杂志社就提出了在政治上与党中央保持一致、在内容上保持对社会和人民群众健康有益、在品位上保持高雅的格调等"三个保持"的编辑原则。"1986年，杂志社制定了'六不发'的规定，即违背四项基本原则，违背党的路线、方针、政策和国家法律法规的不发；涉及党和国家、军队机密的不发；纯粹展示社会阴暗面和丑恶现象的不发；违反社会主义伦理道德的不发；渲染打斗、凶杀、色情和封建迷信的不发；传播性技巧的不发。"①

为保证杂志的质量，《知音》提出"篇篇可读期期精彩"的质量标准，这是市场标准也是读者阅读标准。胡勋璧总编经常审阅并策划稿件，并与编辑直接对话讨论稿件，使总编的理念渗透到各个编辑环节；在这种表率作用下，各子刊亦把质量提到最重要的位置，多途径多层面地开展工作，通过专题论证，题材招标、集体攻坚、证伪辩论方法对每一篇稿件、每一个细节甚至每一段文字进行甄别、推敲、取舍，同时启动质量监督机制，组织专业人士对每篇待发稿进行真实查证、内容查新，不放过任何一篇有疑点或低质量的稿件。

读者的需求是一个变数，读者的需求在不断的刺激中才能得到有效提升。杂志尽量展示故事本身，让读者从中悟到一些东西。这样做开始是比较受读者欢迎的，但随着生活节奏的加快老这样也不行，所以现在也在改变。在不少文章当中新闻背景有很多的形式，编前、编后，都是讲一些比较重要的问题。比如学生心灵的关怀，有一个主题，同时有两篇文章，一篇是湖南的一个大学生由于遇到思想的问题，承受不了准备到西藏自杀，结果学校动员很多的力量在去西藏的路上把学生找回来了。还有一篇文章写一名高中老师，侮辱一名女学生，骂她不值钱，后来这名女同学自杀了。这两篇文章的报道，引起社会的思考，呼吁教师

---

① 潘杏英：《勤奋耕耘的"老黄牛"——记〈知音〉副总编雷一大》，《传媒》2001年第2期。

关爱学生。

四 实行人才战略，建立编辑队伍

刊社在用人机制上比较灵活，实行企业管理，一般是采用招聘形式吸收人才。倡导公平竞争，不拘一格选拔人才。对人才的任用打破身份和资历界限，唯才是举，注重以实力求地位。定期对全社员工的工作表现进行考核，对工作能力强、业绩显著的员工给予奖励表彰，包括对其工作岗位、职务、职称及相应待遇进行调整，为各类人才提供能最大限度发挥其才干的空间与舞台。

杂志社内部编辑工资刚开始全是效益工资，后来，采用了固定工资和效益工资相结合的办法。改变原来单一按完成版面数量对编辑进行考核管理的方式，实行"全程跟踪、全方位考核、全面培养提高"的"三全"考核管理方式，并将单纯的"版面奖金"分配方式改为：经全方位考核后确定编辑的工资奖金等级，实行级别工资奖金与版面奖金相结合的分配方式。促进编辑把工作作为安身立命的事业，全身心地、创造性地、高效率地主动工作，而不是为了工资奖金被动工作。用总编胡勋璧的话，就是编辑应该有策划能力、组稿能力、编辑能力等，应该是一个全才。

五 开展各项活动，与读者、作者建立感情

（一）促进妇女健身活动，提升杂志品牌形象

"知音杯"第二届全国亿万妇女健身活动展示大会于 2004 年 5 月 16—17 日在武汉市成功主办。《知音》杂志社为这次活动捐资人民币一百万元。本届全国亿万妇女健身活动展示大会以"知音杯"冠名，对《知音》杂志社是极大的鼓舞。品牌杂志为品牌活动的展示大会冠名，相互促进，相得益彰。

（二）举办笔会，回报优秀作者

2005 年 12 月 24 日在编辑王唯、张晓羲的带领下，一批优秀作者参

加了为期12天的《知音》中国香港—泰国—中国台湾笔会，这是《知音》期刊出版集团举办的第18次《知音》作者笔会，它是对2004年有突出贡献的作者的真情报答。作为对优秀作者的奖励，出行的全程费用由集团承担。这次笔会加强了各地作者之间、作者与知音编辑之间的情感和业务交流、沟通。

（三）《知音》开展有奖读者调查

为提高刊物质量，征求对《知音》改版后的意见，2006年7期《知音》杂志和知音网上同时开展"有奖读者调查"，真心实意地听取读者的批评、建议。

六　积极开拓海外市场

早在1996年，《知音》杂志社就创办了《知音·海外版》，以此作为知音集团国际化战略的探路者。这本杂志瞄准海外华文传媒市场，主要反映国外生活题材或国内的涉外生活题材，进一步突出情感性、故事性、哲理性、可读性、传奇性。杂志的出版体现了决策者超前和富有创新性的眼光，为中国杂志的国际化树立了一个成功的典范。自1996年创刊到现在，它一直深受海内外华人读者的青睐与好评，发行量节节攀升。

作为《知音》的姊妹刊，《知音·海外版》具有其自身特色，它由"名人明星"、"真爱天空"、"性情男女"、"聚焦围城"、"风雨人生"、"环球传真"、"温馨季节"、"名人情事"、"体悟生命"、"神童纪事"、"动物世界"、"本刊特稿"、"广角镜"、"爱海拾贝"、"精彩趣闻"、"惊悚故事"十六个栏目组成，强调"人情美"、"人性美"。既有中国留学生在海外的奋斗史，又有国外普通人的情感故事，还有名人明星鲜为人知的爱情经历，内容丰富、情节感人。稿件来源包括自己撰稿和在英美报刊及互联网上选材编译两种方式，尽量突出"涉外性"。

七 打造核心品牌,带动多元经营

　　《知音》杂志社的期刊产业发展属于多元发展的模式,多元产业格局是以《知音》杂志为核心的期刊出版、网络媒体、广告经营、书刊发行、印刷制版、物业开发、高等职业教育等产业构成的。《知音》杂志是核心品牌,也是产业收入和利润的核心。在杂志社的 3 亿元收入中,《知音》杂志 700 多人,创造了 70% 的利润。《知音》杂志在《知音》整个产业中的核心地位,决定了其在《知音》多元产业发展中的主导作用。

　　"如果从核心产业与其他品牌产业的延伸和规模来看,《知音》的品牌结构分为四个层次:第一是品牌产品《知音》杂志,第二是延伸出来的《知音》系列刊,第三是与《知音》出版密切相关的知音系列子公司,第四是战略性投资项目。"[①]

　　知音的多元产业,均与核心层产业《知音》有密切的联系,通过品牌资源延伸来实现产业多元化经营的方式,降低了投资风险和开发成本,实现低成本扩张,从而较快达到产业发展目标。

　　从杂志发行来看,大多数中国杂志主要依靠邮局。订户先把钱交给邮局,邮局按月和刊社结算,既占用读者订阅款的利息,同时刊社也很难得到自己订户的数据。"知音发行公司成立后独家承担《知音》延伸产品和《知音·海外版》的发行。在全国 20 多个省的邮局建立了发行分点,增强了杂志社发行上的抗风险能力,发行公司直接进入期刊发行市场,能更及时、更准确地调查了解发行信息。"[②] 对自己的读者数据掌握得非常清楚。

　　《知音》的期刊产业通过向印刷业的延伸,进一步赢得了力争实现社会效益和经济效益最大化的主动权,解决了印刷质量不稳定,在印刷环节被盗版、盗印、盗卖的问题。刊社以很优厚的条件委托知音印刷一厂,利用这个厂的技术力量在武汉市建立了第二个印刷厂;建立了相关的制版部门,承接了《知音》在本地的印刷业务,印刷问题得到了解决,而且印

---

　　① 胡勋璧:《品牌资源延伸与规模化经营——解读"知音"发展之路》,《出版发行研究》2004 年第 10 期。

　　② 同上。

刷质量在全国同类刊物中居领先水平。"知音印务公司与有关造纸厂研究定制的'知音专用纸型'几乎已经被全国多数大刊采用，淘汰了传统的期刊用纸。印务公司不仅承印了部分《知音》杂志，还承印了《中国监察》、《读、写、算》等十多种中央及省级期刊和其他出版物，成为湖北省最大的期刊印刷基地。"[1]

八　定价适中，靠发行带动效益

《知音》定价一直是根据读者大众消费水平决定的，价格从 0.2 元，调整到现在的 3.5 元，始终是大众文化生活刊的中间价格，这个价格是由几个方面构成的，一个是自己的制作成本，另外一个考虑的因素就是读者的承受能力，主要考虑的就是这两方面的因素。《知音》主要是靠发行，同时广告也是它的一个重要收入来源。因为有了发行量广告也自然就来了，它们之间的比例是 3：7，大概发行收入占 70%，广告收入占 30%。《知音》创刊号发行量就达到了 40 万份，当年月发行量突破了 100 万份，创造了中国期刊史上的奇迹，第二年年底达到了 120 万份，第三年达到了 137 万份，成为当时全国期刊市场中成长最快、最为轰动、最知名的杂志之一。目前月发行量突破 600 万份，居世界文化综合类期刊第五位。

☞案例评析

前几年《知音》一直面临一个战略突破问题：如何突破月发行量 450 万这样一个"瓶颈"，从而结束几年的徘徊。胡勋璧总编通过多方面思考认为期刊质量仍然是解决问题的重中之重，质量的突破是增长发行量、促进经营增长的基础，《知音》不能仅满足在竞争中领先，要获得战略性突破，一定要靠抓质量来提升品牌的核心竞争力，从而在市场竞争中保持不败之地。品牌的核心竞争力，不同于一般的市场竞争力；也不是简单的在

①　胡勋璧：《品牌资源延伸与规模化经营——解读〈知音〉发展之路》，《出版发行研究》2004 年第 10 期。

《知音》 生活的教科书、读者的知心人

一个时期发行量或经济效益的领先，它是一种由《知音》品牌的基本理念、精神风格、文化模式及运作方法的综合影响力。对《知音》而言，它为读者所营造的《知音》化的阅读氛围或效果是独一无二的，是其他刊物不可模仿、复制、替代或移植的。

"讲述老百姓的故事，表现蕴藏在老百姓身上的人情之美、人性之美，这一方向后来几乎成为所有社会文化生活类期刊的共同追求。许多读者都说，他们常常是流着泪读《知音》的文章的。《知音》对'人情美、人性美'的宣传，初期主要体现在对亲情，如好丈夫、好妻子、好父亲、好母亲、好公婆、好嫂子、好妯娌的报道上。近年来，在坚持这一内容的同时，进一步拓宽题材：着重编发了贫困地区捐资助学和贫困地区孩子艰难求学的典型；残疾人自强不息的典型；尊重和保护妇女儿童、维护妇女儿童合法权益的典型；社会各界关注重病患者、伸出援助之手抢救同胞生命的典型；人们用爱心温暖感化刑事犯罪者及一时误入生活歧途者的典型；在商业竞争中为富向善、舍利求义的典型；下岗后仍顽强奋斗的典型等。"① 有力地倡导了人情与友情，讴歌了挚爱与友情。通过故事的娓娓道来让读者领悟到一些东西。故事当中所说的某一个女主人公或者某一个男主人公的这样一种很悲惨的，很蹊跷的经历，会让你觉得生活在平淡当中真是一种幸福！你为这个故事当中的主人公抹了一把辛酸的眼泪之后，你会非常舒畅地面对自己平凡的生活。

在读者对报刊感兴趣的情况下，报刊提供的知识和信息量越大，展示的阅读世界越是丰富多彩，就越能激发出读者新的需求兴奋点。近年来，《知音》在形成稳定目标读者群的基础上，实行报刊纵向和横向扩张并举的提速战略，在纵向扩张方面，通过缩短报刊的出版周期，扩大读者的阅读空间，加快了报刊与读者见面的频率，满足读者对知识和信息的渴求，加大对读者需求激发和引导的力度，从 2006 年第 1 期起，《知音》全面改版升级，每月正式推出 3 期（全年 36 期），即上半月版、下半月版和月末版，每月将有三本质量标准相同的《知音》与读者见面；横向扩张方面，通过创办子刊等形式，延伸读者的需求，把读者在阅读中激发出来

---

① 潘杏英：《勤奋耕耘的"老黄牛"——记〈知音〉副总编雷一大》，《传媒》2001 年第 2 期。

的需求引向新的阅读世界，营造新的细分市场，利用母刊的品牌优势，进行市场细分，派生子刊，如《知音》杂志办了《打工》、《好日子》、《商界名家》等。由于自身的一体性，便于协调运作，实现集约化具有内在优势，其规模发展会更加有保证。各个刊物在规模、内容、结构上都是各有分工的，不会相互分歧，只会有相互支撑的作用。另外一些信息面就更宽了，信息更丰富了，对《知音》是有帮助的，不会有内部冲突。主刊也好，辅刊也好，从各方面的实力来讲，比如经济实力、编辑实力等方面的整体实力强了。

"以发展求生存，以实力求地位"是知音集团企业精神里的名言。知音集团的主打产品就是杂志，如何办好杂志，扩大杂志发行量，就是知音最大的目标。从知音的创刊、每一种杂志的诞生、每一家子公司的成立发展，到今天整个公司的多元化、集约化的经营模式，每一阶段、每一次成立无不体现着创新的思想。编辑部编辑稿件采用逆向思维，使得《知音》的文章可以脱颖而出，拥有同类刊物所不同的特色，广告公司的彩插、小彩插广告及其成本收回方式的创新，为广告公司取得了良好的经济效益，同时又不会影响杂志在读者心中的形象；创新精神推动着知音一步一步向前发展。

参考文献

[1] 江海生：《〈知音〉是如何走俏的》，《金融经济》2001 年第 7 期。

[2] 胡勋璧：《品牌资源延伸与规模化经营 解读〈知音〉发展之路》，《出版发行研究》2004 年第 10 期。

[3] 罗志松：《有情有感 可读可谈 从〈知音〉的实践看现代期刊的价值定位》，《报刊之友》1999 年第 1 期。

[4] 潘杏英：《勤奋耕耘的"老黄牛"——记〈知音〉副总编雷一大》，《传媒》2001 年第 2 期。

[5] 文心、李艳华：《〈知音〉杂志发展的三大战略探讨》，《编辑之友》2005 年第 1 期。

[6] 彭巧莲、李铁锤：《以"情"制胜——论〈知音〉杂志对情感的利用》，《出版发行研究》2003 年第 11 期。

[7] 李晓晔：《根深叶茂——访〈知音〉杂志社长胡勋璧》，《传媒》2002 年第 1 期。

《知音》生活的教科书、读者的知心人

《家庭》

——飞入寻常百姓家

《家庭》封面

《家庭》杂志是中国最畅销的精品期刊，中国家庭最贴心的朋友，双高期刊，全球综合类期刊排行前八名，全国最畅销杂志之一。办刊二十年来，家庭杂志社走过了一条不平凡的创业之路，取得了令人瞩目的业绩，成为广东省妇联系统的一面旗帜，也是广东省妇联的骄傲。1998 年 10 月，在《家庭》创刊 200 期之际，省妇联党组特下达粤妇字〔1998〕14 号文，做出表彰《家庭》杂志社的决定，并号召全省妇联系统向《家庭》杂志社学习，掀起新一轮的创业热潮，为广东增创新优势做出新的贡献。

☞案例介绍

一 展现家庭生活情感、关注家庭最关注的问题

《家庭》原名《广东妇女》，创办于 1982 年，家庭杂志社是广东省妇女联合会创办的文化事业单位，20 世纪 80 年代，《家庭》提出的口号是"《家庭》，温馨的港湾，实用生活的指南"。20 世纪末，《家庭》进一步

调整，推出"最精彩耐读的婚恋故事，最权威实用的家庭百科"。办刊宗旨是：促进现代家庭生活方式的变革，营造幸福美满的家庭，展现人间生活情感、关注家庭最关注的问题，爱情、亲情是《家庭》不变的话题，展现家庭生活情感、关注家庭最关注的问题是《家庭》永恒的旋律。

据调查，《家庭》平均每周可以覆盖到 361 万居民，拥有的读者规模相当大，读者每期平均阅读时间为 2.47 小时，高于居民总体的阅读时间。《家庭》的读者不一定是家庭的经济支柱，但她们一定是家庭运作的中心点，她们是家庭日常生活用品和保健品、药品的消费决策者和购买者，在家庭中的地位十分重要，是家庭消费的主要决策者，她们非常关注防皱、祛斑、减肥等美丽话题，对购买大件家电用品拥有相当的话语权。

二　内容策划

（一）一支爱岗敬业、精益求精的编辑队伍

家庭杂志社自创办以来，始终坚持以刊为本，坚持把社会效益放在第一位，模范遵守党的有关宣传方针、政策和纪律，严格遵守国家有关出版法规、规章，不断强化精品意识，努力为社会、为读者奉献精美的精神食粮，注重提高文化品位和文化含量，在读者中享有良好信誉。刊社本着竭诚为读者服务、向读者负责的高度责任感，严格遵守执行国家《广告法》，所刊登的广告广受社会各界好评，家庭杂志社多次被广东省广告协会评为"重信誉、创优质服务先进单位"，并被指定出席世界第 34 届广告大会。这些年来，刊社领导先后多次得到党和国家领导人的亲切关怀和接见。1989 年 11 月和 1999 年 9 月，全国人大副委员长陈慕华、彭珮云同志曾先后亲临家庭杂志社视察，对刊社多年来在两个文明建设中所取得的突出成绩分别给予充分肯定。

（二）读者互动

质量是期刊的生命，期刊首先靠质量去创造价值。20 多年来，《家庭》一直在不断改进刊物的内容和表现形式，在微调中使刊物常变常新。

《家庭》不断通过文章理念、实用栏目、征文比赛、咨询活动、每信必复、读者座谈会、联谊会、读者评刊办刊活动、全国大规模的各种公益活动等为读者、为社会服务，成为千百万中国家庭的贴心朋友，从而增强读者的亲和力和品牌忠诚度。[①] 许多读者在少年时开始订阅，《家庭》伴随他们的成长和婚姻历程，也伴随并帮助他们把子女教育成人，而子女中有不少也成为新一代的《家庭》读者，因此《家庭》固定订量始终位于同类期刊前茅。

（三）媒介互动

2002年1月25日，家庭期刊集团挂牌，《家庭》为实施品牌战略，打造媒体旗舰，制定的具体目标包括五大工程：继续发展以家庭为主题的期刊系列，将实用型的社会生活类期刊出版范围扩张到时装、家具、休闲、保健投资、理财等领域；筹备创办家庭出版社，以填补华南地区妇儿出版空白，实现集团内资源的优化配置；以投资合作形式进入电视领域；利用现有品牌和实力投资经营音像公司；积极洽谈对外合作，在合作中提升品牌、增强实力。同时，建立家庭信息网站，筹办《东方家庭》走向海外，与有影响的电视台开拓媒体互动的新领域，积极开展多种经营活动，热心公益，造福社群，树立了良好的家庭形象，刊社综合实力不断增强，社会效益和经济效益均取得显著成绩。目前，《家庭》正与境外大型传媒集团商谈有关合作意向，与外省市电视台商谈开办"家庭"电视频道等事项，有的已进入实质性谈判。

三 擦亮品牌，以"家庭"为主题细分市场

2002年3月，《家庭》期刊集团花巨资委托权威媒体调查机构对中国城市居民阅读家庭生活类杂志情况进行全国范围的市场调查，同时对《家庭》若干市场指标进行考评，从而对《家庭》的现状及未来发展态势有了基本判断；在此基础上对《家庭》从内容定位、读者定位、个性风

---

① 徐春莲：《〈家庭〉杂志总编徐春莲：期刊集团巨资"变脸"为哪般？》。

格定位作了相当大的调整，使品牌策略更适应市场的变化，2002 年 9 月，家庭期刊集团通过媒体郑重宣布，他们将花 30 万巨资，全球征集《家庭》封面设计精品。在《家庭》20 多年的历程中，改版并非第一次，这种大手笔"变脸"的举措却是第一次。2003 年年初，调整后的杂志受到市场青睐和读者、发行商的好评，在全国期刊普遍季节性下滑的情况下，《家庭》的发行数字仍出现可喜增长。打造品牌是每一个办刊人的梦想，而不断擦亮品牌、使品牌保持长久生命力是期刊在激烈市场竞争中立于不败之地的有力保证，《家庭》通过市场测评重新为品牌注入新活力，并随着读者需要的改变来调整刊物，从而在保护品牌的同时提升了《家庭》的品牌价值。2000 年，集团推出的两本《家庭》系列刊——豪华刊《风韵》和配合 21 世纪素质教育、倡导亲子文化的《孩子》面世后，采用全新的运行机制和管理模式，使集团在"家庭"主题市场细分化方面走向成功的一步。

四　一体两翼，全面发展

　　《家庭》早在创刊的 1982 年就开始同时售卖广告，不过当年的广告收入不到 5 万元，但在观念上已是一大进步，广告经营额也在逐年上扬。到 2002 年年底，《家庭》广告经营额达 2000 万元，比 1983 年增长了 416 倍。在精心制造杂志的同时，《家庭》每年举办各种活动，如"全国美好家庭"、"全国优秀教育世家"、"优秀体育明星家长"等评选活动，每次都在读者中产生强烈反响，每次都得到企业的热烈响应，不仅在全国范围扩大了品牌认知度，创造了社会效益，还增加了一定的经济收入。

　　二十多年来，刊社逐步完善"一体两翼"的办社方针，即以刊物为主体，以创办经济实体、举办社会文化公益事业活动为两翼。一方面在珠海、东莞、广州等地创办经济实体，增强经济实力。另一方面独资或与企业、文化单位合作举办各种形式的社会文化公益活动，如主办三年一届的全国性家庭问题学术研讨会；设立文化基金，资助出版有关学术著作；资助优秀贫困女大学生；举办全国性《家庭》杯"家庭之歌"征集、评选活动。

"一体两翼"的全面发展，使家庭的社会影响力和综合实力大大加强。目前，《家庭》杂志社已发展成实力雄厚、享有盛誉的现代文化企业，并朝着多侧面、立体化经济构架的期刊业集团进军。

☞案例评析

从总体而言，《家庭》确实是一本人见人爱的优秀刊物，创刊以来受到了广大读者的喜爱，发行量在节节攀升，前景一片大好。

从外表形式上看，该杂志印刷精良，纸张精美，版面清新诱人，图文互排，相得益彰，相映成趣，尤其是封面和封底以及中间的广告插页，相当吸引读者眼球，广告内容涉及妇女用品、生活日常用品、化妆品、学习用品、儿童用品、IT产品等方面，广告质量极高，广告效果也好。在内容上，围绕家庭的办刊宗旨，注意选材的广度和深度，包罗万象，注意精益求精，优中选优，在文章的选用上谨慎小心，做到宁缺毋滥，把关甚严，注重社会效益和经济效益的双结合，防止低俗化、媚俗化倾向。文章注重以情感人和以理感人相结合，故事情节一波三折，耐人寻味，文笔细腻、生动活泼，注重正反对比，正面案例与反面案例都展现给读者，孰对孰错，黑白分明，是非恩怨，让读者一目了然，通过一个小小刊物看尽人间世态炎凉。关注焦点问题，内容涉及当前热点问题，紧跟时代的步伐，抓住时代的节奏，文章具有强烈的时代气息，比如"名人谈家"、"名人写真"、"特别关注"、"警世档案"等栏目。除了教育功能以外，作为一本休闲杂志，自然不能忽略娱乐保健功能，该杂志设置了相应的"开心世相"、"保健新知"、"女性健康"等栏目。

所谓"唯有特色是永恒"，想要在竞争激烈的市场大战中获胜，不能随波逐流，必须拥有并且能够始终坚持自己的特色，为了做到这些，该杂志非常重视杂志定位的与众不同和差异化。作为一种大众传播的文化媒体，时刻不能忘记自己肩负的教化使命，随时注意舆论引导功能、宣传和教育功能。在一些重要的文章后面，附上专家或者权威编辑的一小段编后按，也就是看过文章之后的感言，表明自己的感想与看法，一方面引导人们的思维沿着正确的轨道前进，另一方面又起到了点拨心智的作用，把教

新锐飞扬

期刊策划著名案例

育意义进行深度的挖掘，引起人们深层次的思索，把文章的教育功能发挥到了极致。在编后按中，该杂志很注意用词造句，把握好分寸和力度，发挥引导功能而又不进行强制性的说教，以免引起读者的反感与逆反心理，起不到教育意义。为了便于编者与读者之间更好地进行交流与互动，该杂志还设置了家庭在线版块和读者进行短信交流，自己的网站建立以后，开设了相应的家庭论坛，使得双方的交流途径多元化，更加及时与准确。所谓读者就是上帝，《家庭》说到了也做到了。

在充分肯定《家庭》的成绩和优点的基础上，笔者认为，还应该在以下方面继续努力。首先，栏目设置上，栏目过多且各个栏目的定位不准确、特色不突出，各个栏目之间有雷同、有重复、有交叉，界限划分不明确，显得杂乱无章、零落无序，不便于读者记忆、选择并阅读自己热爱的栏目。笔者认为，一本优秀的杂志，栏目版块设置在五个左右较为合理，对于《家庭》杂志可以有很多种划分方法，比如划分为爱情、婚姻、家庭、娱乐与健康五大版块，爱情版块主要选取男女异性之间的爱情故事，婚姻版块选取男女之间的结婚与离婚等夫妻之间的感情故事，家庭版块选取夫妻在敬老爱幼方面家教和孝道方面的典型事例。在栏目改革上，应该下大力度，该砍掉的砍掉，该增加的增加。

其次，网站建设方面存在薄弱环节。网站的版块设置合理，页面清新诱人，但是，家庭论坛人气不足，不能网聚人的力量，因而网站能够吸引到的广告商很少，这和《家庭》现实生活中巨大的读者群不成比例。网站的内容空洞贫乏，过期期刊的内容很少，没有很好地利用网站进行集团的品牌形象宣传，集团的一些基本情况和功绩，杂志发展演变的光辉历史，内部重要领导的详细介绍、联系方式及业绩，集团在广告方面的要求、广告费用的收取方案、广告优惠政策等都欠缺，亟待加强和完善。当前，中国的网民已经突破了一亿，这是不可忽视的一族，应该积极地投入人力财力，把网站建设好，以后维护起来就相对容易一些了。

另外，《家庭》首页栏目就是"名人谈家"，名人对家庭的思想观念会引起读者群的极大兴趣和关注吗？首页作为一本杂志主要内容的第一页，读者接触一本杂志的开端，理应放置最重要的内容，这些内容应该短小精悍、含义隽永、发人深省，具有警觉醒世的作用，能突显出杂志的特

《家庭》 飞入寻常百姓家

色和定位。首页的文字字号极小，排得密密麻麻，也影响读者阅读，笔者认为，首页的文章篇幅应该缩短和减少，文字字号应该放大和加粗，内容放置一些有关家庭方面的名言警句或者其他经典言语、耐人寻味并且韵味十足的小小说或者小故事，效果都会相当不错。

中国最具代表性的三本大众文化期刊是：《读者》、《知音》、《家庭》，当然，以大众为读者对象的文化类期刊绝不止这三本，《读者》类综合文摘期刊有近百本，《知音》类期刊有十几本，《家庭》类期刊有十几本，故事类期刊也有十几本，加起来我国的大众文化类期刊的数量近200种，《读者》、《知音》和《家庭》三本期刊无疑是这200种大众文化类期刊中的佼佼者和赢家，三本杂志的发行量都在几百万份，不但是大众文化期刊中的领先者，也是全国期刊中的领先者。

目前中国期刊读者市场最大的变化是大众正在分解为许多小众，相对意义上的大众数量正在急剧递减。面对这种变化，大众文化名刊应变的主要策略是办小众化的子刊，如《读者》推出《读者乡村版》，《知音》推出《打工》和《商界名家》，《家庭》推出《风韵》。这种策略肯定是一个放大品牌效益的应变之路，但在实施时也会遇到以下困难：（1）大众期刊缺乏操作小众期刊的经验和人才。（2）大众期刊进入小众领域之后，原来的先发优势将变为后发劣势。（3）大众期刊进入陌生小众期刊领域风险巨大。

面对受众市场的小众化趋势，大众文化期刊的应变举措除了办小众化子刊之外，还应包括大众期刊自身的读者定位调整，在大众文化名刊的演变中已经慢慢形成了各自的市场侧重，如《家庭》侧重女性读者，《故事会》侧重中低文化人群，大众文化期刊下一步要做的是进一步的读者市场细分，有取有舍，明确圈定自己在小众化时代的相对大众。无论读者市场小众化的趋势如何发展，相对大众总是存在的，大众文化期刊也总是有市场的，虽然受众市场中的大众数量在逐渐递减，但基于我国巨大的人口基数，这个大众读者的人数还是硕大无比，因而大众文化期刊的发展空间依然广阔。

大众文化期刊的危机是实实在在的：其一来自小众化的冲击。小众化时代的到来是无法改变的趋势；其二来自时尚财经期刊的冲击。我国的时尚和财经期刊才刚刚起步，他们对大众文化期刊的冲击也刚刚开始，更大更深远的冲击还在后面，其后还有来自新闻时政期刊的冲击；其三来自国际化大众文化名刊的冲击。由于政策的原因，国际大刊对中国内地的冲击现在主要表现在科技、时尚、财经类杂志上，但国际大众文化大刊的登陆是迟早的事；其四来自第四媒体网络的冲击。

危机下的大众文化期刊优势空间犹存。

优势之一：巨大的受众市场份额。大众文化名刊的数百万发行量不仅是一个巨大的优势而且是一个巨大屏障，要想获得这个优势和越过这个屏障，后来的时尚财经杂志和未来的国际名刊将要付出多年时间和巨大财力；优势之二：本土文化的根基。与科技、时尚、财经类期刊相比，大众文化生活期刊更多地根植于本土文化中，深厚的本土文化是中国大众文化期刊立足和发展的根基，也是阻止国际大刊"入侵"的又一道屏障。

空间之一：受众市场细分之后的相对大众依然数目巨大；空间之二：大众文化期刊的广告市场空间巨大。如果开拓得力，大众文化期刊广告市场份额的逐步扩大是可期的。

综上所述，我们可以得出如下结论：

大众文化期刊总体发行量的递减和期刊数量的递减难以改变，在总发行量递减的同时，发行量向成功品牌集中，千万大刊的出现只是时间早晚的事；大众文化期刊的广告市场份额将有所扩大；大众文化品牌期刊的子刊扩张和品牌泛化已成趋势；大众文化期刊的读者市场定位调整和市场细分在所难免，未来的大众文化期刊在重新分割市场之后将从单纯性竞争走向互补性竞争。

参考文献

[1]《家庭》杂志。

[2] 中国期刊展示网，www. magshow. com。

[3] 家庭期刊集团，www. cnfamily. com。

[4] 孙燕君：《期刊中国》，中国社会科学出版社 2003 年版。

[5] 徐春莲：《〈家庭〉杂志总编徐春莲：期刊集团巨资"变脸"为哪般?》，http: //www. jhcm. com，2006 - 09 - 06。

《大众电影》

——用镜头的语言记载世纪的精彩

作为中国第一本大众娱乐杂志，由中国电影家协会主办的《大众电影》，是历时五十年的电影娱乐名牌杂志，在广大读者心中影响深远，也是中国艺人最关注的刊物。

《大众电影》封面

☞案例介绍

一　介绍优秀国产影片，为读者呈上一份时尚文化大餐

《大众电影》是中国文联主办的电影综合文化类图文月刊，关注影坛动态，追踪演艺人物，报道娱乐事件，资讯丰富权威，通俗而不媚俗，是大众了解电影业界的精彩读本。它是随着新中国的成立而创办起来的，它的办刊宗旨是主要介绍优秀国产电影，通过图片和文字，评介上映的中外影片和电影人物，报道电影摄制动态，并介绍台港电影和外国电影，其读者平均年龄在40岁以上。

《大众电影》伴随中国读者走过的半个世纪，是电影文化与中国受众之间亲密接触的半个世纪，是电影作为大众传媒令人想念、爱不释手的黄金时期。在《大众电影》介入中国社会的年代里，电影一度是广大观众

内心最爱的娱乐形式。银幕上的电影让人心醉神迷，杂志里的电影同样具备不可多得的美丽与魅力。

在信息爆炸的时代背景下，电影期刊面临着与其他媒体"分一杯羹"的竞争局面。都市报、娱乐报如雨后春笋般迅速涌现，并大量刊登电影方面的信息。为谋生存，全国的电影期刊纷纷改版，作为曾经红过了半边天的《大众电影》为了保持自己在电影期刊中的"龙头老大"地位，也进行了内容的调整，刊物上的文章内容注意专业深度与通俗化的结合，读者对象也包容各年龄段的读者，以耐读、经读与报纸和电视媒体进行着较量。但是电影期刊在改版"变脸"以精美的画面和俊美的明星以增加读者的阅读感、勾起读者的购买欲望的同时，如果没有充实的内容，豪华的印刷最多只是一件漂亮的外衣。

二　栏目设置以读者为本

《大众电影》辟有"星河写真"、"银海帆影"、"推拉上镜"、"影人手札"、"幕后蒙太奇"、"慢镜头回放"等栏目，该杂志以中国影视界为主关注电影的方方面面。它集电影理论、电影评论、电视现象、艺人风采，特别是影视娱乐人，精彩纷呈，加上大量剧照和艺人经典生活照更使杂志富于十足吸引力，同时它在娱乐界的权威性和知名度是有目共睹的。

回顾刚解放的上海，电影院几乎天天上演着好莱坞的风花雪月。为让大众摆脱对西方电影的情感依赖，建立新中国电影的舆论阵地，鼓舞艺术家的创造精神，培养观众审美情趣并使他们积极参与电影评论活动，《大众电影》创刊的最初日子里，首先配合上海总工会组织了上海工人的第一个评论学会，并在刊物上开设了"工人俱乐部"专栏。创刊初期的《大众电影》是半月刊，以人文关怀的艺术观念为主导。

1950—1951年的《大众电影》是大32开本，封面封底刊登演员或影片的彩色剧照。正文30页，正文之前是两页剧照或一张16开的剧照，最后几页有时刊登广告。内容以评介国产片为主，对前苏联影片的介绍也占很大的比重。《大众电影》的栏目从创刊起就体现了通俗多样的特点，设有电影欣赏、电影介绍、电影故事、电影工作者的自白、特写与专访、座谈、电影工作者介绍、特稿、通讯、信箱、电影小说、电影歌曲、连环图画、观众中来、读者会、小课堂、电影和学习、小测验、看图说故事、工人俱乐部等20多个栏目。

随着中国本土电影的衰落，随着大众物质生活水平的不断提高，国内娱乐、文化市场的不断完善，仍沿用传统管理模式、未能及时创新的《大众电影》已出现经营管理困难，人们对它也逐渐淡漠。我们关注2002年的《大众电影》，会发现栏目始终处于不断调整之中。《大众电影》的资深编辑说："面对今天的资讯爆炸和大众精神生活的丰富多彩，《大众电影》开始迷惑不解，读者到底想看什么样的电影杂志？看电影期刊到底看什么？是看文章还是看图片？是看信息还是看评论？"① 也许迷惑是时代恩赐给每个人的前进支点。因为有迷惑，才会有思索——思索应该成为惯性动作。

进入20世纪90年代后，随着中国电影格局的变化，《大众电影》已不复当年的风光无限。几经改版，仍无太大起色，但它仍坚持对国产电影密切关注。而由《大众电影》种植的"百花奖"，因种种缘由，已是明日黄花。世纪之交，虽然中国电影仍是门庭冷落，但世界上最庞大也最具观影经验的影迷群落已经逐渐成熟，新的电影期刊热潮随之发起。② 作为新中国第一本大众娱乐杂志的《大众电影》在今天这个竞争激烈的电影期刊市场中如何为中国电影保住这块文化阵地，《大众电影》主编蔡师勇说："目前这种混乱的局面只是一种暂时的现象，也正是电影期刊市场实现自身调整的过渡时期。市场需求导致了多数刊物的转向，随着市场的发展，那些多以'摘、扒'国外同类期刊文章为内容来源的杂志也将面临停办。国产电影市场已经跌落到前所未有的低谷，这也直接导致了传统电影期刊举步维艰的现状。虽然困难重重，《大众电影》仍将坚持以介绍优秀中国影片为主的办刊宗旨，而且还将全新改版，一定要为中国电影保住这片文化阵地！"

清华大学影视传播研究中心教授尹鸿认为，传统的运营模式是导致

---

① 王占筠：《〈大众电影〉折射生活》，http：//bbs. openow. net，2005 - 11 - 05。

② 参阅《伴随着中国电影共同兴衰起落》，http：//www. ent. sina. com. cn 2004 年 9 月 14 日。

《大众电影》在市场竞争中处于不利地位的主要原因。"《大众电影》是一本老读者陪伴着走过来的杂志，走的是传统路线，不管是它的电影介绍、电影评论，还是它的语言形式，都不大适合现在年轻读者的口味。同时，《大众电影》又不敢丢掉老读者。加上自身改革在人力、物力、财力都不够，就难免处境比较困难。"

谈及《大众电影》的出路，尹鸿说首先它得找到投资者："要做一本具有权威性的专业电影杂志，至少得利用好行业广告和行业资讯。"其次是必须改变经营方式，走专业杂志的运营途径。此外，尹鸿还认为，《大众电影》的作者应当年轻化："毕竟电影在很大程度上是年轻人的事情。"

三　沿袭通俗性大众电影刊物路线，通过策划活动吸引读者、提高自己

《大众电影》像其他杂志一样也经历了历史的曲折，粉碎"四人帮"之后《大众电影》就开始筹备复刊，《大众电影》的复刊其实是必然的，因为当时电影业进入恢复期，各电影厂也恢复拍片，所以电影刊物的恢复也就自然而然。首要的任务就是接收"文化大革命"时期的《人民电影》，然后把它一分为二，《大众电影》继续沿袭通俗性大众电影刊物的路线，而《电影艺术》则坚持学术化电影期刊的面目。《大众电影》当时的主编是现已过世的剧作家林杉，复刊之初所坚持的想法就是希望通过介绍中国电影以及世界电影的情况提高广大读者对于电影的鉴赏水平，而且从形式到内容都要生动活泼来吸引读者。1979年复刊后的第一期按时出版，各方的反映都很好，那时林杉任主编，唐家仁任副主编具体负责版面。设立了影讯组、评论组、读者来信组、美编组等几个部门，另外还有两个摄影记者。当时的刊物比较少，《大众电影》因为本身也比较活泼，画页增加，封底封面都采用照片的形式，所以很受读者欢迎。虽然是"重点影片，重点介绍"，但像美术片、纪录戏曲片等其他片种也介绍，内容多样化。这直接影响到发行量，到1981年，最高的发行量曾达到965万份。当时有美国的记者、编辑也认为《大众电影》真了不起，发行量超过了美国的《读者文摘》。

进入 20 世纪 80 年代，备受摧残的电影艺术在"一夜春风"中蓬勃复苏，电影艺术工作者把积蓄多年的精力通过艺术创作的形式淋漓发挥，《大众电影》也进入空前鼎盛时期。当时，北京、上海一到每月 10 号的《大众电影》发行日，各邮局门前都人满为患，甚至邮局大门的玻璃经常被挤破。《大众电影》的编辑们都在这一天到各邮局协助销售刊物，回来常常带着一些被丢弃的鞋、帽、手套——那是人们抢购的物证。那时想订购一本《大众电影》常常要"走后门"。1981 年，《大众电影》的发行量由复刊时的 50 万册逐渐上升到 960 万册，来访的外国记者听了这个数字目瞪口呆地说："全世界第一。"那时不仅是《大众电影》，其他文艺类刊物也很红火，电影杂志销路都很好，那是真正的"百花齐放"，也确实提高了观众对于影片的鉴赏水平。可以发现那时《大众电影》"百花奖"评选出的优秀影片，观众的看法与专家的意见非常接近，这与当时各电影刊物的努力有很大关系，电影人对于电影杂志"影评"的重视以及读者们的热望使得好影片越来越多，而优秀影片的出现同样促进了电影刊物的进步。另外一点值得注意的是当时的演员、导演们与《大众电影》的密切关系，"他们和我们是真正地做朋友，经常到编辑室来看我们如何工作，同时也加强了和编辑部的联系，有什么想法也同我们讲，都是非常真诚的态度，所以我们经常能采访到别人采访不到的东西。"这是建立在彼此信赖之上的关系，或许对于现在的大众媒体来讲也是一种启示。①

"文革"前《大众电影》最大的贡献是推出了"百花奖"，是由周恩来总理提议的，在周恩来总理和陈毅副总理的直接关怀下，《大众电影》于 1962 年推出了全国第一个最有影响的《大众电影》百花奖。百花奖选票最多时曾经达到三百多万张。1995 年第一期举办的"我与《大众电影》"征文活动，两个多月内收到三千余份热情洋溢的征文，许多长期订阅的老读者在文中讲述了几十年来与《大众电影》的深情厚谊。1995 年第 2 期《大众电影》出版了 500 期特刊，多方人士题词、撰文祝贺。杂志社多方谋划，在"大众"二字上下功夫，努力加强与大众的联系，加

---

① 李道新：《1979 年：〈大众电影〉随着中国电影复苏掀起空前热潮》，《新京报》，2005 年 03 月 01 日。

强为大众服务的意识。1998 年 1 月，国家新闻出版总署公布评定全国百种重点社科期刊的名单，在 22 种文化生活类社科期刊中，《大众电影》居于榜首。1998 年 7 月，《大众电影》网站正式开通，《大众电影》百花奖也实现了网上投票。杂志从 1979 年的每本定价 0.3 元到 1993 年的每本1.5 元，再到 1995 年全部彩版后的每本 3.2 元，《大众电影》的身价与大众生活水平成正比例提升。

四　编辑部的尝试性与开拓精神使其知名度得到空前提高

20 世纪 50 年代，大众非常向往前苏联电影，把它看作人类的一种理想，因此，《大众电影》创刊号的封面就是前苏联影片《小英雄》主角凡尼亚。那个孩子的纯真面孔，被当作爱的崇高表现。《大众电影》封面上一行"1950 年创刊"的字样，始终在不动声色地向读者提醒着自身的历史和地位走势。

1979 年，复刊后的《大众电影》在第 5 期封底刊登了英国影片《水晶鞋与玫瑰花》中王子与灰姑娘接吻的剧照。新疆读者问英杰投书《人民日报》，愤怒批判这期《大众电影》，强烈要求刊登他的信，《大众电影》收到《人民日报》转来的这封信之后，原文予以发表，并同时展开一场颇有声势的读者讨论，持续了四五期左右，那时每天都能收到好几千封读者来信提出他们的看法，讨论的效果非常好。编辑部的尝试性与开拓精神使得读者不仅从《大众电影》中得到营养，还促进了当时电影创作的繁荣。

☞案例评析

1905—2005 年，中国电影已经走过一百个年头。一百年的记录，一个世纪的沧桑，电影以它独特的方式记载了这一个世纪的精彩，镜头的语言再现了生活，再现了历史，也表达了未来。而应运而生的电影杂志更是记录了电影事业的发展，极大地推动了电影题材、风格、流派演变的节奏与周期，加速了电影技术的更新与改造，同时又通过杂志的自身包装与编排使得电影观众的欣赏品位与艺术接受力得以提升。

的确，电影杂志完美地呈现给了广大读者一幅更广阔的电影画卷，无论从休闲品位还是学术研究的层面上来说，电影杂志都发挥了它独到的作用。早在20世纪20年代，就有不少有远见卓识的影界人士，开始运用电影杂志这个传媒利器，为自己生产的影片、为自己的影业公司，同时也是间接地为中国电影业，作宣扬鼓动。30代是杂志发展的鼎盛时期，同时，年轻的中国电影也正逢危难之时，严峻的现实摆在每一个电影人面前。此时的电影杂志肩负着"改革神圣，迷信，凶恶，打杀之国片作风"，提倡"宣扬艺术，宣传文化，启发民智，拯救影业的制片方针"的道义与任务，在那几个年头里，每年都有大批电影杂志出世。20世纪50—80年代是电影杂志的辉煌期，《大众电影》、《电影故事》等杂志的影响力甚至达到了引导电影创作的地步，《电影评介》也就在那个阶段诞生并掀起了影评热。20世纪90年代后崛起的新刊抢占了老刊的市场，明星、八卦渐渐占领娱乐市场，老牌杂志陷入尴尬境地，多次做出改版应对并纷纷寻求新的发展途径。DVD影碟杂志柳暗花明，渐在读者中站稳脚跟；业外资本介入内地电影期刊经营，"合资"杂志摩拳擦掌。媒体的市场化运作让许多传统的文学艺术媒体失去根基，单纯的发行不可能维持杂志单方的生存，广告市场活动一如传统市场传播的概念一样，被新的传播概念取代，在营销传播领域内，市场传播的概念被延伸到广告公关、促销、活动、直效营销、展示、社群经营、经验营造等多方面，对于杂志而言也一样，多元化作为时代的要求，也扩展到文化领域，扩展到媒介经营。

20世纪80年代是《大众电影》最鼎盛的时期，它的发行量最高时达到960万册，由它刊登的电影百花奖选票有将近200万张的回收量，这无疑创造了一个传奇。但是好景不长，由于国产电影市场的低迷等原因，《大众电影》很快就陷入了发行量的低谷，如今它的发行量只有10万多册，而且已经是电影刊物的"大哥大"了。显然，《大众电影》没有随着时代及市场的发展及时改变它的办刊风格和包装，印刷还是以普通纸质为主，图片算不上精美，文字内容以访谈和影人纪事为主，外加影坛报道，内容与其他杂志重复的较多，相比日新月异的电影娱乐杂志，《大众电影》显得越来越没有生气和独特性，逐渐失去了当年的风采，当然这其中也包含有体制问题这一因素。

当年创最高发行量达 960 万册的《大众电影》订户早已大幅度缩水，另外一度领潮流先锋的传统电影刊物也渐渐淡出江湖，全国 20 多种有点知名度的电影杂志现在合起来的总发行量也只有几十万册。这些电影杂志多少体现出"机关刊物"的色彩，办刊以财政拨款为主，广告以中低档商品为主，不但杂志面貌陈旧，低档次广告也降低了刊物的品位。不少电影杂志至今对市场经济的氛围及运行机制还不甚了解，不会利用社会资本为办刊服务。此外，从杂志从业人员的素质来看，一般都是编辑力量强而营销力量弱，更没有能力自己经营广告。为谋求生存之道，全国的电影杂志纷纷改版。结果绝大多数都转型为画报式风格，密集增加图片，以文化快餐的方式服务于读者。不难看出，电影杂志的改版"变脸"大致上遵循着如下公式：豪华印刷 + 精美图片 + 快餐文化。内容方面为外国影片（尤其好莱坞影片）作免费宣传的多，关注国产电影的少；从国外电影杂志扒现成的东西多，自己原创的有观点的文本少。尽管如此，近两年来，电影杂志以及各大报纸开辟的电影专栏已经培养出一群新生代观众，他们熟谙电影史的经典名片，对新上映的美国大片津津乐道，他们了解国际电影节不同的风格，既熟悉好莱坞，也对法国、意大利、伊朗、韩国、日本的电影大师顶礼膜拜。但是，这个高品位的电影观众群并非全部是进电影院的直接消费者，良性互动的模式在这里实际上被盗版市场拐了一个弯。盗版和中国式家庭影院的普及，使得正版的电影市场与电影杂志的市场存在大面积的脱节。从这一意义上说，《大众电影》这样的老牌电影期刊已经力不从心，读者队伍老化，内容陈旧，版式、纸张、文字风格与图片选择都显得谨慎有余，与当下主流影迷队伍格格不入。相对而言，《看电影》、《电影世界》、《新电影》等时尚电影杂志的市场处境要好些，因为它们正是这个图像时代和盗版时代的产物。与美国大片全球上映时间同步、与盗版电影迷的观赏需求同步，成为电影杂志培养读者、适应读者的捷径。但说到底，这一切仅与杂志发行有关，与广告无涉。以国外最名正言顺的电影海报广告为例，每逢新片上映，向电影杂志投放广告是发行方理所当然的举措。而我们的正版影片在国内上映时，发行方的广告预算中却少了电影杂志这一块；对于电影杂志来说，本来就比新片上映慢了半拍，配合宣传就成为一种可有可无的鸡肋。这样一来，使得我们的电影杂志越来越像盗版商的同谋，在争取读者的同时，却白白失去了广告！①

与美国这个在电影及其刊物发展非常成熟的市场相比，在中国现今这个市场上，做电影杂志的人会觉得难堪和尴尬，没有品牌广告、没有发行方的配合、没有衍生产品的开发和相应的市场需求。换句话说，当影院惨淡经营，每天票房在低位徘徊时，就不能苛求电影杂志靠广告盈利。"缺乏经营意识是我们与外刊相比，最落后于人的地方。"②《电影故事》杂志的主编金娜感叹。在她看来，"国外电影杂志不但是靠内容取胜，他们成功的背后都有一支可靠的广告和营销队伍支撑，都是有经营规律可循的。"③"我们已经认识到经营意识的重要性，但目前还是必须在现有环境下一步步往前走，想短时间达到国外的同等水平相当困难。"④ 那么《大众电影》在经营上的问题也是应该认真思考的。

电影媒体是大众媒体，电影杂志作为纸媒体是连接电影与观众的一道桥梁，在影片宣传推介上的巨大作用不容忽视，应该充分重视观众欣赏趣味与欣赏水平的引导与培养，电影杂志有这个义务，也有这个责任。在电影杂志中应该有更多的关于电影自身的报道，有更多的权威评论家出现，有更多的吸引读者眼球但不流于肤浅的内容策划。电影与电影杂志的关系应该是一种如影随形般的互动关系，应该成为电影产业链上唇齿相依的环节。总之，合理有效地整合影视与纸媒体内容资源的互动关系是一个既老又新的课题。在这方面，国外影视产业尤其是美国为我们提供了成熟的经验，无论是内容创新还是商业运作模式上都有值得我们借鉴的地方。"入世"以后，这方面的竞争将愈演愈烈，只有把握好"内容为王"的要义，尽量发挥"注意力平方"效应，及时捕捉社会大众的审美热点，促进影视业及相关文化产业多快好省的协同发展，才能满足人民群众日益增长的精神文化需求。现在国内发展相对较好的一些电影杂志的主编们均认为，

---

① 参阅李亦中、金娜《初探中国影视与纸媒体内容资源的整合与互动》，《"中国电影论坛"论文集》，2004。
② 李宁：《电影杂志重新洗牌》，中国图书商报。
③ 同上。
④ 同上。

原创内容是国内杂志亟待加强之处。对于时尚类杂志中流行的版权合作办刊方式，他们则表示，这种套路并不适合电影杂志。

给电影期刊输入新鲜血液，更多的应该是关于电影自身方面的报道。如对电影的历史、现状、走向、电影流派等方面进行深度报道。在国产电影方面，同样存在这样的问题，对国产电影的深度报道与分析比较贫乏，电影期刊应该将更大的版块关注中国电影实质性的内容。电影期刊作为一种媒介，是连接电影与观众的一道桥梁，应该充分重视对观众欣赏水平与趣味的引导与培养，只有在这个基础上才能形成良好的媒介与电影之间的互动。电影媒介有这个义务，也有这个责任。在电影期刊中应该有更多的关于电影自身方面的报道，有更多权威电影评论家的出现，有更多的吸引读者兴趣而又不流于肤浅的内容策划。

电影与电影期刊应该是一个互相培养的关系，这样才能达到共生、互动。中国电影的真正崛起需要广大观众的支持和信任，而电影期刊作为电影的强势媒介在宣传推广方面，对电影的宣传、推广起到很好的作用。同时也只有通过电影期刊等媒介，电影才能真正实现与受众之间的终极互动。媒介对于中国电影的影响是巨大的。只有形成电影期刊与电影之间的互动关系，电影期刊的市场前景才会明亮。只有这样，作为中国第一本大众娱乐杂志的《大众电影》才能够重新回到当年的鼎盛时期。

参考文献

[1] 王占筠：《〈大众电影〉折射生活》，http：//bbs. openow. net，2005 – 11 – 05。

[2] 王军燕：《电影期刊遭遇尴尬》，http：//www. zijin. net，2005 – 10 – 04。

[3] 中国电影类杂志重新说牌："游戏才刚刚开始"，http：//media. icxo/html-news/2004/12/06/495812. htm，2005 – 09 – 29。

[4] 张巨睿：《电影期刊：我们年轻不再》，《影视文摘》2001 年第 119 期。

[5] 李道新：《中国电影杂志随着中国电影复苏掀起热潮》，http：//fun. dayoo. com，2005 – 06 – 05。

《三联生活周刊》

——新闻、生活、时尚的文化解读

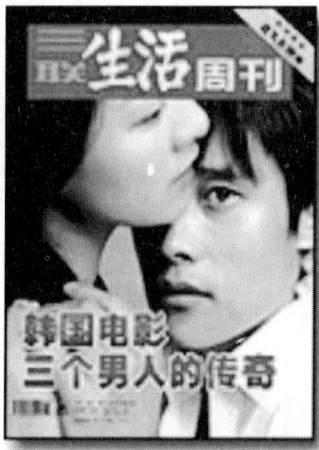

《三联生活周刊》封面

2005 年，适逢《三联生活周刊》"十岁生日纪念"之时，《三联生活周刊》编辑部做了一本书——《十年》，作为纪念，在该书中，由十年来几代三联人讲述它成长的历程，讲述它所经历的坎坷与辉煌，同时从某种程度上也解释了《三联生活周刊》成为时代风向标的深层原因。著名作家周国平在此书的评语中写道："《三联生活周刊》是新时期第一本由文化机构创办的新闻杂志，其显著特色是文化性与新闻性并重，力求使新闻具有历史的品格，又使文化具有当下的活力。这种追求本身体现了对生活的一种理解，在此意义上，它无愧是老三联《生活》杂志的现代版。"由此我们能大致看出《三联生活周刊》的几点优势与特色：继承邹韬奋先生《生活》周刊的优秀传统，依托文化资源丰富的文化机构——生活·读书·新知三联书店（以下简称"三联书店"），"文化性与新闻性并重"，"历史的品格与文化的活力"，"对生活的理解"，是"老三联《生活》杂志的现代版"。

《生活》周刊是中国期刊史上典范性、标志性的期刊，不但在当时有广泛的社会影响，直到现在仍然有重要的研究价值。在 1927 年 10 月出版的《生活第一卷汇刊》的《弁言》中，邹韬奋先生写道，"本刊期以生动的文字，有价值有兴趣的材料，建议改进生活途径的方法，同时注意提醒关于人生修养及安慰之种种要素使人人得到丰富而愉快的生活，由此养成健全的社会。其注意之点不但在'极有价值'，尤在'极有趣味'"。这种办刊经验和理念至今仍然有学习和参考价值，也被一些办刊人奉为圭臬。

今天的《三联生活周刊》是《生活》周刊的继承，更是发展。在《三联生活周刊》的创刊号上，曾任三联书店总经理、总编辑的董秀玉女士写过一则"编者手记"："在韬奋先生诞辰一百周年的大日子里推出的这本《三联生活周刊》，是创刊，也是复刊。六十八年前韬奋先生创办并主持的《生活》周刊，与生活历史共鸣，积极反映了时代潮流和社会变迁，竭诚服务千万读者，产生了巨大的社会影响，受到广大群众的热烈欢迎。从这个意义上讲，我们是复刊。坚持这个方向是我们的宗旨……韬奋同志主张，特殊时代需要特殊的精神粮食。这就需要创新，要前进。《三联生活周刊》的创刊，就是我们的再出发。"

☞案例介绍

一　定位策划:《三联生活周刊》的受众定位、内容定位和办刊宗旨

创刊初期，1993 年 9 月 3 日新闻出版署核发的期刊登记证记录《三联生活周刊》的读者对象是高中以上文化程度者，城镇居民；其办刊宗旨是：积极参与社会主义精神文明建设，为改革开放服务，为社会主义市场经济服务，为人民大众服务；与时代同步，记录中国人民生活的变化踪迹，为提高人民大众的生活质量和精神品位做不懈努力；弘扬韬奋精神，爱国爱人民，使《三联生活周刊》真正成为一本"人们身边的杂志"和一个"亲切的朋友"。

随着社会和时代的发展，《三联生活周刊》也在不断地成长进步，同时他的读者对象和办刊宗旨也做了调整。2001 年 5 月 1 日，总第 127 期，《三联生活周刊》实现真正的"周刊"运作。为办一本国内一流品质的周刊，《三联生活周刊》加大了成本投入，提出"更多信息更实用，更具趣味更好看"。强调其定位为"做新时代发展进程中的忠实记录者"，其办刊宗旨为"以敏锐姿态反馈新时代新观念新潮流，以鲜明个性评论新热

《三联生活周刊》

新闻、生活、时尚的文化解读

点新人类新生活";读者对象也更加具体为"月工资收入 1000 元以上,对国家发展、社会生活变化关心,中等文化程度以上的城市、城镇学生、知识分子和机关工作人员"。

1995 年 8 月,时任《三联生活周刊》主编朱伟的《为续刊启动提交的设想》中提到了他的内容定位:

1.《三联生活周刊》应该是一本新闻性的文化周刊,应比较迅速反映时代潮流流向与社会生活的变迁,表达在时代脉动中与社会变迁中的人文关怀,用平凡人的故事阐述严肃的主题。

2. 应该是人文知识分子对大众生活发言的一个中介,这种中介表现为:对大众生活观念、生活素质的引导和对大众生活质量的实用性服务。

3. 在新闻、文化、生活三者关系中,《三联生活周刊》选择新闻为由头,通过文化、历史的角度对新闻的透视,达到提炼生活的目的。其文化的透视采用融入的方式,即冰山在水面以下的部分。

4. 选择"变"这个角度,即世界格局下中国转型期的变化,这种变化对人所产生的影响,角色位置的重新设定。即正在怎么变,可能怎么变,应该怎样变的角度下,展开新旧交替、世纪之交中新的生活方式的讨论。讨论新的思维方式、心理方式、行为方式。在人与自然、人与社会、人与人之间确立新的价值规范、新的秩序。

《三联生活周刊》办刊理念:"一本杂志和它倡导的生活"。它最初是以广告语的形式出现在 1999 年 9 月 30 日的总第 99 期上,当时是"一本杂志和它所影响的生活",后来演变为"一本杂志和它倡导的生活"。

二 内容丰富,涵盖现代生活的方方面面

《三联生活周刊》的内容涵盖社会、经济、文化、科技等方面,通过追踪热点新闻,以新闻调查和文化分析相结合的方式,在大的社会层面上做梳理性的新闻调查和行业评析,从文化和心理的视角对人类行为予以观照,讨论时代发展进程中的重要问题。

主要栏目有"封面故事"、"报道"、"经济"、"特别报道"、"文化"、"娱乐"、"科技"和"消费"。还有一些固定版块,如"环球要刊速览"、

"读者来信"、"观察"、"天下"、"生活圆桌"、"漫画"、"人物"、"好消息、坏消息"等。其中"生活圆桌"最能体现《三联生活周刊》特色，像在休息日招待几个朋友，进行轻松、愉快的交谈，在短短的文字背后是观念和态度，是对一种生活方式的探索、思考或者是一种体验。

三 品牌战略与营销策划文化

与世界驰名的商业品牌一样，文化品牌的形成也都经过长时间的考验，反过来，时间的积累又让文化品牌具有更多时间的沧桑感而别具魅力。文化品牌毕竟非普通的商品，自有其特殊性，与社会普通商品有很大不同，通过铺天盖地的广告，或许可以让某一样产品一夜之间就天下皆知，但在文化领域断然行不通。三联书店的长处也可以称为其品牌优势在于文化，它从 20 世纪 40 年代起就已经开始有很好的口碑，并延续至今。它的一系列丛书和许多期刊都在各个时期走在时代的前沿，为广大读者认可和喜爱；它坚守"竭诚为读者服务"的办社宗旨，"人文精神、思想智慧"的文化精神，努力追求特色和品位，不懈追求创新与发展的品格，这些早已深入人心，"三联"已经成为文化界一个叫得响的品牌。

（一）三联书店的品牌和资源优势为《三联生活周刊》的发展提供了便利条件

人才共享。比如，三联书店的副总经理、副总编辑潘振平是学养深厚的资深编辑，在《三联生活周刊》创办初期最为艰难的时候，三联书店为了确保它的运作和发展，任命潘振平为《三联生活周刊》的副总编辑，这个决定对当时周刊发展中的方向把握、选题创意、关系协调和经营管理等，都起了凝聚力的作用。现任《三联生活周刊》的主编朱伟，原来是三联书店另一刊物《爱乐》的主编，受命于危难之际，《三联生活周刊》在他的带领下找到了适合自己的风格路线，也有了明晰的方向与定位，一步步地成长完善，一步步地发展壮大。

资源共享。从邹韬奋先生主持的《生活》周刊到今天的三联书店，它们的宗旨一直是"竭诚为读者服务"；三联出版的基本定位是"人文精神，思想智慧"；三联图书的标准是"一流、新锐"；三联的基本任务是"思想启蒙、学术普及"。这些三联书店的优秀传统和理念，也使《三联生活周刊》得到浸染，它最大的特色就是对生活、时尚，新闻的文化解读。三联图书和期刊的作者、渠道、理念、传统包括读者等所有好的资源都可以共享。

方式互补。在如今第四媒体横行的时代，图书和期刊两种纸媒似乎处于劣势。也可以说正因为它们都处在"劣势"的位置，才更应该携起手来，互相扶持。图书也被称作"长媒"，顾名思义就是一本书的出版周期较长，作者是一个人或者是少数的几个人，而且体裁单一，但它的内容较为深刻、时效性长；期刊也被称作"中媒"，它是汇集多位作者创作连续出版的，内容多样，体裁丰富，但相比图书而言时效性短，内容浅显且繁杂，两相比较发现二者恰好可以取长补短。三联书店出版的图书，可以借用出版频率高、出版周期短的四种期刊进行推广；同时三联期刊某些影响大的专题，可以通过三联书店编辑成书进行出版，从而进一步扩大影响力和知名度，《三联生活周刊》就把"抗战系列报道"编辑成书出版，效果显著。

（二）《三联生活周刊》的营销与推广活动

以读者为对象，定期开展全国各地的"三联读者做客活动"；利用《三联生活周刊》网站（www.lifeweek.com.cn）长年与读者和有关各方保持交流和信息传播；围绕城市经济发展主题，开展全国重点城市推广宣传；关注中国企业发展，定期举办"行业论坛"活动；多媒体联合推广，与国家级、省市级电视台、广播电台、大型门户网站进行各方面合作；定期举办多种形式的广告客户推介会；不定期地结合封面文章内容，赴有关城市做大规模的宣传推广活动；对大型公益事业的协办和参与；出版《三联生活周刊》经典文集——《三联生活文丛》系列读物；出版行业专刊，在各领域中扩大影响力，如"欧洲日"、"居住改变中国"等；定期向精英、时尚人群聚集地进行杂志派发；《三联生活周刊》对外国国家元首的采访和国外文化节的报道，为《三联生活周刊》在中国驻外机构和各国驻华领使馆中的传阅和影响树立了良好的口碑。

☞案例评析

回顾《三联生活周刊》走过的十年历程，可以看出它的优势主要有三个。

一　优秀的主编是《三联生活周刊》的灵魂，也是它成功的基石

《三联生活周刊》的文章大部分是以新闻为由头，因此具有时效性；将学术用于新闻或者解释新闻，因而不乏深刻的观点和见解；从文化的视角给予解读，目的是讨论或倡导一种新的生活观或生活方式，因而又具有文化品位。这样的文化品位源于第一任主编钱钢提出的"三界共生"，即融合新闻界、文学界、学术界三者之长，推动人才相互砥砺，打破雅俗界限。接下来的几任主编徐友渔、朱学勤、杨浪也都是叫得响的文化人，还有现任主编朱伟，他们都把"三界共生"的特色坚持了下来。《三联生活周刊》十年的发展历程，其中有诸多曲折，现在仍然"茁壮成长"而且有越来越好的趋势，应该说现任主编朱伟功不可没。

朱伟曾在《人民文学》做主编，并且在此期间也培养了一大批作家，做过《爱乐》的主编，他的这些经历使他成为一个具有很深文化积淀的学者型编辑，他在《三联生活周刊》上开设的专栏"有关品质"也可以证明这一点。他放弃了已经做得稳定成熟的文学编辑而转向去做一个杂志编辑，而且是一个中国以前没有过的新闻综合类的周刊，说明他的身上具有一种开拓创新、勇于接受挑战的精神。此外以前的工作经历使他有着丰富的"文化人脉"，还有一种超前的思维和严谨的态度，这些也是《三联生活周刊》能够健康成长的有力保证。

主编是期刊的"舵手"，把握期刊的发展方向；是期刊的"发动机"，肩负培养人才，激励团队的职责。朱伟曾经说过，"我能够带领《三联生活周刊》前进，我有相当的自信心……我觉得我最值得骄傲的是我培养了一支队伍，我们走了七年，现在觉得我们的队伍已经形成一种力量"。

这种力量形成了一种特有的"三联文化精神",新来的记者,在这种氛围里熏陶半年就不一样了,甚至从三联走出去到其他刊物工作的人仍然会继承《三联生活周刊》的那种文化精神。

《三联生活周刊》的主编具有创新的眼光和思想。朱伟认为好的编辑始终会发现新的东西,一个平庸的编辑则始终跟在别人后面。早在1999年,《三联生活周刊》就开辟了朱德庸《醋溜CITV》的专栏,《三联生活周刊》的主编朱伟是第一个向朱德庸约稿的人,这个栏目一直持续到今天。如今,朱德庸已经成为大家热捧的漫画家,他的作品《涩女郎》、《双响炮》、《醋溜族》在内地非常畅销并且还拍成了电视剧,但《三联生活周刊》作为第一个引进他作品的杂志,不能不说其主编是独具慧眼,有很强的前瞻性。还有栏目《声音》的成功,也被其他杂志纷纷模仿。另外,朱伟在以前的工作中积累了文学方面的资源,还有文化界和知识界的资源,比如朱伟就曾邀请王小波、苏童、余华等人为《三联生活周刊》写专栏,优秀而充裕的作者资源也是《三联生活周刊》文章质量的保证。

二 《三联生活周刊》分析问题的视角
新颖独特,兼具深度和广度

感受到《三联生活周刊》的独特视角和厚重,是以纪念巴金先生为封面故事的那一期。巴金先生逝世那一周,很多媒体很快就做出反应,做了纪念巴金先生的封面故事。《三联生活周刊》没什么动静,笔者看到以后还以为这个杂志反应慢,这么吸引眼球的事为什么它没有发现呢?接下来的一周,《三联生活周刊》做封面故事《巴金,世纪文人的中国生存》,让笔者立刻对它刮目相看。它没有单一地就巴金说巴金,而是通过关注巴金谈到文人的生存状况,还链接了与巴金同时代的五四文人包括冰心、施蛰存、艾青等的情况,这些文字既可以当作了解巴金的背景材料,读者也可以从中获取更多的知识和信息,也是一次文学知识的普及。另外谈到巴金人们就不能不提他的小说《家》、《春》、《秋》,《三联生活周刊》也没有就《家》谈《家》,文章《巴金的〈家〉与家》把巴金的作品《家》与他的家庭、家人完美结合,读起来亲切又不失厚重,深度与广度并举。

后来看到朱伟的访谈，他说他们一直坚持封面故事和重头报道要下大力气，如何报道，从哪一个角度做都会讨论得非常具体，一个封面故事的形成，各方面都要考虑到，包括兄弟周刊要往哪个角度走，如何避开"撞车"和雷同。这一席话解开了笔者心里"为什么它没有发现？"的疑问，原来是有意的避让，这一种"大刊"的大气，又或者这更是一种自信，让笔者心中顿生敬意。新闻的时效性很重要，但是随着各种传播技术的发展，电视的现场直播，互联网的即时性，这些几乎把时效性做到极致，人们获取新闻的手段太广泛。《三联生活周刊》作为新闻周刊，它没有把时效性作为制胜的关键，而是用"知识分子的资源对新闻进行嫁接"，把新闻做的再"厚点"，再"宽点"，这也成为它的独特性，也是它的魅力所在。在许多媒体都在挖空心思找独家报道，争分夺秒抢第一的时候，《三联生活周刊》没有去凑热闹，他们在做新闻的"第二次消费"，给读者更新颖的角度，更实用、更好看、更丰富的信息，并且把这些不是"独家"的信息做出"独特"的处理，同时形成了自己的风格和特色。主编朱伟对记者的要求"再好的事，没有找到好的角度，放弃；听着没多大劲的选题，只要有好的角度，就做"，就是追求"独特"的典型缩影。

三 《三联生活周刊》特有的叙事风格，强调故事性，可轻松阅读

《三联生活周刊》的专题写作有自己特有的叙事风格是由来已久的，是随着它的诞生而诞生，又随着它的成长而发展的。早在对《三联生活周刊》第一批记者培训的时候，第一任主编钱钢就提出"记录生活"；杨浪、杨迎明时期又强调"采访稿件'铁律'——故事故事故事，细节细节细节，数据数据数据"；朱伟主编强调，"文章一定要有观点，甚至标题就是观点，周刊的记者要有独特的处理信息的能力"。在这种"优良传统"的熏陶下，《三联生活周刊》的记者形成各自独特的叙述风格，所有报道均要求有鲜活的人物故事或事件细节，生动简洁而饶有兴趣的文字，强调与读者的交流。用这样的"规则"把新闻调查与文化评析相组合，对一周信息作深入追踪，关注新时代人和自然、人和社会、人和人之间的

新型关系。以独特的编辑理念，将文字、图片与有关资讯有机组合。密度和内容的含金量高，使读者在有限的空间和时间内，就像"邀上几位好友"在轻松、愉快的心境中获取了丰富的内容和信息。

有人说《三联生活周刊》不是真正意义上的新闻周刊，因为它的文化气息太浓；但它也不是一本简单的生活周刊，不是谈论柴米油盐的生活中琐碎小事。借用期刊主编朱伟的话来解释这一矛盾，就是"我其实想办一本'杂交'杂志，就是把文化、新闻、时髦杂交在一起"，"用知识分子的资源对新闻进行嫁接"，做到"新闻的文化批评"。因为《三联生活周刊》依托"知识分子摇篮的出版社"——三联书店，有得天独厚的文化资源，以新闻、时事、明星、新科技、新话题为由头，用文化的视角去思考、解读，所以它既有浓厚的人文气息，也具有时尚、前卫、新锐的特点。因此，它是新闻的，又区别一般意义上的新闻；是文化的，又不是纯文化的；是大众的，又不是流俗的；是时尚前卫的，又不盲目追赶时髦流行色……这些一起构成了《三联生活周刊》的独一无二！

参考文献

[1]《三联生活周刊》编辑部：《三联生活周刊十年》，三联书店2005年版。

[2]　《三联生活周刊》主编朱伟做客新浪聊天实录，新浪网，http：//book. sina. com. cn/news/c/2005 − 04 − 20/1115183652. shtml。

[3] 三联书店网站，http：//www. sdxjpc. com。

[4]《〈三联生活周刊〉讲述"十年"编辑部故事》，http：//book. sina. com. cn/news/c/2005 − 04 − 02/113418368. shtml，2005 − 04 − 21。

[5]《三联生活周刊》网站，http：//www. lifeweek. com. cn。

[6]《三联生活周刊读者分析》（《三联生活周刊》内部参考资料）。

第三部分

新闻资讯类

《新周刊》

——中国最新锐的时事生活周刊

把"新"字直接用在一本周刊的名称中，自称为《新周刊》，这无疑表明了期刊创始人的良苦用心——用全"新"方式打造一本新锐、脱俗的周刊。《新周刊》十年的成长历程表明，这一美好初衷并非浪漫的奢望，而是一种理性的思考与选择，并且已经演化成有目共睹的现实。

《新周刊》封面

☞ 案例介绍

一　新锐的办刊理念

自20世纪90年代，中国社会各个新兴阶层逐渐形成，正如美国的 *TIME* 是针对美国社会的"忙人"而产生的一样，《新周刊》把读者群定位在中国的新兴中产阶层身上，这一阶层有钱有闲有知识、注重精神生活、关注社会、追求新鲜和快感。《新周刊》想要抓住的就是这样一个群体，这个在社会当中最积极向前的那一部分人，他们更喜欢更愿意接受新的变化，既有一定的物质基础又有表达欲望和表达能力。可以说，《新周刊》是顺应中国新兴中产阶层这一群体的出现而出现的一种定位目标性很强的期刊，是时代发展的产物。

《新周刊》的办刊口号经历过几次演变，但落脚点都离不开一个"新"字。由"我们所有的努力就为了新一点"到"要看就看《新周刊》"，再转变为"好看还是《新周刊》"，最后定位在"中国最新锐的时事生活周刊"。这几次理念的转变，在某种程度上也反映出《新周刊》的发展和改革历程。"中国最新锐的时事生活周刊"，这一思想贯穿于整个期刊的策划、风格及受众定位。可以说，《新周刊》的诞生与成长历程在一定程度上顺应了特定时期社会体制与结构的变革，反映了新兴中产阶层的审美趣味与阅读需求，迎合了新时期受众的特定接受心态。

《新周刊》以新锐为自己追求的目标。用他们自己的话说，他们所有的努力，就为了新一点。破除旧有僵化模式，就是当仁不让的"新"。"新"是《新周刊》一切方法论之首。他们的任务是，做一个敏锐的社会观察家，他们是老权威的颠覆者、新权威的传播者。《新周刊》的成功正在于它的锐意创新，在于它新锐的话语、新颖的方式、新鲜的概念、新奇的视角。如果《新周刊》不"新"了，它就难以在新兴的中产阶级受众中站稳脚跟。

二 新鲜的栏目设置

《新周刊》第 200 期全红的封面上用黄色大字醒目的标注着"新锐200"，这是颇有代表性的一期，我们来看一下《新周刊》第 200 期的栏目设置：1. 传媒榜；2. 观点；3. 天下；4. 观察；5. 专题；6. 城市；7. 调查；8. 摄影日记；9. 阅历；10. 人物/脸谱；11. 图片故事；12. 品牌；13. 文化；14. 地理；15. 科学；16. 流行；17. "她世纪"；18. 玩家；19. 专栏；20. 漫画。《新周刊》这样的栏目设置彻底颠覆了传统刊物千篇一律的面目，仅看标题就让人耳目一新，读者又怎会不想阅读内容呢？

三 新颖的话题组构

《新周刊》首创"盘点"＋"榜"的资讯整合样式，不仅给读者制造了谈资和议题，更为中国的传媒创造了一种报道方式。如《中国大字榜》、《中国行业新锐榜》、《中国城市魅力排行榜》、《中国电视节目榜》

等"榜"类话题新闻，还有从 1997 年开始做起的《1997 大盘点》直到《2004 大盘点》等"年终盘点"类新闻。

《新周刊》2004 年年底一期推出了"2004 年社会热点新闻年终盘点"，把全年的各个月份里面发生的热点消息聚集整合。这些看似细微的新闻被《新周刊》筛选出来，组合成了一种盘点新闻的模式。历史往往并不总是由大事件构成的，这些充满细节的小事件同样是 2004 年的社会现实与新闻内容。小事非小，《新周刊》用猎豹般敏锐的眼光捕捉到的这些小猎物，同样可以烹制成一道饕餮大餐。

同样，"《新周刊》2004 年年终盘点之十大系列"极具戏剧性地把这一年事无巨细的新闻、风头正健的人物、仁者见仁智者见智的观点全部列出清单，上面标明"十大告别"、"十大埋伏"、"十大网争"、"十大反对"、"十大猛人"、"十大热卖"、"十大老师"、"十大怕"、"十大不明白"和"十大宠爱"这样的标签。旗帜鲜明，观点尖锐，加之调侃的语气把这样一些社会热点问题以分类的形式告知读者，让人不禁拍案叫绝。

这种"榜"＋"盘点"的方式，把关于一个问题的数篇文章集中整合于一体，配成一个专题，或将不同的问题有机结合，改头换面，给人耳目一新的感觉，既感性而又完备，像一个个蒙太奇镜头，经过编辑的重新加工组构，产生一种创新的魅力和全新的感受，成功引发了一个接一个的热点话题。这种制造话题的方式已经成为《新周刊》的独门"武功"，也是其畅行中国媒体江湖的法宝。

四　新奇的概念策划

《新周刊》在它成长的历程中不断生产一个又一个崭新的概念，引起一阵又一阵轩然大波。制造了一个又一个令人目眩的亮点，一个媒体能不断制造出引人注目的热点和新鲜的概念，这应当是它不俗的业绩和表现。

1997 年 11 月，中国足球队再次止步于世界杯，《新周刊》出版"中国不踢球"，黑色的封面，沉重的话题，《新周刊》把足球上升到国家重大时事的高度，读来痛心疾首、感慨万千，也是《新周刊》迄今为止最激烈的一次言论。口号一出如石破天惊，在国内足坛掀起一阵波涛。又如2000年9月提出"第四城"的概念，把成都列为新一轮城市赛跑中继京沪穗后的"第四城"，概念一出，把中国大小城市搞得天翻地覆。

《新周刊》的视角常常令人始料不及，1999年1月，《新周刊》的眼界延伸到电视业，它说，春节联欢晚会是"十六年之痒"，后来还要"砸烂电视"，更要封个"中国电视节目榜"；1999上海财富论坛热得烫手，《新周刊》说要"冷眼看财富"；要走进新世纪了，《新周刊》说慢着，这里有"不得带入21世纪的111种行为"……

《新周刊》在专题策划上新意层出不穷，尽管有人指出，他们完全是为了办下去而在不断地设局。但不管你怎么讨厌他们的局，这本杂志每期仍旧以长达30页的"专题"来轰炸你的眼球，使你不得不陷进这个局中去。让我们品味一下《新周刊》策划的几个有代表性的专题：

1998年推出"城市魅力排行榜"，用一系列"奢华"、"女性化"、"温情"等词汇册封中国城市，使一个个城市拟人化，个性化，活灵活现，跃然纸上，影响深远。直至今天，仍然有时髦的导游用《新周刊》给出的城市定义来给游客介绍旅游城市。很多城市读者由此开始习惯性地阅读《新周刊》。

1998年的"1998大盘点"是《新周刊》盘点类专题开始由稚嫩走向成熟的标志。《新周刊》从1997年开始每年年终都要来一次年度大盘点。1997年那次还嫌不够老成，1998年火力恰好，"盘点"把人们重新带到已逝的年度，使人们进入回忆时光的境界，让人觉得如果每年都读一次这种大盘点该有多好。

1998年"大肆"渲染情人节，推出"我爱你!"专题，把这个永恒的主题再次推到世人面前。较早期的《新周刊》，专题策划比现在夸张得多，几乎用一整本讨论一个话题。一个"情人节"的主题就差不多动用了整本杂志。但正是这种夸张的渲染，使很多中国人从此开始了2月14日情人节的浪漫。

1999年推出"中国电视节目榜"。《新周刊》关注电视业的话题不少，从最早的《弱智的中国电视》到《砸烂电视》，再到这个《中国电视节目榜》，已经把电视人玩得死去活来。这期的"榜"已发展到了极致，它以其全方位、多角度、大规模、跨媒体对中国电视业年度发展业绩的立体审视，被国内传媒喻为中国最公正、最权威、最具民间立场的评选。

2000 年首创"飘一代"概念。"飘一代"已超越了作为一个专题的意义。20 世纪 70 年代出生的一代人，整个成长过程都伴随着社会的革新，客观上就决定了他们成年后投身社会的生存状态必然不同于父辈。多元化的价值取向是"飘一代"的典型特征，他们具有"飘"的某种形态，是当代中国新一代生活方式的引领者。《新周刊》主编封新城说，"飘一代"还是现在进行时。可以说，"飘一代"概念是《新周刊》目前为止打造得最成功的时尚产品。

2003 年的"无书可读"专题又一次令国人瞠目结舌。面对新版书数量日益剧增的现实和竞争激烈的图书市场，《新周刊》却抓住图书质量这一图书出版业的软肋大做文章，用几篇颇有分量的文章营造了一个"无书可读"的"信息环境"，让不少人为图书质量问题而担心和发愁不已。《无书可读》虽有"危言耸听"之嫌，却不乏振聋发聩之效，给我国出版发行业带来一次不大不小的冲击。

2004 年在"不想工作"的专题中提出"后工作时代"概念，认为"后工作时代"是向"富有人的尊严和充满人的快乐的工作"回归，工作成为人性的升华，在于工作使人进入一种诗的创造过程。我们的社会正迫切需要每一位工作者成为"最具创意思维者"，快乐而智慧地在自己的岗位上诗意地工作！相信这"诗意的工作"之构想定会使所有工作着的人们向往。

2005 年，"新新中国"概念闪亮登场。"新新中国"是《新周刊》2005 年度新锐榜的主题，也是多年来新锐榜力图彰显和推动的一个概念。他们说，如果"新中国"是一种承载着历史和现实丰厚内涵的价值的话，那么，"新新中国"所指向的正是这种价值向未来的延伸和拓展。"新新中国"，就是一个新锐的中国。《新周刊》2005 年中国骄子年度新锐榜，以"新新中国第一榜！"的姿态强势开评，凭借年度最大榜的榜样力量来"为新锐加冕"。"别人知道 2005 年发生了什么，我们知道 2005 年最有价值的是什么。"《新周刊》第九个年度大盘点和第五个年度新锐榜一如既往，为每一个关注 2005 年度的人交上一份出人意料又非常满意的年度新锐答卷。值得注意的是，《新周刊》2005 年的新锐榜由以前对社会时尚、消费氛围的关注开始转向对社会生活、社会观点的总结与关注。

五　新潮的经营之道

在经营方式上，《新周刊》也有自己独特的套路，1996 年 8 月，在《新周刊》创刊号上，破天荒的"人们已经习惯于在最好的杂志上见识最好的品牌"和"这一页留给最有眼光的广告商"两个留白广告位，表达了《新周刊》在坚持优质传媒产品的同时与商业主义紧密合作的态度。这两句留白表明新锐的传媒人已清醒地意识到杂志就是商品，一是卖给广告商，二是卖给读者。《新周刊》的广告经营是通过代理公司的形式运营的，这家代理公司也是它的运营机构，可以充分整合它的资源，避免一些不必要的开销和麻烦。广告集中在杂志开头几页和末尾几页，中间几乎不插广告，选择的广告商十分有针对性的定位在《新周刊》的主要受众人群，以汽车、手表（几乎每期都有 OMEGA）、手机、电子产品、护肤品及化妆品为主。另外，除了单纯的广告营销手段外，《新周刊》还开发了额外的业务，利用既有的网络赢利，并且运用品牌的自身影响创造新价值，开发衍生品。《新周刊》不仅仅是在做文化，更是在做一种产业，这个团队可以说是站在中国传媒时代前沿的观察者和领头兵。

2003 年，《新周刊》主编了历史上第一部年度声音合集——《2003 语录》，把一年中令人震撼、发人深思、出人意料、叫人捧腹的名言警句集于一书。从此，人们在热读各媒体年终大盘点的同时，又有了一本年度语录作为配套读物。"年度语录"这一形式成了《新周刊》的又一知名品牌，同时也提升了刊物自身的社会价值和经济效益。

《新周刊》自 1996 年创刊至今，已形成包括《时代周报》、《香巴拉》、广州新锐贰千广告有限公司和广东飘壹代书刊发行有限公司在内的媒体方阵，这种滚雪球似的发展壮大，无疑从另一个角度证明了《新周刊》的成功，说明了《新周刊》在文化市场中进一步做大做强的欲望和能力。

一 创新是《新周刊》的生命力所在

"新锐"，不言而喻，既新颖又锐气，关于"新锐"一词，用《新周刊》自己的话说："文学家楼适夷先生在1933年率先使用的'新锐'一词，进而被《新周刊》矢志不渝地在中文媒体中发扬光大。一直以来，《新周刊》特立独行，以犀利剖析直指积弊所在。'锐利'以本刊'刊格'的因子呈现在杂志上的每一篇报道中。"

这种新锐首先表现在《新周刊》的"新思维"上，即创造一种新的整合新闻资源的方法，创立一种新锐的由时尚叙事、戏说叙事、口语叙事相混合而成的叙事特征，形成了独树一帜的"后新闻"风格。这种"后新闻"风格体现在新闻的边缘化，以及另类的处理方式之中，这种新式新闻，已经成为《新周刊》独特的生存模式，并被其他期刊竞相效仿，引导了一个"后新闻"时代。

其次，《新周刊》新在"新观念"上。《新周刊》对新观念的强调表现为"概念化"的报道角度和话题类新闻，如"第四城"、"她世纪"、"飘一代"、"新新中国"等。《新周刊》创造性提出"飘一代"的概念，这种新的观察点和新的概念不仅仅停留在对现象的描述上，而是对对象有了更深层的思考，这比其他媒体的"新人类"甚至"新新人类"的报道更胜一筹。《新周刊》把关于一个话题的数篇文章集中整合于一体，重新组构成一个专题，成功地制造了一个个热点问题。

最后，《新周刊》新在一种全新的呈现方式上。这涉及文字和图片、语言以及版式风格，《新周刊》在中国媒体中第一次彻底抛弃了所谓"配图"的概念，颠覆了我们对传统纸质媒体图文比例的认知，用丰富的信息含量，具有个性化的文字以及视觉冲击力的图片给读者带来精神上的享受和震撼，而这些都是构成一个优秀期刊不可或缺的基本元素。

作为观点供应商，《新周刊》提出了"飘一代"、"她世纪"、"第四城"等新概念，让新新人类都为此创意拍手叫绝。作为视觉开发商，《新周刊》用精美的图片冲击读者的眼球，给人 N 层的感官享受。作为资讯整合商，《新周刊》一年一度的"大盘点"归纳了"十大愤怒"、"十大感动"、"新锐 200"等人文气息浓郁的整合式新闻。作为传媒运营商，《新周刊》成功的品牌运营使之成为文化产业风头浪尖上的弄潮儿。

有人说《新周刊》就是个秀场；有人说《新周刊》在做的是"文化的撒娇"；有人说看《新周刊》就是为了看个噱头，买《新周刊》就是买个包装；有人说《新周刊》俗，故《新周刊》在。这是个 SHOW 的时代，面对《新周刊》的未来，《新周刊》执行总编封新城开了个玩笑，他说要继续"作秀"。无论做一个产业，还是做一种事业，从某种角度上说，"作秀"是将品牌最大化和进一步拓展延伸的一种手段。

二　在市场博弈中谋求发展

产业化的文化市场是为了销售而生产，市场就是我们的衣食父母。脱离市场的文化产品苍白无力，远离大众，离群索居。把握市场脉搏是博弈中的媒体永恒的话题，而在受众市场细分化中进行准确的定位则是竞争中取胜的前提。可以说，不面向市场便寸步难行，无准确定位则行也不远。《新周刊》就是在庞大纷杂的受众市场中发现了自己的对象，找到了自己的位置，将文化产品的生产目标牢牢定位于"飘一代"，才有了成功的起点和发展的根基。

对细分化的受众准确定位以后，要通过市场调查和受众分析，了解受众品位，找准受众需求，为这一簇分化出的受众量身定做合适的内容与形式。不了解受众的精神文化需求和阅读口味，就如盲人骑瞎马，随时有颠覆的危险。《新周刊》的成功就在于它准确把握住了新兴中产阶层的精神需求和文化口味，投其所好，不断烹调出满足他们需求的文化大餐，不断酿造出符合他们口味的新锐观念，从而在这个分化的读者群中稳住了阵脚。

《新周刊》说"这是一个'食脑时代'，创意是这个时代的货币。"当一个媒体失去精神的创新能力，就会沦落成沉默的大多数，丧失了话语权的媒体只能走向末路。创意是一种生活态度，是一个媒体求生的技能，创意像是发酵剂，有了它才能酿制出香飘万里的佳酿；创意如同基因，一个创意可以复制出千变万化的惊奇。创新是一个期刊存在和发展的灵魂，一成不变只能在守旧中消亡。《新周刊》的成功还在于它的锐意创新，在于它新锐的话语，新颖的方式，新鲜的概念，新奇的视角。如果《新周刊》不"新"了，别说吸引新的受众，原有的受众也会离它而去。

　　细分的市场只有细分的利润，只有拓展空间才能活得更好。《新周刊》说"飘一代"这样一个概念是在不断扩大和变化的，受众的定位面不断延伸着。《新周刊》努力扩张自己的地盘，把非受众转化为自己的受众，把市场这块蛋糕越做越大。

　　诚然，《新周刊》并非无懈可击，并非尽善尽美，也并非已到巅峰。求新往往疏于严谨，求异往往失于深刻，求变往往会有悖逻辑。在求新、求变、求异的同时，如何进一步保证文字与图片的深刻内涵和严密逻辑而不陷入新奇但肤浅的泥沼；如何紧跟时代脉搏，抓准中产阶层人士的趣味所在和关心所在，让读者群离不开放不下《新周刊》；如何在刺激但略显凌乱的栏目和版式中寻求一种新的规则和有序状态；如何进一步拓展自己的受众领域，把非受众转化为自己的受众，以求获得更大的社会和经济效益等，都是大有文章可做的。

参考文献

　　[1]《新周刊》第 85 期、第 166 期、第 173 期、第 200 期等。

　　[2] 封新城：《新锐能表达我们的追求》，http：//www.sina.com.cn，2005 - 04 - 07。

　　[3]《国内新闻周刊的优秀典型及其风格》，http：//www.xici.net/b216198/d15339783.htm。

　　[4]《新周刊：200 个新锐人和事之二》，http：//blog.hexun.com/tianshao。

《新周刊》

中国最新锐的时事生活周刊

［5］张伯海：《2004 中国电视节目榜新闻发布会暨周刊市场对话活动发言》，http://www.sina.com.cn。

［6］徐德芳：《〈新周刊〉将盘点 2005 年文化圈》，《东方早报》2005 年 12 月 5 日。

［7］欧阳洪生：《中国传媒市场的细分化运作》，《当代传播》2005 年第 2 期。

［8］张立伟：《论非受众》，人民网，2005－09－02。

《南方人物周刊》

——一群新闻圣徒的新闻理想

《南方人物周刊》是由南方日报报业集团倾力打造,《南方周末》出品的一个人物类新闻杂志,于 2004 年 6 月 16 日横空出世。其副主编徐列在接受记者采访时曾经宣称《南方人物周刊》"要做中国的《时代》",他们的豪气可见一斑。在其创刊号上,徐列深情地写下了一段寄语南方人物周刊的一段文字:"它要以平等、宽容和人道的立场,去关注我们身边的每一个人。不仅关注那些对人类的进步和我们的生活产生重要影响的人,同时也关注那些在与命运的抗争中彰显出

《南方人物周刊》封面

人性向善力量的普通人。他们是政治家、思想家、科学家、企业家、艺术家,他们是民间英雄、公众领袖、人民代表、芸芸众生,他们参与变革,他们影响时代。而历史便是由一个个的人物传记书写而成。记录他们,便是记录历史,记录人物,便是为历史留存一份底稿。"著名学者朱学勤也曾寄语《南方人物周刊》:"希望若干年后,它能成为探寻历史的底本。"

☞ 案例介绍

一 成功的定位策划:《南方人物周刊》的读者定位以及办刊宗旨

《南方人物周刊》的总经理庞义成先生这样介绍过其读者定位:

"它适合中高端读者。我们用四个关键词概括，城市、知识、主流和家庭。他们是全国大中城市中，关注社会、关心家庭、热爱生命、勇于进取、具有时代感的人。他们受过良好的教育，他们是社会的中间分子。这些读者的性别比例男性约占六成，女性约在四成，年龄大多在 20 岁到 40 岁左右。月收入大都超过 5000 元，主要从事商业、文教艺术、IT、金融、政府行业等，他们对社会、经济领域影响巨大，他们的消费方式是现金。"可以说，《南方人物周刊》这样的读者定位和它的内容是紧密结合的，因为作为一份人物类新闻杂志，它关注的是我们这个社会所发生的一些重大事件中引起关注的人物，那些对我们这个社会的进程发生影响的人物。而对这比较关注的可以是比较低端的读者，但是最主要的部分还是来自中高端读者。

用一句话来概括，《南方人物周刊》的办刊宗旨就是，以平等、宽容和人道的立场"记录我们的命运"。"记录我们的命运"这一句话我们可以从每一期出版的杂志封面左上角看到。这里的"我们"包括了每一个生活在我们这个时代的中国人，有精英也有普通人。按照前主编徐列的话来说，"他们是民间英雄、公众领袖、人民代表、芸芸众生，他们参与变革，他们影响时代。"记录"我们"的命运就是在记录历史。

二 栏目策划：体现出以新闻为主的综合性风格，紧扣一本杂志应有的丰富性，并注重和网络的互动

作为一本人物类新闻杂志，《南方人物周刊》当然要紧扣时事，把握时事中的热点人物，因此它设置了"封面人物"、"特别报道"、"时政"栏目。但是除此之外，《南方人物周刊》没有把自己做成一个纯粹的单调的新闻杂志，考虑到中高端读者的受众定位，它还设置了一些具有小资情调的栏目，如"世相"、"专栏"等栏目，里面的小文章很多是有相当功力的作者撰写的具有浓郁小资情调的文章。另外一个值得称道的栏目就是它推出的"怀念"专栏，这个栏目接受普通大众的投稿，正如有的研究者所说的那样：由"怀念"来压底，丝毫不逊色于"思想工作"，一个感人的故事，一种淡雅的叙事方式，能让人读完世事纷扰的新闻后，开始沉

静下来。《南方人物周刊》"怀念"栏目的设置有着极强的独创性。

《南方人物周刊》虽然是一个纸媒体，但是它没有把网络世界抛在一边，而是把网络充分调动起来，和读者进行互动。如它在推出"四川人是天下的盐"专题之前的一个月，在新浪网上进行了大规模的读者调查，"最有味道的四川人"以及"我们眼中的四川人"评选活动和这个专题形成了充分的互动，这本杂志推出后在四川更是引起了不小的关注，尤其是评选结果中重庆人入选"最有味道的四川人"几乎引起了重庆和成都之间的论战。在推出香港廉政公署探密专题之前，《南方人物周刊》还与新浪网合作，在网上就香港廉政公署的一些问题进行联合调查，共有四千多网友参与了此次调查。

三　内容策划：以人为切入点，以专题
为主要形式，以榜单为辅助

《南方人物周刊》把自己定位为一份人物类新闻杂志，因此它以人物为切入点来解读新闻，可以说这是一个非常成功的内容定位策划。当今的中国传媒市场竞争非常激烈，就新闻周刊来说，市场上已经存在的比较成功的有《中国新闻周刊》、《三联生活周刊》等，但是纵观整个新闻类杂志市场，以人物为切入点的杂志基本上还处于空白。"差异化"战略的实施使他们看准了市场，找准了切入点。从他们打入市场后的事实来看，他们这样的内容定位还是非常成功的。

《南方人物周刊》每期都会推出一个特别报道的专题，这样的特别报道就是每一期比较重点的内容。如《南方人物周刊》推出的纪念邓小平专题等。有的时候，整本杂志都围绕一个榜单为唯一的专题，榜单这种形式不是《南方人物周刊》首创，但是他们运用起来可谓得心应手，轻车熟路。《南方人物周刊》做到第五期的时候便推出"中国公共知识分子50人"的榜单。以后又陆续推出"我们时代的青年领袖"、"25年25人"、"魅力50人"等榜单。其实，任何榜单都会引起争议，因为它本身有数量限制，而这些东西又属于"仁者见仁，智者见智"。榜单甫一推出，立刻在社会上引起极大争议；章子怡入选"我们时代的青年领袖"曾引起

质疑一片，"公共知识分子50人"更是引起公共舆论界一场有关公共知识分子的争论，《南方人物周刊》所具备的影响力由此可见一斑。

四　成功的发行营销策划：充足的宣传 攻势和完备的发行网络

《南方人物周刊》依托于实力强大的南方日报报业集团，在它亮相于读者面前之前，是做了充足的准备的。因为面对中国目前的大众传媒市场现状，任何一个新来者必须要做好充足的准备，否则连门槛都不一定跨进来就要草草收场。

从2005年5月份开始，《南方人物周刊》依托南方报业集团完备的媒体布局进行了大量的广告投放，包括《南方都市报》、《南方周末》、《南方体育》、《城市画报》、《名牌》、《21世纪经济报道》等，累计价值超过1000万元。从6月11日开始，他们在《北京青年报》、《中华都市报》、《成都商报》、《武汉晚报》、《长江日报》、《中国新闻周刊》、《三联新闻周刊》等覆盖主要发行区域的主流媒体进行大量的广告发放，累计价值超过600万元。在发行上，它依托原有的南方报系已经建立起来的全国各主要的发行网络，从一开始就基本上覆盖了所有目标城市的书报厅、高校、四星级的酒店、人流量巨大的餐厅、会所等。创刊时已经覆盖23个城市，发行量已经达到了10万册。

可以说，《南方人物周刊》这样的营销策划在中国目前这样的现状下是非常成功的：那就是依靠强大的资本支持实现了充分的广告宣传；又依靠已经建立起来的发行网络实现了相对比较轻松的发行渠道。但是，它这样的模式基本上没有可复制性。因为，并不是任何一个新上市的新闻杂志都能够有这样强大的资本和市场支持，但它的成功毋庸置疑。

☞案例评析

作为一个人物类新闻杂志，《南方人物周刊》在中国内地没有可以模仿的对象，基本上都是靠自身摸索着前进。它怎么样才能在很短的时间内打出一片天下？作为一本周刊，显而易见在时效性上根本不占什么优势，只能靠策划来赢得市场。可是什么样的策划才能赢得市场呢？策划怎么样来做、如何找准切入点才能吸引受众的眼球并且在短时间内实现杂志发行量的提高？《南方人物周刊》在专题策划方面有很多可圈可点之处。这个脱胎于《南方周末》的团队还是有值得我们记录和研究的价值。具体来说，它能够取得目前的成绩并在激烈竞争的传媒市场上站稳脚跟和以下几个因素分不开：

一　一个优秀的、已经在市场上经过锤炼的成熟创作团队是它成功的基础

一个优秀的创作团队是一本杂志成功的灵魂。对于《南方人物周刊》来说，从一诞生开始，其创作团队的组成人员就已经是在传媒领域经过锤炼的行家里手，它的主编、副主编、主笔以及记者都是原来属于南方报系的优秀新闻从业者，文字功底都很强，他们在新闻运作方面有着丰富的经验。读者在杂志上看到的每一次策划都是这个创作团队用心运作的结果，每篇稿件里那些平实、生动的文字都是他们深厚文字功底的见证。以《南方人物周刊》的灵魂人物徐列来说，在创办《南方人物周刊》以前，他曾经在《南方周末》这个优秀的媒体工作了十多年，有着丰富的新闻策划经验。而其他的主笔等也是在南方报系里非常活跃的学者和新闻评论人员。

二　内容体现策划者浓郁的新闻理想

新闻理想是什么？在笔者看来，在当下的中国，我们怀揣着新闻理想，意味着我们担负起了作为一个新闻人的责任，那就是弘扬真善美，塑造我们这个时代先进的生活价值观，教人向善，引导我们的社会一直向前。

人类的每一次进步都是因为我们从未失去过理想，从未失去过激情。这种理想和激情、光荣和梦想需要有人去记录，有人去宣扬，从而为普通人提供典范，影响他们的行为，造就新的人，只有新的人才能去创造新的历史。《南方人物周刊》推出的"中国抗艾英雄"专题中对艾滋病的关

注，对抗战老兵回忆的"抗战老兵悲情传奇"，"香港廉政公署探密"专题中对中国反腐败体制的探寻，"发现韩国"专题中对韩国崛起的"秘密"的孜孜探求都体现了他们对中国社会发展过程中所出现的问题的追问。

在它的创刊号上，主编徐列满怀深情地写下了这样的发刊词："我们记录他们，一同分享成功的智慧和喜悦；我们记录他们，感慨命运的沉浮，仍怀梦想；我们记录他们，让你的前路更远、更亮。"这是笔者认为《南方人物周刊》最能够打动人的地方，也是最可贵的地方——新闻理想的实践者，担起新闻责任的新闻圣徒。

三 在专题策划上表现出足够的大气、自信和责任心

《南方人物周刊》依托实力强大的南方日报报业集团，有已经有多年媒体经验的运作班子，所以，在开始的时候相对来说都可轻松上手，因此在专题策划上它显现出了一本新闻杂志的大气和自信，表现出了"媒介军师"喻国明先生所说的"一种悲天悯人的情怀，一种俯仰天地的境界"。比如说"影响中国的公共知识分子50人"、"发现韩国"等专题都是着眼于我们的国家、我们的民族。

我们知道，在今天，要做一个有影响力的主流媒体，不能仅仅满足于在纷乱的社会事件中凑个热闹，更要以主人翁的姿态融入这个社会，探求在社会发展过程中出现的问题以及解决的办法。作为一本新闻性的人物周刊，能有多少条路可走？是降低品格沦为流俗的追星杂志，还是孜孜以求地追问我们这个社会？《南方人物周刊》走的是后一条路。

四 很多策划都以"榜单"形式出现，紧紧抓住受众注意力

"榜单"实质上是属于一种新闻策划，它是在主动出击，进行"议程设置"。榜单这种主观性的东西，每次都能引起一片争议，而杂志本身收获的是注意力。

引起争议并不能影响《南方人物周刊》在这条路上走下去。不管

新锐飞扬

期刊策划著名案例

榜单本身存在的争议有多大，只要里面有一些东西能够引起我们的思考就足够了。另外，还有什么比极具争议性的东西更能引起人们的注意呢？所以，我们有理由相信，深谙此道的《南方人物周刊》肯定还会推出下一张榜单。

五 《南方人物周刊》的视角深具人文关怀的精神，注重关注平凡人的命运

《南方人物周刊》宣称"记录我们的命运"，在这里，国家的命运、时代的命运和"人"的命运是紧紧联系在一起的。而时代的主角是"人"。《南方人物周刊》里面的专题策划带给我们的是新闻事件的主角——"人"，他们做了些什么，他们怎样思考，如何行动。他们的行动和思想所散发出来的人性的力量感染着我们，在潜移默化中引领读者思考，在思考中不断成熟。如他们在抗艾专题中对一个普通的患有艾滋病的父亲马深义的关注、对一个普通大学生朱力亚的关注，对下乡知青命运的关注，还有2006年3月份推出的对于高等教育高收费体制下那些苦苦挣扎的普通人的关注，都体现了他们浓郁的人文关怀气息。

另外，不仅仅是专题策划里以"人"为切入点，其实整个杂志主要的就是对人物的访谈和记录。翻开这本杂志，我们可以注意到，在它的左页眉处和每一篇文章的结尾都标着一个"人"字，就凭这一个标志，在大力提倡"以人为本，构建和谐社会"的今天，我们应为之鼓掌喝彩。因为他们把"人"的价值提到了一个更显著的位置。他们要记录的人是在影响着我们这个时代的人。这些人当中，有普通人，有在社会边缘的挣扎者，更有我们这个时代的领袖和精英。

2006年，《南方人物周刊》被誉为"中国最具成长性的媒体"。但是它还很年轻，它的路还很长。它是否能够经受住时间的考验、坚持自己最初的理想还有待观察。

参考文献

[1]《南方人物周刊》执行主编徐列访谈，http：//www.qikan.net，2005 - 09 - 30。

［2］辛妍： 《办中国的〈时代〉——访〈南方人物周刊〉副主编徐列》，http：//www. mediaok. net，2005 – 04 – 11。

［3］庞义成：《〈南方人物周刊〉营运情况介绍》，http：//www. southcn. com，2005 – 11 – 11。

［4］吴季笔:《南方人物周刊》,《南方周末》式人物周刊、《钱江晚报》2004 – 06 – 18。

［5］朝北:《草稿上的理想》，http：//www. blogcn. com，2005 – 08 – 15。

《中国新闻周刊》

——"影响有影响力的人"

《中国新闻周刊》创刊于 1999 年 9 月，于 2000 年 1 月 1 日正式出版发行。《中国新闻周刊》由中国新闻社主办，定位于新闻时政杂志，以国内、国际重大新闻报道为主，旨在构建中国权威时政传媒，与进步中国同步。"富有深度、涉猎广泛，重点挖掘新闻背景和内涵。"

《中国新闻周刊》封面

☞ 案例介绍

一 定位策划——影响有影响力的社会主流人群

《中国新闻周刊》的杂志定位经历了一个变化的过程，最初的定位是"和成长中的中产阶层一起成长"。它想给那些关注公平效率，坚守传统又渴望创新的成长中的中产阶层来看。他们的基本特点是焦虑而又忙碌，并且在权力信息资本的掌控上处于一种不多不少不上不下的中间地位，他们在争做自由和自尊的消费者，既容易被影响又希望影响他人。他们把自己的读者层面叫做"成熟的消费者"，这本杂志不是送的，是读者要买的，一本杂志要有卖价，要像产品一样生产，要为消费者服务。所谓"成熟"是指年龄、心理的成熟，有稳定的价值趋向，有稳定的收入，等等。后来，《中国新闻周刊》的定位更加明晰，明确提出了把"有影响力的人"作为自己的读者对象，传播的受众更加窄化，也更加集中化、专业化，定位也更加明确。

而所谓"有影响力的人"就是主流和泛主流媒体所津津乐道并追逐不舍的"中产阶层"。中产阶层就是指"三高"人群：高学历、高收入、高消费。而这些人毫无疑问是社会的政治精英、文化精英或者知识精英，和经济精英。政治精英就是事业单位、国家机关的一些领导干部；知识精英就是各种知识分子，大学毕业后在各个行业的骨干；经济精英是企业的领导、经理阶层。《中国新闻周刊》要影响的就是这些有着政治话语权、经济话语权、文化话语权和时尚消费权的精英人物。

基于此，依托中新社强大的新闻资源库，《中国新闻周刊》把做信息管家、时事顾问、意见领袖作为自己的职务——力求将庞杂的信息去粗取精，把纷乱的世界理出头绪；提供独立权威的观点，揭示真实全面的背景；影响社会思潮，打造时代观念，确立理性标准。简而言之，坚持用客观、公正、中立的调查性报道"影响有影响力的人"成为《中国新闻周刊》的办刊宗旨和最大诉求。

二 栏目策划——包罗万象中别具一格

《中国新闻周刊》既然是要做中国的新闻周刊，那么包罗天下时事就理所当然地应该是其栏目定位应该考虑的问题。这一点，我们从它的栏目设置上可以看出来，时事新动、时政、社会、经济访谈、天下、专题、健康、乐评、文化、艺术、体育、专栏、往事、一言，这些栏目几乎囊括了时事新闻的所有方面和所有层面，既有专题的时事报道，也有健康、乐评、文艺、专栏等文化性质比较显现的栏目，"硬"时事和"软"新闻相得益彰。这就和每播一集电视剧就会插播几段小广告有异曲同工之妙，正应了传统的文武之道、一张一弛的审美心理，这也是接受心理学所推崇的编排方式，因为它可以避免审美疲劳。

但是，在资讯如此丰富的当代社会里，媒体仅靠"全"是难以一呼百应的，尤其是作为周刊的《中国新闻周刊》是无论如何也不能和互联网上的海量信息在信息数量上一争高下的。有特色才有魅力，《中国新闻周刊》的栏目策划的魅力一方面体现在上面所说的"软"、"硬"兼施，内容丰富；另一方面则体现在特色栏目的设置，比如其"一言"这个栏目，虽然文字简洁，但是观点独特、新颖，一言而见一种观点的表达，很有特色，拿2006年3月20日出版的总第268期的《当社会变得富态之后》来说吧，本来探讨的是反腐败对保持社会财富分配的公平性的"健身作用"这样很严肃的话题，但是"一言"却从人们对胖瘦的不同追求开始，写得摇曳多姿、活泼生动。

最有特色的栏目要数"新闻浮世会"了，它很好地采用了新闻漫画这种形式，把新闻与漫画很好地结合了起来，图文并茂、绘声绘色地报道了最新发生在普通人身边的社会新闻，成为新闻时政类杂志内独一无二的风景。

三　封面故事的策划——办时政新闻的"专卖店"

《中国新闻周刊》刚创刊的时候，除了它比较时尚的封面外（当时是王菲的黑白照片，以为是娱乐类杂志），还有一册三刊的形式，比较新颖。另外就是这本杂志文章标题起得很大胆，当初都是一些比较煽情的字眼。据了解，《中国新闻周刊》创刊号的印刷量就达到4万册，实际销售率也在80%左右。开局几乎是国内所谓同类杂志做了数年努力后才达到的水平。《中国新闻周刊》的标题制作的比较深刻，比较有性格。它从一开始进入大众视野，就给人以"一惊"的感觉，接下来便是持续的购买和阅读。

一般而言，办日报一定要办成"超市"，办周报一定要办成专卖店。周报应该满足某种人的需要，或者满足人们的某种需要。这个"专卖店"一定要办成在该细分市场里最权威、最具特色的媒体。《中国新闻周刊》注重策划、梳理新闻事件，力求以独特的报道视角把每周发生的新闻大事呈现在读者面前。

按照西方理论，周刊的发展可分三个阶段，第一个阶段对新闻的整合和梳理；第二阶段是自己做的调查性报道；第三个阶段则是对一些即将发生的事情有一个引导和前瞻性的东西。目前，《中国新闻周刊》正处在第二个发展阶段。周刊的出版周期决定了它不可能像日报那样面面俱到，更不能像网络那样靠提供迅速、及时的资讯来吸引受众，其出路就在对新闻事件的梳理、整合上。为受众提供新的视角成为当务之急。因此，《中国新闻周刊》十分重视新闻策划，尤其是对封面新闻的策划。封面对于周刊来说不仅仅是一张脸面，它往往体现了期刊最重要的关注点，从而成为期刊风格的最吸引人的招牌，封面故事的策划也是最能体现周刊水平和见识的地方。封面故事是周刊的特殊产品，作为杂志的形态，封面故事把题目印在封面上，相当于一个商品的包装，让在市场上的读者，因为看到这个包装、标题、内容而购买这个杂志。某种意义上说，把封面文章作为周刊一个重点的产品来做，事先要有一个策划，这也是杂志工作的一个特点。

《中国新闻周刊》每期封面故事的策划都是工作的重中之重，只有具有对国际政治、经济、文化、社会军事和科技方面有收集、判断能力的人才有资格参与封面的讨论。经过反复的讨论、筛选和论证后才会选定一两个候选方案，然后开始资料的搜集、提炼和组合。正因为如此，其封面故事才能以客观性报道为主，并且在报道过程中选择重大的、新近的、人们共同关心的社会热点和司法问题作为自己的报道主题，充分体现了它在报道过程中呈现的明显的"客观性"新闻价值观，从而赢得了读者的赞同和认可。对弱势群体的关注、报道和帮助，在中国这样一个发展极不平衡的社会，这是作为传媒人应该高度关注的，这是新闻人的使命，但是方法可能不一样，因为要根据媒体的特性做，比如说电视台有广泛的影响力，文盲都可以收看。像新闻周刊，它的发行、定价、产品形态决定它的受众还是在决策层面和精英层面。

"我想在决策层面和精英层面，我们的报道用理性的声音为弱势群体做一些客观的报道，通过一些理性的分析，包括专家的分析，对出现的问题，进行我们传媒人应有的调查、解答，这个意义我想已经达成了，因为它可能会影响决策人，也许会直接出台一些对弱势群体有价值的政策，同时也呼吁社会的精英阶层对弱势群体报道。比如说我们最近报道了400亿'稳定炸弹'的文章，说民工在过年的时候拿不到工资，出现了以自杀相要挟的现象，我们杂志已经给予了高度的关注。"①《中国新闻周刊》前总编钟诚这样说，这也是有责任的周刊以封面关注社会重大议题的集中体现。

四 内容整体策划——做中国、中文、中立的信息管家和意见领袖

《中国新闻周刊》前总编钟诚曾经谈到了一本新闻类时政杂志可分为三个部分。首先是全年整体选题策划，就是对这一年的预定的报道有个大的分析；其次是预定选题策划，明年要发生的可预知的一些事件；再次是突发事件报道。

《中国新闻周刊》作为中新社创办的一份时政类新闻周刊，它秉承了中新社的大背景、大视角、大事件的传统，立足于国内外重大的政治事件，力求从中国的立场来解读时事政治。从整体上来看，基本上是一种宏大叙事的报道模式。这一点和国内同类的新闻周刊有很大的不同。《中国新闻周刊》要做有影响力的、主流的新闻类周刊，是站在中国的立场上，从中国的政治、经济、文化角度以及用中文的传播方式，向中国乃至世界传播一种来自中国的声音。

首先，要坚持"中国"立场。因此，《中国新闻周刊》特别强调在中国逐渐走向国际化的大背景下我们本土特有的立场，特别是中国立场，这就是其所坚持的"中国"——国际视野，中国立场。在"中国"这个概念下，我们要用中国的政治立场、经济发展的立场、价值观念来看待事件发展中所有的新闻现象。只有民族的才是世界的。在这个背景下，越是我们走向国际大舞台，本土化的新闻价值就越大。

其次，要用"中文"传播。《中国新闻周刊》是一份面向中国"有影响力"人群的一份周刊，它的目标读者很明确地界定在中国的范围之内。在短期内不可能做到《新闻周刊》或《时代》那样在英文世界里璀璨耀眼的程度，把"中文"作为自己坚持的传播方式和传播范围无疑是很明智的。

---

① 《中国新闻周刊》总编钟诚访谈录，中国新闻研究中心，2003—01—27。

最后，坚守"中立"的立场。《中国新闻周刊》有一个明确的特点，事实和评论分开，事实是事实，评论是评论，二者严格分开。无论是新闻调查，还是观点、立场都是建立在原创和大量事实的基础之上，很好地实践了新闻专业主义的客观、公正、中立的原则，成为时政类期刊中名副其实的信息管家和意见领袖。展江教授认为，新闻时政周刊的专业要求是很高的。它的表达方式应当与国际的通行方式接轨，即应该客观、理性、平衡，在严肃中不失一些大众文化的元素。他认为，《中国新闻周刊》在这些方面的注重和努力，是它取得今天的影响力的原因之一。

无论是"中国"立场的坚持，还是"中立"原则的践行，还是"中文"报道的追求，《中国新闻周刊》所做的一切都为了一个目标，那就是：做读者的信息管家和意见领袖。做信息管家，就是把每周大量的已经消化或者没有消化的新闻理出一个条理，刊物本身是时事顾问，对国内国际发生的重大的时事给予全面理性的报道，力争对读者有一个全面的指导和帮助。只有这样才能满足信息社会"有影响力的人"的信息需求，才能做到社会历史的见证者和记录者，才能推动社会的良性发展，从而实现周刊的社会价值。

五 经营策划——与资本"联姻"的成败得失

国家规定公司不可以办传媒，并不等于传媒不可以办公司。公司办媒体，就是改变现有报刊必须有主办、主管单位设立和电台、电视台必须由政府设立的体制，而办媒体的公司无论是向社会集资还是同别人合资，都意味着业外资本直接投入媒体活动，这是我国现行法律和政策不允许的。媒体办公司，就是媒体把自己可以开展经营活动的那一块业务及其资产分离出来，吸纳业外资本来合资或合作经营。

中国《新闻周刊》背靠中新社这棵大树，创办伊始就和新世纪成功集团实现了媒体和资本的嫁接，并满怀自信和魄力地提出了"以创办中国乃至世界第一流的新闻周刊为己任"的口号。以协办方式向《中国新闻周刊》提供资金的新世纪成功集团是一家在国内注册，但实际上是在美华人投资的公司。其"老板"李玉玲、刘宁成为中国《新闻周刊》版权页上的督印人和总策划，主要负责期刊的广告版面、发行推广和印刷制作，而编辑部则负责提供内容。就这样，一场有着国际背景的媒体和资本的联姻在新世纪初隆重登场了，并且一度甜甜蜜蜜，颇让人欣羡。但是好景不长，才走过短短一年多的"蜜月"之旅，新世纪成功集团就不愿意再向期刊投入资金，2001年10月因此停刊。业界一时迷茫，众说纷纭。

内容和经营的分离是中国新闻集团和新世纪成功集团共同打理这份杂志时的最大特点。这样虽然有利于集中人力、物力各司其职分别搞好内容供应和经营活动，但是二者的完全分离也使得刊物的运作缺少总的统筹，多少有些脱节。但问题的症结所在还是商人逐利本性和文人的新闻理想的冲突。投资方为了早日拿回投资成本，往往不愿在改善产品质量上投入更多的资金，而期刊的盈利周期一般也要五年左右。资本从来就是"势利"的，最初新世纪成功集团就是看中了《中国新闻周刊》的"钱途"才毫不犹豫地接住了这个"绣球"，如今它发现赚得盆满钵满似乎遥遥无期，于是矛盾出现了，"联姻"也就"有疾而终"。

中国人民大学舆论研究所所长喻国明认为，媒体过去的那种"内容主导型"今后将更多地向"经营主导型"转变。在目前资讯发达、资源差别不大的情况下，同类媒体要想做出较大差异的内容来很难，成功的也很有限。因此，相对"内容主导型"，"经营主导型"将是一种更现实也更有前途的媒体操作方式。"入世"后，作为一种趋势，媒体走"经营主导型"的路将逐渐成为一种主流。① 但是如何实现经营和内容的完美结合仍然是一个摆在投资人与传媒人之间的一个很现实且棘手的问题。而《中国新闻周刊》似乎印证了这样一个结论，也给后来的传媒资本运作提供了一个参照。经过短暂的休刊，2002年3月4日，《中国新闻周刊》复刊，选择了大多数人走的路——走自主经营的道路，从而找到了自己的经营模式。

---

① 李爱明：《激情杂志遭遇资本冷面——〈中国新闻周刊〉休刊》，《中华工商时报》2001年11月28日。

一 信息社会，新兴"中产阶层"逐渐 成长，其创办生逢其时

有需求才会有市场。时政新闻周刊的出现并不是几个优秀的传媒人拍拍脑袋、灵机一动冒出来的奇思妙想，而是社会全球化发展和国家转型过程中信息这枚大苹果砸到传媒业后，有眼光的媒体做出的适时应对。

我们所处的时代是全球化进程不可逆阻，世界性与民族性互相融合又互相冲突的年代，是各种真假信息、带有不同价值取向的信息向受众汹涌而来令其不知所措的年代。社会转型期，各种过去被体制、制度掩盖在下面的问题日渐浮出水面，社会阶层分化、组合，集团利益错综复杂，价值观念纷繁复杂。在这样的大背景下，社会中坚力量或精英阶层不仅需要及时获得各地的各种咨询，更重要的是，他们需要的是对繁杂资讯的整合以及解读这些资讯的独特视角。而作为中国人，人们所需要的视角毫无疑问应该而且必须是中国的、中文的和中立的，《中国新闻周刊》正好适应了这种需要。

我们所处的社会是一个在经济发展之路上高歌猛进变化不已的社会，小康社会的建设正在全面推进，社会阶层结构正在由金字塔形向纺锤形过渡，贫穷正渐渐离我们远去，一个衣食富足的中产阶层正在形成，他们基本具备订阅或购买时政周刊的消费能力。《中国新闻周刊》可谓生逢其时。

我们所处的时代又是一个整齐划一的价值观、生活观渐行渐远，各种不同观点、声音都要求走向前台的年代，是一个要求更加民主、公开、公正的年代。人们的主体意识空前提高，对社会的参与意识日渐强烈，对实现个人价值更加关注。办一本时政周刊的时机基本成熟。十几年的传媒市场化和产业化运营的尝试培养了大批的专栏作家和所谓的"意见领袖"，同时也培养了一大批能力极强、个性突出的新闻采编人才，还培养了一些广告、发行等方面的高手。这为一本高品质的时政周刊的诞生准备了客观条件。

同时，时政新闻周刊的杂志形态能够兼顾题材的时效性与深度，在内容上，时政新闻内容较其他内容更容易成为主流话题，从而使杂志更容易成为能够影响社会变迁的主流媒体，最终满足中国新闻从业人员特有的"铁肩担道义，妙手著文章"的理想情结，并推而广之影响一大批具有匡世经国的理想主义和悲天悯人情怀的知识分子；从时政新闻周刊的目标受众群看，这些人都拥有一定的社会政治经济文化地位，因此能够给予人想象的市场空间很大，市场前景看好。而且，改革开放以来，中国的经济发展态势良好，市场化的进程加快，为广大"中产阶层"服务的企业、企业主更加重视产品、服务的市场投放，这也刺激了企业对广告投入的力度加大，这对面向高端读者的时政新闻周刊无疑提供了广阔的市场空间；此外，西方新闻理念的传入，对中国传媒从业人员的冲击也是很明显的，做一本中国的《时代》或《新闻周刊》的新闻理想一直激励着传媒人的不齐前行，这为时政新闻周刊的发展提供了人才资源和可资借鉴的操作手法。

二 得天独厚的出身带来信息这个最宝贵的新闻资源

"我们是新闻人在办刊，与比我们早的其他兄弟刊物的出版社合资背景不一样，我们的出身是中国新闻社，它是一家通讯社，包括我，包括小靳我们都是做记者出身的，看问题和选材对某些事件的想法，我们始终秉承着用新闻的视角做一种新闻的专刊。"① 《中国新闻周刊》总编彭伟祥在新浪网和网友聊天时这样说。

所有在中国做新闻周刊类的传媒人都在实现着一个理想——做一本中国式的《时代》（TIME）或者《新闻周刊》（NEWSWEEK）。《中国新闻周刊》是中国两大通讯社之一——中新社创办的周刊，这种出身的优越性对于一本时政新闻周刊来说无异于含着金汤勺降生，将会对其成长、壮大提供强有力的信息、资源支持。成立于1952年的中新社，至今已经有五十多年的历史。中新社长期从事对外的华文宣传，在中国以外的华人媒

---

① 《中国新闻周刊》主编访谈，http: //blogchina. com，2004 - 12 - 30。

体世界中，有着非常高的声誉。中新社在国际上的分支机构和驻站记者分布在美国纽约、华盛顿，澳大利亚的悉尼、日本东京、法国巴黎，还有泰国分社、香港分社，遍布了主要的新闻热点地区和国家。这种来自全世界、全国各地的广泛的资讯和各种新闻产品的支持，对《中国新闻周刊》的发展起着决定性作用，没有中新社作为新闻周刊的背景，一本有影响力的新闻周刊的发展是难以想象的。

《中国新闻周刊》五年的成长历程中，策划了诸如"河南艾滋病"，余秋雨、余杰事件，中国贪官"外逃路线图"，人权入宪，"广西现象"，全运会之痛等选题，对这些重大事件进行梳理、解读，并就大众关心的问题提供了自己独特的观察视角和观点。而《中国新闻周刊》自身也在重大事件中成长起来，成为《中国新闻周刊》第一方阵中的佼佼者。无疑，在一个信息成为财富，媒体竞争越来越激烈的时代，拥有可靠信息源的《中国新闻周刊》因此有着得天独厚的先天优势，这也是其同别的新闻周刊竞争的重要筹码之一。

三 仍然处于成长阶段，距离中国式的《时代》或《新闻周刊》仍有一段距离[①]

中国周刊市场还没有出现真正意义上的主流周刊，整个周刊市场还有待优秀的周刊继续培育。中国的新闻周刊在 20 世纪 90 年代中后期迎来了自己的勃兴，集中涌现了一批"新生代"新闻周刊，《三联生活周刊》、《深圳周刊》、《新民周刊》、《新周刊》以及后来的《中国新闻周刊》、《南风窗》等一批优秀的新闻周刊都是在这一时期出现的。但十年过去了，这批新闻周刊直到目前为止仍然停留在继续成长的阶段，与报纸和电视中进行深度报道的时事新闻类报纸或栏目相比，中国当代新闻周刊无论在影响力上还是在广告收入上都还和它们相差甚远。这也从另一方面说明了周刊市场还有相当大的发展空间有待开拓。同时时政期刊市场还没有短

---

① 本段内容参阅了中国社会科学出版社2003年出版的孙燕君、康建中、梅园祺、刘再兴的《期刊中国》一书。

兵相接的激烈竞争，现在大多是跑马圈地似的态势。《深圳周刊》、《新民周刊》做的是本地市场，《三联生活周刊》的核心是生活，新闻、时政、生活三者的完美结合使得它在市场上差异化十分明显。《新周刊》是个趋势或观点杂志，《半月谈》、《环球》、《瞭望》还在体制内运作，靠体制内资源已经衣食无忧了。真正构成竞争关系的只有在《中国新闻周刊》和《南风窗》之间，但是前者是新闻性突出的周刊，后者是政论性见长的双周刊，二者完全可以各取所需，自给自足。

《中国新闻周刊》只是把一些诸如高学历、高收入、高消费的男性读者定位为自己的目标读者，而对他们的阅读习惯并没有特别清晰的细分，这很不利于刊物的发行和广告商进行广告投放。而且，《中国新闻周刊》的读者还没有形成阅读习惯，人们对时政周刊的需求还有待培育。总的来说，《中国新闻周刊》把最大的工夫都下在了内容供应商，而在市场推广方面做的不是很得力。

《中国新闻周刊》作为一份新锐权威的时政类新闻期刊，它有着所有新闻期刊共同的特征，他们是中国社会重大变革的见证人和记录者，并为人们提供了自己独特的看待社会转型期各种现象的视角。同时，它们本身也是媒介市场化发展的结果，并在市场化的浪潮中不断地探索，向仍有一段距离的中国式的《时代》前进。

参考文献

[1] 张竞：《中国新闻界竞争现状及趋势向浅析》，《今传媒》2004 年第 7 期。

[2] 《中国的新闻周刊为何"火"不起来？》http：//www. xinhuanet. com，2004 - 06 - 25。

[3] 《中国新闻周刊》总编钟诚访谈录，中国新闻研究中心，2003 - 01 - 27。

[4] 梁磊：《论国内新闻周刊的发展状况及生存谋略》，中国新闻研究中心，2002 - 09 - 25。

[5] 郭琳：《封面报道看新闻价值——以〈中国新闻周刊〉为个案》，中国新闻研究中心，2004 - 10 - 24。

[6] 《中国新闻周刊》主编访谈，http：//blog. blog. blogchina. com，2004 - 12 - 30。

[7] 孙燕君、康建中、梅园霖、刘再兴：《期刊中国》，中国社会科学出版社

2003 年版。

［8］徐泓、陈斌华主编：《影响未来中国传媒 30 人》，中国社会科学出版社 2005 年版。

［9］邵泽慧：《中国新闻时政杂志策划研究》，中国新闻人网。

［10］《中国新闻时政杂志策划研究》，http：//mediaweekly. bokee. com/blog/1928570. html。

［11］秦朔：《中美杂志比较研究》，http：//www. cddc. net/shownews. asp？newsid =402。

《凤凰周刊》

——华语世界权威的时政文化杂志

《凤凰周刊》是华语世界一本独具特色的政经刊物。它由香港凤凰卫视控股有限公司主办，香港凤凰周刊有限公司编辑出版，是一份获得中国国务院新闻办公室和中国国家新闻出版署特许在中国内地发行的以报道时事、政治、文化为主的政经大刊。作为一本连接内地与中国香港、澳门、台湾地区的刊物，《凤凰周刊》致力于打造一种华人圈内新的对于时事文化报道的权威态度与立场，以杂志文本与 VCD 光盘互动的新鲜阅读方式，揭示影响中国以及世界的重大事件、非

《凤凰周刊》封面

常人物，以及华人圈最令人瞩目的政经新闻。创刊以来短短数年，坚守"客观立场、多元视角和国际语境"的《凤凰周刊》，已经成长为华语传媒界一份权威的时政文化类新闻大刊。

☞ 案例介绍

一 《凤凰周刊》的读者定位策划：代表精英阶层的态度和观念

2000 年 3 月 31 日，《凤凰周刊》出版试行刊，并获特许在中国内地发行，2000 年 6 月 30 日正式创刊，迄今已有六年多的时间。它是在凤凰

卫视这样的大平台上做起的，由凤凰卫视全资控股。从最开始凤凰高层就有这样的理念，要拉近全球华人的距离，不只在电子媒体上面，平面媒体也要有所发展。《凤凰周刊》应运而生，并被中国国务院新闻办特许在内地发行。因此，在这样的平台上，它的定位是面向华人圈的具有时政、文化、财经多方面内容的综合性刊物，它的思想表达是客观的、多元的、包容的，它代表了精英阶层的态度和观念。港澳台地区、内地甚至美国、欧洲、日本的一些华裔都是《凤凰周刊》的读者和作者。

传播学中有一个"意见领袖"的概念，指的是一个特定受众群体范围内那些有表达欲望和表达能力，并能在思想上、观念上甚至行为上对其他受众产生影响的人。《凤凰周刊》代表了精英阶层的态度和观念，可以看作是在充分考虑到主客观因素之后"意见领袖"传播学理论的一次成功实践。

二 《凤凰周刊》的内容策划：客观、多元、新锐

《凤凰周刊》拥有华人圈各层面的主笔，坚守客观、多元、新锐的报道立场。"开阔国人视野，发掘历史真相，把脉现实难题，透析未来潮动。风骨真情，自成一家。"

《凤凰周刊》在内容上早期有赖于凤凰卫视这一母体，现在除了还有"凤凰频道"栏目介绍一点节目的动态，与其形成互动外，其他已经是一个非常独立的、有平面媒体共性的、又有自己特点的华人圈的时政刊物。

自创刊以来，《凤凰周刊》忠实地记录了转型期的中国民主进程，以海外独家视角，详细解读了中国内地民主化进程中的重要事实，间接影响到部分相关政策。

《凤凰周刊》致力于成为两岸桥梁，在内地第一次以封面的形式刊发了《宋美龄》、《张学良》、《我的父亲蒋经国》、《叛逃者的两岸境遇》、《邓丽君》以及台海历次危机时中国台湾方面反响的文章，以"笔则笔、削则削"的治史态度，向内地介绍真实的两岸历史人物，推动了内地新闻杂志报道向纵深发展。

《凤凰周刊》以关注民生为己任，并把触角探及到内地的各个层面。

近年来发表的《中国禁娼黄皮书》、《退伍军人安置凸现制度难题》、《中国边境朝鲜难民境况》等独家报道,引发了各界的广泛关注。

《凤凰周刊》正在以独家新闻及其内幕而成为政商两界关注的对象。2003 年发表的《三门峡官方指责设计失当事件调查》刊发后,引发了内地《南方周末》及中央电视台的跟踪报道。《谁是中国的加加林》是最早披露宇航员相关照片的中国报道之一。

三 《凤凰周刊》的品牌策划:与凤凰卫视构成多元品牌循环体系

《凤凰周刊》脱胎于凤凰卫视,凤凰卫视正向多元化发展,除五个电视频道外,还开通互联网站"凤凰网",并创办了《凤凰周刊》杂志。"凤凰卫视对外一说就是七大媒体:五个台,一个凤凰网,一个《凤凰周刊》。《凤凰周刊》作为母体的外延毫无疑问会带有母体的气息。但是它已从卫视的羽翼下飞起来了,已具备时政大刊所需要的重要元素"①。

从品牌塑造和扩张的角度看,业务范围的扩大有助于形成整体的品牌宣传网络。凤凰卫视正是紧扣这一点,形成宣传的"和声"效应,各个子机构互为宣传,互相促进。

凤凰网于 1998 年开通,并于 2001 年改版。与其他电视传媒网站的功能一样,它以电视节目上网传播为基本内容;紧密依靠电视媒体,展开新闻报道;开辟电视和观众之间另一条沟通渠道;为电视栏目的市场化服务;依托电视进行增值业务经营。凤凰网在连通电视与观众之间做得尤为出色。凤凰网的网友多数是凤凰卫视的热心观众,或是对凤凰卫视有收看兴趣但又无法收看的群体,前者将凤凰网作为自己进一步接近凤凰卫视的途径,后者则通过浏览凤凰网页来弥补无法收看其节目的缺憾。凤凰网站同时满足了这两方面的需求。无论是网页设计还是内容安排都十分重视网友与凤凰人的交流和沟通,网上交流气氛融洽而热烈。《凤凰周刊》于

---

① 邓康延: 《凤凰周刊在卫视羽翼下腾飞》,http://news. phoenixtv. com/phoenixtv/74596542647894016/2005/208/705533. shtml,2006 – 02 – 28。

2000 年创刊，当时其中的一个固定栏目——"凤凰频道"专门刊载凤凰卫视的台前幕后消息、主持人手记、节目预告等最新资讯。凤凰网与《凤凰周刊》对凤凰卫视的持续宣传，使它们成为凤凰卫视品牌塑造和扩张的极为重要的两翼。当然，随着时间的推移，《凤凰周刊》对凤凰卫视的依赖性或者说关联性逐渐弱化，独立性日渐明显。以 2000 年 10 月 6 日出版的总第 8 期《凤凰周刊》为例。该期《凤凰周刊》专门辟出一页刊登 2000 年 10 月 9 日至 2000 年 10 月 22 日期间凤凰卫视中文台主要电视节目预告，同时该期"凤凰头条"刊文《杨娟，小鸭赶上凤凰台》，介绍了凤凰卫视主持人杨娟的人生经历、小档案等。从广告学的角度讲，这篇文章实质上可以看作是一则"软广告"，其目的和效果是为凤凰台的"三名主义"战略摇旗呐喊。现在这些栏目都已经取消了，《凤凰周刊》正在成长为一份相对独立的权威政经新闻杂志。

四 《凤凰周刊》的栏目策划：权威、纵深、紧扣时代脉搏

"封面故事"是凤凰周刊的灵魂栏目。主要是以中国内地与港、澳、台地区即时发生的时政、文化、生活大事为主的独家集中报道。每期都会以 10—15 个页码的容量进行权威诠释，客观报道和纵深解读，阐述新锐立场。先后刊发了宋美龄、张学良、邓丽君以及"9·11"事件、"361"潜艇失事真相，内地地下传教，4000 名外逃贪官，艾滋孤儿，西安大学生游行，专访赖昌星、仰融、杨斌以及民选等有重大影响的稿件。本栏目以其独家、客观、权威的特色而引起广泛关注。同时吸引了如茅台酒之类的知名品牌的关注，赞助了中美关系二十年的封面专题。

"第一品牌"是国内首次对包括全球 500 强在内的国际知名品牌的集中采访，是一个有别于其他杂志同类栏目的具有较高品位和档次的财经人物访谈栏目。"政要说"是国内首次对全球有影响的政经风云人物进行专访的时事专访类栏目。"论语"是国内首家开辟的时政要闻即时评论栏目。"民生"栏目主要报道港澳台地区及内地具典型意义的民众生存事件及话题，或内地媒体很少关注的社会新闻，并以新视角重新解读。选材独特，视野独到，立场独立。栏目开办以来，相继推出了《大

陆圈地调查》、《湖南大火英雄的背后》、《被洋垃圾包围的乡镇》、《湖北大冶拖欠教师工资两亿》、《中国劳工海外生存状态》等文章，引起读者极大反响。

☞案例评析

一 从《凤凰周刊》看中国新闻杂志大发展

有调查显示，《凤凰周刊》是目前"白领男士最愿意自己掏钱买的九本期刊"之一①。《凤凰周刊》一面世就以其广阔的视野（立足香港环视世界）、力透纸背的独家报道、鞭辟入里的见解和超值的内容提供（每期10元，还附赠一盘凤凰卫视名牌栏目的节目光盘）而深受读者喜爱。有读者评价，除了陈鲁豫的那本《心相约》之外，凤凰卫视的书大部分卖得一般，但它的杂志《凤凰周刊》却以开放大胆的言论成为极为畅销且非常有影响力的精英杂志。

如今它已基本形成"以海外视角来表述，以华人的立场去观照新闻事件的意义，同时努力地以冷峻的笔调去描述事情本身，并伴以强大的时评力量"②的办刊风格。

曾在美国留学的《南风窗》总编辑秦朔指出，和电视、报纸相比，杂志在中国还只是一种半主流、准主流的媒体形式，其重要原因就在于中国还没有涌现出具有重大社会影响力的、面对社会主流阶层的新闻杂志。

但是这种情况正在改变。敏锐的人们已经发现，中国新闻杂志正处在大发展的前夕，角逐"中国《时代》"的竞争已经拉开帷幕，以《凤凰周刊》等为代表的一批政经新闻类杂志已经吹响了前进的号角。

下面我们试着就国内影响力较大的几份政经新闻类刊物作一番比较：

---

① 欧阳国忠：《期刊争霸谁主沉浮》，http：//www. woxie. com/article/list. asp？id＝9628，2005－12－26。

② 黄俊杰：《新锐新闻周刊：竞争已经拉开帷幕》，http：//www. xhby. net/xhby/content/2004—04/17/content_ 411231. htm，2005－12－27。

（一）《三联生活周刊》：超前思维

《三联生活周刊》前身为邹韬奋先生在20世纪20年代创办的《生活周刊》，创刊目的是"每星期乘读者在星期日上午的闲暇，代邀几位好友聚拢来谈谈，没有拘束，避免呆板，力求轻松生动简练雅洁而饶有趣味"，以"供应特殊时代的特殊需要的精神食粮"。《三联生活周刊》自1995年在《生活周刊》传统基础上创刊，定位于"做新时代发展进程中的忠实记录者，做中国的《时代》周刊"。办刊宗旨是"以敏锐姿态反馈新时代、新观念、新潮流，以鲜明个性评论新热点、新人类、新生活"。《三联生活周刊》的优势在于，它是中国所谓"知识分子摇篮"的三联出版社下的刊物，文化资源得天独厚。因为其文化资源好，对于一个新闻事件发生后的思考也就很有独到之处。

（二）《中国新闻周刊》：与进步中国同步

《中国新闻周刊》由中国新闻社主办，创办于2000年，定位于新闻时政类杂志，办刊宗旨是"为广大读者提供国内、国际重大新闻报道为主，内容涉及广泛且富有深度，重点在于挖掘新闻背景和内涵，力争做到比报纸报道有深度、有质量、有系统；比月刊报道有时效、有权威、有观念"。《中国新闻周刊》是一本既有新闻权威性，又富有知识性和趣味性的大众读物，内容涵盖政治、经济、科技、文化、体育、时尚、娱乐等领域。它的"新闻浮士绘"栏目以漫画的形式表现新闻，在国内独一无二。《中国新闻周刊》的优势在于，它是由中国新闻社主办的，"中新社"在全世界均设有自己的采访网络，在全中国每一个省都有自己的分支机构，作为周刊的背景，这是得天独厚的。

（三）《南风窗》：聚焦政经 相约成功

《南风窗》创刊于1985年，秉持"让从零开始的人说话"的宗旨，贴近民生，敢抓社会重大难点、热点。创刊时，《南风窗》推出"假如我是广州市长"活动，让市民为市长提建议，此举被海外传媒誉为"民主化建设的先声"。1998年，《南风窗》全面改版，在国内首次鲜明提出了

"政经杂志"理念，凭借对社会问题的准确把握而快速成长为广受读者欢迎的新闻杂志，在中国新闻界引导了一股"政经之风"。作为一份成功型、潮流型、学习型杂志，以透视时事经济热点、传播进步观念为己任，以公正、深入、理性、前瞻的姿态对时政、财经、社会热点进行深度分析，体现社会正义，反映百姓呼声。强调专业分析、独家报道，帮助读者把握潮流。

（四）《新民周刊》：影响主流

《新民周刊》创刊于1999年，是《文汇报》、《新民晚报》联合组建报业集团后新创的第一份刊物，也是目前具有全国影响的新闻周刊之一。它以"影响主流"为己任，关注"新闻、新知、新锐，民生、民情、民意"，力求理性、冷静、智慧。

《新民周刊》以时政、经济、社会、文化、科技报道为主，注重对当下重大新闻事件、经济现象、社会焦点的解析；其"言论"、"调查"、"巴黎人文旅游"、"绿色GDP漫谈"、"书评"等固定栏目广受关注；2003年年底，《新民周刊》在国内首次推出"年度封面人物"评选活动。作为兼具深度和时效的时政类新闻杂志，《新民周刊》成为契合新型生活方式的新闻读本，受到了城市中产者的普遍欢迎。2003年9月22日，美国《广告时代》（*Advertising Age*）公布了一年一度的"美国杂志300强"排名，三本新闻杂志（*News magazine*）——《时代》、《新闻周刊》、《美国新闻与世界报道》以年营业额（2002年）8.36亿美元、5.45亿美元和2.91亿美元分列第4位、第8位和第20位，三本杂志的广告版面分别为2350页、1979页和1415页，付费发行量分别为411万册、313万册和203万册①。尽管美国新闻杂志的收入已经不是历史最高水平（《时代》2000年的年收入为9.7亿美元），但是在中国新闻杂志的总编们看来，这些数字在相当长的时间里都是无法企及的。从收入的角度看，中国新闻杂志的地位远远落后于时尚类和商业类杂志。这与全球化背景下中国国家地

① 欧阳国忠：《期刊争霸谁主沉浮》，http：//www.woxie.com/article/list.asp? id = 9628，2005 – 12 – 26。

位的重要性似乎是无法匹配的。做大新闻类杂志市场蛋糕,是期刊界的追求。

和国内其他新闻类期刊相比而言,凤凰卫视旗下的《凤凰周刊》可以说先行了一步。该刊并无公开刊号,在内地是特许发行。有业内人士评价说,《凤凰周刊》堪称目前内地最大胆的新闻杂志,例如,该刊对中国西部基督教传教热的报道,在其他杂志上是绝对看不到的。在这方面,它比《镜报》、《广角镜》等香港杂志还要前卫。

《中国新闻周刊》呼吁体制改革,《凤凰周刊》大胆前卫,《新民周刊》走向外地,《南风窗》瞄准"中国《时代》"……中国新闻杂志正处在大发展的前夕。谁将是中国新闻杂志真正的领跑者?中国新闻杂志将沿着怎样的轨迹演变?有关主管部门如何支持新闻杂志的发展?在新闻杂志的竞争拉开帷幕后,这些问题已经成为传媒市场上的新焦点。可以预见,一贯以"真实、客观、公正"作为编辑理念的《凤凰周刊》在这场变革中将会继续扮演一个令人瞩目的角色。

二 《凤凰周刊》可能存在的问题

应该说《凤凰周刊》总体来讲是很成功的,创刊时间不长,却已经成长为华语圈内一份颇具影响力的政经新闻大刊。我们知道,杂志的时效性比不上报纸,报纸的时效性比不上广播和电视,这是不争的事实。相比来说,《凤凰周刊》的时效性还是比较强的。作为一份旬刊,《凤凰周刊》做到了一份新闻杂志所能和所应能够做到的最迅捷的反应速度。而且,作为一份经国务院新闻办特许在内地发行的刊物,读者可以从《凤凰周刊》上看到一些内地媒体不敢登、不愿登、不能登的政经新闻,这一点和主办方凤凰卫视极为相似。凤凰卫视《有报天天读》主持人杨锦麟说:"只要《参考消息》能登,我们就能说。"《凤凰周刊》同样充分运用了它的话语权,它登过的文章,比如《大陆4000外逃贪官海外生活调查》、《大陆4000万同性恋生存状况调查》等,往往是如此的敏感和尖锐。可以说,"前卫"这一点正是《凤凰周刊》的优势所在。然而,有时难免会因过于前卫而有失偏颇,这也正是《凤凰周刊》应好好把握的。如何把握好

"度"，这是一个问题。正如网友所言："我也经常买《凤凰周刊》的，见解独到，但是有些时候明显过激，对内地的对外政策批评过多了，它的见解和想法稍显幼稚了。"也有读者这样评价："《凤凰周刊》是一群具有理念的热情的文人的舞台，也有一些专栏作家，新闻少，问题是，这种'指点江山'的文字太多，就显得空洞乏味。有热血，但是没有关注读者，如何把理想和市场结合起来，是一个普遍的难题。"

参考文献

［1］钟大年、丁文华：《凤凰考》，北京师范大学出版社 2004 年版。

［2］郭庆光：《传播学教程》，中国人民大学出版社 1999 年版。

［3］周跃、成蓉：《品牌策划》，西安地图出版社 2002 年版。

［4］李频：《中国期刊产业发展报告》，社会科学文献出版社 2005 年版。

［5］凤凰网，www. phoenixtv. com，2006 – 03 – 21。

［6］邓康延：《凤凰周刊主编邓康延聊天实录》，http：//news. shou. com/58/32/news215303258. shtml，2006 – 03 – 26。

［7］邓康延：《凤凰周刊代表了精英阶层的态度和观念》，http：//news. shou. com/83/44/news215304483. shtml，2006 – 02 – 21。

［8］《新闻杂志竞争拉开帷幕 中国时代谁主沉浮》，http：//www. mediaundo. com，2006 – 02 – 25。

［9］《解析：时政生活周刊市场》，http：//www. magshow. com/xinxigang/news13_b. htm，2005 – 12 – 17。

《凤凰周刊》

华语世界权威的时政文化杂志

《今日中国》英文版
——中国通向世界的桥梁

《今日中国》封面

《今日中国》（*China Today*）（原名 *China Reconstructions*《中国建设》），作为新中国第一本外文刊物，1952 年 1 月由孙中山的夫人、国家名誉主席宋庆龄创办。现出版中文版、英文版、法文版、西班牙文版、阿拉伯文版 5 个印刷版，在世界 150 多个国家和地区发行；并推出了中文版、英文版、法文版、西班牙文版、阿拉伯文和德文版 6 个网络版，是中国唯一使用多语种对外报道的综合性月刊。*China Today* 是《今日中国》的英文版，分为国内发行的英文版和北美地区发行的北美版，2 个版本均采用同样的内容，只是发行地区不同。这里说的 *China Today* 是国内可以看到的英文版。英文的《今日中国》是今日中国杂志社建社之初第 1 个版本，主要介绍当前中国的经济发展、社会进步、人民生活、文化艺术、传统习俗、自然景观、民族风貌等多方面的情况。将中国各项事业取得的成就客观、公正地向全世界报道，是世界了解中国的窗口，也是中国和世界沟通的重要渠道。

☞ 案例介绍

一　杂志创办的背景

China Today 的诞生颇有一种时势造英雄的味道。新中国成立不

久，由于意识形态的差异，中国遭到西方发达资本主义大国的封锁，其中包括对我国信息的封锁。这些国家对来自中国的信息都要严加管制，不让本国人民了解中国的真实情况，同时歪曲、编造虚假信息，迷惑本国人民，从而得到民众的支持，为政府制定各种遏制中国的各种计划打下舆论基础。朝鲜战争爆发后，美国及其西方盟国的舆论机器攻击与诬蔑新中国愈演愈烈，因此，这个时候向外国人民介绍解放了的新中国的真实情况，争取他们的同情、支持，与他们建立友谊就显得十分迫切与重要。

1951 年 3 月，时任政务院总理兼外交部部长的周恩来找到宋庆龄，建议利用她长期创办报刊的经验和独特的资格来组织创办一个对外宣传的英文期刊，宋庆龄欣然接受了建议。当时宋庆龄将这本将要面世的英文杂志定名为 China Reconstructions，中文刊名为《中国建设》，这个刊名表明了报道新中国建设是它的宗旨。于是，在这种特殊的历史条件下，诞生了新中国第一本对外发行的英文期刊——China Reconstructions（今天的 China Today）。

现在的国际环境与创刊初期大不相同，但是由于很多原因，世界上还有很多对我国心存敌意的国家，也有相当的民众对我们国家的情况还知之甚少。要化解一些国家对中国的侮蔑，得到各国人民的理解，就需要我们走出去，在世界范围内创造一个好的舆论环境，将中国各项事业的真实发展情况告诉世界，为中国的发展创造条件。从这个角度出发，《China Today》的发行在今天仍然具有十分重要的作用。

二 读者定位

China Today 国内英文版和北美版的读者对象有所交叉，但又稍有不同。国内英文版由于主要在国内发行，读者主要以来华或在华的西方各国商界人士、文化人士、留学生、旅游者为主，在北美地区印刷的北美版主要读者是国外英语地区各界中上层人士。

1951 年 China Today 的首次筹备会，就明确指出了杂志的读者定位："这本杂志的读者对象是资本主义和殖民地国家的进步人士和自由主义者以及同情或可能同情中国的人，它特别针对那些真诚要求和平，但是政治上并不是先进的自由职业者和科学工作者。"① 说得简单明了一点，读者即那些有可能支持中国的外国人；杂志的目的也很明确，即得到他们的同情与支持。

三　关于期刊的内容策划

（一）坚持"真实报道"的宗旨，淡政治化、轻说教，客观公正报道新闻事实

在《宋庆龄选集》中，宋庆龄写道，要写好一篇文章必须具备两个要素：真实性和有责任感。已故的 China Today 名誉总编辑、当时杂志的编委之一爱泼斯坦说："她（宋庆龄）教导我们，一定要真实，绝不允许说毫无根据的空话或断言。她还教导我们，一定要从广泛统一战线的角度去报道，要保证新中国的声音能为越来越多的朋友听到和理解，包括过去曾经反对过新中国的国家的人民在内。例如，即使在美国政府对我国进行封锁的二十年里，她也要求在我们和美国人民之间架起桥梁，她还一再要求我们，无论你的对象是谁，都只能是对他们谈话，绝不能说教。"②

作为对外宣传的刊物，要让外国读者接受，就必须淡化政治意味，改变说教的语气，转而以自然、亲切的口吻叙述。特别是这是一本由民间组织创办的刊物，如果政治气息浓厚，就更会丧失在海外读者中的公信力。这些在现在看来，似乎不是什么难事，但处在当时那个以"阶级斗争"为纲的年代，能做到这些却是难能可贵的。从杂志创刊时编辑部的构成就可以看出这一特色，编辑部很多人都是民主人士，或者有在国外工作、生活的背景，或者直接由外国人承担，人员结构使得刊物上所发表的文章平民化，不唱高调，贴近读者，特别易于让海外读者接受。

为了做到淡化政治，在杂志创办之初的筹备会上，会议就规定，为

---

① 林铭钢：《宋庆龄与〈中国建设〉》，《上海党史与党建》1995 年第 2 期。
② 同上。

了突出杂志的民间特色，更易为国外读者所接受"一般不刊载文件和政治报告的原文、理论、政治和军事文章。"杂志是这样说的，也是这样做的。从杂志创办之初到现在，很少有大段大段的理论、会议、讲话等，即使在某些特殊时期，杂志还是一如既往地追求既定的原则。20世纪50年代末、60年代初，"左"倾错误开始抬头时，*China Today* 编辑部受到了压力，要它在政治上更加鲜明。对此，宋庆龄认为，刊物的立场应该明确，但同样应保持原有的风格和方式。1958年9月30日，她说："在所有那些为反动派及机会主义者继续攻击我们的事情上，我们必须保持我们的原则立场，同时要努力向各国人民传达我们需要同他们发展友谊的信息。我们可以用一种温和的态度来处理这一事情……但我们能够——而且必须——把事实报道出去，把各国之间友好的真正基础保持下去。我想我们刊物一直是这样做的，我觉得应继续这样做。"①在这个关键时刻，周恩来总理站出来为 *China Today* 解围。他表示完全同意宋庆龄的这一意见，并通过国务院办公厅主任齐燕铭转告编委会副主任唐照明："《中国建设》报道中国目前经济文化建设方面的情况，就已经具有了政治的内容，不要'政治化'过多，改变了它原有的风格。"② 现在的杂志，除了有专职记者写的文章外，还有很多文章是由在中国工作、生活的外国人专门撰写的，有的还专门为他们开设了专栏，例如 Economy 栏目下所设的 Talking Shop 是为现工作于中国的爱尔兰记者 Mark Godfery 所设，Society/Life 栏目下所设的 Occidental Insights 也是专门给在中国居住和工作的外国人所开设。*China Today* 从杂志的指导思想到具体措施，无不体现着淡化"政治"、说教，平实报道这一原则。

（二）注重杂志内容的设置，突出文化、经济等方面的内容

1951年杂志筹备会时，就明确指出杂志内容要关注的方面：重点报道中国社会、经济、文化、救济和福利方面的发展，以使国外最广泛的阶

---

① 林铭钢：《宋庆龄与〈中国建设〉》，《上海党史与党建》1995年第2期。
② 王凡：《金仲华：新中国对外传播的开拓者》，《人物》2003年第4期。

层了解中国建设的进展以及人民为此所进行的努力。从杂志创刊到现在，记者、编辑一直都是以这次筹备会规定的内容为标准，坚持以正面报道为主。这种持之以恒的工作态度对一本对外宣传的期刊是非常重要的。直到现在，杂志的内容设置和栏目编排无不是在进行筹备会关于杂志内容的诠释。

现在栏目的主要设置如下，大致每期都包含 Economy（经济）、Society/Life（人与社会）、Tourism（旅游）、Culture（文化）这几大块内容，有的大栏目下还会设若干小栏目。

从杂志各栏目分配的比重来看，杂志的重头戏是 Culture（文化）和 Economy（经济）栏目。平均算来，两个栏目（包含其中小栏目）占每期内容远远大于其他板块。Culture（文化）栏目平均占每期总内容的35%，Economy（经济）栏目平均占20%，Society/Life（社会/生活）栏目平均占17%，Tourism（旅游）平均占11%的版面。这样的比例不难看出 Culture（文化）和 Economy（经济）在杂志中的重要地位。向外国宣传中国的文化、经济发展、生活方式、名胜古迹等，一方面可以增进国外对中国的了解，让更多外国友人在认识一个文明古国的同时，同样也呈现出一个日新月异的中国，让他们了解、认同我们的价值观，展示普通群众幸福、安定的生活；另一方面，在介绍和欣赏我国优美的自然风光和诗情画意的景色时，把名胜古迹推销出去，让更多的外国人来中国旅游，了解中国。

（三）栏目整体编排，实现传统与时尚的完美结合

打开 *China Today*，迎面吹来的是一股欣欣向荣、健康活泼之风，不同年龄段的人、不同国别的人都能找到适宜于他们阅读的栏目。可以说杂志既有传统的一面，又有追求潮流、引领时尚的一面。说它保留传统，是因为杂志中 Culture 等栏目——从这些栏目中可以了解到许多国人都不甚了解的老习俗、传统；说它时尚，是因为 Rock Steady、Art Gallery 以及 Special Report 等栏目——从中可以了解到中国人热情、开放、时尚的一面。可以说杂志把握了时代脉搏的同时，也将中国文化恰如其分地融入其中，使时尚与传统得到完美结合。

从前面我们不难看出，所占版面最大的应该是 Culture 栏目，但是从

页码分配来看，Economy 和 Society/Life 的整体位置要比 Culture 靠前（杂志平均 80 页左右，Economy 一般从第 18 页左右开始，Society/Life 一般从第 28 页左右开始，而 Culture 的位置则在第 50 页左右），这样的搭配使最重要的三个部分合理组合，实现传统与时尚的统一。Economy 和 Society/Life 的内容相对来说比较新，有时尚元素，且有的时间性较强，放在靠前的位置可以弥补栏目篇幅较小的缺憾。Culture 放在靠后的位置，也适应了 Culture 栏目的宜于仔细品味的特点。

从 Culture 栏目内容看，它是传统与潮流的结合。比较来说，传统和潮流所占版面比例基本一致，但从整体页码分配来说，栏目更多的关注戏曲、宗教、习俗、书法、艺术等传统内容。栏目内设小栏目 Chinese Customs and Wisdoms 专门关注中国习俗、文化等方面。潮流方面的比例相对略少一点，只是在 Rock Steady 和 Art Gallery 有介绍中国摇滚音乐和中国现代艺术的文章、图片，但页数比较靠后（基本在杂志的最后几页），可见，Culture 栏目较多关注传统方面的内容。

从 Economy 栏目内容看，大多是一些有关我们国家财经或时政方面的最新报道。这个栏目的文章大多与现实联系比较密切，内容比较"新"，有较强的时效性，可以说是杂志最具活力的部分。Economy 栏目放在杂志前面以吸引读者注意也就在情理之中了。

Society/Life 栏目以教育、人民生活等为主题，富有人情味，是一个向外国读者展示中国人民生活的窗口。通过它将中国普通群众的生活方式、价值观传向世界。虽然这个栏目所占版面不及 Culture 和 Economy 多，但所报道的内容也非常重要。西方一些国家经常借用人权问题来压制我国，或通过文化产品宣扬他们的价值观和生活方式，这个栏目是对西方国家对中国种种侮蔑进行反击的有效途径。由于栏目的重要性，将其放在比较显著的位置，自然会起到更好的宣传效果。栏目主要谈论传统习俗、中医、教育、流行时尚等方面内容。下设的 People，Occidental Insights，Photo Essay 等小栏目从不同侧面展示出中国人民真正的生活状况。People 以中国的普通人为切入点，把一个个鲜活的人物刻画得淋漓尽致，展示了中国人民乐观向上、勤劳善良的精神状态和生活品质。Occidental Insights 的作者都是现居住于中国的外国人，从他们的视角将中国真实的发展变化告诉国外读者，更加有说服力。特别值得一提的是 Photo Essay 这个小栏目，它采取图文结合的方法，给文字配上一张张精美的图片，将中国经济发展所取得的成就、中国人民积极乐观的精神面貌和一些边远地区的发展状况如实描绘出来，文字在图片的映衬下倍感亲切，使人信服。

（四）关注社会热点，策划重要选题，以全方位、高质量的报道树立杂志品牌

China Today 从 1952 年创刊，一直保持着对中国社会热点问题的关注。杂志用一篇篇专业、客观的文章，将中国的真实面貌告诉世界，赢得了国内外读者的尊重。创刊的最初十年，是中国社会起伏比较大的时期。针对这段时期内的焦点问题，*China Today* 一如既往地保持了客观报道的原则，策划了一个个能反映时代特征的选题，让全世界的目光都锁定在中国的发展上。这一时期的对外报道取得了很好的效果，为杂志最初的成长和树立对外报道的品牌奠定了基础。下面我们就欣赏一下杂志初创时策划的若干热点选题。

1. 和平。20 世纪 50 年代的 *China Today* 以和平为主线，报道中国从国家高层到人民群众对和平的渴望。宋庆龄在 1952 年 11—12 月的 *China Today* 上专门撰写文章 "To Vienna for Peace"，表达我们国家渴望和平之愿望。

2. 民主进程。1953 年的《选举法》是新中国第一部规范选举活动的法律，标志着人民依法行使当家做主权利的开端。同年进行的全国范围内的普选，是实践人民代表大会制度的奠基性伟大事件，标志着我国在实现民主政治方面迈出了第一步。*China Today* 在 1953 年 7—8 月上刊登了社长金仲华的文章 "World's Biggest Election"，向世界人民展示了我国民主进程取得的成果。

3. 第一个五年计划。1953—1957 年发展国民经济的计划是中国的第一个五年计划，这是新中国第一次大面积全方位的进行社会主义改造。*China Today* 于 1955 年 10 月由陈翰笙撰写了 "The First 5 - Year Plan：What It Means"，向全世界宣布了我国这一壮举。

4. 土改。在我国，农民占了全国人口的大多数，农民问题处理的好

坏，直接关系到国家的稳定和总体发展。农民问题中，最重要的就是土地问题，即让农民都得到土地，所以土改的意义在中国是极其重要的。杂志于 1952 年 5—6 月刊登陈翰笙的文章 "Land Reform Uproots Feudalism" 报道了这一对中国来说意义重大的事件。

5. 人民公社。农村人民公社化运动是我们党在 20 世纪 50 年代后期全面开展社会主义建设中，为探索中国社会主义建设道路所作的一项重大决策。这种在中国农村曾经存在的劳动群众集体所有的社会主义经济组织，同时又是政社合一的农村基层政权，是当时中央领导从中国的实际情况出发，引导农民走上一条互助合作的道路，将他们组织成互助组最后逐步走向人民公社的形式。1960 年 6 月，杂志刊登了 China Today 记者的报道 " 'Red Flag' — A City People's Commune"。

6. 传统艺术。这时的杂志也特别关心中国传统的艺术、文化、音乐、戏剧、电影，将这些中国优秀的文化产品推向世界，让世界所熟知。1952 年 9—10 月刊，就有梅兰芳撰写的 "Old Art with a New Future"（经杂志社翻译后的题名）。

☞案例评析

与其他中国英文期刊不同，China Today 能有今日的辉煌，是与外国的封锁一步步斗争所取得的。如果没有当时杂志社灵活多变的销售方式，恐怕很难在当时世界产生巨大影响。

China Today（当时名为 China Reconstructions）让很多海外读者得到有关中国的真实信息，期刊一经面世，便在国内外产生了不小的影响，迅速进入欧美等地的书刊市场。杂志是当时中国唯一一本由非政府组织出版的外文刊物，是中国当时唯一一本进行民间交流的刊物，更是中国当时唯一一本打入美国的刊物。在它创刊的第一年（1952 年），就有澳大利亚、加拿大、智利、丹麦、英国、印度、以色列、日本、巴基斯坦、瑞士、美国等 16 个国家和地区的 37 家进步期刊转载了 China Reconstructions 的文章，从而扩大了影响。1953 年全年 6 期（双月刊）总销数为 113 087 册，比 1952 年共 6 期总销数 50 506 册增加了一倍多。China Reconstructions 为世界各国人民了解新中国开辟了一个窗口，世界很多国家人民，特别是欧美等西方资本主义国家读者从刊物中了解到了一个真实的中国。

China Reconstructions 在海外的成功，让国外反动势力异常恐慌，加强了对杂志的封锁与限制。一向标榜新闻与言论自由的美国政府，宣布不准 China Reconstructions 进口，并通知邮局和海关一经发现就加以焚毁。美国外汇管制局还明文规定，凡是 China Reconstructions 的订户和零购者都必须逐一登记。面对这些封锁，杂志编辑部也进行了反封锁反限制的斗争，采用变换包装方式和辗转投递的方法，在那些妄图扼杀它的国家和地区扎下了根，发行量不断增加。到目前为止，China Today 英文版和北美版发行量总共在 12 万份左右。

与多数杂志更加不同的是，在"文化大革命"期间很多出版物都被迫停办，China Today 不但没有停刊，而且一如既往地遵循着一贯的编辑风格。"文化大革命"期间，杂志向外界报道了当时中国建设取得的伟大成就，为中国在联合国恢复了合法的席位提供了帮助。由此，我们不难看出当时杂志在国内乃至国际上的影响。

这个杂志之所以在国外深受欢迎，除了内容都是外国读者渴望了解的以外，其中一个重要的因素是所有文章都是用英文专门为不熟悉，甚至根本不了解中国的外国读者所写的。外国读者通过杂志生动有趣的专题报道，可以及时、准确地了解发生在新中国的事情。

另外，杂志主要面向外国人，为了让他们信服杂志报道的内容，就必须有一个合适的单位来负责杂志的编写。如果选择政府下属的机构，势必会在海外读者心中打上"宣传"的烙印，降低杂志的公信度，选择一个非政府的公立组织让其自由编写才是明智之举。于是似乎与编写杂志无关的"中国福利会"这一人民团体负责了这本杂志的编写与发行。这一系列举措或许就是 China Today 在一开始就能够迅速地占领海外市场的客观原因。

参考文献

[1] 风雨同行——《今日中国》所记录的 50 年中国，《今日中国》2002 年第1 期。

［2］张彦：《宋庆龄与〈中国建设〉》，《炎黄春秋》2001 年第 8 期。

［3］伊斯雷尔·爱泼斯坦：《〈今日中国〉50 周年》，《今日中国》2002 年第 1 期。

［4］《庆祝四十五岁生日》，《今日中国》1997 年第 5 期。

［5］李频：《中国期刊产业发展报告 No.1》，社会科学文献出版社 2005 年版。

《今日中国》英文版

中国通向世界的桥梁

《党的生活》

——精心策划,赢得读者

《党的生活》封面

《党的生活》是综合性党建期刊,它以面向基层党组织,面向广大共产党员,面向要求入党的积极分子,服务党的建设,促进经济和社会发展为办刊宗旨,内容丰富多彩,形式生动活泼。自 2004 年起,《党的生活》将办刊定位为"传播党建信息,关注时政热点,探讨前沿理论,聚焦反腐倡廉",将"党务干部的忠实顾问,共产党员的亲密朋友,积极分子的热忱向导,人民群众的贴心知音"作为一如既往的办刊追求,坚持市场化的办刊取向。① 《党的生活》划入黑龙江日报报业集团后,继续坚持原有的办刊宗旨,更好地发挥了刊物在基层党建方面的指导作用,使刊物内容进一步"贴近实际,贴近生活,贴近群众",用市场化手段打造刊物的新形象。

☞ 案例介绍

《党的生活》杂志创刊于 1959 年 11 月,是为加强党的建设,服务中心工作,促进党员教育、宣传党的政策而创办的。随着改革的进一步深化,社会主义市场经济体制的建立,党建期刊也面临着"适者生存,优胜劣汰"的严峻挑战。要接受挑战就要坚持开放办刊,确立强烈的发展

---

① 参见 http://www.hljxh.net/khzx/ddsh/index.htm, 2006 - 09 - 06。

意识，而创新则是发展的动力。所以，期刊必须深化改革，加强管理，以求创造良好的社会效益和经济效益，为自己的生存和发展而努力。党的十一届三中全会后，《党的生活》积极宣传党的路线方针政策、推动党的基层组织建设、引导广大党员干部投身改革开放的伟大实践中，坚持与时俱进，努力开拓创新，刊物质量不断提高，社会影响不断扩大，1987年年底，《党的生活》已有一定的名气。发行量近60万份，居黑龙江省刊物之首；年盈利近10万元，是黑龙江省率先实现自负盈亏的刊社；以其坚持正确的政治方向等特长，曾受到黑龙江省委组织部、省委宣传部的联合表彰。《党的生活》能够成功主要在于刊物定位准确，重视刊物本身质量和刊物策划。

一 高起点，服务基层党建和读者

"从广义上看，党建期刊由于其特殊的性质和任务，其定位必须是高起点，也就是说，必须以马列主义、毛泽东思想、邓小平理论和'三个代表'重要思想为指导，全面正确地宣传党的基本路线、基本方针、基本经验，弘扬主旋律，不断推动党建理论和实践的深入发展。党建期刊定位的更深含义，就是把党建期刊作为党的宣传思想战线的重要组成部分和意识形态的重要阵地，必须肩负起宣传马克思主义世界观、人生观、价值观，弘扬传播我国的先进文化，捍卫我们的社会主义思想文化阵地和抵御西方各种腐朽的世界观、人生观、价值观的侵袭，防止外来不良思想文化的渗透，维护我国社会主义意识形态和思想文化安全的双重责任。只有这样，才能确保党建期刊始终坚持正确的舆论导向，不媚俗，不炒作，为党建期刊的改革创新发展和赢得社会、读者的认同打下坚实的基础。从狭义上看，我国党建期刊约有上百种，每种期刊要保持相对稳定的读者群，就必须在改革创新中首先明确自己的办刊宗旨和服务对象，也就是说，要找准自家期刊的定位，突出自家期刊的特色。"① "入世"后，由于期刊市场竞争的加剧和现代文明程度的提高，读者渴望新的知识、新的观念，渴

---

① 白水、国玺、王东：《"入世"后党建期刊发展的思考》，《探索与求是》2003年第5期。

望党建期刊有新的突破，而不愿看内容陈旧、形式雷同、缺乏特色的东西。广大读者的需要是求新，党建期刊就必须创新。这就要求党刊工作者必须进一步解放思想，实事求是，采取各种方法加快发展①，积极拓展读者面，贴近读者，能产生一定的规模效应，也有利于推动期刊社管理创新，有利于提高办刊质量。2003年《世界期刊概况》一书曾刊登过世界期刊发行量前50名排行榜，我国辽宁的《共产党员》、广东的《支部生活》、黑龙江的《党的生活》均位于前21名。经分析不难发现，这些期刊对刊物的性质、定位把握得比较准，而且具有自己的特色。黑龙江的《党的生活》定位就是广大基层党组织、共产党员和入党积极分子，始终坚持着严肃认真的办刊方针，为基层党的建设服务，为广大党员读者服务。刊物设若干个专栏，文章有长有短，不拘一格，且图文并茂，很有特色，期发行量110万册，而且85%以上是个人自费订阅。在《党的生活》，读者找不到一篇花里胡哨的文章，内容深受老百姓欢迎。几年来，《党的生活》围绕党的建设如何为发展经济奔小康提供组织保证，如何在发展社会主义市场经济中加强党支部建设，在国有企业实行公司制后党组织怎样发挥作用，党组织怎样适应"三资"企业特点做好党的工作等作了大量文章，为基层党组织在新的历史时期做好党的工作，给予及时的指导。特别是1996年9月，中组部组织局在《党的生活》开辟"组工特稿"专栏后，及时地报道中央有关基层党的建设的指示、部署、信息和全国党的建设经验，使《党的生活》更充满了新意。

二 彰显全社共同的追求——新、深、精、活、美

在刊物策划上，经过多年的探索和追求，黑龙江《党的生活》在办刊方略、刊物策划上形成了一个全社共同的追求——新、深、精、活、美，所有的文章选择和编辑组织都围绕这一方针开展。具体来说主要是：

（一）求新。求新就是要让刊物具有指导性。《党的生活》把指导基

---

① 白水、国玺、王东：《"入世"后党建期刊发展的思考》，《探索与求是》2003年第5期。

层党的建设作为自己一个很重要的任务。指导就应该是及时的，与实际工作同步的，甚至是超前的。否则，就失去了指导的作用和意义。为起到这一作用，《党的生活》尽量把党建工作中的新情况、新问题、新做法、新经验在刊物上反映出来，并针对实际进行指导。《党的生活》加强对七煤公司党建的宣传就是一个很好的例子。"在市场经济条件下，如何发挥党组织和党员的作用，把一家国有企业从危困中解脱出来，并呈现出前所未有的发展势头？《党的生活》2004 年第 5 期以《七煤：奇迹背后的奥秘》为题，报道了七台河矿业精煤（集团）有限责任公司的党建经验，在省内外引起强烈反响。"①

这篇报道主要讲述了七煤公司的党建经验，其核心内容就是牢固树立以人为本的思想，"时时处处体现出关心人、理解人、尊重人、发展人，把'三个代表'重要思想作为政绩观的灵魂，把矿工的利益当成企业的根本，把开展群众工作和思想政治工作的优势转化为企业的核心力量，使党组织和党员的凝聚力、影响力和战斗力充分发挥出来。这也是七煤公司走出困境并得以复兴的法宝。"② 报道刊出后，引起了中央有关部门和领导的高度重视。中央组织部党建研究所的《党建研究参考》和中央政策研究室供中央领导参阅的简报先后摘发了这篇报道。中央有关领导同志还对这篇报道作出了重要批示。"七一"前后，《人民日报》、新华社、中央电视台等16家中央新闻媒体及省内各主要新闻媒体对七煤公司的经验又作了进一步的报道。

（二）求深。求深就是要让刊物具有长效性。期刊要具有一定的时效性，但更应具有长效性。它所刊登的一些稿件，必须在一段时间内甚至在更长时期内发挥作用。要使刊物的报道具有长效性的功能就必须在报道上加大力度，增加深度，尽量避免刊发应景性的文章。《党的生活》为做到这一点，一直力求深入地揭示人物、事件、问题的本质。他们的强项就是组织系列性、连续性的报道，即围绕一个人物、事件、问题连续做文章，形成一套或一组报道，全方位、多角度地阐明自己的报道意图。比如孔繁

---

① 《〈党的生活〉加强七煤公司党建宣传》，http：//news. shou. com/2004/07/03/04/
news220836455. shtml，2006－09－06。

② 同上。

森是新时期焦裕禄式的好干部，《党的生活》就连续八期发表了二十几篇报道，在同类刊物中发稿量最多。正因为如此，《党的生活》成为孔繁森事迹陈列馆里的陈列品之一。

还有一个报道：家住萨尔图区的贫困夫妇李秀清、武佳能开办了一个福利彩票投注站。2003 年，这对夫妇为一位彩民垫付资金购买彩票，这位彩民在电话中让这对夫妇帮他选号。福彩第 297 期二等奖花落大庆，奖金高达 82 万元。结果夫妇二人帮彩民选的号码中了奖，而那位彩民对自己中奖却毫不知情。这笔巨款在连孩子学费都交不起的这对夫妇手中停留了一夜，第二天，他们将奖金送到并不知情的彩民手中。《党的生活》以《面对 82 万元的诱惑》为题报道了此事。后来李秀清夫妇获得了上海东方电视台举办的"真情实录·2004 十大真情故事"全国第 7 名，又有多家报纸刊物对其进行了采访，产生了巨大的影响。

（三）求精。求精就是要让刊物具有可读性。刊物是给读者办的，刊物的内容必须为读者服务，让读者爱看。只有读者爱看，才能起到"武装人"、"引导人"、"塑造人"、"鼓舞人"的作用。爱看的关键就在于求精，即多出精品。使刊物具有很高的文化含量。在求精上，《党的生活》一直坚持精选、精采、精编、精审、精校的做法。

精选，就是精心制订选题计划。《党的生活》从把握时代的主旋律出发，依据党的基本路线，围绕各个时期党的中心工作来确定选题。比如1995 年中央组织部准备表彰百名优秀县委书记。《党的生活》立刻在黑龙江省委组织部考核的同时进行采访，"七一"后集中发出，起到了树立公仆形象，弘扬时代精神的作用。有的报道还被《人民日报》转载、中央电视台《东方之子》选用。精采就是要精心采写稿件。《党的生活》始终要求编辑、记者深入基层，深入实际，深入生活，通过采访对报道的对象知根知底，了如指掌，所发稿件一定要把水分压干挤净。精编，就是对采访的稿件进行精心加工。《党的生活》要求编辑把编辑加工的过程当作对原稿进行再创造的过程。要从选择稿件、提炼标题、调整段落、加工文字、点睛提神（配编者按、编后语和短评）等方面，进行综合处理。为了提高编辑人员的综合加工能力，还加强了专业技术培训。精审，就是精心审定拟发的稿件。在《党的生活》发稿要过 6 关，它"实行的是'六审制'：编辑、编辑室主任、总编室主任、分管编务的副总编、常务副总编、兼职总编都要审。每一审各有侧重。编辑、编辑室主任侧重对稿件的全面加工处理；总编室主任、分管编务的副总编侧重对稿件的技术性处理；常务副总编、兼职总编侧重对稿件进行政治把关。精校，就是精心组织校对。"①《党的生活》在校对上"实行'六校制'：编辑人员 4 个校次（一校、二校、三校、四校），专职校对员 2 个校次（五校、六校）。除此以外，四校、五校、六校，总编室主任、分管编务工作的副总编、常务副总编还要对重点文章进行重点审校。层层把关，使编校差错率明显下降，现已控制在万分之一以下。"②

（四）求活。求活就是让刊物生动活泼。"党刊是政治读物，具有很强的思想性、指导性。但是，思想性和活泼性并不是天生的一对'冤家对头'，而应是一对'孪生姐妹'"③。党刊不应该板起面孔说教，而应调动各种生动活泼的手段，去吸引人、感动人、熏陶人，如此才能为读者所喜爱。短小精悍，就是搞活手段之一。《党的生活》"除重大报道外，稿件的字数一般都限制在 2000 字以内，许多稿件都在千字以下。有些栏目，都是几百字的小短文，基层读者利用茶余饭后的时间，就可以看上几篇。既扩大了刊物的信息量，又使读者产生轻松愉快的感觉，避免了因文章冗长而引起读者的厌烦。形式多样，这是搞活的手段之二。"④《党的生活》提倡表现手法多样，如用通讯、报告文学、散文、日记、读者来信、巡礼、访问记、综述、侧记、杂文等，把文章做活，富有文采，满足各种读者口味的需要。如它的栏目"广闻博览"、"编读往来"、"党建新书架"、"党务干部笔谈"、"话外音"、"群言堂"、"褒贬录"、"调色板"等，都体现了思想性与活泼性的结合。文图并茂，这是搞活的手段之三。为了形象地反映生活，《党的生活》特意设计了几个有文有图的小栏目。如"褒贬录"，一般有 6 个正面事例，6 个反面事例，每个不足 200 字，配一幅

---

① 杨贵方：《新、深、精、活、美——我与〈党的生活〉的追求》，《中国出版》1997 年第 7 期。

② 同上。

③ 同上。

④ 同上。

画，形象生动，发人深省。"调色板"，是用漫画和小品扶持正气，针砭时弊，诙谐幽默，妙趣横生。"连环画"则把严肃的政治题材，通过绘画的形式展现出来。

《黑龙江日报》2005年9月23日报道：由中国报告文学学会举办的"和谐美短篇报告文学征文"活动近日揭晓，来自全国的16篇短报告文学作品获得了优秀奖，《党的生活》杂志社郭庆晨的《放飞希望》榜上有名。这篇短报告文学《放飞希望》首发就是在黑龙江省的《党的生活》上发表的，作品描写的是全国劳动模范、宋庆龄樟树奖获得者、黑龙江省特级教师、哈尔滨市南马路小学校长赵翠娟的事迹。获奖的优秀短篇报告文学作品还在人民大会堂举行了颁奖大会和推荐活动。这是《党的生活》追求办活方针的一个成功案例，大大提升了刊物的影响力。

再如1995年《党的生活》杂志，全年连载《中国东北角》初稿（原名《大荒魂》，约8万字）。这也是该文学作品的第一次刊登。一刊出就获得了广泛的好评。这篇文章由黑龙江省作家协会名誉副主席、北大荒作家协会名誉主席、著名作家、已近古稀的郑加真创作完成。在1996年第2期，《党的生活》杂志发表了题为《北大荒精神世界的拓荒者》的评论文章称："这是一部反映半个世纪以来北大荒开发的多层次、多侧面的宏大的作品。这是黑龙江省第一次。对弘扬北大荒精神起到了巨大的阐释与推动作用。作品史料之丰富，震撼力之大，在北大荒乃至全省实属罕见。"郑加真在这部书中，第一次以长篇纪实文学的形式和大量的珍贵史料，生动而形象地再现了百万大军开发北大荒这一伟大事件。这部小说的连载再一次丰富了刊物的内容选择，增加了可读性。

（五）求美。"开放与竞争将使党建期刊编辑人员的'国际眼光'更加开阔，对全面提高刊物质量是一个推动。所以，要解放思想，开拓进取，努力学习和利用国内外期刊市场中一些具有共性的规律，敢于破除党建期刊那种过于拘谨、严肃的风格，讲究期刊宣传的实际效果和艺术性。"① 要反映时代精神，又要内容更丰富，形式更多样，读者更欢迎；把文字宣传与图片宣传结合起来，精心设计包装自己的形象，千方百计提

---

① 白水、国玺、王东：《"入世"后党建期刊发展的思考》，《探索与求是》2003年第5期。

高印刷质量，等等，就是让刊物具有艺术性。

在新的历史时期，读者对党刊不但有接受指导、接受教育、接受知识方面的需求，同时也有美的欣赏、美的享受、美的陶冶方面的需求。因此，要办好党刊，就必须把内在的美与外在的美结合起来，在保证内容健康向上的前提下，搞好刊物的装帧设计，即搞好刊物的外包装，使刊物具有自己独特的艺术性。《党的生活》为体现出自己独有的艺术性，美术编辑作了不懈的探索：首先是多运用人物和场景的照片，让读者看了感到更形象、更真实、更亲切。如报道孔繁森，《党的生活》刊发了 20 多张照片；报道新时期铁人王启民，2 期刊物就发了十几张照片。其次是鉴于党刊言论和经验性文章较多，《党的生活》在版式和栏目的设计上，力求大方，寓意深刻，让读者从栏目的版面上产生一些联想，展开思维的翅膀。在封面设计上独具一格，独树一帜，从而形成了自己的总体艺术风格，那就是具有党刊的特点、地方的特色、较高的艺术水平，整体的连续性。1992 年、1994 年、1996 年，在全国党刊美术作品评选中，《党的生活》取得"三连冠"的佳绩，先后获得整体设计和封面设计一等奖。

《党的生活》策划的独到之处也可以从该刊 2004 年第 5 期的一个专题策划体现出来，这就是对《解析"另类"干部现象》这一主题的组稿。这篇报道主要是对李昌平、吕日周、董阳和夏一松等干部的经历和遭遇，以及有关现象的原因和对策进行的深入探讨。这个策划的高明主要在于：

其一是勇气可嘉。正如文章中所写，领导群众上上下下对这些"另类"干部的评价看法不一，存在着争议。即使是客观的报道，在当地主流媒体上也是非常慎重的，有的更是基本不报道。《党的生活》敢于打破惯例，把全国同类型的有争议干部的事迹集中起来进行突出报道，专题探讨，这确实需要勇气和胆识。

其二是视角独特。"干部队伍建设是个老问题，两个条例颁发后，许多媒体都进行过集中报道，也包括专题策划。对这样已经报道得很多又不能不继续报道的老题材，如何能出新，是所有负责干部队伍建设报道和组稿的记者编辑们绞尽脑汁的课题。《党的生活》这组策划文章，选择了'另类'干部的角度，发人所未发，让人耳目一新，同时又紧贴实际，用老题材翻出了新思路。"①

其三是观点正确。这组策划提出的问题很尖锐，但是绝对没有"打擦边球"，观点和倾向没有违反党的路线方针政策。其中有些细节体现了编者和作者的用心。比如，文章在为"另类"干部壮志未酬鸣不平的同时还指出了上级党组织为这些干部排忧解难，说明了我们党对干部看主流、看大节、看本质的一贯主张及用人导向。这些观点反映了作者十分注意不因为"另类"干部的遭遇而否定党的干部政策。这篇文章包括"编者按"在内的9篇文章，字里行间渗透着党的十六大精神，宣传党的干部政策，符合"二为"方针和"三贴近"要求，体现了编辑和作者坚定的党性和责任感、正义感。

其四是见解深刻。这是专题策划最突出的特点。这几个人的事迹早已为人所共知，本策划依据的主要是他们经历的事实，不能不重复旧事，但如果仅仅如此，那就没有什么新意了。组稿并没有停留在已知的事实上，而是多角度全方位地进行剖析。"文章旗帜鲜明地肯定'另类'干部坚持原则、敢负责任、言行一致的可贵品质，对视这些干部为'另类'的倾向和心态进行无情鞭挞和揭露，同时又实事求是地指出这些干部不是完人，避免了片面性。"

好刊物、好班子、好队伍、好机制是《党的生活》办好的法宝。"四个好"的核心是创办一流好刊物，它是杂志社一切工作的出发点和落脚点。其他"三个好"都要服从服务于创办一流好刊物这"一个好"，保证实现这"一个好"。《党的生活》做了一个很好的示范。办好跨世纪的党刊，首要的是坚持党刊姓党，大力弘扬时代主旋律，以实施新时期党的建设的伟大工程为主线，力求在保持现有风格的基础上大胆改革创新，办出时代风格和特点，把刊物的整体水平提到一个新的高度。

《党的生活》注重增强四个意识："一是大局意识。紧紧围绕党在各个时期的中心任务、中心工作和重要部署，开展宣传报道，使读者及时了解党和政府工作的大局，从而自觉地服从大局、服务大局。在刊物上刊登的深化干部人事制度改革和加强干部监督工作的系列报道，以及关于牡丹

---

① 胡永球：《以专题策划吸引读者》，《中华新闻报》，2004－06－09。

江市林口县建堂乡大百顺村党支部按'三个代表'的思想建设社会主义新农村、绥化市农村普遍开展党员服务区、全省公开选拔45名副厅级干部等报道，都是配合中央和省委的指示、决定和部署进行的，对指导实际工作、统一党内外干部群众的思想认识都起到了很好的作用。二是超前意识。力求报道具有前瞻性、预见性。'三个代表'的重要讲话发出后，立刻闻风而动，精心策划了对中央政策研究室副主任郑科扬的专访，以《从战略的高度思考党的建设》为题，从'三个代表'的理论和实践依据、'三个代表'的指导意义、'三个代表'的科学内涵等几个方面系统、深入地阐述了'三个代表'重要思想。像这样系统、深入阐述'三个代表'重要思想的报道在全国地方期刊中是最早的，在省内外引起了较大反响，对于各地学习和研究'三个代表'重要思想提供了重要的依据和参考。三是策划意识。为了使报道更具有针对性和战斗性，《党的生活》加强了事前策划，做到全年有策划，季季有策划，期期有策划。特别是开辟了'本刊专题策划'专栏，花大力气、下大工夫报道一些党内外群众普遍关心的热点问题。全年搞了9套专题策划，共19.1万字。这些报道由于规模大、开掘深、说服力强，在读者中引起的震动大，被称为报道中的'重磅炸弹'。为了纪念建党79周年，该杂志策划了关于学习'三个代表'重要思想的专题报道，刊登江泽民关于'三个代表'的重要思想的论述、中央有关部门编写的《'三个代表'30问》，还配发了体现'三个代表'精神的先进典型，为基层党员干部学习提供了全面、系统的材料。省委决定向优秀县委书记王树清学习，该杂志就策划了'学习王树清、忠诚献人民'的专题报道，刊登了本刊记者撰写的长篇通讯、本刊评论员文章和王树清生态经济论点辑要等，全方位、立体化、多角度地展示了一位优秀县委书记的先进事迹和精神风貌，在读者的心灵中引起了强烈的震撼。四是'上帝'意识。读者是刊社的上帝，注重满足读者的求知需求、服务需求和文化娱乐需求等。"①

"从目前情况看，不少党建期刊只对上级负责，较少考虑读者需要的

① 杨华楠：《瞄准"四好"迎接挑战——〈党的生活〉杂志社社长杨贵方访谈》，《传媒》2001年第2期。

《党的生活》 精心策划，赢得读者

习惯还没有彻底改变，加之党建期刊具有很强的政治性和时效性，官样文章多、板着面孔说教、多刊一面的问题还没有解决好。因此，党建期刊的发展，当务之急是在坚持正确的办刊宗旨、把握正确宣传方向的同时，牢固树立精品意识，实施名牌战略，全面提高期刊的质量。"①《党的生活》的经验和做法告诉我们，营造党建期刊名牌，其内涵主要体现在期刊的质量和特色上。在众多的期刊中，凡是在读者心里产生重大影响、受到读者赞誉的，它的市场就会越来越大。因此提高党建期刊的质量主要有三点："其一，大力培养高素质的复合型编辑人才。作为党建期刊的编辑人员，应当具有政治家的清醒头脑，观察研究分析问题的能力，超前预测的思维观念和忘我拼搏的责任意识。尤其现代社会各行各业间交流的机会大大增加，编辑人员既要履行好自己的职责，还必须不断更新知识和开阔办刊视野。其二，就目前党建期刊的内容来看，其长处是导向性、权威性，短处主要是服务性、可读性不够。因此，必须由重说教式的指导转向重引导式的宣传，加大具体实事的报道力度，寓教于事，寓教于情，改变呆板冷漠的形象。"② 同时，在"迅速发展变化的形势面前，期刊内容必须与时俱进，善于寻求新思路，开发新选题，跟上时代变革的步伐，以大视野、高品位满足读者的现实需求。这就要求编辑人员真正沉下去，深入基层，了解读者，搞好调查，掌握大量丰富生动的第一手材料，抓准人们关注的有价值的选题，变被动来稿加工为主动采访组稿"③。

要办好刊物，找准定位是前提，内容策划是关键，好的栏目设置必不可少。在此基础上办好刊物还要力求多种经营。因为对于期刊社来说，质量是立社之本，效益是强社之源。但应该明确的是力求多种经营，不单单是为了赚钱，更重要的是要把主业做大做强。"大多数党建期刊的财力来源主要包括两个方面：一是发行，二是广告。搞发行，不能靠降低品位、平庸媚俗去迎合众人口味，也不能凭强迫命令去占领市场，而是要靠内抓质量和效率，外抓宣传和服务，靠赢得广大读者去扩大发行量。广告收

———————————

① 白水、国玺、王东：《"入世"后党建期刊发展的思考》，《探索与求是》2003 年第 5 期。

② 同上。

③ 同上。

入，不论现在还是将来，都是期刊财力的一个重要来源。要充分发挥党建期刊权威性的优势，千方百计强化管理，不失时机地开拓广告源，变'等客上门'为'登门服务'，精心设计版面，增强广告宣传效益。为了适应'入世'后党建期刊发展的需要，还应当实行'办刊为主，多种经营，以主促副，以副养主'的策略，在办刊过程中着意现代化经营，大力开发和培养新的经济增长点，从经济上为党建期刊的发展注入新的活力。"①

☞案例评析

"长期以来，我国党建期刊作为一种特殊的产业，人们总是过分地强调它的意识形态范畴的政治属性，而忽视它的商品属性，甚至认为党建期刊不存在占领市场问题，不适宜讲求经济效益。即使在当前市场经济条件下，党建期刊中的绝大部分仍然是单位党组织订阅，报刊亭中很少见到。这种现象，是计划经济体制时期的产物，至今还在束缚困扰着人们的思想观念，而且很难一下子转变过来。'入世'后随着我国政府对世贸组织相关承诺的实施，国外传媒特别是发达国家的强势媒体将挤进我国进行挑战和竞争，其结果必然是世界范围内的各种思想相互碰撞，争夺宣传阵地的斗争日趋激烈。在这场潜移默化、长期持久的占领思想文化阵地的竞争中，其实质就是争夺读者和社会的认同。党的十六大进一步确立了我们党在新世纪新阶段的指导思想和奋斗目标，这就要求党建期刊必须以独特的优势、无可替代的作用和地位去影响人们的政治、经济、文化和生活，成为人们生活中不可缺少的精神产品，赢得社会和读者的认同。显然，对党建期刊来说"②，"如果没有正确的导向，就违背了党建期刊的办刊宗旨，不仅为党规党纪所不容，而且势必为社会和读者所不齿；如果不按市场经济规律运作，也会失去社会和读者的支持。鉴于此，党建期刊要适应形势发展的需要，就必须正视现实，主动调适，与时俱进，改革创新。一方面

---

① 白水、国玺、王东：《"入世"后党建期刊发展的思考》，《探索与求是》2003 年第 5 期。

② 同上。

要坚定不移地坚持'党刊姓党',这是它的本质特性,也是它的价值所在,另一方面要严格按照市场经济的发展规律办事"①。

新世纪的帷幕已经拉开,期刊市场的竞争更加激烈、更加严峻。在办刊上,《党的生活》在保留现有风格特点的基础上,重点解决好贴近基层、贴近读者、贴近实际的问题,进一步增强刊物的可读性,使其在市场竞争中更具有竞争力。党刊报道如何增强可读性,是多年来困扰全国党刊从业人员的老大难问题。党刊的任务和属性,决定了它不可能像社会刊物那样,靠奇闻趣事来吸引读者,更不能在原则问题上出现任何差错和含糊。党刊的主要内容,就是宣传贯彻落实党的方针政策中的正反经验,正反典型。这些内容能否写得引人入胜,能否吸引读者,新闻界看法并不一致。《党的生活》给党刊工作者提供了一个坚持党刊特色的同时增强可读性的范例。《党的生活》杂志能荣获第二届国家期刊奖提名奖,是刊物全体编采人员及后勤工作人员辛勤耕耘、共同奋斗的结果,我们有理由相信:《党的生活》将用与时俱进、不断创新的精神来办好党刊,从内容上和形式上进一步提高刊物质量,无愧于时代的重托。

现在,关心刊物的读者还有些担心推向市场的《党的生活》在办刊上发生动摇。读过 2005 年头几期的《党的生活》,读者们就会发现:虽然《党的生活》不再是省委主办的党刊,却依然保持着政治上的坚定性,而且有了新的飞跃,有了质的提高。"传播党建信息,关注时政热点,探讨前沿理论,聚焦反腐倡廉",这就是《党的生活》重新定位后的办刊追求。这个办刊追求与内容名副其实。如 2004 年第 1 期开篇的《浴火重生凤凰涅槃》,是该刊主编李小平所写,读后让人深觉心情开朗。通过这篇文章,所有关心《党的生活》的读者都对刊物充满了信心,文章告诉了读者编辑部对中央关于整顿报刊一举非常理解,也对刊物的未来充满了信心。新定位的《党的生活》给读者的感受不只是为党员服务,而且也为农民等广大基层读者服务的方向。如李昌平同志

---

① 白水、国玺、王东:《"入世"后党建期刊发展的思考》,《探索与求是》2003 年第 5 期。

的《乡镇体制改革路在何方》和《我读"一号文件"》，深得民心。农民们看了这两篇文章后，都反映《党的生活》今年刊登有关农民利益的事最多，赞扬《党的生活》让人"阅读心情开朗，回味有奔头，致富有信心"。专家在文章中把"一号文件"解读得像一丝丝细细的春雨，在春风伴随下滋润着农民的心坎。有些原来在政策上弄不明白的地方，《党的生活》都给了详细的解读。重新定位的《党的生活》还增添了很多雅俗共赏的栏目。正是在群众中有了好口碑、影响大，群众的反馈信息也特别多，提了很多好的意见和建议。比如希望刊物在今后多刊登一些黑龙江省内的事情，少刊登一些外省的事；多刊登一些基层的事，少刊登一些领导的活动；为办好党刊，该多听听读者的反映，多登一些基层的呼声，为广大读者说话提意见提供一个平台，这样《党的生活》才能越办越红火，越办越受读者欢迎。

参考文献

[1] 杨贵方：《新、深、精、活、美——我与〈党的生活〉的追求》，中国出版1997年第7期。

[2] 杨桦楠：《瞄准"四好"迎接挑战——〈党的生活〉杂志社社长杨贵方访谈》，《传媒》2001年第2期。

[3] 白水、国玺、王东：《"入世"后党建期刊发展的思考》，《探索与求是》2003年第5期。

[4] 胡永球：《以专题策划吸引读者》，《中华新闻报》2004年6月9日。

[5] http：//www. hljxh. net/khzx/ddsh/index. htm，2006 - 09 - 06。

[6]《〈党的生活〉加强七煤公司党建宣传》，http：//news. shou. com/2004/07/03/64/nesw220836455. shtml，2006 - 09 - 06。

[7] 赵国春：《从"马架子"走出的作家郑加真》，http：//www. zhaoguochun. com/hyly - show. asp？cid = 4Nid = 85，2006 - 09 - 06。

《商界》

——全力打造中国最具竞争力的商业财经期刊品牌

《商界》封面

在网上见过这样一段话：一个人一生中要读四本杂志，十几岁时读《故事会》，二十几岁时读《读者》，三十几岁时读《商界》，四五十岁时读《家庭》。他认为在中国过去是这几本杂志，现在也是这几本杂志，恐怕在可以预见的将来仍然是这几本杂志伴随着人们的成长历程。这里对其中之一——《商界》杂志成功的经营策划进行剖析。

☞ 案例介绍

一　诞生——契合时代需要，缔造《商界》杂志

1992 年 10 月，中国共产党第十四次全国代表大会在北京召开。这次大会明确提出我国经济体制改革的目标是建立社会主义市场经济体制，以利于进一步解放和发展生产力。市场开始成为人们接触频度较高的热点词汇，国人的市场意识逐渐萌生并日益增强。

基于对社会主义市场经济体制形成初期这种状况的深刻认识，重庆市经济体制改革委员会决定有所作为，采取实际行动，帮助消费者和企业来认识和解读我国的经济体制改革，帮助他们适应社会经济体制的转轨，并能在这种转轨中勇立潮头，实现新的发展和超越。经过缜密思考，他们想到了办一份大众化、具有"科普"性质的商业财经类刊物，普及市场经

济知识。1994 年 1 月，由重庆市经济体制改革委员会主办的内部刊物《生意人》更名为《商界》，并正式创刊。

《商界》以宣传企业人文精神为本、倡导优秀商业文化和弘扬积极人生哲学。它结合实际对市场经济大潮中出现的各种经济现象进行深入解读，时刻瞄准企业和企业家所关心和关注的事情，针对企业经营的实际需要安排内容，把复杂、深奥的经济现象，以通俗易懂、生动活泼的形式诠释出来，帮助不少企业解决了市场开发与维护、企业经营管理过程中遇到的实际问题，称得上是企业营销管理的"智囊"。《商界》不尚虚华，贴近实际，针对性强，在国内财经杂志中素以对市场及企业问题的透彻了解和准确把握而著称，尤其在经营理念科学管理方面给予企业管理者以很大启迪。正是靠着这些优势，《商界》杂志才从创办的那一天起就赢得了企业家和营销界人士的广泛青睐，发行量一路飙升，目前期发行量高达 50 多万份，多年来稳居中国财经类杂志发行排行榜首位，也成为山城重庆引以为荣的一张"文化名片"。

二　定位——大众化、"科普"性财经期刊

（一）读者定位：大众化的财经期刊

几乎所有的财经期刊都定位于城市、白领、企业家和财经人士，而且大多数都把管理者尤其是高层管理者作为主体读者，扎堆现象非常严重。《商界》作为一份财经期刊，和其他种类的期刊相比，也属于高端定位，这是财经期刊的共同特点所决定的。但相对于整个财经期刊界来讲，《商界》无疑属于大众化的期刊。《商界》集高端和大众化于一体。当然，财经期刊的大众化与生活服务类期刊的大众化还不是一回事。《商界》的大众化是一种特殊的大众化，这里的大众，一方面是区别于一般财经杂志的高端受众；另一方面也区别于社会上的一般大众，既包括其他财经期刊受众群体中的一部分，也包括一般生活服务类期刊受众的一部分。其读者主要是企业主、经理人、营销界人士和有志于营销和企业经营管理的青年学生。《商界》杂志在这一群体的覆盖率较高，是典型的大众化财经期刊。

从《商界》公布的数据来看,《商界》是一份男性强势媒体。其读者中年龄在 25—44 岁的读者所占比例最高,达到 67.2%,比竞争媒体高出 5.6 个百分点。平均年龄为 29 岁。这是一个年富力强的投资和消费群体,他们易于接受新生事物,又趋于成熟和理性,消费能力强,正是广告主青睐的对象。《商界》读者性别比例与居民总体相比,男性读者趋向性较高,男性高于女性 37.8 个百分点。与竞争媒体相比,《商界》杂志男性读者的比例也比较高。由此可见,《商界》是一份男性强势媒体。从受教育程度来看,《商界》读者具有高学历、高素质读者的特征,大专或以上学历读者比例占 64.2%,与竞争媒体相比也有一定的优势。《商界》大专以上读者可推及人口超过竞争媒体 3 万人。而且读者中拥有固定工作(全时性和非全时性之和)的比例达到 85.1%,高于总体 23.3 个百分点,也远远高出全国居民的总体水平。良好的工作状态构成保证了读者有稳定的收入来源。收入的稳定则决定了他们具有相当的经济实力和购买能力,这样的读者正是广告客户诉求的最理想的对象。从读者月收入构成来看,与调查总体相比,《商界》读者个人月收入在 2000 元及以上的超过总体 12 个百分点。读者家庭月收入在 3000 元及以上的比例超过总体 9.3 个百分点。《商界》读者的个人购买力和家庭购买力都较高。[①]

期刊的读者可分为基本读者和传阅读者两大类别。基本读者是通过报摊购买和家庭订阅,是自费消费杂志,他们对杂志的阅读需求最为强烈,阅读时间长、阅读程度高而且较为细致,接触频率也较为稳定。传阅读者通过单位订阅和其他来源阅读。从《商界》公布的数据来看,其报摊购买比例达到 71.4%,家庭订购达到 2.9%,即有 74.3% 的读者是自己花钱购买的杂志,高出竞争媒体 7 个百分点。基本读者的比例越高,说明读者对杂志的关注程度越高。另外,在读者对杂志的忠诚度、阅读时间花费等指标上,《商界》也占有绝对的优势。与竞争媒体相比,《商界》读者的兼读比例较低,而独占比例较高。这一切都归功于

---

① 《中国最权威的招商杂志》,新生代市场监测机构。

其科学合理的读者定位。①

（二）风格定位：一本可读的商业财经期刊

可读性是指期刊便于阅读和吸引读者的特性。期刊要实现自身价值，一方面要有实实在在的内容，另一方面也要可读性强，让人便于阅读和乐于阅读。财经类期刊因为主要面对高端读者，他们文化水平高，理解能力强，所以这些财经期刊往往内容艰深晦涩，可读性差，充斥着冷僻的专业术语，这可以说是财经类期刊的通病。其实经济现象完全能够通俗化，财经杂志也完全能够做到深入浅出，通俗易懂。哲学原理那么艰涩的内容，艾思奇在《大众哲学》中就把它写得很通俗，进而影响了几代人。钟朋荣的经济学著作《民富论》也写得深入浅出，连识字有限的农民都看得懂。作为一本大众化的财经类期刊理应在可读性上下功夫，这也是期刊服务读者、占领市场的需要。《商界》杂志充分考虑部分读者教育层次低，文化水平有限的现状，并结合他们的接受心理，从语言文字风格、设计形式等方面入手，突出创业故事和实用性，很好地抓住了读者的需求。试想，在眼球经济时代，如果财经类期刊连读者的注意力都吸引不过去，那就更谈不上培养读者的忠诚度了，其命运也只能是在市场竞争中被淘汰出局。《商界》用通俗易懂的语言，揭示和反映深奥的经济原理和经济现象，很好地实现了刊物与读者的良性互动。所以，有人把《商界》誉为带有浓郁"科普"色彩的财经期刊，当然这里的"科普"普及的不是一般的科技知识，而是经济原理、经济现象、营销策略和管理方法，是企业决战市场的制胜之道。

（三）价格定位：低价策略

由于读者具有较高的消费能力，所以，财经类期刊一般都采用了高价位的定价策略。比如《中国企业家》20元（人民币，下同）、《当代经理人》10元、《商业经理人》10元、《经理人》15元、《环球企业家》20元、《财经界》24元、《资本市场》20元，基本上都在10元以上。其实

---

① 《中国最权威的招商杂志》，新生代市场监测机构。

对大多数走高价策略的财经期刊来说，效果并不很好。在我国现有的 50 多本财经期刊中，除了五六本已成品牌的先行者和佼佼者外，其余 40 多本都处于亏损或半亏损状态。多数财经期刊质量平庸，发行不过万份，苦苦挣扎于同质化、低水平竞争的泥沼里，突围无路，四顾茫然。只有极少数财经期刊定价不到 10 元，比如《销售与市场》每期定价仅 7.5 元，《商界》更低，只有 6.5 元，这在财经期刊中是极其少见的。这与《商界》所秉承的让读者以低廉的价格获得高额回报的指导思想不无关系。正是靠着低价位策略，《商界》才在众多财经期刊的激烈竞争中脱颖而出，发行量连年攀升，稳居财经期刊发行量榜首。

市场竞争实质上就是定位的竞争，定位精准且能围绕自己的定位来培育自身优势，才能在激烈的竞争中站稳脚跟并发展壮大。《商界》就是这样。作为我国财经期刊中为数不多的先行者之一，它凭借自身在财经期刊市场中的先发优势，从一开始就为自己确立了一个合理的定位。虽然 2000 年前后我国出现了一个财经期刊剧增的热潮，但它们的定位都与《商界》有较大差异，都未能对《商界》的定位构成冲击。在财经期刊更趋专业化、小众化的大背景下，必然出现大众化财经期刊的市场空当，《商界》的定位正好能弥补这一空当。正是靠着这一独特的定位，《商界》才在白热化的财经期刊市场上独树一帜，始终保持着稳健的增长态势。

三 品牌——构建期刊集群，打造强势品牌

2005 年，为进一步细化市场，拓展财经期刊的读者对象和期刊阵容，《商界》传媒重拳出击，投资 1000 万元创办《中国商业评论》、《商界时尚》、《城乡致富》三本杂志，完善和丰富了媒体产业链，从高、中、低不同层面对市场进行细分。经过近一年的运作，三本刊物运行良好，发展势头十分迅猛。目前《商界》的刊物阵容由原来的单打独斗发展成为以《商界》正刊为龙头，包括《商界·时尚》、《商界·城乡致富》、《商界·中国商业评论》四本杂志和商界传媒网（http：//www. bizmedia. cn）、中国招商网（http：//www. sj998. com）、致富项目网（http：//www. zfxm. com）三个网站的集团军作战态势。尤其是四本杂志，既相互

分工，各个出击，分别针对不同的细分市场，又在整体上相互合作，共同支撑和壮大了《商界》杂志的实力。它们以倡导商业文化和企业精神为特色，"集商界经营之道，看商界丰富人生"，以丰富多彩的内容赢得了广大读者的喜爱，在中国商界赢得了广泛而权威的影响。

其中《商界·城乡致富》原名《农村致富天地》，原为一本面向农村的杂志，2005年11月改为现名，成为一本"让渴望致富的人实现梦想的财富月刊"，堪称《商界》杂志的财富初级版。它以城乡创业者、大众项目经营者、农资经营人员、种养殖业主、进城农民工及下岗工人等渴望通过致富改变自己命运的人为主要读者对象，是一本指导大众创业投资的杂志，定价2元。借助《商界》十余年形成的完善的发行网络，《商界·城乡致富》期发行量已达12.5万册，另每月随《商界》杂志赠送10万册，真正做到了"有《商界》的地方就有《商界·城乡致富》"。

《商界·时尚》以"展示高端财富人群的时尚生活；传递时尚、品位、关怀的价值观；服务于成长型商务人士的社会属性和社交本能"为宗旨，以"传播健康财富价值观，引领时尚生活、时尚工作潮流"为己任，瞄准高端财富人群，深度关注商人的物质需求与精神需求，力图在满足财富人群的物质需求，引领他们成为物质贵族的同时，解决他们精神上的困惑，是一本"时尚物质元素和时尚精神元素"相结合，"尖端的时尚艺术与经济财富"相结合，表现从容驾驭物质的大气和雍容、充分展现精神的高贵美丽、具有大家风范的精英时尚杂志。定价20元/册，发行量逾24万册，已成为名副其实的中国商务精英时尚生活第一读本。

《商界·中国商业评论》（CBR: China Business Review）——中国商界传媒集团旗下高端财经类旗舰月刊。它整合了10余家国内外顶级研究咨询机构和50位国内一流学者的智慧，拥有对本土企业强大的案例解剖能力和对中国企业管理准确的前瞻性思维，是一本立足于本土经济、本土企业、本土国情，最富本土操作性的商业评论杂志；是第一本最彻底深入研究微观中国经济，研究微观中国企业问题的财经杂志；第一本立足本土价值观，走向全球企业实践的商业评论杂志，并被国家信息中心列为中产阶层必看的三本商业财经读物之一。《商界·中国商业评论》读者定位于高学历、高收入、高职位的三高精英人群，定价20

《商界》 全力打造中国最具竞争力的商业财经期刊品牌

元/本，仅用不到一年的时间，期发行量就达到了8.7万册，成为中国发行量最大的商业评论杂志。

《商界》、《商界·时尚》、《商界·城乡致富》、《商界·中国商业评论》及商界传媒网、中国招商网、致富项目网，四刊三网共同携手，形成了一个强大的传媒集群，一方面共享了《商界》杂志先期建立和累积起来的品牌影响力和发行网络；另一方面，通过进一步细化市场，既增强了单一刊物的针对性，也拓宽了整体的读者群，实现了刊物集群的整体发展。同时，后期建立起来的几份子刊和网站，也对商界传媒的品牌起到了有效的支撑和巩固作用，使商界成为传媒界一个更为强势的品牌。

☞案例评析

纵观《商界》，其成功既得益于生逢其时，更得益于准确的定位战略和品牌战略。这三条堪称《商界》成功的三大法宝，也是任何一个期刊、任何一个企业、任何一种产品获得持续成功所不可忽视的三个问题。

一　应天时者得天下

是市场经济造就了《商界》，成就了《商界》今日的辉煌。没有市场经济体制的建立和完善，《商界》就失去了生存和发展所必需的土壤和外部环境。但市场经济给所有在它这种体制中生存的个体的机会是公平的，对期刊来讲也是如此。能否在市场经济的大潮中持续地生存下去并获得发展，关键是要看期刊是否能主动地进行自我调整，使自己持续地适应市场经济发展的需要，而不能要求市场经济去适应自己。适应市场经济需要则生存，不适则被淘汰，这是市场经济发展的铁律，任何人都无法改变。对生存于这种体制中的个体来讲，关键就是要不断地审视自己，使自己时刻与市场经济的发展要求相一致。《商界》因市场经济体制的建立而生，随市场经济体制的完善而发展。针对市场经济体制形成初期市场的不规范和人们对市场缺乏必要的认识，企业不能正视和适应市场竞争需要，《商界》着力普及人们对市场的认识，培育社会的市场意识和市场观念，带领中国企业与市场经济起舞。后来随着市场经济体制的不断完善，《商界》又把着眼点调整为引领企业实现营销体制和管理体制方面的创新。可以说，十多年来，《商界》所走的每一步都与中国社会主义市场经济体制发展的节奏相一致。其发展的每一个阶段，都对我国市场经济的成熟和完善起到了积极作用。《商界》本身也在促进中国市场经济发展的过程中，实现了自身的持续快速发展。

二 有特色才有市场

没有竞争便没有优胜劣汰，没有优胜劣汰就不是市场经济。期刊要在市场经济激烈的竞争中胜出，就必须有自己的特色，只有做出特色，才能引起受众注意，赢得受众，占领市场。

多年来，《商界》依托成功的定位，大打差异牌，走出了一条差异化竞争的道路。从财经期刊普遍高端的读者定位中走出来，定位于大众化财经期刊，独享一块相对更大的市场蛋糕；从财经期刊专业性强、理论性强、可读性差的怪圈中跳出来，走操作性、贴近性、可读性相结合的实用主义道路；从传统的高价定位的认识误区中走出来，实施超低价格定位。《商界》在定位上所做的每一步，无一不是为了营造自身特色，使自己能在众多财经期刊的同质竞争中抽出身来，无一不闪烁着智慧的光芒。《商界》的成功，是商业实用主义的胜利，是科学定位的胜利，更是差异化战略的胜利。

三 团结就是力量，品牌缔造成功

团结就是力量。在《商界》大家族中，《商界》及《商界·时尚》、《商界·城乡致富》、《商界·中国商业评论》三个子刊，虽然定位不同，内容不同，特点不同，但有一点是共同的，那就是对中国商界的深切关注，对商界人士和中国社会经济发展的深切关注和关怀。这使得它们能够形成一个集群，这个集群就是一个系统，它能把各个期刊的力量凝聚到一起，形成一种新的合力，这种合力远远大于几个期刊单独张力之和。这种整合后的张力就是商界的品牌力。

集群化是我国期刊界近年来出现的一个新现象。几个知名品牌和实力出版机构先后开始扩张并很快形成了各自的刊群。著名的品牌刊群有：《读者》刊群、《知音》刊群、《家庭》刊群、《时尚》刊群、《瑞丽》刊群等。集群化是集团化的一个重要步骤，刊群的出现标志着我国的期刊产业开始步入品牌化、集团化的发展阶段。《商界》刊群的形成，说明商界也正在积极探索和尝试期刊集团化发展道路。而集团化乃是期刊发展的必然趋势，期刊集团在西方已经有几十年的历史，但在中国才刚刚开始，中国期刊的集团化程度还很低。只有实现集团化，才能实现规模的快速扩张、资源效用的更大化发挥和成本的进一步下降。

集群化使《商界》的发行网络资源得到了共享，人才资源、稿件资源得到了更合理的配置和更有效的利用。《商界》、《商界·时尚》、《商界·城乡致富》、《商界·中国商业评论》都是商界品牌的一个载体。在这些载体上，商界品牌价值得到了体现，实现了张扬，他们都为商界品牌的提升做出了贡献，巩固了《商界》中国财经期刊第一品牌的地位。

四 不足与建议

《商界》在发展过程中也面临着一个不可避免的矛盾，那就是刊物追求经济利益最大化与读者可接受程度的矛盾，如果这个矛盾不能得到很好的解决，势必影响《商界》的长远发展。

期刊经营收入主要来自两个方面：广告收入和发行收入。在发行量和发行收入既定的前提下，广告收入越多，刊物的经济收益也就越大。出于对经济收益最大化的追求，刊物总是希望广告刊登得越多越好。虽然读者也能从广告中获得一定的信息，但绝大多数读者购买期刊的目的不是为了看广告，而是为了看刊物的内容，在内容之外适当地附加一些广告当然无可厚非，读者也是完全能够理解的，但如果广告数量太多，势必影响读者的阅读积极性。在这方面《商界》做得还不够好。不少读者反映《商界》

刊登的广告太多,大有喧宾夺主之势。比如2006年第3期,内文共196页(不含刊中刊),仅广告就占了119页,广告占版比例达到了60%以上。虽然《商界》的广告版面大都打着赠阅版的旗号,且广告大都是招商广告,对那些希望事业进一步做大和正在寻找商机的读者和商家来说,也是有价值的信息。但广告毕竟是广告,如果数量太多,不仅部分读者不能接受,也在一定程度上使各个广告之间的宣传效果因相互冲淡而有所折扣。此外,《商界》刊登的广告五花八门,水平也参差不齐。从高端的形象广告到低端的产品广告,从硬性广告到拙劣的软文,真可谓无所不包。当然,一则广告只要不违反法律法规、国家政策和社会道德,杂志都可以刊登,但对于一个有志于塑造良好财经期刊品牌的杂志来说,绝不能对广告不加选择,来者不拒。因为低俗的广告容易给人造成一种小报野刊的印象,从而影响杂志的品牌形象,制约其向高端发展。此外,小广告最容易犯虚假宣传、夸大宣传的毛病,这对杂志的公信力也构成潜在的严重威胁。

对此,一方面要严格广告审查程序;另一方面,可以尝试实行广告分类定价制度,对不同的产品类别的广告制定不同的价格,对不同水准的广告制定不同的价格,并适当拉开不同类别之间的价差,通过价格杠杆来吸引高质量广告,最终减少乃至杜绝各种形式的低俗广告和恶俗广告。这样做需要制定非常细致的分类标准和甄别办法,对《商界》品牌的构建来讲,绝对是大有裨益的。

参考文献

[1] http://www.bizmedia.cn/,2006 - 09 - 06。

[2]《〈商界〉杂志广告价格表》,http://www.adl126.com/media/price/2005 - 11 - 10/2296. shtml,2005 - 11 - 10。

[3]《商界·城乡致富》(简介),http://www.zfxm.com/,2006 - 09 - 06。

[4] 韩冰:《〈商界·时尚〉约稿》,http://www.wyjy.net/gzsl/list. asp? id = 4185,2006 - 09 - 06。

[5]《〈中国商业评论〉约稿函》,http://www.xici.net/b195366/d26608120. htm,2005 - 10 - 20。

[6]《〈商界〉杂志简介》,http://finance.sina.com.cn/roll/20050608/22061668593. shtml,2005 - 06 - 08。

《商界》 全力打造中国最具竞争力的商业财经期刊品牌

《证券市场周刊》

——证券传媒的先锋

《证券市场周刊》封面

《证券市场周刊》创办于1992年3月，由中国证券市场研究设计中心主办，是中国最早的专业性证券传媒。作为中国证监会指定披露上市公司信息唯一刊物，《证券市场周刊》是中国最具权威性的证券杂志。创刊十多年来，见证中国证券市场风雨行程，推进中国证券市场规范发展，成为证券新闻媒体公认的领跑者，中产投资阶层首选的引路人。该刊秉承"眼光即价值"的办刊理念，明确为机构和成熟投资人服务的定位，立足证券业，面向财经领域，集新闻性、权威性、专业性于一身，连续多年位居全国周刊类读者阅读率之首。《证券市场周刊》是中国第一本财经类周刊，并且是迄今最成功的一本证券杂志，它在20世纪末期创造的月发行量100万份的记录，达到了一个前所未有的巅峰，发行量远超同类杂志。

☞ 案例介绍

一 立足证券业，面向财经领域，集新闻性、权威性、专业性于一身

证券财经类期刊的发展是随着社会主义市场经济的发展和进步而出现的。随着20世纪90年代改革开放的进一步深入，市场经济在中国深化和

普及，证券和财经在人民生活中占据了越来越重要的位置，对人民生活的意义开始凸显出来，广大的投资经营者希望专业的媒体提供最丰富翔实、及时、实用的证券市场信息。国内证券市场的飞速发展也需要有一家刊物普及证券投资的知识。除了介绍国外证券投资的知识外，刊物还提供证券市场的实时信息，满足国内投资者的阅读需要。当时，国内的证券类刊物只有上海的《上海证券交易所会刊》（后来的《上海证券报》），以及深圳的《股市动态分析》，这对蓬勃发展的证券市场来说显然是很不够的。中国证券市场研究设计中心于1991年下半年开始策划这样一本刊物，在对市场做了充分的调查研究后，决定刊物定位于可操作性强的内容，向投资者提供选择股票具有参考意义的信息。1992年2月17日，《证券市场周刊》（当时名为《证券投资周刊》）试刊号正式出版。首期印刷量只有几千份，主要向机关、学校、银行、交易所等客户邮寄。刊物投入市场后，很受欢迎，这进一步明确了刊物发展的方向。证券市场属于专业性财经市场，它的读者市场较容易识别。随着中国证券投资市场的迅速发展，这一人群也在不断扩展、更新和分化，《证券市场周刊》也不断地适时调整。1997年，《证券市场周刊》分为综合刊和市场刊两本。市场刊的出现，适应了中小投资者渴望获得实时股市信息，为其投资选择提供参考和指导的需要，使《证券市场周刊》的投资实用性和亲和力得以强化，并获得了巨大的成功。市场刊一直是《证券市场周刊》的利润增长点。到目前为止，市场刊的发行量远大于综合刊的发行量，市场刊单靠发行收入就已经盈利。1998年4月，又将原来一直作为"《证券市场周刊》月末刊"的部分命名为《财经》，分离出来作为独立刊物单独发行。在这个过程中，《证券市场周刊》逐步明确了为机构和成熟投资人服务的定位，成为中产投资阶层首选的引路人。立足证券业，面向财经领域，集新闻性、权威性、专业性于一身。明晰的市场定位使《证券市场周刊》在财经类媒体中独树一帜，特色鲜明，市场效果明显。《证券市场周刊》是中国第一本财经类周刊，并且是最成功的证券杂志之一。①

---

① 参见《〈证券市场周刊〉：下一个10年如何长青?》。

二 注重栏目的策划和编排，力求贴近市场，贴近读者

《证券市场周刊》是随着中国证券市场的发展而成长起来的，而证券市场风云变幻，很不稳定，所以刊物从创办伊始就不断地追求创新。

（一）打造特色栏目

现在财经类期刊众多，再加上资讯发达，众多网站铺天盖地传播更快捷的股市信息，证券类信息服务商之间的竞争更加激烈，结果很多财经类媒体严重同质化、模式化，主题雷同，观点相似。而《证券市场周刊》能够在财经类媒体中独树一帜，关键在于它能够深入市场，每期都推出一些精心策划的小栏目。如"封面专题"（Cover Story）对重大的证券、金融、财经新闻事件、政策调整、焦点人物进行深入、独家的报道分析。封面文章讨论的多以当前证券金融界的热点，也是市场经济和改革不断深入时所遇到的难点为题，事件重要，影响力大。如2005年第49期的"封面专题"是有关银行改革的。四大银行上市是个明显的迹象，标志着中国市场经济体制的核心——金融系统在市场专业集团的引导下，正在逐步地脱离中国现代化的根本利益，独自地、自成体系地加入国际资本利益链之中。专题围绕四大银行上市由《银行贱卖辩》、《就这样被贱卖了吗》、《"贱卖论"鼓噪者谁》、《银行改革 激情与现实》和《外资银行进入影响当地银行绩效吗》等一组文章组成。文章围绕中国银行的股权改革，做了一系列深入分析，中国银行的股权是否被贱卖？上市与否，何时、何地上市，究竟是银行机构的微观决策，还是行业层面的宏观战略？真的"一股就灵"吗？出让股权能换来机制吗？既有情绪化的呐喊和质疑，又有理性化的逻辑和学理分析与探讨，分析之余同时提出可行的建议，供决策层参考。还有如"本刊特稿"（Special Report）对资本市场投资人特别是机构投资人普遍关注的政策动向、市场内幕作及时、独到的追踪报道。"本刊特稿"的两篇文章《上书最高法院 唐万新图谋开脱罪名》和《气荒蔓延 三巨头利字在前》，前者是对唐万新非法吸收公众存款一案的追踪报道，后者是对当前国内出现的"油荒"、"气荒"现象的剖析，都是业

界的热点话题。

（二）创新新锐栏目

创新是在传承基础上的求变，也是一个媒体具备核心竞争力的体现。在财经类媒体激烈的竞争中要脱颖而出，只有不断创新，才能实现快速发展。《证券市场周刊》非常注重创新，从栏目的设置到栏目的编排都可以看到不同于其他刊物的新颖之处。如《市场刊》的设置共分5大块："新闻·前沿"包括编辑絮语、一周财经和精彩推介3个栏目，相当于资讯、观点部分；"大势·评论"包括本刊特稿、宏观看市、热点聚焦、专栏文章、百家说市、直播室、板块扫描、B股市场和国际股市9个栏目，为投资者提供宏观层面的信息；"个股·技术"包括技术对话、观图论股、操作技巧、经纪人手记和私募基金5个栏目，为投资者提供关于个股的技术层面的信息；"公司·资讯"包括公告背后、新股备战、行业研究、公司透视和基本面选股5个栏目，主要是关于上市公司的新闻；"财智·社区"包括散户之家、老曙信箱、散户话题、周末茶坊、环球财智和荐股赛6个栏目，属于投资者的交流、互动板块；"数据·资料"包括数据库、投资参考、一周市场快览和下周备忘4个栏目。5个板块设置，信息量更大，从内容上更贴近投资者，信息的客观性、可信度更高，也就更能赢得读者。

（三）优化传统栏目

传统栏目是指刊物创办之初就设立的经典栏目，在刊物的成长过程中起到很大作用，在实践中证明很受读者欢迎的一些老牌栏目，也指一些行业媒体传播信息要求的基本栏目。这样的栏目因为每家媒体都有，所以缺乏新意，同质化情况更为严重。如何做好此类栏目显示了一家媒体的编辑和策划能力。传统栏目的出路也在不断创新，传统栏目的创新要注意结构和内容的延续性和连贯性，以此巩固老的读者群对刊物的信任、忠诚和养成的购买、阅读习惯；同时栏目的基本要素也不可轻易变动，它是该栏目理念、活动、形象识别的规则。同样是观点资讯类的老栏目，《证券市场周刊》也做得与众不同。它将其分为几个小栏目来做，"视点"（Editorial）

和"观察家"（Observer）从影响市场全局的焦点问题入手，条分缕析、深入浅出地向业界展示本刊的立场、观点。"视点"栏目的文章颇似杂文，短小精悍，语言辛辣，文笔老到，但篇篇都似匕首，分析现象和问题刀刀见血，直抵本质。如2005年第49期的《不"贱"能"卖"吗》，讨论的是证监会叫停外资入主证券公司的问题，笔者联系到封面文章讲的银行贱卖的问题，以尼姑和和尚作比，嬉笑怒骂，自成一家。"观察家"则是对影响重大的经济、金融、财政、证券问题发表独家评论。作者为境内外著名专家学者和券商、基金等机构的首席研究人员。"观察家"栏目相当于其他杂志的"专栏"，即外请专家所写的单页文章（字数在1500字左右）。这样两者珠联璧合，使观点更加明确，分析更加透辟。

三 积极展开品牌的推广和传播，实施精品战略

品牌是传媒盈利的"原点"和"风暴眼"，品牌一旦形成，市场的开拓才成为可能。在媒体纷争的社会环境中，期刊的品牌是一种竞争力；在供大于求的媒体环境中，品牌是一种吸引力；在媒体分化的市场环境中，品牌是一种亲和力；在产品多样的消费环境中，品牌是一种信任度。它是一个媒体知名度、美誉度的综合，是媒体在长期的发展中形成的宝贵的无形资产。《证券市场周刊》创刊以来，秉承"眼光即价值"的办刊理念，明确为机构和成熟投资人服务的定位，连续多年位居全国周刊类读者阅读率之首。作为中国第一本财经类周刊，并且是迄今为止最成功的一本证券杂志，《证券市场周刊》成为中国最具权威性的证券杂志，被美国期刊协会评为"世界十大财经媒体之一"①。在获得这些良好声誉之后，《证券市场周刊》积极展开品牌的推广和传播，加强质量管理，实施精品战略。《证券市场周刊》利用自身在证券市场上的影响力，大力推行事件营销策略，先后策划和组织了一系列大型活动。比如，策划了"宏观经济预测春季年会"，年会在每年2月底召开，从2002年起到现在已经成功举办了5届；组织行业投资峰会：2004年3月21日在北京召开电力行业与资本市

① 参见《世界投资大师戴若·顾比2005年中国报告会》。

场投资峰会，同年 12 月 17 日在北京组织召开医药行业投资分析会；组织
资本论坛：2003 年 9 月 8 日首届世界主要证券交易所高峰会在厦门召开，
2004 年 9 月 8 日召开 2004 证券市场和中小企业融资创新高峰会。此外，
刊物还策划组织了与中国资本市场发展、上市公司及行业动态紧密结合的
系列活动，如："国企改革与民企发展研讨会"、"2004 年 A 股市场展望及
投资者策略首席分析师座谈会"、"招行现象的制度反思研讨会"、"恢复
证券市场有效性"恳谈会、"全流通的市场影响"座谈会、"做多中国、
投资中国"研讨会等。利用举办论坛、或召开座谈会、或与大学等研究
机构紧密合作的形式，刊物极大地扩大了《证券市场周刊》在证券财经
领域的声誉和影响力。一大批知名的股票分析师和财经专家的加入，同时
也极大地提高了杂志的质量。

☞案例评析

　　《证券市场周刊》是中国最早的一本财经类周刊，也是中国最早的专
业性证券传媒。作为国内唯一公开发行的证券类刊物，它被中国证监会指
定为披露上市公司信息唯一刊物。创刊十多年来，刊物与中国证券市场风
雨兼程，共同成长，不断强化"眼光即价值"的办刊理念，以"商业思
想，资本利器"为定位，集新闻性、专业性、权威性于一身，坐实业界
第一刊地位。

　　作为证券财经类周刊，刊物十多年的发展起伏跌宕，其间刊物经历了
种种考验，但是在财经类周刊中常青不倒。回顾《证券市场周刊》走过
的风风雨雨，与中国证券市场相伴的浮浮沉沉，其中成功的经验值得借鉴
和思考。

　　首先，定位准确，贴近市场。《证券市场周刊》创刊时正是中国证
券市场起步阶段，当时国内这种刊物市场上只有上海的《上海证券交易
所会刊》（后来的《上海证券报》），以及深圳的《股市动态分析》。投
资者急需信息沟通的渠道。证券信息服务市场旺盛的阅读需求，为目光
敏锐的媒体提供了无尽的利润空间和发展潜力。《证券市场周刊》的创
刊抓住了市场契机，适应了投资者获得证券市场信息的需求，所以创刊

之初，即获得飞速发展。当年3月份，参与创刊、现任该刊常务副总编的方泉先生带着2000本杂志，亲自到上海的申银、万国和海通三大证券公司下属的各大营业部进行推广，结果很快就销售一空。这次上海之行，增强了办刊的信心，也使刊物的定位更加清晰：定位于可操作性强的内容，向投资者提供选择股票具有参考意义的信息。后来虽然证券市场风雨不断，财经媒体市场也是硝烟四起，但是，十多年来，《证券市场周刊》一直坚守"商业思想，资本利器"的定位不变，与复杂多变的证券市场共同发展。目前，国内财经期刊不下几百种，《财经》、《商务周刊》、《新财富》、《新财经》、《数字财富》、《竞争力》等，多定位于高端市场和高端人群，是注重财经事件和市场形势的新锐期刊；也有定位于细分市场，主要介绍商界纪事、商业人物、企业成败得失、经营之道、创业理财方法及致富秘诀等的财经类期刊，如《销售与市场》、《IT经理世界》、《环球企业家》、《中国企业家》、《理财周刊》等。尽管财经类杂志市场热热闹闹，但这数百种杂志中，发行量在10万以上的寥寥无几，广告收入更是可怜。而《证券市场周刊》则曾经创下月发行量100万份的纪录，这是当时其他财经类期刊所无法企及的。成功的定位固然重要，执著的坚守则更为可贵。

其次，服务读者，不断创新。《证券市场周刊》是媒体与证券业结合的产物，作为传媒期刊，读者的观念很重要。《证券市场周刊》有较强的受众意识，知道主动去把握读者的需求。在创刊初期，重在普及和介绍证券投资的知识，为广大投资者提供关于证券市场的实时信息和新闻报道。随着证券市场的迅速发展，受众的证券投资知识不断增长。《证券市场周刊》加强了深度调查和内容细分，为读者提供更加深入、详细、完备的市场调查，信息更加及时、全面，更加贴近投资者。大量资深专家的加入，提高了刊物信息的质量，保障了其内容的权威性。为了适应证券市场蓬勃发展的需要，1997年1月，《证券市场周刊》分为综合刊（蓝刊）和市场刊（红刊）。前者延续了以前的关于证券市场政策面、基本面的分析报道，后者则更加贴近投资者，为其提供即时的市场信息。从1997年下半年到1999年"5·19"行情之前，中国证券市场再次进入一个调整期。财经类媒体的竞争也开始出现。1998年4月，前4期作为"《证券市场周刊》月末刊"面世的《财经》杂志创刊，内容更加完备。

最后，注重资源整合，打造品牌。《证券市场周刊》是中国证券市场研究设计中心主办的，具备独特的资源优势，有众多资深的专家学者提供智力支持，同时在政策层面，信息沟通渠道也很畅通。《证券市场周刊》通过十多年的信息积累，拥有庞大的资料库，能够向读者提供全面、翔实的关于上市公司及证券市场的资料数据，而联办旗下的财经网站——和讯网，则可以为读者提供在线信息服务。2002年，联办在线业务电子营销的收入达40万元左右。经过十多年发展，在《证券市场周刊》的周围聚拢了一大批知名的股票分析师和财经专家，而其本身培养的编辑、记者对证券市场的熟悉度、敏感度和前瞻性也越来越强。《证券市场周刊》通过自身的内容积累，逐渐在证券市场上树立起了品牌形象，影响力不断提升。《证券市场周刊》利用自身积累的美誉度和信任度大力展开品牌的推广和延伸，与科研机构和其他媒体联合，先后策划了一系列大型财经活动。以论坛和峰会的形式，积聚财经界的精英，共商热点时事，使《证券市场周刊》在每次重大的财经活动中都有自己的声音和不俗的表现。学界、业界、传媒界的多维互动进一步扩大了《证券市场周刊》的影响和声誉。现在，《证券市场周刊》已成为财经类传媒中的一个知名品牌，是中国最具权威性的证券杂志。

参考文献

[1] 孙燕君等：《期刊中国》，中国社会科学出版社2003年版。

[2] 马谋超等：《品牌科学化研究》，中国市场出版社2005年版。

[3] 方泉：《中国证券 风雨十年》，《国际融资》2001年第12期。

[4] 邵培仁、陈兵：《媒介战略管理》，复旦大学出版社2003年版。

[5] http://zhoukan.hexun.com.

《销售与市场》

——活动营销之典范

《销售与市场》封面

《销售与市场》是中国市场领域最具影响力、权威性的营销实战期刊。自 1994 年创刊以来，坚持"实用性、专业性、权威性、国际性"的办刊方针，与中国企业同频共振。截至《销售与市场》创刊十周年之时，已出版 182 期，月发行量超过 50 万份，覆盖 300 多座城市、3 万多个终端，数千万营销人员阅读过《销售与市场》，被称为"营销第一刊"①。

活动营销是指杂志在把握市场需求的前提下，通过强势的创意策划，并依靠自身的品牌影响力、读者及客户资源，举办各种类型和形式的活动进行创收，以索取杂志版面外的盈利模式。

"杂志是品牌媒体，一本有影响的杂志在其读者群乃至整个社会上都拥有良好的知晓度和美誉度，利用期刊品牌而发展出的衍生产品也因此被赋予了良好的市场形象。因此，杂志除了发行和广告收入的前两次销售外，出售期刊的品牌资源、利用品牌资源发展衍生产品的第三次销售也后劲十足。"②"第三次销售"的核心是挖掘期刊品牌的市场价值，而活动营销恰恰是当前中国期刊业提升自身品牌的有力途径。

"在做好杂志的第一次销售、第二次销售的同时，我们也非常注重第

---

① 《〈销售与市场〉李颖生总编：与中国营销同行》，搜狐财经，2004 年 9 月 25 日。
② 《国内期刊的"第三次销售"——以品牌资源为核心的延伸服务》，http://qiouzhi.com/zhiquan/af/af1200508/22263.htm，2005 – 08 – 22。

三次销售。"①"中国杰出营销人金鼎奖"、"中国企业营销创新奖"、每年一次的"营销盛典"、"中国经销商论坛"、"中国经销商研究中心"、"中国营销领航计划"等，这些在营销界享有盛誉的活动，每年由《销售与市场》独立发起与共同发起、支持的营销会议或论坛超过30场。"第三次销售"极大地丰富了《销售与市场》的品牌价值，提升了《销售与市场》的影响力，使《销售与市场》成为当之无愧的活动营销的典范。

☞ 案例介绍

一　中国杰出营销人"金鼎奖"

由中国市场学会、《销售与市场》发起，由《销售与市场》杂志社与中国市场学会、中国工业经济联合会、中央电视台广告部相继联合主办的"金鼎奖"已成功举办了3届，并在美国同期颁发。美国知名的华文媒体《世界日报》称"金鼎奖"是"中国营销，营销中国"，在国内则被媒体称为"中国营销界的诺贝尔奖"。

"金鼎奖"是中国营销界规格最高的专业奖项。授奖对象为在华经营企业的中国籍营销人士。"金鼎奖"的参评对象为在华开展经营活动的企业营销人士，奖项设置有杰出营销总经理奖、企业市场（策划）经理奖、杰出销售（大区）经理奖、杰出客户服务经理奖、杰出培训经理奖、杰出内务经理奖、杰出销售员奖。营销人员的成长与成就离不开企业的栽培和团队协作，所以报名"金鼎奖"人员一律由所在企业推荐，获奖人员所在企业也将分别获得杰出企业营销人才培育奖和杰出企业营销人才推荐奖。

还要特别一提的是菲利普·科特勒营销奖。这个奖是以现代营销之父菲利普·科特勒博士命名并亲自创立的国际营销大奖，由科特勒博士授权"金鼎奖"组织委员会和奇正企业咨询机构在华颁发。该奖目前设营销理

---

① 李颖生：《与中国营销同行》，http://business.sohu.com/20040925/n222234913.shtml，2004 – 09 – 25。

论特别贡献奖和优秀营销案例奖，获奖企业及个人名单、优秀案例奖在《销售与市场》等媒体刊登，并应邀出席颁奖大会及同期召开的中国营销论坛。

从2000年起，中国杰出营销人"金鼎奖"已成功举办了3届：第一届大会（2000年6月17日）为中国营销人"鼓"与"呼"；第二届大会（2003年10月25日）加强中国营销与国际间的交流，"中国营销，营销中国"。两届大会云集了国内外上千位营销界和企业界的顶尖人物，搭建了中国企业界和营销界精英交流、研讨国际先进营销理念与方法的平台；第三届中国杰出营销人"金鼎奖"（2005年10月25日），被称为中国营销的"诺贝尔奖"、中国营销的"财富论坛"，来自中国内地、中国香港、中国台湾、美国、加拿大、韩国、印度等国家和地区的营销权威联袂演讲，数百位营销实战高手互动交流。本届大会的特点是：前沿——最新世界营销理论与方法；全面——消费者研究、营销管理、营销传播全方位涉及；实效——重点介绍精细化营销方法，解密中外著名大品牌发展过程；开放——创造交流机会，营销高手沙龙，欢迎来宾加入演讲、对话。

二　中国营销领航计划

创刊于1994年的《销售与市场》伴随着中国营销已走过十多年，这中间，中国的市场经济和竞争环境都发生了巨大的变化，中国企业的营销理念、策略、手段、技巧也都发生了根本性的转变。中国越来越多的企业成长为各行业或细分产业的领航者，一大批中国营销人立足本土市场，吸纳百家之长，"在战争中学习战争"，成为营销领域的领航人，成为中国营销快速发展的见证者和推动者。《销售与市场》始终追求并保持着与中国乃至世界成功企业与一流营销人才的紧密交流与深度合作，至今已搭建起中国传媒界一流的市场资讯交流与营销知识互动学习的平台，拥有了极为广泛和扎实的市场营销资源。

在2004年9月25日《销售与市场》创刊十周年庆典上，媒企联袂搭建战略合作伙伴平台，《销售与市场》十年厚积，中国"营销领航"计划正式启动。中国营销领航计划：中国营销界的CCTV，中国营销人的金色大厅。"《销售与市场》整合十年之资源，倾力推出中国'营销领航'计划。旨在为中国一流的营销企业与营销人提供一个品牌展示、经验推广与信息交流的平台，为更多的希望自己成为行业或细分领域领先者的企业提供更全面、深入和实效的营销帮助，为推动中国营销理论和实践的发展做出最实质性的努力和贡献。"①

三 中国经销商论坛

（一）中国经销商论坛简介

《销售与市场》举办的"中国经销商论坛"邀请国内最具实力的专家阵容指点迷津、解惑答疑、学习经典经营法则、分享最新实战经验、剖析优秀企业案例，共同探讨中国经销商的市场地位与厂商关系。论坛期间，同时隆重推出新锐商机项目推介交易会，精心甄选的数十个经典商机项目，为经销商和投资者提供本年度最佳的选择机会，把握商机、创造财富。

近十多年来，经销商是流通领域的主力军。可是，经销商作为一个群体，却长期被边缘化。有人说"经销商是商业革命的对象"，有人说很多经销商是"辛辛苦苦二十年，一夜回到解放前"，有人说一些经销商"穷得只剩下钱了"。在厂家渠道扁平化过程中，经销商作为一个群体是被动的；在大企业和超级终端的双重挤压中，经销商群体的空间在压缩。

"在局部市场，强势经销商也许掌握着话语权。在整体市场，经销商通常是被动的。为什么会出现这种现象？因为经销商没有自己的代言人，没有自己的组织，没有自己的专家，没有自己的研究机构。不能不看到，经销商是最有学习动力的一支群体，他们的学习动力超过了厂家。目前营销培训的主流市场实际上是经销商。中国经销商论坛邀请众多经销商方面的专家和经销商朋友们聚集一堂，就是要为经销商的发展献计献策，为经

---

① 《〈销售与市场〉中国"营销领航"A计划》，http：//www.cmmo.com.cn/ampany/about.shtml，2006-09-06。

销商的发展指路。"①

（二）中国金鼎奖简介

在第一届中国经销商大会上，著名管理咨询专家彭剑锋教授曾说："《销售与市场》举办的经销商大会是中国本土第一个以经销商为对象的大会，意义深远。今天，在这里，即将颁发2005年度中国金鼎奖，我们有理由相信，这个奖项的设立同样意义深远。"②

在2004年10月《销售与市场》十周年庆典上，《销售与市场》为其杂志的十佳书商也就是经销商颁发了荣誉证书，以他们为代表的近400个城市的书商把《销售与市场》铺向了全国400多个城市的近40000个终端。《销售与市场》光环的背后是这些经销商的辛勤劳动。

"《销售与市场》之所以要为中国的经销商评奖，为中国广大的经销商群体鼓与呼，是因为这个支撑了众多知名品牌成长的群体所受的关注要比他们所作的贡献少得多，而他们恰恰是大多数依靠渠道驱动获得成功的中国企业得以成功的关键。从萌生这个念头开始，《销售与市场》就被这个念头激动着。因为优秀的经销商不输于任何一个成功的制造商，甚至可以说，是经销商们托起了一个个响当当的品牌。"③ 通过金鼎奖的评选，优秀的经销商能够脱颖而出，从幕后走到前台，来提高经销商的自信心和社会地位。

四 中国营销盛典

两大媒体联袂推出一年一度的大型巅峰交流平台。

中国营销盛典暨"中国企业年度营销创新奖"颁奖典礼由《销售与市场》与国内最大的电视媒体——中央电视台广告部联合主办，于每年12月举行。营销盛典是中国地区最具规模的年度营销盛会，包含营销年

---

① 刘春雄：《〈销售与市场〉副主编刘春雄先生致辞》，http：//www.cmmo.com.cn/news/2005-08/1181.shtml，2006-09-06。

② 参见 http：//business.sohu.com/s2004/s221084361.shtml，2004-08-13。

③ 同上。

会和年度中国企业营销创新奖颁奖典礼两大部分。营销年会作为年度顶级营销论坛，每届都吸引了全国各地数百名企业高层参会。国内顶尖的营销专家汇聚一堂，论营销方法，评经典案例，判市场走势；评点一年市场风云，预测来年营销热点，启迪企业营销新思维；经典营销案例企业现身说法，前瞻营销理念同场激荡；优秀企业现身说法，宣传企业形象，展示独具特色的市场运作方案；国际 4A 广告公司营销整合、品牌推广全面阐述，分享强势品牌的成功经验。越来越多的新兴企业和跨国公司踊跃参加大会，积极参与评奖、颁奖、新闻发布、论坛等各项活动。

"作为国内最具影响力和长期以来引领中国企业营销实践的大型营销实战期刊，《销售与市场》杂志社一直致力于为中国企业提供前瞻性营销理念和实效操作方法。为了进一步推动中国企业的营销创新，《销售与市场》召集国内专业媒体领袖、营销专家、咨询专家共同组成评委会，设立企业营销创新奖，甄选优秀企业，鼓励营销创新。"[1]《销售与市场》深信创新是企业营销的生命力，《销售与市场》希望中国企业能秉承并发扬这种精神，为中国市场不断注入新鲜活力。

2005 年度营销盛典于 2005 年 12 月 17 日在北京隆重开幕。数十位国内国际著名营销专家、知名企业代表、近百名企业高层管理者、数十家媒体记者出席了此次盛会，共同揭晓"2005 年度中国企业营销创新奖"得主，一起评点 2005 年度营销风云。

☞案例评析

高度决定品牌影响力

近年来，随着竞争的加剧，我国各大媒体开始意识到广告、发行等传统经营方式已难以满足利润的高速增长和跨越式发展的需要。此时，"活动营销"便以市场化的运作理念、多样化的产出模式及创新的营销手段，

---

① 《中国营销盛典简介》，http：//www.cmmo.com.cn/yhqd/2005/about.shtml，2006 – 09 – 06。

进入媒体经营者的视野，并被广泛运用于经营实践。《销售与市场》举办的各种大型专业营销活动无疑应该成为众多媒体学习的榜样。《销售与市场》的活动营销以品牌为依托，不仅直接为媒体创造经济价值，而且扩大了媒体品牌的影响力，《销售与市场》的价值在品牌与活动营销的互动中得以提升。

《销售与市场》始终坚持"前瞻性、专业性、实战性、权威性、人文性、国际性"的办刊原则，以"为企业提供实效服务"为办刊宗旨，至今已成长为国内发行量最高、影响力最大、最具权威的市场营销专业刊物，日益深远影响国际营销界，拥有了包括国内外各类型企业的经营管理者、市场人员、营销咨询人员，以及大专院校营销专业学生在内的数百万忠实读者群，培养了国内外专业营销、管理人才，推动了市场经济的发展。

十余年来，《销售与市场》以坚实的作者网络、发行网络和形象平台三大工程建设，牢固建立了"反映市场主流、引导市场潮流"营销期刊领导品牌的地位，通过活动营销形成了杂志自身的核心竞争力与可持续发展动力，打造出中国营销界最具权威及影响力的期刊。

通过中国杰出营销人"金鼎奖"，《销售与市场》创立了一个属于营销人的大奖。"金鼎奖"的创意与操作，表达了主办者如此的意图：用自己的专业资源优势为中国营销人在市场上的奋斗与成就"鼓"与"呼"；总结来自中国市场的营销经验，促进中国营销人之间的交流与学习；逐步建立中国企业营销组织的岗位标准与作业典范，有效推动中国企业营销的规范化进程。这些都彰显了《销售与市场》的努力和成就，提升了《销售与市场》的权威性和社会地位，使《销售与市场》成为中国营销人互相学习和交流的不可多得的有益平台，成为影响中国市场乃至社会发展的重要力量。而以现代营销之父菲利普·科特勒博士命名并亲自创立的国际营销大奖——菲利普·科特勒营销奖，使《销售与市场》成为中国营销人同世界营销界交流的桥梁和窗口，这不仅从客观上促进了国内营销理论和企业营销活动的发展，更使中国营销人的努力得到了国际营销界的肯定和认可。而《销售与市场》的价值，就在于它为中国营销人提供了一个展示个性和魅力的舞台，一批营销人的杰出代表在评奖活动中脱颖而出。

《销售与市场》毫无疑问获得了国内国际营销界的肯定，提升了品牌的知名度和影响力。

《销售与市场》推出的中国"营销领航"计划追求并保持着与中国乃至世界成功企业及一流营销人才的紧密交流与深度合作，于商海中奋力博弈的营销人既是《销售与市场》宝贵的读者，更是杂志的积极构建者，尤其是企业界、咨询界、策划界、学术界的朋友，经验丰富、智囊充盈，共同高扬营销大旗，展现企业成长空间及发展路径，给人以莫大的启迪，使之惠及广大读者与诸企业。《销售与市场》立足本土市场，吸纳百家之长，让营销人"在战争中学习战争"，成为营销领域的领航者。为刊物搭建起中国传媒界一流的市场资讯交流与营销知识互动学习平台，拥有了极为广泛和扎实的读者群，杂志的忠诚度及影响力不言而喻。

在中国经销商大会上，《销售与市场》力推的中国金鼎奖的评选，一改社会上对经销商是小商小贩的偏见看法，致力于推动经销商实现真正的企业化运营，希望经销商群体能够得到社会的尊重，希望更多的优秀经销商能通过《销售与市场》的评选和宣传，对其他经销商起到好的示范作用，从而提升整个经销商群体的经营水平。《销售与市场》为中国经销商打气，主动联系在业内有良好业绩和口碑的经销商，鼓励他们参与到活动中来。《销售与市场》相信，评选活动将得到越来越多经销商的认同，因为目的是一样的，都是为了推进经销商事业更好地发展。《销售与市场》希望能同经销商一道，为经销商的正规化、企业化、规模化、效益化发展尽到专业媒体的职责。中国金鼎奖的评选活动强化了杂志和受众之间的互动，有利于受众和品牌之间的情感联结，向广大受众表明自己的姿态和社会责任感，为《销售与市场》塑造了良好的品牌形象。

"中国营销盛典"是中国营销人获取信息、提高认识、广泛接触业界精英及投资合作伙伴的最佳场所。"中国营销盛典"以公平、公开、公正的方式评选出当前国内最具影响力的营销奖项，"盛典＋大奖"不仅是对业界精英的评定，也是对媒体的权威和专业的肯定，从而使受众更容易认可媒体的品牌形象，获得品牌无形的影响力。

"品牌忠诚营销管理理论认为，真正的资产是品牌。如果没有忠诚的品牌消费者，品牌不过是一个没有价值的商标或仅用于识别的符号。品牌

活动营销之典范

忠诚营销的目标是赢得并维护品牌的忠诚消费者，而提高顾客忠诚度的方法则是加强消费者和品牌之间的联结。"① 活动营销即是一个得力的方法。活动营销提升了媒体的品牌影响力，知名度、信誉度，必然使得媒体单位广告费增值。这样，在媒体的广告版面数量或时间长度不变的情况下，刊物广告总收益不断增长。

活动营销作为媒体品牌经营的手段之一，具有购并和产品延伸无法比拟的优点，并且具有很强的操作性。品牌不仅要依仗媒体内容，也要靠活动营销来推动。活动营销需要品牌资源支持，同时也拓展品牌影响，丰富品牌资源，与品牌形成良性循环，为媒体的做大做强打下坚实的基础。有理由相信，《销售与市场》的活动营销这场引领现代营销潮流的饕餮大餐，将会在更广阔的舞台上表现得更加精彩。

参考文献

[1]《中国杰出营销人"金鼎奖"简介》，http：//news. sohu. com/89191/news212 719186. shtml，2006 – 09 – 06。

[2] 喻国明：《传媒影响力》，南方日报出版社 2003 年版。

[3] 支庭荣：《媒介经营管理》，暨南大学出版社 2003 年版。

---

① 禹建强、贺艳：《活动经营：媒体经济新增长点》，《传媒观察》2005 年第 11 期。

《财经》

——独立立场、独家报道、独到见解

　　《财经》于 1998 年 4 月创刊，由中国证券市场研究设计中心主办，是一份富有新意的财经新闻刊物，集结了一批新闻界资深财经记者及青年新锐。《财经》是一本密切关注中国经济制度变革与现代市场经济进程的新闻性刊物。它秉承"独立立场、独家报道、独到见解"的理念，以独特的视角、深入的报道、精辟的分析吸引了大量读者，全面观察并追踪中国经济改革的重大举措、政府高层的重要动向、市场建设的重点事件，及时予以分析和评

《财经》封面

论，对于资本市场在中国的成长变化给予特别的关注。对于海外发生的重大经济、时政要闻，《财经》也经常派出记者现场专访，其报道以新闻的独家性和权威性见长。据介绍，《财经》杂志读者为活跃在各个行业的企业主管、职业经理人、政府官员和经济界学者。70% 以上的目标受众在机构内具有最终决策权及市场判断力和影响力，他们以男性为主，其对所在公司的运营较有影响，职位较高，具有企业决策权和购买权，受教育水平高，阅读率高。

☞ 案例介绍

　　《财经》目前已成为中国经济和金融类媒体中最受尊重的杂志。《财经》全面观察并追踪中国经济改革的重大举措、政府高层的重要动向、

资本市场建设的重点事件。《财经》报道以新闻的独家性和权威性见长，对中国经济改革产生深远影响，受到中央高层、经济学界、金融界、企业界及海内外传媒的广泛关注，并在传媒业中赢得了极高声誉。先后数十篇有关中国经济改革重头报道的发表，使其成为传媒业内最具转载价值的财经类新闻期刊。

1998年，在亚洲金融危机的背景下，中国的金融体系面临一种潜在的风险，因此《财经》杂志的注意力很大一块在金融改革。先后做了上市公司利润疑点透视《注水的流年》；《海发行：创纪录沉没》，曝光了海南省唯一一家有独立法人地位的股份制商业银行，如何在成立后的第三年成为中国首家被关闭的银行的过程；《中创：急风险浪不归路》，记载了中国新技术创业投资公司从如日中天时资产总值上百亿，到无法支付到期债务被人民银行宣布关闭的过程。接下去又做了《银行信誉遭盗卖之后》、《挑战中国电信》、《国泰君安联姻幕后》，等等。在1999年的《财经》中，随手可以翻检到中国经济大事年表上的一系列重要事件："军企脱钩"、"广信兴衰"、"四通变局"、"WTO悬念"、"网络成金"、"股市井喷"、"千年虫，中国躲得过吗"这些文章，在当时都产生了一定的影响。

自2000年以来，中国资本市场特别是证券市场呼声越来越高的是规范性和透明度问题，对投资人的利益保护问题，这些过去大家都不怎么谈。此时从监管部门到股民都意识到问题的严重性，意识到是必须解决这些问题的时候了。在这样的背景下刊物又做了《基金黑幕》、《庄家吕梁》、《银广夏陷阱》。

《基金黑幕》原始资料出自上海证交所一个研究员写的业务研究报告。胡舒立和王烁看到这个报告后达成了一致的意见，认为这份报告从新闻的角度看有它的特殊价值，于是派李箐去上海采访并邀请张志雄在此基础上改写和评论。为回避风险，张志雄用了笔名。《基金黑幕》的发表引起业界极大反响，引发了股市赌场大讨论。十家基金管理公司又联合发表《严正声明》。《基金黑幕》涉及中国证券市场长期存在的一个公开的秘密，即违法违规的内幕交易、"庄家"操纵市场、"对敲拉升"、"造势做局"等活动盛行，这是一个关系我国证券市场大局、需要郑重对待的

新锐飞扬

期刊策划著名案例

问题。

《财经》杂志声名鹊起，成为财经类杂志的领头羊，是因为 2000 年 10 月《基金黑幕》这篇文章在业界引起的影响。在这之后又陆续有一批这样揭露"黑幕"的文章，像《庄家吕梁》、《银广夏陷阱》、《谁在操纵亿安科技》、《拆解黑龙江卖官链》等封面文章。一时间，"揭秘"成了《财经》杂志的代名词。

2005 年《财经文摘》杂志社在近 100 篇读者推荐的优秀财经文章中，编辑部全体成员和顾问团综合了得票数、本身杂志的影响力、文章关注的广度、深度及时间后续报道等因素，推出了"2005 年度最有影响力的财经文章"，共 5 篇。其中就包括了《财经》研究院陆磊和记者段宏庆等人报道的《拆解黑龙江卖官链》。在涉案上百人的黑龙江卖官案中，《财经》杂志的这篇报道还原了真实，起到了独特的作用。

2004 年 7 月，黑龙江省原人事厅厅长赵洪彦腐败案在牡丹江市一审宣判，赵氏本人被判刑 15 年；2005 年 3 月 22 日，黑龙江省绥化市原市委书记马德卖官受贿案在北京开庭；黑龙江原省委副书记韩桂芝腐败案也已进入审查起诉阶段。

这起官场震荡，正是黑龙江一连串卖官案被揭露、被查处、被清算的过程。如果从 2002 年 4 月马德倒台揭开盖子算起，这场震荡至今已历时 3 年。粗略计算，其间共涉及不同级别的官员上百人，其中省级官员 7 人，省机关厅局级干部 30 余人。

从 2004 年 6 月开始，《财经》记者六赴黑龙江，围绕赵洪彦、马德、韩桂芝等核心案件进行采访，搜集了事件发生地有关政经社情大量一手资料。在此基础上，《财经》研究人员着手对这起罕见的系列卖官案进行实证研究和阐释：韩桂芝、赵洪彦到马德，黑龙江省的"官位"交易如何实现均衡定价？如何进行成本收益分析？有何经济学效应？本文所涉及的官位交易和"卖官链"，只应视为黑龙江政界的局部现象，但仍值得警惕。如果对其不加遏制，便可能由"链"而"网"，发生恶性癌变，最终使政府丧失公信。故此，《财经》的关注已超越新闻事实本身，而至于其间蕴涵的本质——官场腐败的结构性危机。只有深入剖析官场腐败的制度特征，方能对症下药，寻求遏制腐败的治本之道。

从 2004 年开始,《财经》决定在每年岁尾的最后一期刊出一个"年度特别话题","确定一桩有广泛影响的持续性事件、一个具有纵深度的主题,进行调查和反思,以求鉴往知来"。

2004 年首次推出的年度特别话题,定名为"矿难探源"。在本期杂志中,读者可以看到对于这一话题的回顾。2005 年《财经》确定的主题是"药价之谜"。药品价格居高不下,已成为全社会高度关注却始终未能得以解决的焦点之一。1998 年以来,为整治药价虚高,中国官方共出台 17次"药品降价令",涉及药品上千种,以型剂规格计则数量更为可观。2005 年 10 月 10 日,国家发改委第 17 次药品降价通知下发各省物价局开始执行。此次共涉及 22 种药品,剂型规格 400 余种,平均降幅 40% 左右,最大降幅达 63%;按这些药品销售量测算,降价金额约 40 亿元,被称为有史以来幅度最大、涉及面最广的一次降价。然而,效果如何?恐怕只能换得一声叹息。与此前的 16 次降价一样,各界对于降价的效果依然普遍质疑。

药价为何居高不下?行政降价为何收效不彰?2005 年 10 月以来,《财经》记者遍访各地医院、药企和相关管理部门,采访了包括大型医药企业高层、医生、药剂师、医药代表在内的很多医药行业从业人员,也从各地采集了大量的数据。其目的是试图解开这个困惑国人已久的"药价之谜"。

在国内期刊界,《财经》在财经类期刊中占有重要的地位,所在集团在运作中采用采编和经营相分离原则,实行 U 型运营模式。《财经》的主办单位是中国证券市场研究设计中心,其前身是 1998 年成立的"证券交易所设计联合办公室"(简称"联办"),性质属于非盈利性、民间性、会员制的事业单位。"联办"全程参与了中国证券市场的产生、成长,与国家体改委、中国人民银行、中国证监会等部门有着密不可分的人事渊源。"联办"的媒体也延续了我国机关办报的传统。"联办"1992 年开始涉足传媒业,创办了《证券市场周刊》,后更名为《证券市场》周刊,1993年《证券市场》被中国证监会确定为披露上市公司的唯一全国性证券专业期刊,获得了近乎垄断的信息发布权利。《财经》是《证券市场》周刊的月末版,1998 年 4 月面世后,以上文提到的《基金黑幕》、《庄家吕梁》、《银广厦陷阱》、《谁在操纵亿安科技》等独家"爆料新闻",成了"联办系"的旗舰。"联办系"旗下有《财经》、《证券市场》、《新地产》、《成功营销》等杂志,还有一份报纸《财经时报》,以及和讯网、海融网两个著名财经网络媒体。《财经》等媒体在前台曝光,"联办"居于幕后,通过媒体在金融证券界发挥意见领袖作用。

"联办系"中除了和讯财经网是独立运作外,《财经》等媒体的采编权和经营权都采取分离原则,各刊只是编辑"车间",生产出好的内容产品就算是完成任务,经营事务完全由"联办"的广告部和发行部负责。跟机关办报的通常情况一样,年初,"联办"根据当年的发展需求和上一年的实际成本批一个预算,编辑部按照这个预算到联办财务部门去领钱。"联办系"高层并不插手各编辑部的采编业务,只是在采编和经营中筑起一道防火墙,让记者不必害怕得罪广告客户而不敢揭露黑幕,也不用写那些吹捧厂家的软广告。

胡舒立、杨大明、王烁是《财经》杂志的管理层和操作层。《财经》杂志主编胡舒立被称为中国财经记者第一人,入选美国《商业周刊》评选的50位"亚洲之星",同时也被该杂志冠以证券界"中国最危险的女人"。[①] 她在新闻领域具有令人敬慕的职业理念、职业素质、敬业精神和专业水准。胡舒立对自己的要求是严格的,不允许文章中出现一个错别字和错误的标点符号。她从《工人日报》到《中华工商时报》,再到今天的《财经》,组织过很多重大报道,重要的文章都是亲自上阵,这一切足以证明她的价值。胡舒立利用自身的光环,让这本年轻的杂志迅速崛起。锋芒毕露、坚硬的胡舒立性格也成了《财经》的性格。王烁是北京大学研究生,加入时36岁。胡舒立主要负责杂志的策划和重大题材的采写,封面文章基本上是胡舒立和王烁写。王烁现在已是杂志的副总编辑,亲自上阵写了八九篇封面文章,并负责日常选题和组织记者采写。

杨大明和胡舒立同是中国人民大学新闻系"78级"学生,毕业后各自就职新闻单位,后来先后进入《中华工商时报》成为同事,1998年共同创办了《财经》杂志。

---

① 参见《胡舒立:中国"最危险"的女人》。

谈到胡舒立、杨大明、王烁三个人的合作，业内同事们都认为是一种最佳配置。胡舒立精明干练，言论机敏，无论是日常交流还是业务讨论，话语中闪烁着无所不在的睿智。她善于行动，可以说节奏快捷如闪电，永远是风风火火比别人快一拍。她判断迅速、决策果断、雷厉风行，属于不怕吃大苦，特别能战斗，善于打硬仗的人。胡舒立的老领导、《中华工商时报》总编辑丁望每每谈起胡舒立，总是提到她不怕苦连轴转，一下子就能整几十盘采访录音的干劲。从女人的审美角度看，胡舒立又是个衣着得体、善解人意、事无巨细都能处理得挺完美的人。杨大明和王烁性格挺接近，属于平和理性类型，工作以扎实见长，也同样火急火燎，两个人都是满腹经纶、能侃善辩。

☞案例评析

1998 年 4 月创刊的《财经》杂志在我国现存财经类媒体中具有较强的特色与个性，《基金黑幕》、《银广夏陷阱》等一系列"揭黑幕报道"扩大了该杂志的影响力。该杂志的成功与其所重视的财经新闻深度报道的模式、运行机制和人才队伍等都有着很大的关系。

一　报道思路

信息时代的媒体竞争，在很大意义上不仅仅是新闻题材的竞争，而是新闻挖掘方式与深度的竞争。新闻不仅要告诉人们发生了些什么，还要告诉人们它为什么会发生，这件事与那件事之间有什么联系。在信息短缺的时代，人们的要求是要获得信息。在信息过载的时代，人们的要求是要得到有用的信息，得到"关于信息的信息"。财经新闻深度报道就是强调多层次、综合性，把握和解释新闻事件的过程及新闻事件与社会的联系，探索时代的精神状况，描述隐藏在行为背后的深层含义。经济本身是一种抽象的东西，而普通公众能够直接接触与体验的"经济"并不多。于是，媒体有为受众解读经济新闻深层含义的责任，同时由于各种经济新闻之间有着密切的联系，媒体必须为受众揭示出其广泛的影响。自 1998 年 4 月创刊以来,《财经》的很多报道、评论为海外重要媒体如《华尔街日报》、路透社、《远东经济评论》、《南华早报》、《金融时报》等广泛转载或引述。《财经》被广泛地评论为目前中国国内仅见的高级财经类新闻性出版物①。笔者以《财经》杂志一些有重要影响的封面文章为例,对其进行分析。

(一) 创新思路做足重大事件报道

大事件报道,是媒体水平和记者素质的集中展示,是影响力和竞争力的重点体现。其主编胡舒立认为,证券、金融、资本运行等一系列的财经活动都是在整个社会大环境下运作的,财经媒体要想成为主流媒体,影响主流人群,就应该拓宽报道领域,报道对经济乃至人们生活影响巨大的政治与社会事件。在 2002 年到 2003 年 10 月的《财经》杂志上,有 7 期封面文章都不是直接的经济现象、事件或问题,而是典型的宏观政治和社会现象、事件和问题,如《法官再造》、《法治中国》、《机构改革待变》、《2003 中国洪水之患》等。

此外,《财经》杂志在对财经领域的报道中非常重视对宏观经济政策的分析,以及对某个经济行业状态的全面剖析。如《细解国资委》,针对即将成立的国资委的状况,对历经了十年探索的国资管理体制变革历程做了深入透彻的分析。

(二) 放宽视野与国际接轨

现阶段,我国市场经济的发展越来越多地与国际市场发生联系,作为报道财经活动的媒体,需要有更开阔的视野,有国际化的眼光。

《财经》从编排外观到内在的新闻报道,都有和国际财经类媒体相似的部分。据统计,从 2002 年到 2003 年 10 月 5 日,该杂志的 41 篇封面文章中有 5 篇报道海外的重大政治、财经领域事件,如《标本安然》、《华尔街重订规则》等。这些报道为读者深入了解经济现象提供了标本和参照,为我国的经济发展提供了启示或借鉴。国际性的报道思路还体现在运

---

① 《盘点中国百种精品期刊的 TOP10》,新浪网,2006 年 8 月 3 日。

用国际上通行的经济规则、尺度衡量我国的经济发展现状。《财经》还推出英文版，面向外国在华人士赠送，进一步拓展了自己的生存空间。

二　运行机制

《财经》主编胡舒立曾这样表述过："独立性是一种理念，也是一种现实可能。我认为新闻人要有理想和独立意识，但其从业的媒体，也一定要有比较充分的投入，然后，追求经营的成功。《财经》的成功并不只是编辑部努力的结果，尤其不是我个人努力的结果。当然编辑部做出比较有质量的内容，以便于经营部门更好地经营。但如果媒体不能实现财务上的成功，就很难保持独立性"。《财经》的编辑部和经营部门截然分开，编辑部只管内容，这种机制保障了杂志可以走自己定位的路线。

（一）操作上，以编辑为导向

由几个编辑统领制作，前方的记者采写来稿件之后，由后方编辑加工，加工的水平决定成品的水平。据前总编杨大明介绍，《财经》杂志每到出版前的最后几天，一般都是至少通宵熬夜连轴转72小时以上，改到最后一刻。这种以编辑为导向的制作使《财经》杂志保持了整体风格的统一、稳定、延续和制作水平的扎实、稳定。《财经》经常会派出数组记者分头采访同一个选题，在采访过程之中编辑与记者随时沟通，回来之后择优选用。这种不计成本的采访工作，保证了刊物的信息量与权威性。内容制作上，注重"先发制人"或"后发制人"。"先发制人"就是一定要比别人先找到创新的题材，如早期关于中创、香港股市和证券市场的报道，领先于同行。《财经》杂志在坚持财经新闻报道中的客观与真实性原则，坚持理性、严肃地处理各种报道的同时，在文章中配发评论或以独特的报道组织方式来表达媒体自己的观点，给读者以更大的空间与启示。另一种是"后发制人"，可能最初并没有取得独家，但会跟踪事件报道，对其前景和背景，整件事的来龙去脉全程追踪并做具体剖析，做出以后成为最权威的报道。比如，对经济领域的某项政策的实施、改革的过程或是一个具体新闻事件的发生全过程做全景式的分析，典型的例子是《农村税费之变》。该文分 3 篇，分别为《上篇：从基层起步》、《中篇：自上而下推开》和《下篇：调整中推进》。

（二）注意横向扩张

《财经》曾多次将以前的报道结集出版，进一步扩大自己的影响。再就是通过举行各种公关活动来塑造自己的形象，如举办"谁是 21 世纪经济领袖"活动，借此加强与经济界的联系。1999 年与北京大学中国经济研究中心合作，推出《财经》杂志奖学金项目（以 IJIMG Fellowshil），每年推出一届。

由于坚持新闻原则，维护中小投资者的利益，揭露上市公司的丑恶骗术，《财经》杂志也惹怒了无数商界和政界的头目，被揭露的公司在各地纷纷起诉《财经》杂志，但这同时也在公众中树立了良好的公信力。

（三）人才队伍

被誉为"中国财经记者第一人"的《财经》杂志主编胡舒立，原《中华工商时报》副总编、现《财经》杂志联合主编杨大明，常务副主编王烁，副主编林力博，学术顾问汪丁丁，编辑吴鹏、张翔、王晓冰、吴小亮等，记者张小彩、楼夷、王丰、曹海丽、何华峰、陈慧颖等，构成了《财经》完整且高水平的人才队伍。《财经》杂志还与北京大学中国经济研究中心共同设立了《财经》杂志奖学金项目，每年举办一次。该项目由北京大学中国经济研究中心下属的北大国际 MBA 项目直接组织教学，《财经》杂志对这一项目进行全额资助。《财经》杂志编辑部和北京大学中国经济研究中心参加项目的组织工作。项目将通过申请、评选等严格程序，为十名中国新闻界优秀青年经济编辑及记者提供奖学金，以全脱产方式在北京大学进行为期 3 个月的经济学和管理学理论培训，并进行有关财经新闻深度报道的培训。除此之外，《财经》杂志内部也经常选派优秀记者到国外著名院校参加培训，以提高记者素质，提升杂志质量。

参考文献

［1］刘磊：《"联办系"财经媒体：内幕与黑幕》，《传媒观察》2002 年第 10 期。

《财经》 独立立场、独家报道、独到见解

［2］方仁：《财经报刊的发展逻辑——访〈财经〉杂志主编胡舒立》，《传媒观察》2005 年第 7 期。

［3］方洁：《试论〈财经〉杂志"封面文章"的特色》，《出版发行研究》2004 年第 2 期。

［4］晓蔚：《简讯》，《当代财经》2005 年第 1 期。

［5］温容斌：《财经期刊：现状、问题及对策》，《编辑之友》2003 年第 3 期。

《环球企业家》

——推动中国商业国际化

《环球企业家》从报道企业家的文学刊物发展到高端财经杂志，已经走过十多个年头，在这一过程中已经实现盈利并且得到广告主和读者的普遍认同。

虽说《环球企业家》的崛起是最近几年的事，但它能够成功转型，在一个细分市场上找准定位，用高质量的内容带动杂志在广告收入上实现突破，确实值得其他杂志运作者学习和借鉴。

《环球企业家》封面

从长远看，国外财经媒体的进入会对《环球企业家》构成一定程度的威胁，因为它们与在华跨国公司有一种天然的联结纽带，从而对本土杂志的广告收入造成一定的冲击。虽然相互间的竞争不可避免，但不断成长的市场空间绝对容得下多本知名杂志。从此意义上讲，今后真正对《环球企业家》构成挑战的不是别人，而是它自己。只有超越自我，才能不断地进步。

☞ 案例介绍

一　在艰难的摸索中寻找自己准确的定位

20 世纪 90 年代初，社会上出现了一次文学热潮，针对这样的市场需求，中华文学基金会募集资金，决定创办一本以商界人士为对象的文学杂志。1993 年 7 月，《环球企业家》杂志正式创刊。当时创办者的雄心很大，召集了经济界、新闻界和文学界的很多名人，不仅有于光远、厉以宁、吴敬琏等知名经济学家，还有邵华泽、范敬宜等新闻界的前辈，以及柯岩、袁鹰等老一辈著名作家。

在前五年时间里，《环球企业家》的内容一直以国内的企业家为主，在体例上则采取报告文学的形式。在当时，社会上在流行以企业家为主角的报告文学，《环球企业家》正适应了这样的潮流。当时是很多有文学功底的人来运作这样一本杂志，而比较大的不足就在于，这部分人因不懂经济致使文章很难达到一定的深度。

到 1998 年，中国作家协会的领导决定改变杂志的这种状况，于是开始改版。那时，杂志由以前的胶版纸印刷改为铜版纸印刷。1999 年年初，《环球企业家》开始面向市场。一开始并拿不准杂志的发展方向，而是在摸索之中。来自广告部门的反馈信息：市场上对男性杂志比较认同。而在当时，铜版纸印刷的杂志并不多见，广告商往往把这种杂志视为时尚杂志，因《环球企业家》又较少涉及女性话题。于是，聪明的广告销售人员就把该杂志宣传为一本男性杂志，这就成为《环球企业家》当时的市场定位。就这样，《环球企业家》在市场上初步打开了局面。有相当长的一段时间，该杂志的封面始终是欧美国家的男模。除了对企业家的报道，杂志还做了很多生活方面的内容，如对一些奢侈品的介绍等。这样一本今天看起来比较杂乱、比较奇怪的杂志，在当时却受到了很多人的欢迎，尤其是广告商。

但在做过一段时间后，又发现男性杂志的定位与《环球企业家》的名字显然存在着错位。到 2000 年年中，杂志内容向本义回归，开始用外国企业家的头像作封面。从 2002 年年底公司化运作以后，做的第一件事就是寻找定位，即这个杂志是办给谁看的，目标受众在哪里？其实，2002年底和整个 2003 年还是经历一些摇摆，经过这些摇摆之后，大概找到了自己的方向，2002 年之前，虽然杂志也叫《环球企业家》，但是国内的LOCAL 报道还是占了 80%，跟《中国企业家》等一系列以人物报道为主要报道对象的商业期刊，基本上没有大的区别。2003 年一直到 2004 年年底，才确定了一个准确的定位和办刊宗旨，就是报道在华跨国公司和中国走出去的企业，定位为国际化的中国本土商业杂志，办刊宗旨为拥抱国际化潮流，采访报道世界级企业家最频密的国内商业杂志，这也是第一份以在华跨国公司为首要报道对象的商业杂志，并同时关注具国际竞争力及国际化冲击的内资公司，为所有因中国而联系的商业精英，建立一个无国别的精神社区。读者主要来自企业的中高层管理者和决策者，相对同类媒体，来自外资企业的高素质的读者在《环球企业家》的读者群中占有一个醒目的份额。所以，2004 年《环球企业家》明确喊出的一个口号就是"推动中国商业国际化"，也就说把国际化定位作为《环球企业家》的最重要的主题，杂志所有内容、做的所有事情都跟这个大主题紧密相关。

二 内容上由国际国内并重到突出国际化

定位决定内容，《环球企业家》的内容和同行相比有明显的区别，绝大部分主题报道都是跟国际化相关的。他们关注两类对象，一类是在华跨国公司，一类是中国的领军企业，这两类企业决定了他们的题材就是两个方向，在华跨国公司这个群体在中国的本土化，另外就是中国领军企业这个群体的国际化。

《环球企业家》前任执行主编李甫认为从以往的从业经验以及肩负的社会责任感出发，应当多报道国内的企业家，向世人展现这些人的风采及他们的商业故事。于是，在 2001—2002 年两年时间里，《环球企业家》基本上是国内企业家与国外企业家并重。

虽然杂志赢利一直在增长，但后来渐渐意识到这种做法存在问题。一是在环球企业家这样的大主题下面，做关于国内公司的报道，其实并不被读者所关注；二是做国内企业，特别是民营企业的媒体一时间多了起来，在 2001 年还觉得应当为国内的民营企业家多说说话，但到 2002 年下半年很多财经媒体都开始以此为使命。但反过来讲，媒体对在华跨国公司的关注却比较少，该领域有非常大的市场空间，并且又与杂志的名称极其相符。

现在，《环球企业家》致力于两点，一是改变外企占经济 1/3 的比重，但却很少受人关注的局面，很多人都知道国内一些大公司（如海尔、联想等）的老板，但根本不熟悉那些外企（如 IBM、索尼等）中国分公司的经理，想为这些公司得到平等地位而努一把力；二是由于种种原因，这些外企之间相互的交流比较少，《环球企业家》希望为他们搭建一块切磋、交流的平台，同时把他们的先进经验写出来，以求提供给国内公司借鉴。

内容是一本杂志存活的根本，《环球企业家》一直都把坚持内容的原创性作为根本，杂志80%的内容都是独家原创。为此，杂志创办之初就引进专业的财经团队负责内容，现任执行主编杨福不止一次的对编辑记者说："不要只是说做得有多好，而是要想办法让读者愿意把自己写的东西真正读下去，这是最基本也是最必要的。"

在几次大规模的改版中，始终围绕内容展开。内容的策划上板块设置模块化，以便于满足各个行业的不同受众的各种需要。内容的选取主要针对知名企业、知名企业家，偏重关注他们的生存状态以及生活方式，为读者提供具有最多建设性、服务性信息的稿件。报道内容板块模块化，以适应不同层面、各个群体受众的需要。第一流的商业故事就是尽可能多的关注人性，给人以可借鉴信息。因此在对企业、对人物的报道中要融入更多的生活气息，使报道更贴近生活，把复杂环境中的复杂人性简单化、平面化，让读者更易于接受。同时稿件选取上以建设性稿件为主。杂志的主体是推动中国商业国际化，因此它要做一个推动者的形象，宣扬一种积极向上的企业家精神，鼓励创新，同时注重杂志的国际化特点。

三　走内容和发行带动广告的整合营销的路子

广告是媒体的血液，广告商买媒体的广告其实也就买两点：一是买你的内容，二是买你的受众。内容是不是有分量的、高质量的，是不是像你所说的那样，它是通过一系列的数据来体现的；然后你的受众，也就是你能够影响的人群是不是真的影响到了。所以，这两点，是做媒体最核心最根本的两个方面。而发行就是一次销售，如果你做出的内容销售不出去便是白花工夫，如果非常优质的内容再配上良好的发行，那么就达到了效应。

《环球企业家》在广告上占最大比例的是汽车广告，因为汽车行业目前在国际上可能是竞争最激烈的。关于"汽车行业生存",在进入世界贸易组织以前就一直在谈论,从谈论到实践的过程演绎了很多精彩的商业故事,精彩的大的故事都抓住了,在这个领域的广告《环球企业家》几乎没落下任何一家,因为在 2003 年,当时的主编就觉得汽车这个行业的国际化故事很多,就专门派了个记者来跟踪这个行业,记者最近也出了一本书叫《调查汽车》,汽车行业的一些重头报道,都在《环球企业家》上刊登了。汽车是《环球企业家》的第一大客户,广告商买你的广告就是买你的内容,谁的内容做得好谁的广告就好。另外,IT 广告、奢侈品广告、房地产广告,《环球企业家》做得都相当成功。

《环球企业家》在定价方面也走过一段弯路。以前,该杂志定价为 20 元/本,在财经类杂志中算卖得最贵的杂志之一。2002 年,《环球企业家》把价格降低到 12 元/本。当时是基于以下三点考虑:一是为杂志改半月刊做准备,因为 20 元/本的价格对半月刊订户来说成本负担比较重;二是为了增强相对竞争对手的价格优势,当时他们想,如果市场上出现一本与自己内容、定位相同而定价比较低的杂志,一定会对《环球企业家》构成威胁,所以采取"先发制人"的策略,率先降低价格;三是国外的财经杂志,如《财富》、《商业周刊》等定价都比较低,只有低价才便于普及。

但实际上,降价后《环球企业家》的发行量不仅没有提高,反而下降了。虽然在某些读者群(如学生)中销量增加,但整体而言,尤其是在华跨国公司这一块的读者却在流失。并且,降价对全国各地经销商的利润造成了冲击,影响了他们的积极性,而监管起来又比较困难,于是,杂志发行量出现了相当程度的下跌。

到 2003 年,鉴于这种不成功的价格尝试,《环球企业家》又调整了定价,还原为以前的 20 元/本。

回过头来,再去看当初降价的理由,会发现是不够充分的。首先,杂志由月刊改为半月刊,必须伴随着市场的成长,是水到渠成的事,而不能一蹴而就。其次,当时确实是高估了潜在对手的实力,而且杂志之间竞争优势应在于内容、资源整合等方面,而非简单的降价。最后,简单地与国外杂志进行类比是不恰当的,因为中外杂志市场是不同的,我们的市场规模还无法大到能够容纳很多像《商业周刊》那样低价的高端财经杂志的地步。还有，读者的消费偏好不同，《环球企业家》的目标受众大都是对价格不敏感，但对身份、地位非常重视的一类人，因此降价后反而会减少购买量。

四　品牌推广是拉动《环球企业家》前进的第四个轮子

传统的观点认为以内容为王带动发行、广告，喻之为三个轮子，《环球企业家》总经理陈婷说："三轮车是永远跑不快的，跑车、赛车都是四轮。我们给它安上的第四个轮子是什么？经过这两年的探索，我们目前一个不太准确的称谓品牌推广部，牵动四轮车的高速驱动，两年前从零开始，现在非常成熟了，做一系列的营销活动。"大家熟知的高峰论坛、俱乐部、大讲堂等都是这个部门操作的。内容部（编辑部）、广告部、发行部、品牌推广部，这四大重要链条紧密的链接在一起，形成非常好的循环，这样的良性循环使所有的理想实现的速度会更快。

从2004年开始，《环球企业家》每年都举办高峰论坛会，这是企业战略里面很重要的品牌活动。四轮驱动中的第四轮品牌推广部的定位就是整合内外部的资源，让《环球企业家》这个品牌价值最大化。整合资源最快的方式可能是通过组建大规模的品牌活动，比如《福布斯》每年一度的财富论坛影响全世界。

《环球企业家》是窄众媒体，它的受众面、它的读者面不会是特别广，但是这个20%的窄众媒体受众却能达到80%的影响力。要聚焦这些人的影响力，就必须真实记录，仅仅通过采访报道还是不够的。推出一系列的品牌活动近距离走近他们，知道他们的需求，才能够量身定做他们需要的东西。读者不希望在你的杂志上看到硬邦邦的文章，他们希望看到商业背后的东西。支撑你商业成功的可能不是商业本身，而是人性化的东西。《环球企业家》每年举行这样的论坛，尤其在最初两年举办几乎没有什么太多的商业目的，就是希望通过组织这样的大型活动，使受众在这个平台上近距离的相互了解，满足各自的需要。

高峰论坛同样是《环球企业家》的产品。《环球企业家》围绕国际化这个大主题把跨国公司和中国的领军企业同时聚集在一起对话交流。这个论坛外国人多，跨国公司的首脑多，中国的领军企业多，用英语演讲的多，为中国的企业家群体提供展示国际化风采的平台，目前《环球企业家》是唯一的提供者。通过这样一系列的活动，《环球企业家》的品牌得到中外企业家的认可。

☞案例评析

《环球企业家》的成功，是很多因素共同作用的结果。

从外因看，《环球企业家》较早就开始面向市场，用商业化机制来运作企业。先行一步，使其占得先机。在财经类杂志当中，《环球企业家》并不是创刊最早的，但却是较早进行商业化探索的杂志之一。1998年，《环球企业家》转型的时候，市场上还没有那么多的财经媒体，竞争没那么激烈，比较容易得到广告商的认可。

其实，《环球企业家》转型后并非一开始就定位准确，而是经过了从囊括部分生活时尚内容的男性刊物到以企业家为主的商业杂志，从国内企业与外资企业并重逐渐转移到以在华跨国公司为主这样一条曲折的道路。而如果是放在财经类媒体竞争日剧的今天，根本就不会有探索和调整的时间。

从内因看，《环球企业家》在运营机制、激励制度等方面做得比较好，按照媒体的运作规律办事，激发员工的工作热情，取得了成功。

一　杂志内容与经营严格分开，从制度上保证了杂志的质量

李甬来到《环球企业家》后，坚决实行内容运作与经营创收分开的制度。为了做到这一点，甚至采用比较极端的做法，使广告部与编辑部不在一处办公，双方之间没有更多的交流，只是每个月由李甬去广告部一次，给经营人员讲杂志的内容与近况。这种情况一直持续到2002年年末，在2003年年初，广告部才搬进编辑部所在的办公楼。李甬认为，经过两年多时间，工作人员应当都比较认同这种观念，对两个部门进行适当的整

合，有利于杂志作为一个整体形象出现在市场上。

至于杂志会不会站在企业和企业家的立场上报道，从而影响新闻的客观性，李甬认为："其实熟悉媒体运营的人都会知道，真正的衣食父母其实是读者，所谓的广告就是二次销售，把你的读者群销售给广告商，所以没有人敢侵犯读者对客观报道的知情权，也非常简单，一家公司再大，他的公司员工作为读者，在你的整个读者群中也占一个非常非常小的比例，不能不客观，所以基本上我们还是据实报道。其次，因为我们跟这些企业家打的交道比较多，我们对他们的价值观也更加认同，所以我们可能也确实比社会平均认识的水平更容易去理解他们，这个也是我们不避讳的，比如对在华跨国公司的态度，我们肯定会比社会平均态度要积极，我们也不避讳这一点。"

二 物质激励与精神激励相结合的方式，充分调动了员工的积极性

《环球企业家》在薪酬激励机制上与别的杂志没什么区别，都有底薪，也有弹性工资，但更强调员工的荣誉感。"如果你想挣钱，你确实没有必要来做记者编辑，我们也拿不出特别多的钱，用杠杆让你撬到让自己满足了，我们很难做得到，我们强调你爱不爱这个工作，比如像《华尔街日报》的记者，大家也都知道，可能要很长的时间才能做到一个中高层的职位，他们的薪水，比如很多人是法学专业的，很多人是金融专业的，他们做别的工作一定会赚更多钱，他们为什么来做这个行业？因为这个行业跟别的行业不一样，别的行业可能你是参与者，但是这个行业你是一个观察者、描述者，有一定的满足感，另外它也是一个署名的工作。我们还是只能靠荣誉、靠你希望自己对社会生活发挥更多的作用，这种冲动，我们还是更多的靠这个去激励。"李甬说。

三 做事认真和工作热情是走向成功的保证

《环球企业家》除了要求员工具备最基本的素质，比如说文字功底、

对商业最基本的了解等，更强调工作热情。首先是对媒体的热情，因为媒体这个行业一定是需要荣誉感的。还有一点，其工作非常难以评估，比如为了这个采访，到底打了几次电话，五次还是十次，都很难监控。所以媒体的管理一定以激励为主，媒体这个行业不可能给他太多钱，所以《环球企业家》特别强调员工对新闻、对媒体有热情、有荣誉感。

其次，员工对做杂志要有热情，因为报纸和杂志确实是不一样的，报纸可能会看起来更加快速，比如从业者可能会感觉自己与社会的互动更加直接，但是杂志有它的魅力。如果一个人不爱杂志的话，其工作效果也就值得怀疑。正是所有这些因素加在一起，共同成就了《环球企业家》这样一份成功的财经杂志。一段时间，《环球企业家》致力于为企业家提供可以学习的东西，于是从内容风格上更强调报道的专业性和理论高度。李甬说："我们想，既然我们是专业的，给专业人士看的，我们希望真的做一本书，恨不得指导大家如何做生意。"后来逐渐发现，这样做几乎是不可能的。因为做得再深、再专业，真正的业内人士仍然觉得过于肤浅，是门外汉。后来，他们开始更多地反思媒体的功能。因为如果要学习的话，现在有非常多的途径，有大量的同行之间的交流，有大量的培训，甚至也可以去读书，可以去上 MBA、EMBA，可以买 MBA 的教材。企业家希望从媒体当中得到什么，或者说媒体能做的事情是什么呢？其实有两点：

其一是趋势，因为媒体最大的优势在于视野的开阔。做企业的人虽然对专业很在行，但他们往往不愿意思考未来的商业模式以及商业环境的变化。但媒体最大的优势恰恰就是在视野上，接触各个不同行业的人，甚至可以参照历史，这样的话他可能为大家描述趋势，这是媒体应该做的一件事。

其二是发挥媒体的交流功能，为企业家搭建一个商业的社区。媒体把那些分散在人群当中同一阶层、同一需求的人凝聚起来，使大家变成这个社区的一员。而《环球企业家》目前做的正是为在华跨国公司及国内领先企业搭建一个相互间交流、学习的互动平台。

参考文献

[1] 陈婷：《谈〈环球企业家〉广告价值》，http：//www. xici. net/Media/JSMe-

dia/JSTV/b244699/d32740587. htm，2005 - 11 - 30。

［2］《〈环球企业家〉杂志案例分析》，http：//www. baotoo. com/newsview. asp，2005 - 03 - 21。

［3］《〈环球企业家〉和〈中国企业家〉：相同的观众，不一样的主角》，http://www. ls666. com/bbs/dispbbs. asp，2005 - 12 - 04。

［4］《〈环球企业家〉嘉宾做客搜狐"财经面对面"》，http：//business. sohu. com/20060119/n241522271. shtml，2006 - 01 - 19。

［5］《环球企业家》杂志网站，http：//www. gemag. com. cn。

［6］李频：《大众期刊运作》，中国大百科全书出版社 2003 年版。

第四部分

学术教育类

《中学生数理化》

—— 贴近课堂教学、贴近学生学习、贴近校园生活

自 1978 年恢复高考以来，人们越发看到知识的重要性了，许多人从那场无休止的"文化大革命"中抽身出来，转身投入到另一场没有硝烟却到处弥漫着火药味儿的高考战争中。"学好数理化，走遍天下都不怕"成为那个时期老师激励学生学好数理化的一句经典话。家长经常告诫孩子，只有学好了数理化三科，长大了才会有一个铁饭碗，才会有各种各样的工作提升与出国机会。基于当时人们看重数理化知识的状况，由河南教育报刊社主办的《中学生数理化》在 1981 年 10 月创刊。

《中学生数理化》封面

☞ 案例介绍

一 高扬素质教育时代主旋律，贴近课堂教学、贴近学生学习、贴近校园生活

"任何一种刊物都需要有自己准确的定位与编辑方针，它是期刊的指导性原则。教辅类期刊编辑方针的制定，应该把握素质教育的原则，着眼于陶冶情操，丰富知识，发展智力，培养能力，为培养德、智、体、美、劳全面发展的社会主义建设者和接班人服务。虽然多种教辅期刊的定位、内容和服务对象各不相同，编辑方针也有一定差别，但是为培养各方

面人才服务的原则，也就是素质教育的原则不能变。"① 首先，教辅期刊姓"教"，它应该高扬素质教育这一时代主旋律。其次，必须重新审视刊物定位，办出个性，进一步发掘教辅期刊的功能和作用。长期以来，教辅类期刊重教有余、重学不足，两眼仅盯住课堂和教材，与课堂、应试联系紧密，对素质、能力重视不够，在定位上大同小异。教辅期刊应该抓住国家报刊战略调整的契机，与同类刊物进行比较，细分市场，找准自己的生存发展空间，审时度势，进一步强化自己的定位，转变办刊指导思想，进行新的策划，设置新的栏目，围绕启迪学生创造力，促进学生心智发展，发展学生个性，做到文章有用、科学、有趣，以办出个性，适应时代变化和读者需要。②

《中学生数理化》以为素质教育服务、帮助中学生打好数理化基础、培养千百万中学生成为合格的跨世纪新人为宗旨，努力体现"贴近课堂教学、贴近学生学习、贴近校园生活"的办刊特点。该刊自创刊以来，已经形成了自己鲜明的特色，办刊思路新颖，导向正确，努力宣传、贯彻党的教育方针，真正做到了"办刊育人"。《中学生数理化》在分刊以后，更加注重知识性、科学性、趣味性与指导性的统一，切实结合中学理科知识的教学特点，体现了数理化特点和国家对中学生教育的新要求。《中学生数理化》各年级的办刊特色是"活、实、新、趣"，所刊发的文章和习题较注重培养学生的学习方法，强化知识梳理的能力；注重大气和灵气的培养，强化创新能力的开发；注重培养学生的联想和想象能力，培养学生的领悟能力与筛选信息的能力。

由于信息杂乱无章，所以针对特定的受众群，引导其获得对自己有用的信息就显得尤为重要。随着教育体制改革措施的出台，各级教育部门不再只是看到考试高分的重要了，而是越来越重视对学生素质教育的培养。比如，《中学生数理化》（高中版）自分刊以后形成了自己鲜明的特色：强化素质教育，贴近学生实际，发展综合能力。高一版、高二版全面紧扣教材，注重培养学生求实、创新、博学的学习作风，让学生深刻领悟到课

---

① 罗国干：《教辅期刊要为素质教育服务》，《贵州民族学院学报（哲学社会科学版）》2003 年第 5 期。

② 杨青：《树立品牌走向市场——教辅期刊出路谈》，《中国出版》2000 年第 5 期。

本魅力，激发学生创新欲望，开拓其知识视野。《中学生数理化》（高中版）开设的栏目"基本概念点精"、"课本习题点击"及"课本中实验"以教材为出发点，强调课本知识的重要性，提醒学生在注重其他课外习题的复习时不要忽略课本的基础知识。高三版则是全面配合高考大纲，强化高考信息的渗透、科学应试的辅导、考试心理的调适等，以应对高考、学会学习为主线，注重培养学生俯视全局的气魄、前后连贯的气势及宏观把握的气度，注重数学与理科的综合学习方法，注重配合高考复习的针对性和系统性，结合学校高考"三轮"复习的进度，采用"三轮配合法"组织编发稿件，从而全方位地帮助学生迎接高考的挑战。

为了更好地适应新课程改革和学习型社会的需要，进一步深化素质教育和创新人才的培养，促进广大教师对新课程改革的研究和交流，进一步满足读者的学习需要，经新闻主管部门批准，《中学生数理化》编辑部于2006 年1 月正式出版《中学生数理化》（教研版），这是《中学生数理化》细分受众市场的又一重大举措。《中学生数理化》（教研版）的宗旨是为广大数理化教师提供最新课改理念、新颖的教学案例及中考命题动向等。以研究性学习的引导与教学实践为主题，刊物主要刊登广大数理化教师的教育教学实践论文和学法指导性文章，特别注重选登对综合问题和新题型的评析类文章。

二　栏目策划

（一）针对不同年级的学生，开设不同的栏目

《中学生数理化》作为教辅期刊的先行者，不同于一般的教辅期刊。它针对不同年级的学生刊发不同的版本，有针对初中学生的七年级版、八年级版和中考版（九年级版）；针对高中学生的高一版、高二版和高三版；还有针对中学数理化教师的教研版。例如，《中学生数理化》（高中版）每期都有一定量的高考模拟试题及高考相关资讯，连续数年都有大量题目与高考试题相同或相近，这是《中学生数理化》（高中版）的一大亮点。《中学生数理化》（初一版）所开设的栏目"创新大课堂"也正是

《中学生数理化》 贴近课堂教学、贴近学生学习、贴近校园生活

针对了初一学生的实际情况：刚从小学进入中学校门，对于中考升学的压力还不是特别敏感，而且初一学生有很多空闲时间，所以激发他们在学习中怎样进行创新，显然要比刊登几份中考试卷所发挥的作用大得多。

（二）栏目中增加了权威话语

在期刊业千刊一面的现状之下，一本期刊是否具有权威话语显得尤为重要。读者初拿一本期刊，首先要看它的主办单位与顾问单位，然后才是翻看其内容，所以，权威话语是瞬间抓住读者眼球的第一要素。

《中学生数理化》自创办以来，得到了老一辈科学家如华罗庚、苏步青、周培源、谢希德、卢嘉锡、唐敖庆、周光召、陈景润等的热情支持和鼓励。在顾问单位中国数学会、中国物理学会和中国化学会的亲切关怀和指导下，刊物恪守帮助学生透彻理解教材，激发学习兴趣，开拓知识视野，培养探索能力的办刊宗旨，邀请全国著名教师辅导、精确分析课本知识要点、传播创新思维与科学的学习方法、荟萃众多解题思路技巧、展示学生思维亮点、报道高新科技简讯、发扬科学精神，为全面提高中学生素质教育质量、促进学生快速成才做出了重要贡献。权威话语是《中学生数理化》成为畅销与常销杂志的一大法宝。从开设的栏目中就可看出其重视权威话语的明确态度，比如初二版的"名师导学"；高中版的"名师专题讲座"，通过各高校名师的专题讲座，解答学生在学习中遇到的困难。《中学生数理化》以其科学性、实用性及可读性饮誉国内外，月发行量达百万余份，居全国同类期刊前列。学生称它是良师，数理化教师称它是不可缺少的精神食粮。著名数学家苏步青也为该刊题词："桃李满天下"。

（三）与搜狐网合作，打造数理化知识的网络平台

互联网以其便捷性、全时性和互动性深受网友们的喜爱，已经成为继报纸、广播、电视之后的第四媒体。《中学生数理化》正是看到了这些年互联网蓬勃发展的契机，与国内著名的搜狐网合作，开辟《中学生数理化》知名教师平台，全国许多知名的数理化教师定期在线解答网友的问题，网友们可就课内知识向这些教师请教，还可以就《中学生数理化》

期刊本身与主编展开交流，这样，《中学生数理化》和读者走得更近了。

三　内容策划

（一）用活动和竞赛激发学生的参与意识

面向广大中小学生的教辅期刊，引导他们参与其中显得更加重要，因为广大中小学生是一群富有活力、富有朝气的群体，教辅期刊应该为他们的参与提供广阔的空间。为更好地配合素质教育，培养学生的参与意识，《中学生数理化》各年级版每期都举办丰富多彩的竞赛活动，如数学潜能知识竞赛、数学系列知识竞赛等，使学生真正认识到"知识就是力量，参与就是胜利"。为让广大学生学会学习，督促他们积极发现问题、总结问题，提高其全方位的解题能力，该刊举办了第一届全国中学生数理化"学有巧法"征文活动，这一活动吸引了全国高三学生，在各地高中引起了不小的反响；由中国数学会、《中学生数理化》编辑部共同承办的2005年中国数学奥林匹克暨第20届全国中学生数学冬令营让更多的中学师生把目光聚焦于《中学生数理化》。从1991年起，全国中学生数学冬令营被正式命名为"中国数学奥林匹克"，它已经成为全国中学生最高级别、最具规模、最有影响的数学竞赛。该刊以全国教育科学"十五"规划项目——"数学思维训练与左右脑协调研究"为科研课题，拥有一大批高素质的科研型作者。该刊所发文章构思巧妙，突出的特点是关心生活、关心社会、强化能力、强化创新，对学生发现、提出、分析、解决问题的能力和领悟能力的培养大有裨益。《中学生数理化》所刊发的数百篇文章曾先后被上海科技出版社、科学普及出版社、中国青年出版社等结集出版，其中大量的文章被其他报刊转载。

（二）编辑应该是早于教师进入终身学习体系的一个群体

《中学生数理化》自1981年创刊，至今已经有27个年头了。刊物之所以经久不衰，不仅是因为它拥有一批优秀的作者（这些作者大多是全国各著名中学的数理化教师、专家和学者），更有一批具备强烈责任心的编者。"联合国教科文组织的国际 21 世纪教育委员会曾经提出：'终身学习是 21 世纪的通行证。'编辑应该是早于教师进入终身学习体系的一个群体，否则，教辅期刊很难胜任为教学、教改领航引路的职能。然而终身学习又特指'学会求知，学会做事，学会共处，学会做人'，这是 21 世纪教育的四大重点，更应该是编辑的素质修养。编辑只有学会求知，才能跟上时代的步伐；只有学会做人，才能成就一番为下世纪培养创新人才的大事业。"① 在编辑实践活动中，立足于实施素质教育、纠正应试教育倾向这个大前提，认真研究青少年学习、成长的条件和基础，研究教材、教法和学法，研究第二课堂。针对读者教书育人、学习成才的需求，以此形成编辑策划运作的依据，突出其针对性和前瞻性，努力把握好稿件内容的知识性和科学性，这才是教辅期刊内容的本质和主体，它决定着期刊的定位、层次和个性，也决定着期刊的质量、品味和格调。《中学生数理化》编辑工作质量高，刊发文章有分量、有层次、有针对性，所有文章力争达到切合实际、读后有益、点拨思路、启发思维的效果。

四　装帧策划

"期刊既然是商品，就得精心地包装。除了要对内容进行包装以外，还应对刊物外在的形式进行包装。从封面设计到版式设计等等，都要从适应新的教育格局的需要出发，朝着导向正确、内容丰富、形式完善、印刷精良、社会效益和经济效益统一的品牌刊物方向发展。"②《中学生数理化》以其精美的外包装深受广大读者的喜爱，初中版多以卡通画为主，高中版则多以太空、海底等现实世界图片为主。在创刊初期，大量的数理化题目充斥着版面，读者在原本枯燥的数理化信息中很难得到一丝的放松，经过不断地改、扩版，读者可以发现内页中出现了很多有趣的题花，不仅活跃了版面，而且能使读者

---

① 王敬业：《教辅期刊编辑必须更新观念》，《出版发行研究》2000 年第 4 期。
② 曹筠：《教辅期刊也需"长大"》，《编辑学刊》2004 年第 2 期。

在看完整本期刊后不至于产生压抑感。

☞案例评析

　　《中学生数理化》是在期刊业出现种种弊端的状况下逐步成长起来的，它能从 1981 年创刊摸爬滚打到今天，其成功的办刊之道不能不引起期刊从业人员的重视。从创刊至今的二十多年间，有多少个中学生在《中学生数理化》的熏陶下进入了高等学府或伴着它一起成长，笔者无法统计，只能从它不停地改、扩版当中知道它有极大的影响力。如今，《中学生数理化》的脚步并没有停下，它依然在根据不同读者的需要适时调整办刊策略。例如，它在创刊两年后的 1983 年 10 月，分为初中版和高中版；在创刊十五年后的 2006 年元旦，推出以中学数理化教师为主要读者对象的教研版。《中学生数理化》作为教辅期刊的先行者，其成功经验虽然值得其他期刊借鉴，但不难发现，《中学生数理化》的销售渠道和自身网络平台的搭建还存在不少问题。

　　我国传统的期刊销售是靠征订来完成的，无论是通过邮局还是直接通过期刊社，都有较大的局限性。《中学生数理化》的读者大多在河南本地，河南省外的读者很难一睹它的容貌。既然期刊也讲求品牌效应，《中学生数理化》应再次充当生力军的角色，让全国各地的中学生都能知道它的存在，并且愿意花钱购买。《中学生数理化》的销售渠道和报纸的销售渠道不同，报纸可以通过征订，也可以在报亭轻松地买到；但《中学生数理化》这种教辅类期刊只能通过征订的方式看到，在报亭和新华书店都看不到它的身影。销售渠道的局限容易给读者带来麻烦。读者可能想买某一期，但不能要求读者必须征订一年的期刊。

　　目前，《中学生数理化》还没有自己独立的网站，它只是依托"树人网"发布消息和动态。其实，"网站经营的作用也不可小视。在信息时代已经到来之后，搞好网站经营是期刊必然的选择。经营网站有很多益处，业内人士可以通过网络即时交流办刊信息，扩大品牌宣传，还可以通过经营网络广告和刊物的有声版业务，搞好期刊的网上订阅服务等。可见，网站经营既是期刊本身经营的一个有机组成部分，还可以成为一个新的利润增长点。"①

　　另外，"教辅类期刊的广告经营一直是比较薄弱的环节，这主要缘于大多数教辅期刊还停留在卖杂志的阶段，利润主要来源于发行。但是，随着期刊界竞争的日趋白热化，许多教辅期刊立刻感受到了生存的压力。广告经营不再是一个被忽视的话题。现代传播学理论认为，广告是期刊产业收入的重要支柱。对于某些期刊而言，广告收入已经成为其主要收入，而发行收入则退居其次。相对来说，教辅期刊的发行量不仅比较大，而且比较稳定，对广告客户的吸引力还是不小的，大有潜力可挖。"②《中学生数理化》的广告经营还处于比较低下的状态，教辅期刊不仅可以利用广告缓解期刊社的经济压力，还可以通过广告把自己推出去。

参考文献

［1］王险峰：《教辅期刊应走品牌发展之路》，《中国出版》2004 年第 7 期。
［2］赵丹珺：《教辅期刊要做创新型的良师益友》，《编辑之友》2002 第 6 期。

---

① 曹筠：《教辅期刊也需"长大"》，《编辑学刊》2004 年第 2 期。
② 同上。

《中国国家地理》

——专业杂志也能打造期刊界神话

　　《中国国家地理》杂志由中国科学院主管，中国科学院地理科学与资源研究所和中国地理学会主办，于1950年1月创刊，面向全国公开发行，是国内目前最具权威和影响的自然和人文地理及旅游、探险类杂志。目前已成功推出繁体版、日文版、英文版，是中国唯一一本以原创方式在国外发行的杂志。无论从内容上，还是从装帧质量上来说，它都可以称得上是一本高档的、具有很强的可读性和收藏价值的杂志。《中国国家地理》所取得的成就有目共睹，它创造了专业类杂志，尤其是科普类期刊的奇迹。

《中国国家地理》封面

☞ 案例介绍

一　推开自然之门，昭示人文精华

　　"推开自然之门，昭示人文精华"是《中国国家地理》的办刊宗旨。其目标读者是年龄在25—45岁，高学历、高收入、有较高职位和影响力，并且追求事业的成功，注重生活质量的提升，具有生态环保意识和人文情怀的社会主流阶层，包括外企职员、媒体从业人士、科研专家、政府机关和企事业单位的管理者。

　　《中国国家地理》及其前身《地理知识》的定位大致可以分为3

个阶段：

　　第一阶段是从 1950 年创刊到"文化大革命"前停刊。这一阶段杂志的定位一直比较模糊，把受众定位于"各级干部和大中学生、广大群众"和"广大地理爱好者"。一开始把它定位于一份知识性与自我教育的学习刊物。这份刊物首先要刊载一定水平的地理教材，以弥补当时缺乏完善地理教科书的不足；其次为各级干部和大中学生、广大群众提供必需的地理新闻和必须具备的地理知识；再次，作为广大地理工作者共同学习的园地。从 1961—1966 年停刊前的这 5 年，刊物因为未能认真贯彻以普及为主，在普及的基础上提高的编辑方针，刊登的稿件偏深偏专，既不像中级水平的刊物，也不像科普读物。因此，这一时期的杂志影响不大。

　　第二阶段是从 1972 年复刊到 1998 年改版前。1972 年 10 月，停刊 6 年的《地理知识》在"文化大革命"中期率先复刊，后来发行量迅速增加到近 40 万册，被称为一花独秀。这一时期的定位是以中学师生为主要读者对象的大众科普读物。刊物的内容为介绍伟大祖国的锦绣河山和日新月异的地理面貌；介绍我国劳动人民改造自然的丰富经验；介绍世界各国的地理情况，帮助人们了解和关心国际事物；介绍大自然发生的各种地理现象和一般规律；交流地理教学的经验和体会等，同时还把批判地理学领域的各种资产阶级思想列为内容之一。这一时期的刊物客观上起到了中学地理科目补充教材的作用。但是进入 20 世纪 80 年代以后，随着新刊物的不断涌现、旧刊的恢复，使得装帧简单、坚守老传统的《地理知识》步履维艰，1982 年发行量下降至 20 多万份，到 1988 年时为十几万份。随着高考制度的改革，地理从高考科目中被删掉，以中学生为读者主体的《地理知识》发行量急剧下降，到 90 年代已经降至万册左右，杂志的影响力和市场份额跌至谷底。

　　第三阶段是 1998 年改版至今。这一时期杂志的定位是以新兴中产阶层为主要读者对象，采用市场化运作的高档成人科普读物。受众的定位是新兴的中产阶层。内容定位于人文地理知识，注重揭示社会热点新闻背后的地理文化背景，报道重要的地理考察和考古发现，清点中国的自然和人文地理遗产，凸显其中的人文内涵和旅游价值。这种定位适应了时代和读者阅读需求的变化，为期刊带来了良好的经济效益和社会效益。1997 年 5

月，曾经到南极、北极进行过科考研究，登过珠峰的李栓科研究员被调来杂志社担任社长职务，《地理知识》从此开始了全面改版工作。1998年1月，杂志改为全彩色进口铜版纸精印，版面扩大至84页，售价从4.90元提高至16元，杂志的发行量迅速上升。1999年年底，在主办单位地理科学院知识创新工程试点以后，杂志明确了"国家地理科学知识普及基地"的定位。2000年10月，《地理知识》正式改名为《中国国家地理》。在改版后的两三年中，杂志在运行机制、市场策略等方面进行了调整，积累并完善了科普期刊市场操作的经验和制度，取得了良好的社会效益和经济效益。2001年6月1日，《中国国家地理》杂志中文繁体版创刊并在中国台北成功地举行了首发式。在很短的时间内，繁体版的发行量就超过了2000年7月起在中国台湾发行的美国《国家地理》杂志中文繁体版，随后又陆续推出了日文版、影视版、英文版等。据2004年9月统计，《中国国家地理》中文简体版期发行量为49.8万册，中文繁体版为9万册，日文版为4.8万册，每期总发行量为63.6万册。《中国国家地理》之所以能取得如此巨大的成功，及时调整定位、成功改版是主要原因之一。随着我国经济水平的不断提高，国民生产总值的不断增长，刊物登什么读者就看什么的时代已经一去不复返了。现代青年人，尤其是那些生活水平、生活质量较高的中产阶层，他们对文化的需求不再停留在了解一些基本知识上，而是更加倾向于出行旅游等休闲娱乐方式，以及装饰精美的时尚类杂志。李栓科任《中国国家地理》社长后抓住读者的这一阅读需求，及时地调整定位，引进了"大地理"的概念，即把杂志定位于人文地理方面，实行人文与地理的完美联姻。既有天文、地理、地质、生物领域的科学发现与进展，探险和科考等活动，也有国土资源开发与生态环境保护，自然保护区与旅游景点景区的介绍，有人类文化遗存和珍稀生物的抢救与保护，以及民俗民情等人文关怀方面的内容。传统上对地理的认识可分为三个层次：首先是基础地理，这是与我们日常的衣食住行有关的最朴素的地理概念；然后是实践地理，探险出行、资源勘探与开发、农牧林渔业、建筑施工、水利水电等，均属此范畴，实践地理的成果有助于提高各种商业抉择、政府决策的科学性；最后的阶段才是地理思辨或地理哲学，它包括版图、环境保护与发展、后旅游时代的旅行文化、地缘政治的评论、人与自然相处的原则等，地理哲学的建立和传播，是社会走向繁荣和成熟的必然结果。李栓科说："'大地理'的观念很鲜明地体现在《中国国家地理》的选题规限上。"他介绍说，《中国国家地理》在选题上严格遵循三个原则：一是自然的题材坚持从人文的角度予以雕琢，二是人文的焦点注重联系和阐释自然的背景，三是重视时间和空间的沿革，体现时代和地域的差异性。李社长说："地理类杂志宣扬的是差异之美，包括时间、地理、种属等的诸多差异都为《中国国家地理》所珍视。"《中国国家地理》主要努力探索"地理的差异之美"，这是《中国国家地理》的最大优势，即着眼于地理学的本质，强调区域差异性的选题原则，确保杂志内容的独家性。《中国国家地理》以"推开自然之门，昭示人文精华"为杂志的宗旨，努力成为"一本传导地理哲学、追逐科学精神的杂志，一本给热爱生活、喜欢地理的读者阅读的精品杂志，一本描述理想、兴趣、好奇心以及热情的杂志，一本讲述自然和人文故事的高层次、权威性的杂志。"[①]

《中国国家地理》的内容定位在人文地理知识上，注重揭示社会热点新闻背后的地理文化背景，报道重要的地理考察和考古发现，清点中国的自然和人文地理遗产，凸显其中的人文内涵和旅游价值。她的读者定位于"具有高收入、高学历，有较高职位和社会影响力，有强烈的责任心，惯于宏观思维，善于驾驭全局，关注未来，注重环境保护，生活乐观上进，追求科学健康的生活方式，崇尚自然，爱好户外运动和探险"的人群，年龄在35岁左右。它的风格定位在注重保持期刊形态的鲜明。

杂志能不能发展，首先要认清自身的资源。李栓科在接受一家媒体的采访时讲到，"《中国国家地理》的资源便是中国拥有九百六十万平方公里的土地，世界上最完整的自然地带，五千年的文化传承。这些自然宝贵的赠予都是我们的选题，我们的工作只是选择视角和告诉人们真相。为什么我们的杂志能被读者接受，因为我们一直在强调现象背后的科学研究，而这种讲述是非常有意义的。"[②]

"地理是一种教养，地理是一种气质。"《中国国家地理》要向读者描

① 《"环保家园 生态中国"——世界环境日〈中国国家地理〉全国高校总动员》，中国国家地理中文网，2006年5月10日。

② 参见李栓科《寻找差异之美》，华尔街电讯，www.wswire.com。

述和展示的，不仅仅是自然科学，也不仅仅是自然的美，更重要的是科学的思辨，形象地说就是惊叹号加问号，落脚到对人文的影响。李栓科举过两个经典的例子来说明他的"地理差异之美"。一个是沙尘暴的例子。他说，当沙尘暴来临的时候，很多的媒体都把沙尘暴说得一无是处，但是实际上，沙尘暴的贡献是很大的，没有沙尘暴，海洋就会崩溃。众所周知，在海洋的生态系统里，大鱼吃小鱼、小鱼吃虾米、虾米吃淤泥，但海洋里的淤泥不是一般普通的泥，而是有营养的矿物质，其中大部分都是通过沙尘暴带过来的。另外，如果没有沙尘暴就没有西北高原，也就没有长江下游的鱼米之乡。"为什么现在人们那么关注沙尘暴？我记得1980年我来北京的时候，姑娘们都戴着头巾上街，沙尘暴很厉害，但现在这种现象少了，说明沙尘暴实际上比以前少了。根本原因是人们生活水平提高了，由关注自身关注到户外，关注到生存环境。"[1]

他举的另外一个例子是关于植树造林与沙漠化的例子。他说人类不应该盲目地植树造林，很多地区沙漠化的过程就是因为人类植树造林引起的。如果一个地区有足够的降水，那么植树造林是改善生态环境、改善家园的可行性方法，但是如果不具备这种降水条件，那么盲目植树只会加速破坏该地区的生态平衡。"试想要把沙漠变成绿洲，种出很多树来，这根本是不可能也不现实的，这种做法只能使当地的生态环境更恶化。"[2]

李栓科认为诸如沙尘暴、沙漠化之类的现象，媒体有责任让人们真正地认识到一些规律："一个自然现象的存在，一定有它存在的道理，自然规律是不能抗拒的，很多自然规律我们无法改变，只能去适应它。这便是敬畏自然的道理。我们的杂志就是要通过独特的视角向读者传达这些规律，同时让读者有阅读的快感。"[3]《中国国家地理》正是履行了这种责任，才获得了如今的辉煌成就。李栓科说到："做一本科学传媒，特别是一本力求严肃的科学传媒，有很多地方都不同于大众传媒，对于大众所关注的自然现象，一定要作出科学的判断，不能断章取义或者轻信个别科学家的个人观点，这便是我们的责任所在，也是《中国国家地理》被读者

① 参见李栓科《寻找差异之美》，华尔街电讯，www. wswire. com。
② 同上。
③ 同上。

收藏的原因。"①

二　特色取胜，内容为王

内容上，《中国国家地理》坚持以特色取胜，内容为王。在总的方面来说，《中国国家地理》关注的是"天、地、生、人"四大领域的热点、难点、疑点问题，内容必须是别人没有想过的，别人没有做过的。例如他们做的考古方面的话题，1998年以来发表了五六十篇，读者认为最精彩的是两个方面：一方面，每次考古的发现，都意味着我们对这个地方的文化起源、传承与演变有了新的证据或者新的认识；另一方面，这样的一些古文化、古文明的形态或者遗迹都保存了下来，一定是周边有一个特殊的自然环境存在，否则为什么其他地方没有保留下来，只有这个地方保留下来了呢？每一次考古发现，既揭示了人文方面的精彩变化，也揭示了自然变化的过程。《中国国家地理》的主编把他们的这种特色定义为"地理差异之美"，即强调区域差异性的选题原则，确保杂志内容的独家性。例如他们对沙尘暴的报道。其他媒体一般都把视角对准沙尘暴带来的危害，把它形容成妖魔，而《中国国家地理》却从另一个角度来进行报道，沙尘暴虽然给人类带来了危害，但是它同时又是不可缺少的，没有了它，整个生态都会遭到破坏。这样，读者在这些相对较老的话题中学到了新东西，增长了见识。可以说，正是在内容选择上的这种独创性特点，使得《中国国家地理》赢得了读者的认可与欢迎。装帧设计上，大量采用大幅彩色图片是它最显著的特点。在读图时代，这种装帧形式最受广大读者的喜爱，使得杂志不仅具有可读性，还具有收藏价值。改版后的杂志给读者以面目一新之感，不论在内容上，还是在装帧设计上都迎合了读者的阅读需要，让读者在阅读时不仅增长了知识，开阔了视野，同时还得到了美的享受。刊物改版后立即得到了广大读者的接受与肯定，发行量一路飙升。

《中国国家地理》对内容的要求是既要有时效性，又要有典藏性。《中国国家地理》是一种科学传媒，而他们认为科学的也是时尚的。《中

---

① 参见《媒体的成功就是编辑部的成功》，华文报刊网，www．chinesebk．com。

国国家地理》一方面对时效性有要求，这个主要通过选题的当下性和抓新闻热点来体现。因为它的主体读者是受过高等教育，有一定社会地位和影响力的成年人。当一个地区因战争、冲突或灾害成为新闻热点时，读者都希望《中国国家地理》能够从更广阔、更深远的背景上解答热点背后自然和文化的原因。《中国国家地理》始终以读者的需求为自己的报道方向。当俄罗斯库尔斯克号潜艇在巴伦支海沉没而举世关注之际，及时地做了关于巴伦支海的报道；"9·11"事件后，他们很快就做出了《走进伊斯兰世界》、《中东中亚：荣耀血泪交织的土地》等一系列报道，等等。典藏性的要求就是要把杂志做得令读者爱不释手，让这种对自然与人文地理无限风光的富有艺术感染力的展示长久地影响读者。他们追求每一个细节的完美，比如图片不仅要有艺术性，符合摄影学和美学的基本原则，还要有准确无误的地理科学的内涵和时代感，让读者不仅赞叹其精美，享受感官的愉悦，更要透过画面语言，引发他们求知、创新的欲望，分享科学的魅力。不仅满足读者追逐自然和人文的艳丽与精绝的需求，还向他们传达其他媒体所不具备的认知语言。

在内容方面，《中国国家地理》有着独特的"事件＋知识"、"由头＋知识"的精心策划思想。这里的事件和由头包括以下几个方面：

（1）重大科学考察和发现。如1998年在中国科学院发现雅鲁藏布江大峡谷是世界上最深的峡谷，从而纠正了世界地理学界认为科罗拉多是世界最深的峡谷的错误认识后，杂志便立即制作了两个专题对此进行报道；当云南澄江化石群的发现对达尔文的进化论、生命起源的理论等提出了新的挑战之时，它便推出了《惊人的发现：所有的动物的祖先曾站在同一起跑线》，对其进行重点报道；针对辽西化石群的一系列发现，杂志组织策划了《辽西化石群：校对生命的历史》。此外，关于地图、遥感、洞穴、生态、天文等诸多科学领域的最新科研成果都是《中国国家地理》策划、写作的对象。

（2）重大考古发现。如对云南抚仙湖水底城的报道。从1998—2003年，《中国国家地理》共发表考古类专题文章近50篇，每年都有数篇最新考古发现，以及需要借助最近考古发现而重新审视的历史文化之谜。从神秘消失的史前良渚文明，到夏商周断代工程为中华早期文明重新填写的

"履历表"，再到可与秦兵马俑媲美的汉阳陵，以及楼兰、敦煌、契丹，等等。

（3）是重大新闻事件。如前面提到的"9·11"事件发生后，组织策划了《走进伊斯兰世界》、《中东中亚：荣耀血泪交织的土地》等文章，提供了一系列与"9·11"事件相关的背景资料。在悉尼奥运会期间，推出了澳大利亚专题等。

（4）是重大工程事件。如针对三峡大坝建设推出了题为《三峡》的封面故事。

《中国国家地理》就是通过这一个个事件和由头策划出了一系列的报道，将地理知识一并带出，在潜移默化中实现了知识的传递和科学的普及。此外，《中国国家地理》还利用其网上"地理论坛"的优势，充分调动读者的积极性，集思广益，从中找出好的选题。

《中国国家地理》成功的策划，与一系列的专题策划分不开。它始终把策划作为其工作的中心。《中国国家地理》自从1998年改版以来，在李栓科和单之蔷两位领导人的带领下，作出了许多令读者耳目一新的专题策划，赢得了读者的欢迎和支持。尤其是2005年10月适值其创立55周年之际推出的"中国最美的地方"专题，更是体现了《中国国家地理》作为国内该领域龙头老大的气魄与实力。

2005年10月，值《中国国家地理》55周年社庆之际，杂志社发起了一次全国34家媒体参与的大型评选活动，即"中国最美的地方"评选活动。该活动历时半年之久，一份"专家学会组"的获奖名单随着《中国国家地理》550页码（定价不变，仍为16元）"巨无霸"10月号新鲜出炉。在选出的15个类型中，"专家组"又为其中的佼佼者封上了十大名山、五大湖泊、六大草原等称号。15个最美类型包括了山、湖泊、草原、森林、瀑布、沙漠、雅丹、冰川、湿地、峡谷、洞穴、岛屿、海岸、城市、村镇几乎所有的美景类别。这15个类别分别是：十大名山、五大湖、五大沙漠、三大雅丹地貌、五大城区、十大峡谷、六大旅游洞穴、八大海岸、六大瀑布、六大冰川、十大森林、十大海岛、六大沼泽湿地、六大乡村古镇和六大草原。这次活动以及550页码"巨刊"的面世，再一次打响了《中国国家地理》的品牌，受到世人的瞩目。

中国的资源十分丰富，人们的审美观点各不相同，对同一样东西会有不同的感受，因此要想在众多的资源中选出最美的地方是很不容易的。这次评选活动历时半年之久，可见其工作强度、难度之大。以"最美的湖"的评选为例，"中国最美的湖"评审团由中科院研究员和专家学者组成，评选标准包括湖面与周边环境的视觉关系好，给人以独特的美的感染力；湖区的水生与陆生物种丰富；湖区拥有丰富独特的人文积淀，湖与湖周居民之间存在着某种独特的人文关联；湖水受污染的程度小，湖水的透明度高；湖区的旅游开发以不破坏自然美为原则。最后选出五大中国最美的湖，分别为青海的青海湖、新疆的喀纳斯湖、西藏的纳木错和长白山的天池、浙江的西湖。本次评选颇有颠覆传统的意味，名湖纷纷落马，中国传统的"五大湖"：江西的鄱阳湖、湖南的洞庭湖、江苏的太湖、江苏的洪泽湖和安徽的巢湖，无一入选。杂志编辑刘晶表示，这次"选美"的一大审美尺度，就是景观给人的第一印象要好，而且景观所在地方的生态环境因素要以环保和可持续发展为原则。所以，评委在选择入选名单的时候，就淘汰了许多传统观念中十分著名的湖。而原本很有希望进入排名的台湾日月潭、浙江千岛湖和福建大金湖等，也因为不符合"湖必须是自然成因"的评选前提条件而落选。

"中国最美十大名山"的评选也是如此。入选新十大名山的有西藏南迦巴瓦峰、四川贡嘎山、西藏珠穆朗玛峰、云南梅里雪山、安徽黄山、四川仙乃日（稻城三神山）、新疆乔戈里峰、西藏冈仁波齐峰、山东泰山、四川峨眉山。而华山、庐山等自古闻名的"名山"却遗憾落榜。名单中出现了一些人们不太熟悉甚至完全陌生的名字，而一些"老牌"名山却不在其中。

南迦巴瓦峰"有世界级的大峡谷和最完整的自然带；千百年来，珞巴族、门巴族等少数民族在这里繁衍生息，创造了独特的文化；它融会了东部中低山和西部极高山的精华，给名山作出一个最完整的定义"，这是《中国国家地理》杂志对这个新名山之首的评价。单之蔷在刊首语上写道："当我们把南迦巴瓦评为中国最美的山第一名时，我知道它丝毫不为其所动，在藏东南那个森林蓊郁、河流咆哮的角落中它仍旧在云雾间沉默，偶尔瞥一眼人间，在人这种生物出现之前，它已经存在千万年了。我知道如果我们把评比的标准改变一下，或者某一项所占的权重加大，比如高度，而不是像现在这样强调山所囊括的自然带的数量，那么南迦巴瓦就不会是第一名了，甚至可能落选……但我知道南迦巴瓦不会因此而增一分，损一毫，它依然沉默……我知道在中国还有许多'南迦巴瓦'沉默着……"

策划此次评选活动的杂志社编辑说到，这次评选邀请了很多国内专家参与，通过山岳景观所涵盖的自然带数量等一系列指标的衡量，最终选出前十位。评选的标准主要有五个：一是山的相对高度，名山不能太矮；二是山的自然植物带比较多；三是山没有遭到人为破坏，原生态环境比较好；四是具有较高的科学考察价值；五是具有较高的观赏性。他强调说，自然观赏性是评选中最重要的一个指标，而知名度和人气高低并非主要标准。随着时代的前进，人们对"美"的评判标准已经有了较大的差异。在生活方式发生巨大改变的今天，回归自然、探索未知，更加人文、更加个性的生活态度已经成为新世纪的健康人生标准，人们的审美也随之改变。从对大自然的敬畏到"人定胜天"的斗志，再到和谐相处的欣赏，人们看山的眼睛不断转变着角度。

这次活动的复杂与浩大从评山和评湖中可见一斑了。在《中国国家地理》杂志55周年社庆之际，发起这次全国34家媒体参与的大型评选活动，其"专家学会组"为15个最美类型制定的新标准，既是对新审美的融合，也是对旧审美的反思。此次由全国5家专业学会、十几位院士和专家学者组成的评委保证了评选的科学性和严谨性。因此，"中国最美的地方"最终排行榜，既是顺应时代发展而产生的对传统美景的颠覆，也是站在一定高度、带有《中国国家地理》"性格"的创造。

此次的策划活动每一个细节都是经过精心设计的，大到整个活动的策划，小到一张图片的选择。他们曾就挑选该期杂志的封面的情形做了一番描述，"本以为在这千百张图片里挑一张作封面轻而易举，却不料所有人的双眼早已被眼前的美景晃花了，这一次算是切实地体会到什么是'沉鱼落雁'、'闭月羞花'。大家开玩笑说，这世界上有人醉酒，有人醉氧，而此时的我们是'醉美'。所以当第一轮10张封面贴出来时，大家评头论足，却没有肯定哪一张中选。从东墙走到西墙；从正面看到侧面看；远观、近瞧。其实扫视每一张图片，若是用在常规版，哪一张不是可圈可点？不满意只能再选。于是彻夜挑灯，又赶制出 10 张，黎明来临，新一轮封面也上了墙。当各部门的领导走进屋，看到墙上那齐刷刷的封面时，脸上终于有了笑容。""我们试图想找到一张能完美地涵盖中国之美的图片，比如既大气磅礴，又丰润秀美；既纯净高尚又景色繁多。但是显然这是不切实际的想法。因为完美从来就不曾有过。更何况大自然之美岂能被一个镜头框进？只好怀有遗憾了。不过留一点遗憾又如何呢？留一点遗憾，才说明中国之美是那样的话不尽，道不完。篡改一句大家常用的话：不是最美，只是更美。这就是我们的封面。"一期杂志封面的挑选，已是如此慎之又慎，我们可以想象，15 类别景观的最美排行榜是经历了多少次曲折才呈献在读者面前的！

《中国国家地理》除了精心策划文章、专题外，还广开稿源。它背靠中科院这棵大树，以中国科学院地理学会为依托，与相关科研院所及高校研究机构的考察项目相结合，依靠各行业专家，组建了一支"记者＋学者＋作家＋科学家＋哲学家"型的优秀作者和记者队伍。《中国国家地理》在文章的编写上非常审慎，重视文章的写法，采用"新闻＋小说"式的写作手法。改变以前地理类杂志那种枯燥、抽象的写作方法。他们在地理中加入新闻概念，以此来拓展杂志的生存空间。这样一来就使得原本枯燥抽象的概念变成了似乎与生活紧密相关的、充满悬念的文章，使读者读起来轻松、有趣。《中国国家地理》的操作者认为，过去的那种科普方式已经失效了，必须以这种"新闻＋小说"的文本样式来写文章。改变第三人称的说教方法，改以第一人称的介绍方法取而代之，进而强调作者在采访和介绍中的感性、新鲜、生动等诸如此类的现场感，使读者既有新奇感，又有身临其境的感觉，进一步增强文章的可读性和吸引力。

三 品牌策划:巧妙更名,借力出击

将《地理知识》改名为《中国国家地理》可以说是杂志成功的另外一个重要因素。虽然人们对《中国国家地理》刻意模仿美国《国家地理》的做法褒贬不一，但是不可否认的是，这一举措对迅速提升《中国国家地理》的地位，赢得受众，尤其是年轻人的认可，确实起了不可估量的作用。

它的改名，充分利用了美国《国家地理》杂志在中国和全球的品牌效应和影响力，可以缩短被读者接受的过程，迅速扩大了其在读者尤其是年轻人中的知名度。此外，改名为《中国国家地理》也表明了它要站在一个较高的起点上进行品牌资源积累的决心，即要做中国的《国家地理》。虽然《中国国家地理》在媒体运作等方面模仿了美国《国家地理》，但是它在内容上却是做自己独特的东西。正如社长李栓科所说的，"国家地理类杂志是一个全球性的传媒概念，而美国《国家地理》是其中一个最优秀的媒体运作范例……我们不否认在媒体运作上对美国《国家地理》的借鉴和吸收，但是，从内容上我们绝对是原创和独创的。"①

《中国国家地理》的成功改名给予我们一个重要启示：在媒体的创业阶段，巧妙借鉴一些成功媒体在操作或理念方面的经验，对于一些初生媒体，或者是知名度或效益不佳的媒体来说也是一个很好的方法。当然，形式可以借鉴，但必须有自己独特的内涵。

从1997年5月李栓科任地理知识杂志社社长、单之蔷任执行主编开始《中国国家地理》就特别注重策划。单之蔷认为，杂志是夹在图书和报纸中间的一种出版物。论时效和新鲜，它比不上报纸，论定论和经典，它比不上图书。但是它却可以结合报纸和图书的长处，即将新闻性和知识性结合在一起。

四 营销策划：开创我国本土期刊对外输出版权的先河

在全国媒体大肆引进外国版权的浪潮中，《中国国家地理》却眼光独到，开始转向海外输出版权，并成功地进入了世界发达国家和地区。2001年6月，它的中文繁体版在我国台湾和内地以外的其他地区发行，第二期就开始赢利，发展势头很猛，迅速抢占了台湾地区本土原有地理类杂志的市场份额，发行量达到8万册，成为龙头老大。2002年1月，《中国国家

---

① 参见《人文地理杂志："地理"之魅》，中国地理网，www.Chinageo.com。

地理》日文版在日本发行，出版发行的第三期就开始赢利，发行量达4.5万册，受到日本广大读者的普遍欢迎。2003年1月，它的英文版发行。《中国国家地理》开创了内地媒体的先河，第一个在内地以外的地区注册商标、出售版权并成功经营。正因为如此，2003年的《新闻年鉴》将它定义为中国杂志界第一个真正意义上的对外版权输出，是内地所有媒体中第一个，也是唯一一个在内地以外的地方注册商标、出售版权并且经营十分成功的媒体。目前已经成功地发行了中文繁体版、日文版、英文版等。向海外进行版权输出，给杂志带来了丰厚的版税，进一步增强了杂志的经济实力，从而使杂志更有能力进行更加精美的设计，更加成功的策划，以更好、更多的专题回报给读者；另外，也成功地向外宣传了我们自己，向中国以外的国家和地区输出了我们自己的杂志，让他们听到了中国所发出的声音，进一步提升了杂志的品牌。

据了解，《中国国家地理》的版税包含三个部分：商标使用费、版权费及服务费，版税收入采取浮动模式。据保守估计，它的日文版、繁体中文版和英文版每月的固定版税收入高达6万美金。浮动部分分别为2.7万册日文版7.5%的版税和广告收入分成、5.5万册繁体中文版10.5%的版税收入和广告收入分成。据估计，《中国国家地理》每月的版税总收入超过10万美金。

☞案例评析

《中国国家地理》总体上来说非常成功，成为中国同类杂志中最具权威、最有影响力的一个，入选"中国期刊方阵"的"双奖"期刊和"双百"期刊。

我国的期刊如果以色彩比喻可划分为"红色"（时政、思想类）、"粉色"（娱乐消费类）、"白色"（学习辅教类）等各色刊物。《中国国家地理》应该属于"绿色"的一类。

中国拥有地球上最齐全的自然带，差异显著的自然环境呈现出丰富多彩的壮丽景色；五千年的文明历程，积淀了世界上最浑厚的文化，理应做出一本最丰富的传播地理文化，倡导"绿色"理念，发扬科学精神的刊物。这就是《中国国家地理》杂志的使命。

那么，什么是"国家地理"？"国家地理"是一种刊物类型，适合高素质成年读者的阅读需求。许多国家都创办了这类杂志，如《地球》（德国）、《国家地理》（美国）、《地球》（美国）、《地理》（英国）、《加拿大地理》、《澳大利亚地理》、《科学与生活》（法国）、《世界》（美国）、《自然历史》（美国）……这些杂志都以传导自然关怀和人文情感为己任，精美绝伦的图片、生动有趣的文字，吸引了社会的主流阶层。《中国国家地理》是一本介绍中国及世界不同地区的自然、人文景观和事件，并揭示其背景和奥秘的杂志，代表了中国地理科普杂志的最高水准。

推开自然之门，昭示人文精华。这一独特的办刊宗旨与理念，不仅使《中国国家地理》杂志一枝独秀，而且让中国的读者逐渐认识了地理类杂志的概念，引导了读者的阅读取向，并带动了国内其他媒体的发展，出现了《三联人文地理》、《文明》、《山茶》等多家颇有影响的杂志。而且，随着21世纪中国经济的更大发展，了解自然和人文知识，关怀人类及其生存的整体环境，必将成为21世纪中国人的阅读主流。

至少在目前看来，《中国国家地理》是国内同类刊物中的佼佼者。作为一个先锋性的现代传媒刊物，《中国国家地理》追求地理与人文的完美联姻，体现了"大地理"的概念。很多人非议《中国国家地理》模仿美国《国家地理》，讥之为"邯郸学步"。《中国国家地理》丝毫不回避这样的批评和质疑，它虽然在形式上有所模仿，但在最实质的内容上却做到了绝对原创。李栓科认为，在地理理念中，越是民族的就越是世界的，中国拥有世界上极为丰富的自然地带、非常齐全的生物物种和几千年的文化积累，在人们越来越关注地域差异的今天，这些无疑都是《中国国家地理》独具的优势。

目前，《中国国家地理》正在朝传媒集团化方向迈进。社长李栓科表示，《中国国家地理》的发展目标是成为拥有电视节目、期刊、图书、网站等从平面到立体、从传统到新兴的媒体机构集群。他认为，如何制作具有竞争力的电视节目是平面媒体立体化的关键。"纪录片制作一般是先有文案、后拍摄，最后交给后期制作人员，三套工作人员由于视角局限，造成节目缺乏衔接。目前《中国国家地理》影视部从技术上解决了这一问题，在互联网上建立了一个可以同时支持 8 台摄像机的技术平台，使拍摄内容可以实时传送到制作中心。"①

不错，美国的《国家地理》在纪录片方面有非常好的建树。但是，我国的影视制作和销售环境是否可行，这种媒体扩张多长时期能够有回报？这些恐怕是需要慎重考虑、谨慎求证的。

参考文献

[1] 周易军：《绝地求生——〈中国国家地理〉的成功之道》，《出版发行研究》2005 年第 4 期。

[2] 喻乐：《李栓科 寻找差异之美》，《传媒》2004 年第 6 期。

[3] 辛妍：《专业杂志成为市场翘楚的成功打造——访〈中国国家地理〉杂志社社长李栓科》，《传媒观察》2004 年第 8 期。

[4]《中国的最美 最美的中国》，http：//news. qq. com，2005 - 06 - 28。

---

① 参见《〈中国国家地理〉欲成立跨媒体科学传媒集团》。

《中国国家地理》 专业杂志也能打造期刊界神话

《咬文嚼字》

——出奇制胜的策划方略

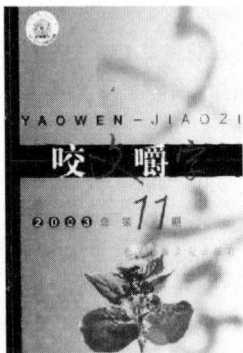

《咬文嚼字》创刊于1995年，是一本小杂志，32开，48页，定价2元。创刊以来，《咬文嚼字》组织审读了约3000本图书、1000种期刊、100种报纸。该社还联系了百家新闻出版单位，协助调查长期、广泛、反复出现的用字差错。《咬文嚼字》以在"咬"上做文章闻名。创刊伊始，先"咬"自己，以后是一路狂"咬"。从"咬"报纸，"咬"期刊，"咬"广告，发展到"咬"全国知名作家，将他们的作品作为"挑刺"的"众矢之的。"这一系列举动在社会上引起了巨大反响。

《咬文嚼字》封面

《咬文嚼字》杂志拓展市场的成功事例，引起了报刊界的关注。《咬文嚼字》诞生时，全国已有100余种语文类报刊，而且差不多已将市场分割完毕，形成了各自的市场空间，语文类报刊市场似乎已处于饱和状态。该刊经过细致、周密的市场调查，终于在对读者的细分中发现了一个为语文类期刊所忽视的读者群，即是包括编辑、记者、校对、广告制作人、节目主持人、文秘人员和中学教师在内的实用语言文字应用者。于是，他们创新办刊思路，针对一些媒体对名人的报道不惜版面，千方百计挖掘名人的花边新闻，甚至降格以求，对名人竭尽献媚之能事的社会现状，反其意而行之，在发起的给书报刊文章"揭短"的活动中，将名人的作品作为首选目标，通过给名人的作品"挑刺"，营造规范祖国语言文字的舆论氛围，在社会上产生了不小的轰动效应，树立了"文字清道夫"的独特形象，期刊人气飙升。期刊发行量从创刊初期的10万份，增加到

20 万份，而且奇迹般地创造了每期新刊与以往的合订本同步畅销的奇迹，全年合订本也成了书报刊零售市场的畅销期刊。《咬文嚼字》在刊物策划方面的成功经验，值得我们学习和借鉴。

☞案例介绍

一　定位策划

《咬文嚼字》的办刊宗旨是宣传语文政策，传播语文知识，推动语文规范。

《咬文嚼字》的读者定位为七类人：编辑、记者、校对、广告制作人、节目主持人、中学教师和文秘人员。这七类人的共同特点是：第一，都要和语言文字打交道，经常会碰到各类语言文字问题；第二，工作都很紧张，时间不太充裕，缺少从容读书的环境和心境；第三，大部分人员虽是文科出身，但并没有经过太多严格的语言文字训练。

二　栏目策划

（一）栏目特色

《咬文嚼字》有正反两个方面的内容：一个是匡谬正误。混乱不仅仅在名人著作中有，在日常的语言文字使用中也大量存在，谬误必须要纠正。另一个是正本清源，正面地传递正确的语文知识。这两个方面都发展出各自的栏目，正面的有谈汉字底蕴的"字里乾坤"，专门介绍词语过程来历的"词语春秋"。反面的有"追踪银屏"、"锁定名人"，把社会上影响特别大的差错作为咬嚼的对象。

《咬文嚼字》栏目设置极具特色："语文门诊"、"一针见血"、"众矢之的"剖析语文差错，针对性强；"词语春秋"、"汉字神聊"介绍语文知识，让读者不仅知其然，而且知其所以然；"百家会诊"对全国新闻出版界遇到的疑难问题进行讨论，长期以来得不到解决的问题，经过讨论，有了一个明确的意见，这对于推动行业规范、推动怎样在语文应用中更科学很有帮助；"向我开炮"则专门发表读者批评本刊的文章。《咬文嚼字》"人人看得懂，个个用得上"，个性鲜明，在"无错不成书"的今天，《咬文嚼字》被广大读者誉为"文化清道夫"。①

《咬文嚼字》在社会上抓了一批典型的差错进行咬嚼，通过咬嚼，正面地传播了语文知识，效果非常好。读者来信非常热烈："你们是语林中的啄木鸟"、"空谷中的幽兰"、"规范用词的人民警察"。②吕叔湘先生也表示《咬文嚼字》正是他想办的刊物，《咬文嚼字》生动活泼、言之有物、切中要害，对纠正语文差错、传播语文知识都非常有意义。《咬文嚼字》中有一大批语言应用生动活泼的实例，在教师中反响之强烈是少见的。很多学校把这些实例做成练习和演示版，效果出奇的好，在语文教学中发挥了很大的作用。

《咬文嚼字》是语言文字规范化、标准化建设的一支生力军，更是语言文字工作者的良师益友。《咬文嚼字》不仅仅是纠正错别字，更多"咬嚼"的是眼下出版物和公共用语中各种有关历史文化知识和百科知识方面的错误，还告诉读者很多在很多地方都难以看到、查到的小知识。

（二）策划活动

《咬文嚼字》自创刊之日起举行了一系列的策划活动，展示了自身的活力，提升了知名度，扩大了影响力。

1995 年刚创刊时策划了"月亮神三报一刊有奖竞查"活动。"月亮神"是赞助商的产品名，"三报"是上海的《解放日报》、《文汇报》和《新民晚报》，"一刊"便是《咬文嚼字》。活动要求读者检查即将出版的当年 6 月 26 日的"三报"和第 6 期的《咬文嚼字》，查到一处编校差错奖 1000 元。由于这次活动有一定的新鲜感和诱惑力，加上"三报"大力支持，每隔几天便报道一次活动进展情况，结果到了 6 月 26 日那一天，连报纸都买不到。在短短的 20 多天里，参赛信多达 6 万多封，意见累计

① 朱胜龙：《咬文嚼字：文字的"清道夫"》，《广告大观》2003 年第 3 期。
② 王寅：《〈咬文嚼字〉主编"咬文嚼字"》，《南方周末》2003 年 7 月 7 日。

超过 40 万条。读者的来稿有不少是全家老少齐上阵的产物。一时间，给报刊挑刺成了人们议论的话题。于是，在读者的关注和参与中，活动的主办者实现了"多赢"，赞助商赚够了人们的注意力，扩大了产品影响。《解放日报》、《文汇报》和《新民晚报》以此证明了其严谨的办报态度，再次赢得了读者的好感，提升了自身的品位。而《咬文嚼字》则巧妙地借助 3 家报纸 200 多万发行量形成的"宽带"传播通道，悄然走进人们的感觉视野，成了此次活动最大的赢家。

诸如此类的活动还有：1996 年查《人民日报》、《光明日报》等 12 家在全国有影响的大报；1997 年查化妆品广告；1998 年向《半月谈》、《读者》、《故事会》、《家庭》等 12 家同行"叫板"。

2000 年他们调整目标，把枪口的准星对准全国知名作家，公开向他们"宣战"，将他们的作品作为"挑刺"的"众矢之的"，并制定了"入选"作家的三条标准：一是必须有全国的知名度；二是创作了广大读者关注的作品；三是把语言文字还当回事。此举产生了"不打不相识"的社会效应，王蒙、刘心武、叶辛等名作家都诚恳地表示支持这项活动，甘愿为规范祖国的语言文字作"靶子"，给作家"挑刺"的稿件如雪片般地飞向编辑部，仅当年头 3 个月就收到"咬"作家的稿件 2000 多件，北京、天津、广州及东南亚的华文报刊纷纷做了报道，新华社抓住这条有新闻价值的"活鱼"，向全国发了通稿，小 32 开的《咬文嚼字》在各种新闻传媒的报道后，知名度大大提高，吸引了不少有合作意向的企业。

2001 年他们继续扩大战果，又把枪口的准星对准明星撰写的图书，每个月都在"众矢之的"专栏推出对一本名人、明星图书的"会诊报告"，从读者找出的差错中，选出 10 个予以刊登，并附上编辑部汇总的表格"编校差错举隅"，列举若干个编校差错，一起刊出，以期更全面地反映图书质量。这些"会诊报告"一针见血，短小精悍，指出的差错多具有典型性。2001 年的 12 个月，先后请读者"会诊"了 12 本名人撰写的图书，包括赵忠祥的《岁月情缘》、倪萍的《日子》、姜昆的《笑面人生》、王景愚的《幕后》、白岩松的《痛并快乐着》、侯耀华的《倒霉必读》、王姬的《我的世界》、杨澜的《我问故我在》、敬一丹的《一丹随笔》、水均益的《前沿故事》、赵青的《我和爹爹赵丹》、周冰倩的《真的好想你》等。由于这些名人都是社会关注的焦点，几乎每发表一篇"会诊报告"，都会在社会上产生较大反响。这些活动不但没有"得罪"名人，反而产生了"不打不相识"的社会效应，王蒙、刘心武、叶辛、赵忠祥、倪萍、白岩松、杨澜等名作家、名人都诚恳地表示支持这项活动，给作家"挑刺"的稿件如雪片般地飞向编辑部，总数超过了1万多件，北京、天津、广州及东南亚的华文报刊纷纷作了报道，新华社再一次向全国发了通稿，"免费"为《咬文嚼字》宣传，起到了广告起不到的作用。随着知名度的提高，《咬文嚼字》很快成了全国一些大中城市报刊零售点的热门刊物。

2002年《咬文嚼字》又摆起了图书编校质量的新擂台，作家出版社、华艺出版社、浙江文艺出版社等中央和地方出版社把参加擂台赛当作展示自己图书质量的难得机会，纷纷报名参加，有12家出版社登台亮相，每家出版社选出一本书参加擂台赛。该刊根据读者的审读给出版社亮分，并于2003年举行了颁奖大会。

2004年，《咬文嚼字》在全国开展"给城市洗把脸"活动，检查北京、成都、重庆、广州、哈尔滨等12个城市的语文应用情况。仅在首都北京，就抓到了200多处语文差错和百科知识方面的讹误。在北京的一些著名景点的简介牌中，有的将"满洲"错为"满州"，有的将"琉璃"错为"硫璃"，有的将"道具"错为"道剧"，故宫博物院里将《酉阳杂俎》错成了《西阳杂俎》，天坛的一张说明牌把"蓝色"写成了"兰色"，等等。北京市语言文字办公室致函称："北京是我国政治、文化中心，也是一座历史悠久的文化名城，作为国际大都市，还是世界了解中国的窗口。因此，北京语言文字的面貌，不仅反映了自身的文明程度，也在很大程度上代表着国家语言文字应用的水平……有《咬文嚼字》助阵，不仅能尽快洗净北京脸面上的污点，更重要的是能唤起广大市民参与其中……"

2005年《咬文嚼字》在庆祝创刊十周年大会上隆重公布了《当代汉语出版物中最常见的100个别字》。这100个别字都是我们平时常见的，却又常常弄错的字，这是他们花费了十年的时间"磨"出来的。《咬文嚼字》的这一举动迅速被新华社、《人民日报》、《解放日报》、《文汇报》

等媒体报道，盛赞这一公益活动。在 2005 年《咬文嚼字》检查了《北京晚报》、《长沙晚报》、《城市晚报》、《春城晚报》、《今晚报》、《兰州晚报》、《南宁晚报》、《齐鲁晚报》、《钱江晚报》、《新民晚报》、《扬子晚报》、《羊城晚报》十二家晚报。

三　内容策划

《咬文嚼字》的选稿标准，除了科学性的要求外，还主要突出三个字：短、通、实。"短——每期 32 开 48 页，至少刊登 50 篇文章，让读者能在会前饭后，随时抽空阅读；通——行文力求通俗易懂，少用专业名词术语，更不要一段古文接一段古文，非用不可的要在文中作出解释，实现零障碍阅读；实——言之有物，重视信息量，即使要发一点议论，也要从语言实际出发，力求不流于空泛。"① 正是因为具备了这样的特点，《人民日报》曾载文认为《咬文嚼字》可读可用，"希望报社、杂志社、出版社、电台、电视台以及一切与语言文字工作有关的部门，将《咬文嚼字》作为有关人员的业务学习材料，人手一册，持之以恒"。②

刊物要给读者带来满足感，使读者阅读后感到解渴、过瘾，豁然开朗。该刊曾在征订广告中说："不订是你的错，不再订是我的错。"满足感的产生关键是刊物的内容。《咬文嚼字》就十分注重刊物的内容，坚持以下几点：读者从刊物获得的知识必须是可靠的，权威的；读者从刊物获得的知识必须是及时的，适用的，他碰到的疑难问题，都可以通过刊物得到解决；刊物能不时给读者以"警示"，让他发现自己的习惯性差错，从而认识到刊物是自己的良师益友；刊物在传授知识方面能体现出融会贯通的特点，让读者认识到这是一条更为有效的学习途径……总之，刊物切切实实地介入到读者的生活中去了，而不是隔靴搔痒。

文学典型有所谓"熟悉的陌生人"一说，其实，刊物在读者的心目中，也应该是"熟悉的陌生人"。"唯其熟悉，可产生亲切感；唯其陌生，

---

① 郝铭鉴：《推开三重门——〈咬文嚼字〉的办刊思路》，《咬文嚼字》（2001 年合订本）。
② 同上。

可产生新鲜感。这样的刊物才能常读常新。一览无余，清澈见底，是很容易导致阅读心理疲劳的。"① 为了让刊物"陌生化"，《咬文嚼字》一方面在内容上下工夫，如2001年推出的"撤稿札记"一栏，撤稿过程、撤稿内容、撤稿理由同时刊出。说是撤稿，其实没撤；说是没撤，又注明是撤稿。这种切入的角度和编稿的方式，可能会让读者有一种全新的阅读感觉。另一方面又在形式上下工夫，如"有照为证"中的部分内容，摇身一变成了"雾里看花"，两个栏目成了姊妹栏目。"有照为证"的清晰性和"雾里看花"的模糊性，形成鲜明的对照。一个耐看，一个可思，各有千秋。

☞案例评析

一 精彩亮相，出奇制胜

《咬文嚼字》诞生之时，全国已有100余种语文类报刊，而且差不多已将市场分割完毕，形成了各自的市场空间，语文类报刊市场似乎已处于饱和状态。"为了提高概念的'成活率'，该社策划了刊物未出，悬念先行的方案。一般的期刊都是实行'扬长抑短'的策略，通过张扬长处来塑造自身的独特形象。而《咬文嚼字》却是反其道而行之，着力在揭短扬短上做文章，在揭短中扬自己所长"。② 他们选准切入点，以一般报刊难以做到的"自我纠错"为主题，推出了"向我开炮"的自我揭短的主题活动，向社会公开宣布，欢迎读者参加"向我开炮"的活动，参加即将出版的《咬文嚼字》挑错活动，凡在标题中挑出一个错，奖1000元，在正文中挑出一个错，奖100元。利用"悬念"，巧妙地吸引了读者的注意力。显然在当时"无错不成报（刊）"的特定条件下，"向我开炮"成了重要的文化新闻，新华社发出通稿后，不少报刊纷纷转载，《咬文嚼字》还未正式登台，其名字已在媒体上频频亮相，为走向市场作了铺垫。

---

① 郝铭鉴：《推开三重门——〈咬文嚼字〉的办刊思路》，《咬文嚼字》（2001年合订本）。
② 朱胜龙：《〈咬文嚼字〉杂志如何"出奇制胜"》，http：//www.woxie.com，2003—06—05。

在此基础上，他们又不失时机地扩大"战火"，与上海的三家强势媒体《解放日报》、《文汇报》、《新民晚报》联合举办了"月亮神三报一刊有奖竞查"活动，请读者检查当年 6 月 26 日的"三报"和第六期的《咬文嚼字》，查到一处编校方面的差错奖 1000 元，以出色的创意，营造了新的共享空间，由于这样的活动在当时尚属首次，产生了一定的新鲜感和吸引力。

二 通过给名人"揭短"，引起轰动

在商业化社会，名人身价倍增，成了媒体追捧的对象和媒体吸引眼球的"武器"。有的媒体对名人的报道不惜版面，千方百计挖掘名人的花边新闻，有的媒体甚至降格以求，以对名人竭尽献媚之能事。《咬文嚼字》月刊通过给名人作品"挑刺"，营造规范祖国语言文字的舆论氛围，在社会上产生了不小的轰动效应。该刊不仅每年创造了 200 万元的利润，还捧回了"中国期刊奖"的奖杯，成了首届中国期刊奖中最"年轻"的期刊新秀。

三 质量至上，赢得读者

"一个刊物不但在亮相时要打得响，亮相后还要站得住。打得响可以靠宣传，站得住则要靠质量。质量是刊物的安身立命之本。读者对刊物的认同，说到底是对质量的认同。刊物质量不能保证，单靠送礼品、抽大奖之类，是舍本逐末的做法。"①《咬文嚼字》杂志社的做法是：

首先要有专业眼光。为此，刊物组织了一个智囊团性质的编委会。其中，既有古文字专家、训诂专家，也有现代汉语专家、语文教育专家，他们为刊物不断提高专业水准，提供了足够的智力支持。同时，刊物还和全国各地专家保持热线联系，凡有"疑难杂症"，都能及时会诊，因而避免了不少差错，使普及刊物体现出学术品位。读者评价《咬文嚼字》时，

---

① 郝铭鉴：《推开三重门——〈咬文嚼字〉的办刊思路》，《咬文嚼字》（2001 年合订本）。

曾概括为"三小三大"："小刊物，大眼光；小角度，大视野；小文章，大手笔。"

其次要有敬业精神。《咬文嚼字》的审稿、编稿、校稿，有自己的特定程序，强调"临稿如临阵"，见"疑"如见"敌"，决不欺骗自己，决不敷衍读者。编辑部规定：采用一篇稿件，至少要查核三部工具书；读一期校样，至少要经过十个校次；刊物出版后，至少要有三人检查成品。不仅在语文方面要做到言必有据，在其他知识领域，也要有疑必查，不存侥幸心理。有篇来稿批评某刊物关于"温热的蛇血"的描写认为蛇是冷血动物，蛇血不可能是温热的。这似乎是个常识问题，但编辑在审稿时，既查核了有关的动物学著作，了解蛇的生物特性，还特地到餐馆里看厨师杀蛇，当场感觉蛇血的冷热，这才决定稿件的取舍。

为了保证刊物的质量，真正做到服从真理。《咬文嚼字》的编辑不是"万宝全书"，知识结构并不完善，何况万宝全书也不是万能的。因此，出错是难免的。问题是出错以后怎么办。有人讳疾忌医，对读者的批评置之不理。这就不仅是水平问题，更是一种态度问题。《咬文嚼字》杂志社认为，不出错当然是质量，出错以后能改正错误，同样是质量。为此，《咬文嚼字》特设"向我开炮"专栏，欢迎读者批评，只要你说得对，就改正，宁可自己"也怪露丑"，也决不让谬误流传，贻误读者。

《咬文嚼字》在重视刊物质量的同时，还非常注意与读者交流，培养与读者的感情，使读者对刊物产生亲近感。为此《咬文嚼字》自创刊以来，无论是单行本还是合订本，在和读者交流时，一律用第二人称"你"，营造出一种促膝谈心的氛围。即使一篇短短的"编后"，也要求编辑洞开心扉，和读者坦诚相见。比如在创刊号的"编后"中，编者谈到自己海上航行的经验："在茫茫大海上，碧波万顷，水天一色。当另一艘航船经过时，人们会拥上船舷眺望，两船交会时，也会鸣响一声长长的汽笛。这实际上是人类精神上的相互呼唤。现在《咬文嚼字》这只小舟即将起航，我们能听到来自读者的汽笛声吗?"刊物出版以后，收到了很好的效果。一年、两年直至几年以后，刚刚读到这则"后记"的读者，仍然会写来热情洋溢的信。

四　突出特色,适应市场

　　刊物要办出个性、特色。这样才能适应市场,同时也是对读者的尊重。《咬文嚼字》杂志社认为最主要的一点是针对性。它不像教学刊物,要紧扣"大纲",配合教材,体现出体系性、同步性;也不像学术刊物,要强调独立见解和理论深度。《咬文嚼字》要贴近社会语文生活,发现什么问题解决什么问题,读者需要什么就传扬什么,表面上看是"东一榔头西一棒子",实际上和社会文化发展有着内在的逻辑联系。《咬文嚼字》的作者不能有学究气,不能关在书斋里做文章,而必须像猎豹一样,随时准备跳跃着捕捉"猎物"。

　　主编郝铭鉴认为《咬文嚼字》的特色可细分为三个层次:

　　一是聚焦点。这往往是全社会关注的热点话题。选择这样的题材,最能体现该刊针对性的特点。比如,《光明日报》曾载文谈《天方夜谭》为什么用"谭"不用"谈",认为唐武宗名李炎,而"谈"的右半边为"炎",唐人因避武宗讳,将"谈"改成了"谭"。由于《天方夜谭》是一部名著,此文又有点趣味。于是被到处转载。很多人对作者的说法信以为真,殊不知是以讹传讹。《咬文嚼字》针对此文及时刊登了《也说〈天方夜谭〉为何用"谭"》一文,指出谈、谭两字纯粹是音近通假,与避讳毫无关系。文章刊登以后,读者争相阅读,有人称之为起到"拨乱反正"的作用,"虽涉及专门的音韵学、历史学知识,阅读有点难度,但仍值得一读"。

　　二是兴奋点。在现实语文生活中,有些话题似乎无人提及,但一旦有人讨论,人们便会侧耳倾听,跃跃欲"说"。这便是兴奋点。这样的话题有个寻找和判断的问题。比如"按揭"一词,最初在报刊上出现时,不少人似懂非懂,但并没有人深究。1997年1月,《咬文嚼字》刊出《试说"按揭"》一文,认为"按揭"是个半意译、半音译的外来词。此文的发表如一石激起千层浪,立刻引起了人们讨论的兴趣,从饭桌到报纸,从上海到香港,各抒己见。某房产商说"按揭"是"按期揭掉债据",某香港女作家说"按揭"是"按期还贷,还不出便揭掉房顶"……该刊后来又

《咬文嚼字》

出奇制胜的策划方略

发了《补说"按揭"》、《"按揭"之"揭"不是音译》等文，讨论至今还在继续。

三是共同点。这是《咬文嚼字》取稿的底线。因为不符合大多数读者的口味，特色便无从谈起。比如有篇来稿，谈"彧"（yù）字的读音和意义，这个字比较冷僻，和读者有点"隔"，"共同点"是谈不上的，编辑便压下未用。不久以后，全国各地报纸都在转载一条消息，北京宣武区法院有条规定，在司法文书中每错一个字罚款50元，某法官一次被罚款500元。原来他的当事人名字中有个"彧"字，判决书中一共出现十次，而这位法官均将三撇误为两撇，结果遭到重罚。这成为社会共同关注的对象。《咬文嚼字》杂志社立即以最快速度刊出《彧：一个让法官挨罚的字》。有位读者说他读过原来的报道，深为"彧"字所困惑，该刊的文章让他"就像三伏天喝到一杯'冰水'"。

参考文献

［1］郝铭鉴：《推开三重门——〈咬文嚼字〉的办刊思路》，《咬文嚼字》（2001年合订本）。

［2］朱胜龙：《〈咬文嚼字〉杂志如何"出奇制胜"》，http：//www. woxie. com，2003 - 06 - 05。

［3］朱胜龙：《市场细分：再造读者资源》，《报刊之友》2003 年第 1 期。

［4］王铁夫：《为〈咬文嚼字〉叫好》，《中华读书报》2005 年 7 月 27 日。

［5］张伟强：《〈咬文嚼字〉"洗脸"北京城》，http：//ent. sina. com. cn，2004 - 01 - 14。

《国家地理》

——打开外部世界的一扇窗

一提到美国《国家地理》，大多数人就会想到电视节目《神奇的地球》和《狂野周末》，以及畅销小说《廊桥遗梦》的男主角——《国家地理》杂志的摄影记者，但是对于这份百年的世界知名视觉人文刊物，是如何成功地使人们愿意通过其标志性的黄色方框来了解外部世界的，也许我们还不太了解。

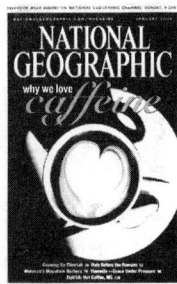

《国家地理》封面

☞ 案例介绍

《国家地理》是一本月刊，由美国的一家非盈利科学教育组织——"国家地理协会"（National Geographic Society）于 1888 年创办。在创刊号的头一页，该杂志刊登了它的办刊宗旨——这是一个世纪后都没有改变的宗旨：成立地理协会是为了让人们更加了解地理知识，创办《国家地理》杂志是完成这个使命的一个途径。作为美国国家地理学会的会刊，《国家地理》的读者定位是：所有对它感兴趣的人。

世界上几乎所有的地理爱好者和所有的摄影工作者都认识《国家地理》这本杂志，它引领读者在世界上无数角落畅游，看真实的人在真实的时刻做真实的事情；它贡献出一幅幅无可挑剔的专业图片，讲述一个个世间故事。《国家地理》成为世界上最著名的地理杂志和最经典的摄影杂志。它是美国发行量最大的期刊之一（仅次于《电视指南》和《读者文摘》），在崇尚多元化的美国社会，成为一个独特的文化现象。在美国，凡知识界、精英层人士都以自己是《国家地理》杂志的忠实读者而自豪。

美国前总统卡特就曾说过："我们都是读着美国《国家地理》长大的。"①

《国家地理》之所以能够获得如此成功，主要有以下几个方面的原因。

一　注重人文关怀

这也是《国家地理》的重要特色，它以独特的方式，推动不同文化间的沟通和交流。

20 世纪 80 年代发生的阿富汗战争对阿富汗造成的影响是毁灭性的。战争造成了大量的难民，人们流离失所，纷纷逃离家园。1979 年，作为《国家地理》最棒的摄影师之一，史蒂夫·麦凯瑞（STEVE McCurry）把胶卷缝入衣服内，乔装成当地人，从巴基斯坦潜入被叛军占领的阿富汗。这使他成为最早拍到阿富汗战地真实面目的摄影师之一。1984 年 12 月史蒂夫·麦凯瑞在巴基斯坦白夏瓦（Peshawar）附近的难民营中拍下了照片《阿富汗少女》，该照片于 1985 年 6 月出现在《国家地理》杂志上，成为该学会成立 114 年来最著名的一张封面照片。

当时史蒂夫先是在难民营里拍照，他在难民营里拍了许多照片，这张阿富汗少女的照片就是其中的一张。这张照片拍完后，底片被寄回到《国家地理》在华盛顿的工作室进行冲洗，图像编辑在照片中发现了这一张，他们认为这个女孩是个极有力的象征，她很漂亮，头上裹着一个红色的披肩，但与此同时，只有 13 岁的她，眼中流露出了无尽的恐惧、渴望、痛苦和煎熬。《国家地理》杂志的编辑们最终决定将这张照片登在封面上，用以表达全世界难民的呼吁和呐喊，向人们讲述逃离阿富汗的难民们的生活，这张照片顿时成为一种标志，所有人都对《国家地理》杂志表示出认同，并对这个女孩表现出同情。

确实，一个 13 岁少女，一个战乱中逃生到难民营的姑娘，在她警惕的目光中，我们看到的不仅仅是内心的不安和惶恐——房子被炸毁了，父母被炸死了，祖母带着她和哥哥趁天黑把父母埋葬了之后，就开始在冰天

---

① 《每一幅照片都延伸出一个故事》，《中国青年报》2003 年 11 月 14 日。

雪地中翻山越岭，冒着被轰炸的危险，投奔到了巴基斯坦白夏瓦附近的难民营——惶恐之后掩藏的是战争、暴力、仇杀和苦难。

由于"阿富汗少女"已经成为一种象征，许多人都认识了她、认同了她，也许她身上又发生了新的故事，人们一定会对她后来的生活产生好奇，因此，17 年后，也就是 2002 年，《国家地理》展开了一项前所未有的行动———回到巴阿边境难民营，从 20 万难民中找 1983 年曾拍过的阿富汗少女。

由于对"阿富汗少女"的身世经历毫无所知，没有对方的姓名地址，唯一有的就是那张照片，史蒂夫与《国家地理》杂志频道的电视制作人把难民营和附近几个村庄找了个遍，结果毫无所获。就在几近绝望的时候，竟然有一位老者认出了照片中的女孩，并说认识女孩的哥哥。史蒂夫在女孩哥哥的带领下找到了照片中的女孩。她已经结了婚并且生了三个孩子，她的名字叫莎尔巴特·古拉。这已经时隔 17 年了，在这个过程中，她遭受了太多的苦难，长相和十几年前判若两人。经过向英国科学家们的求助，他们通过视网膜技术确定了古拉就是"阿富汗少女"。经过古拉丈夫的同意，镜头再次对准了她。和 17 年前相比，莎尔巴特·古拉明显苍老了很多，眼睛也没有那么清澈了，可有一点却没有变：她的眼神中依然带着惊恐，带着不安。走过了 17 年蹉跎岁月的她，如今仍然面临着新的问题。

寻找阿富汗少女的整个过程在《国家地理》杂志频道播出，再次引起轰动。美国国家地理学会随机成立"国家地理阿富汗少女基金"基金会，以便让年轻阿富汗女性有受教育的机会。

史蒂夫也认为《阿富汗少女》是自己拍摄非常成功的一张照片，他说："通过这张照片，我们筹集到上百万美元的捐助，世界各地的人们都伸出他们关爱的双手，为那些妇女尤其是阿富汗妇女建立学校提供所需的资金，这样能够使更多的人得到受教育的机会。"

二 坚持全球性的视角

从非洲塞仑盖蒂野性的草原，到亚马逊的大河和雨林；从极地的冰川荒原，到海洋、天空和冰峰，通都大邑、乡野村落，地球上到处留有《国家地理》采编人员的足迹。他们行走于全世界的任何角落，一些专题通常要用几个月乃至更长的时间。他们向读者传递知识和信息，呈现了大千世界的千姿万象，使人们能够足不出户而尽知万物。

在这里，我们讲述一个与中国有关的故事。这就是在 83 年前，约瑟夫·洛克在得到美国《国家地理》杂志社的赞助后得以进入其梦寐以求的中国云南省进行科学探险活动，并发现了香格里拉。

"1920 年，一位名为约瑟夫·洛克的德国人，以美国《全国地理杂志》、美国国家农业部、美国哈佛大学植物研究所的探险家、撰稿人、摄影家的身份，先后在中国西南部的云南、四川一带生活了 27 年，进行了长达二十多年之久的科学考察和探险寻访活动，并探险到了传说中的神秘黄金王国'木里'，深入到了贡嘎神山。他在美国《国家地理》杂志发表了他吃惊的发现，随后世人知道了香格里拉。

"1928 年 3 月，约瑟夫·洛克和美国国家地理协会成员来到木里，请求木里王帮助他到稻城贡嘎岭那片雄伟的山脉进行考察。当时，洛克给木里王秘书赠送了一枚两美元的金币，还告诉他，他们为木里王准备了珍贵的礼物。当谈到考察亚丁的计划时，木里王解释说，那一地区全名叫贡嘎日松贡布，根据藏族的宗教，夏诺多吉（金刚手菩萨）、央迈勇（文殊菩萨）、仙乃日（观音菩萨）分别住在那里的三座雄伟的雪峰之上。这三座雪山是贡嘎岭周围山民的山神。如果哪个外乡人胆敢进入这个地区，在被抢掠一空后会被杀掉。当时贡嘎岭地区的匪首叫德拉什松彭。由于木里王允许他经过自己的地盘去攻击四川境内的其他部落，因而他们关系较好。他很快亲笔给贡嘎岭匪首德拉什松彭写了信，信中措辞强硬，声明一支美国考察队要到贡嘎日松贡布周围科考探险。他要求并命令所有的土匪都不得打扰他们。不久德拉什松彭回信，同意洛克一行前来考察，并保证他们的安全。

"6 月 13 日，洛克一行带着 36 匹骡子和马，还有 21 名纳西族随从，离开木里，经米译嘎山至苏曲河，翻越稻城海拔 4985 米的西沙山脉，走进了亚丁境内。当时'整个地区的植被和文化几乎没有被破坏'。在亚丁境内呆了十几天。对境内的三座雪峰在原文里都一一进行了描述：'夜幕降临了，我坐在帐篷前面，面对着藏民们称为夏诺多吉的巨大的山峦。此时云已散去了，雷神的光彩呈现在眼前，那是一座削去了尖顶的金字塔形的山峰，它的两翼伸展着宽阔的山脊，像是一只巨型蝙蝠的翅膀'……'谢热日峰这座外形像是一个巨大宝座，好像是供活佛坐在上面沉思用的——它真像是藏族神话中天神的椅子'……'在我面前的晴朗的天空衬托下面，耸立着举世无双的央迈勇雪峰，它是我见过的最美的雪山。'……

"同年8月洛克先生第二次进入亚丁，又进行了为期十余天的考察。先后两次进入亚丁境内，洛克搜集了当地许多不知名的动、植物标本，绘制地图，还撰写了《贡嘎岭香巴拉，世外桃源圣地》一文，长达65页，有76张图片。其中彩照有43幅。他在文章开头激动地写道：'在整个世界里，有什么地方还能有如此的景色等待着摄影者和探险者'……

"1928年下半年，他打算再次探访亚丁贡嘎岭山脉。又一次寻求木里王的帮助。木里王欣然答应，并为他们第三次考察作了全部准备，还派了一名喇嘛陪同他们。当他们步入稻城境内的途中，一个信使带着木里王的一封信赶来了，而且还附有德拉什松彭写给木里王的信。木里王劝他取消计划，因为贡嘎岭匪首说他已经得知洛克到达木里的消息，如果洛克胆敢再次踏进他的地盘，他就不会听从木里王的意见，执意对他们进行抢劫，并杀死他们。他的理由是洛克一行惹怒了神山。就在他们两次对雪山进行考察不久以后，神山发怒了，大量巨大的冰雹打坏了地里的青稞。洛克深知强匪们的凶残和野蛮，便接受了木里王的劝告。这样，贡嘎岭地区再一次关闭了。后来回到美国，洛克一直到临终时都有第三次到亚丁考察的愿望。

"为此，洛克成为历史上第一个到亚丁境内进行探险的西方人，第一个在亚丁境内采集动植物标本、绘制地图、用彩色胶片和纪实文章将亚丁境内记载下来，随后，美国《国家地理》杂志连续刊载了洛克关于稻城亚丁地区的文字和图片资料，在全美乃至欧洲引起巨大轰动。值得一提的是，曾经在美国《国家地理》杂志发表的有关亚丁的照片和文章，为希尔顿创作《消失的地平线》提供了难得的素材。这本小说与洛克在《美国国家地理杂志》上的出版物迅速交融，在欧、美、日等地掀起了波澜，并使"香格里拉"一词传遍全世界，同时也在世界范围内兴起了寻找香格里拉的热潮。"①

三　以独特的视角策划选题

《国家地理》有一个高级编辑组来专门确定选题，这个选题有些是由摄影家提出，比如"重走马可·波罗之路"就是由麦可·山下提出的。但是不管谁提出选题，都要经过高级编辑组的讨论和评审，总编最后同意，才可以立项确定选题，一般都需要比较长的前期准备时间。

1271 年，17 岁的马可·波罗历经四年艰辛，沿着丝绸古道来到中国元大都（今日的北京），17 年中他的足迹遍及大半个中国。40 岁回到故乡威尼斯后，他编著了《东方见闻录》，这是世界上第一本西方人撰写的介绍亲历东方大陆的书。西方人首次从书中了解东方，看到中国。此书出版后轰动了欧洲，马可·波罗由此被誉为中西方文化交流的伟大先驱。美国《国家地理》签约摄影师麦可·山下先生，自 1979 年中国改革开放后，一直关注亚洲地区特别是中国。凭借非凡的洞察力，他选择了重走马可·波罗 700 多年前所走过的路程，从威尼斯出发穿越伊朗、伊拉克的崇山峻岭和沙漠，冒险进入阿富汗的交战区，翻越帕米尔高原，历时三载，跨越十个国家，最后到达中国。麦可·山下以独特的视角将遗址、景观与生活中人类活动组合成故事性的题材，从而赋予静止的景观一种生命的律动。上万张精彩照片，充分展示了在这条久已废弃的古道上不同文化中人们的生存状态。其作品 2001 年分 3 期在《国家地理》连载，并获得《国家地理》最佳故事和最佳摄影奖。

四　会员制的经营理念

1898 年贝尔担任国家地理协会会长以后，将会员制的运作方式带入

---

① 《图片故事：香格里拉发现之旅》，http：//tech. sina. com. cn/d/2005 - 10 - 24/1509746812. shtml，2005 - 10 - 24。

国家地理协会，即缴纳会费的单位或个人可以成为美国国家地理协会会员，会费就以协会会刊《国家地理》杂志的订阅为缴纳形式。主编格罗夫纳也坚持不把杂志送上报摊零售，而是限定只邮送给国家地理协会的会员。他认定："以会员制发行杂志，吸引力会超过（开放式）征集订户。"会员可参与其相关活动，并获得诸如国家地理协会历史小画册、随刊附赠的5幅壁挂地图以及会员证书等赠品。为保证大多数会员的利益，《国家地理》杂志采取订阅制，很少在报刊亭售卖，协会网站提供网上订阅渠道，随时订阅随时入会。这种独特的发行方式使得《国家地理》顺利进入美国人的家庭，实现了发行量的迅速增长，并为其发展奠定了基础。从会员制对杂志内容的影响来看，它可以使杂志脱离广告盈利的模式，从而让编创人员将注意力更多地集中到刊物的报道内容上，以刊物内容的真正实力赢得好评，同时吸引更多读者成为会员。有人说，会员制的特点在于"精确制导"，其精确度甚至可达上百万分之一。纵然有上百万的庞大消费群体，但每个人的资料都能掌握。读者订阅《国家地理》时，须填写相关的个人信息，包括电子邮箱之类，信用卡或网络订阅客户信息也很利于掌握，个人资料搜集的意义在于会员的一对一服务，国家地理协会通过定期的相关活动使得杂志的订阅变成一种人性化的交往。

五　拥有一大批优秀的摄影师

国家地理杂志数年来坚持的千分之一的选片率，虽然显得有些苛刻，但却由此而诞生了一大批充满理想和浪漫主义的优秀摄影师。《国家地理》的摄影师全部接受过大学教育，专业五花八门。他们绝大多数不是学的摄影，但都受过摄影训练。他们的专业主要是新闻学、社会学、地理学，还有艺术、自然科学及其他人文科学，有的拥有多门学科的学位。这些摄影师来到《国家地理》之前都在专业媒体工作过五六年，都有出色的水下摄影、动植物摄影、考古摄影和其他专业摄影的经验。他们不仅学识精湛、技能高超，并且敬业执著，是一群对我们这个世界始终保持着激情与好奇的人。

"《国家地理》杂志的摄影师，每年平均拍摄150个专题故事，行程超过 100 万英里。任何一天，都会有数十个摄影师分布在世界各地为《国家地理》从事他们的拍摄工作，寻找与众不同的拍摄对象。《国家地理》杂志的摄影师试图把灿烂多彩的世界带进杂志里。总而言之，在外人看来，这是份绚丽的事业。

"今天，《国家地理》杂志摄影师形象一如既往地充满浪漫色彩。可以说那是一份充满梦想的工作。但梦想和现实是如何联结的呢？'现实情况是你每天八点钟起床拍照，晚上上床睡觉，没有根本的不同。你带着大包小包，到世界各地去，接受海关检查，可能会病倒，生疮得疟疾，你置身恶劣环境，住在恐怖的酒店，担心着开支，花无数时间安排，申请安全、申请批准、申请授权，而最后只花很少时间拍摄。'长期从事水下摄影的雷茨这样说。他们的拍摄工作经常辛苦到精疲力竭，有人的飞机曾坠机，有人曾在南美丛林中得过二十次痢疾，有人从悬崖上摔下来，背骨断了，有人在欧洲在非洲不止一次被持枪抢劫…… 也有碰上问题，结果坏事变好事的例子。斯坦菲尔德报道冒险家乘复制的老爷飞机环球航行的事件时，在飞行的第 29 天，飞机在苏门答腊上空发生问题。由于引擎失灵，飞机只好紧急着陆，斯坦菲尔德及飞行员死里逃生，在飞机坠落的过程中斯坦菲尔德忙着拍照片，根本没有注意到危险。'我没有料到飞机会掉在稻田里，事后我发现自己拍下的一些照片是完全没有记忆的。'这次惊险的意外，为飞行计划带来不幸，令飞行员仓皇失措，却令斯坦菲尔德拍到绝好的照片。尼克尔斯的专长是拍摄危险的野生动物，他在田野工作时遇到厄运的次数他自己都记不清了。他就是那个被大猩猩一掌推下悬崖的 NG 摄影师，听听他年轻时候描述当时的情景令人忍俊不禁：'我感到一双大手在我的肩膀上……'他在非洲恩多苍雨林与摄影小组共同度过的七个月至今记忆犹新。'恩多苍是我首次接触的完整自然生态，你进入恩多苍发现自己是局外人，在那里，动物才是主人，人是完全的闯入者。我的工作最艰辛的部分不是拍照，而是在拍摄环境下生存。为拍摄而忍受痛苦和紧张的程度，是许多人不愿付出的代价。'当时尼克尔斯和他的摄影助手伏在几尺深的黑色淤泥中，腐烂的树叶发出阵阵恶臭，成群的蚊虫和大团大团黑漆漆的不知名的昆虫蜂拥过来，它们停在手臂上、脸上，这些地方顿时就像锈了一层粗糙的黑漆。'它们狠命地咬你，咬你的眼睛，耳朵，让你生病——永远医治不好的神秘不知名的病，它们会把你逼疯，还有的寄生虫钻进你的脚里，你不得不用针把他们挑出来，有时候，大腿上，屁股上，全是寄生虫钻出的通红的洞。什么药膏也没用。'在蚊虫困扰他们的一个小时里，他什么也没法拍，他曾经打开相机暗盒，试图装胶卷，但蚊虫乱飞根本没法装。除了昆虫，尼克尔斯拍摄脾气坏的大象是另一种冒险，当时，他站在溪涧中，大象正对着冲向他，他一边移动镜头追踪大象，一边构图，一边在计算何时转身逃命。他在最后一刻按下快门，然后狂奔逃开。完事之后，他还在担心，我对焦了吗，按快门了吗，装胶卷了吗。尼克尔斯坦率地说：'田野工作不是普通人能胜任的，每天工作 18 个小时，不吃东西，远离家人，居住在森林，那完全不是一份舒适的工作。'"[①] 而正是《国家地理》几代富有牺牲精神、社会责任感和正义感的优秀摄影师们，以敏锐的观察力、博大的情怀和非凡的真诚记录了百年来世界政治、经济、文化、地理的变迁，记录了常被遗忘的生命哀乐和人类的梦想与追求，才使我们从地理杂志的大量精美绝伦的图片中，感受到既有朴素的自然状态对我们视觉的巨大冲击，又有被它唤起的发自内心的感动。

☞案例评析

美国《国家地理》杂志的成功带给中国的科普期刊很多启示。目前，中国的科普期刊之所以少有精品出现，首先在于一些期刊缺乏特色，部分刊物内容定位和风格定位趋同。其次，科普期刊的质量还不高，缺乏有深度、有新意的专题策划和原创性的内容，包装粗糙，不重视版面美化，难以适应读者不断提升的欣赏水平的要求。再次，缺乏高素质的人才队伍，缺乏既懂科学，又懂大众传播和媒介营销的复合型人才。因此，我国期刊要及时更新观念，找准读者定位，打造精品内容，以特色取胜。同时，改

① 赵嘉：《NG 怎样得到照片》，http：//www. sea—th. net/read. php？ tid = 649，2006 - 08 - 27。

革和完善管理体制及运行机制，加强期刊的营销和宣传，尝试跨媒体发展策略和国际合作策略，以拓展杂志的生存空间。

作为一本出版一百多年、久负盛名的杂志，《国家地理》在不断地创造辉煌的同时，也越来越感受到了压力。

《国家地理》杂志成立之初曾有"不论任何国家，任何民族的题材，只宜刊登好的一面，不雅的描述、不当的批评，一概不予刊登"的编辑方针，但1970年后的数位总编辑将该杂志的内容扩展到报道化学污染、核能发电、非法野生动物买卖和人类演化等有争议的领域。

20世纪90年代后，随着订阅数量的下降，一些调查也显示，《国家地理》读者的平均年龄在跟着它一起老化。美国国家地理协会现在更加依赖国家地理频道而不是《国家地理》杂志。因此，《国家地理》在文字、图片和选题上都做了比较大的调整。首先是摄影师的选择面更大了，在图片选择上也比原来更加灵活。比如在黑白照片和数码照片的使用上都大胆了许多。不好的消息是，《国家地理》现在给摄影师完成一个专题的时间少了，原来要3—4个月完成的专题，现在要在3—4周里完成。能看得出来，《国家地理》这些年的图片，光线和色彩依然完美，但是已经过于程式化，不再吸引人。

另外，《国家地理》杂志虽然号称是以世界视野忠实记载自然人文地理，但在展示发展中国家的地理概貌时，带着自己有色的文化视野进行描述。正如《中国国家地理》执行总编单之蔷深刻感触到的："我们在编辑新疆专辑时，发现美国的《国家地理》杂志也做过一期新疆专辑，然而我们看到的美国人眼里的新疆是如此闭塞、落后，一切都被蒙上一层灰蒙蒙的阴影。他们用这样一些照片来表现新疆：一群天真烂漫的儿童，头带警察的大盖帽，腰扎武装带在跳舞；集市的牙医乌黑的手伸进患者的口里拔牙；克拉玛依大火烧死的小学生的遗照……无疑我们认为这些照片是真实的，但这种真实只是局部的真实。它们不能正确地反映新疆的'主体'，甚至忽略了新疆的自然与历史之美。"①

---

① 邢婷：《从文化霸权到平等对话：国际传播的异化与回归》，紫金网，2005年7月28日。

虽然步履显得有些艰难，但是《国家地理》依旧努力地前行，为全世界的读者提供丰富的精神食粮，同时，它也为全世界的摄影师树立了一个关于图片中报道、艺术和商业之间平衡的标尺。

参考文献

[1]《高端访问—访美国国家地理学会执行副总裁特里—艾德姆林》，http：//news. sina. com. cn/c/2004 – 09 – 26/02484424914. shtml，2004 – 09 – 26。

[2] 沙楚：《大师的眼光—美国〈国家地理〉杂志签约摄影师史蒂夫·麦凯瑞》。

[3] 任彦：《追寻马可·波罗》，《市场报》2003 年 11 月 20 日。

[4] 叶新、李漓：《国家地理的传奇》，《出版广角》2005 年第 10 期。

[5] 杨欢：《解读美国国家地理的品牌策略》，《当代传播》2004 年第 5 期。

[6]《〈国家地理〉怎样得到照片》，http：//art. people. com. cn/GB/41123/41125/3091627. html，2006 – 06 – 26。

《国家地理》

打开外部世界的一扇窗

《史学月刊》

——做学术期刊阵营里的一面旗帜

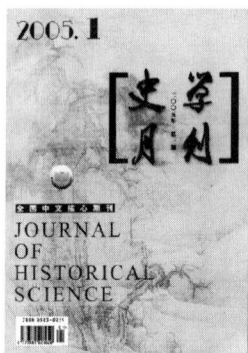

《史学月刊》封面

五十多年来，《史学月刊》（包括其前身《新史学通讯》）与年轻的共和国一道经历了成长、壮大的历程，经受了战斗的洗礼，曲折的磨难，时代的考验和繁荣的欣悦，与新中国同呼吸，共命运。用自己的一期期刊物记载了新中国史学研究的点滴历程，为中国史学研究的发展和壮大贡献着自己的力量，并在新的世纪里越发出现勃勃生机和活力，这对于一个发展了半个多世纪的刊物来说是难得的，对于一份严肃的学术期刊，尤其难能可贵。《史学月刊》成绩的取得和自己的努力以及正确的方法和政策分不开，在漫长的发展历程中，它形成了自己独特的办刊风格和经验。

☞ 案例介绍

一　坚持正确的政治导向，以先进的思想为指导

《史学月刊》作为一份传播马克思主义和唯物历史观的史学刊物，坚持正确的指导思想和政治立场意义重大。一直以来力求在纷繁复杂的观点中坚持自己发展历史科学的学术立场，搞好学术和政治以及历史与现实的关系，使自己的学术使命在推动历史发展的进程中得到实现。其成功做法主要表现在以下几个方面：

第一，坚持以马克思主义为办刊的指导思想，对马克思主义在史学领

域的传播、运用及其指导地位的确立以及有中国特色的马克思主义史学的创立和发展，做出了重大的贡献。特别是近二十多年，在马克思主义科学发展观的指导下，根据时代的需要，《史学月刊》不断重新设置新的栏目，使史学界对历史发展动力、历史创造者、社会形态演进、史学理论建设等问题的认识逐步得以深化。同时在具体历史问题的微观研究上，使社会史、文化史等领域也有了很大的拓展。总之，《史学月刊》为引导马克思主义史学沿着健康的道路向新的高度发展作出了应有的贡献。

第二，在发展学术上，坚持正确的学术立场，积极开放，兼收并蓄。不搞一家之言，不设一言之堂。正确处理了政治和学术、历史和现实的关系。在具体做法上，坚持贯彻"百家争鸣"的方针，积极参与并主持了若干重大历史问题的学术讨论。"百家争鸣"的宗旨就是在承认不同学术流派存在的前提下，通过相互间的争论求得问题的解决，促进学术的发展。这是办好学术专业期刊的一条重要原则。新中国成立后，随着史学研究的日趋繁荣，许多重要的历史问题和史学理论问题得到广泛热烈的讨论。比如被人们誉为"五朵金花"的问题等。《史学月刊》本着发扬学术民主，坚持以理服人的原则，积极参与并主持了这些问题的讨论与研究。通过这些重大历史问题的深入讨论，有力地促进了马克思主义在中国史学研究中指导地位的确立，推动了历史研究和历史教学工作的发展。

第三，在办刊理念中，牢固树立人民群众的历史观，以人为本。办刊必须坚守服务学人的立场。学术事业、学理探讨的主体，是精神富有的学人。为他们掌握学术动态、了解研究信息、发表科学成果、切磋学习心得提供及时、热情、周到的服务，是《史学月刊》的立刊之本。《史学月刊》坚持史学研究为社会主义服务、为人民服务的"二为"方针，在发展历程中，重视研究和总结历史的经验教训，对中国社会主义的政治、经济、文化等方面的现代化建设，具有现实的借鉴意义。

二　明确的定位和办刊宗旨

1951 年 1 月 31 日，中华人民共和国诞生只有 15 个月之时，在中华文明摇篮的黄河之滨开封，著名的史学家、时任中国新史学会河南省分会会长和河南大学校长的嵇文甫教授创办了新中国最早的一份史学刊物——《新史学通讯》（《史学月刊》前身）。从办刊的第一天起，《史学月刊》就明确了自己的办刊宗旨和读者群体。并且一直用发展的眼光和态度，与时俱进，不断地根据时代的特点和任务，及时调整自己的办刊宗旨，并且根据需要，灵活调整版式和栏目设置，做到不拘泥、不守旧，真正用马克思主义的历史唯物发展观解决自己的办刊问题。

当时正值新中国成立初期，如何运用马克思主义唯物史观指导历史研究，是史学界需要解决的突出问题。刊物的创办者都有早年参加革命的经历，较早地接触到马克思主义理论，所以他们就以《新史学通讯》为阵地，肩负起了在新中国史学界普及马克思主义的庄严使命。

《新史学通讯》把办刊宗旨明确为"为人民服务，为各级历史教学服务，特别是为中小学教师服务"，因此创刊后，受到大、中、小学历史教师的重视。当时，该刊所发表的文章，都能满足读者的需要，回答与讨论当时史学界尚待解决的一些问题。

《新史学通讯》对于中国马克思主义史学的发展做出了贡献，进一步促进了马克思主义史学主导地位的确立和发展。《新史学通讯》所取得的成就和反映的特点，从一个侧面为十七年的史学研究打下了一个良好的基础。《新史学通讯》在新中国建立初期影响和教育了一大批渴望学习马克思主义理论的史学工作者。

20 世纪 80 年代复刊之初，编辑部根据新时期中国历史学发展的形势，与时俱进，适时地调整了该刊的办刊宗旨和编辑方针。

1980 年复刊之初，编委会讨论该刊的编辑方针，确定了如下办刊宗旨和编辑方针：继续坚持原有"立足河南，面向全国"的特点，把《史学月刊》办成一个历史专业的学术性刊物；进行爱国主义和共产主义教育，为实现我国四个现代化，为繁荣和发展历史科学，为培养青年史学工作者服务；贯彻"百花齐放，百家争鸣"的方针，各抒己见，自由讨论，探求真理，活跃学术空气。

1996 年年底，李振宏教授从河南大学历史文化学院调至《史学月刊》任副主编，主持编辑部工作。李振宏教授上任后，根据 20 世纪 90 年代中国历史学界轻视理论和重大现实课题的研究；社会史和文化史研究、史学评论成为史学发展新的生长点；电脑在知识阶层已经普及化，并极大地改变了历史研究的传统操作方式和资源获得途径；拥有硕士、博士学位的青年史学工作者构成了史学研究队伍的核心等学术发展新特点，及时调整了刊物的宗旨和发展方向，将其办成一个全国性的、面向世界的、与国内高层次史学刊物相媲美的大型历史专业的学术性刊物作为今后努力的方向。它的办刊宗旨是在马克思列宁主义、毛泽东思想和邓小平理论的指导下，贯彻"百花齐放，百家争鸣"的方针，坚持以繁荣学术为己任的高品位价值追求，以培养青年为目标的前瞻性战略眼光，以学术水平定取舍的无偏见选题原则，以有益社会为宗旨的大效益办刊方针。

三 栏目设置上开辟新途,力求从多角度 反映我国史学界研究的新成果

《史学月刊》1980年7月至1983年12月（总第126—150期），每期为96个页码。自1984年第1期起至1999年第6期（总第151—242期），每期120个页码。刊物的容纳量大为增加，已成为一个中型的史学刊物。

《史学月刊》力求从多角度反映我国史学界研究的新成果，拓宽读者知识面，增强刊物的活力，对原有栏目进行了大刀阔斧的改革，取消了"教学参考"、"读史琐记"、"历史人物"、"地方史志"、"青年论坛"等栏目，开辟了"史学理论与史学史"、"专题研究"、"史学评论"、"区域史研究"、"城市史研究"、"乡村史研究"、"社会史研究"、"科技文化史"、"宗教文化研究"、"学术史研究"、"二十世纪中国史学笔谈"、"电脑与史学运用"、"新资料发掘与研究"、"学者访谈"、"古代知识分子研究"、"学术综述"、"读史札记"诸栏目。《史学月刊》这次栏目调整，引起了当代中国史学史研究者的关注，在有关20世纪学术史研究著作中得到了反映。《20世纪的中国：学术与社会·史学卷》第六编《20世纪中国史学学术编年》，在"1997年"条记录了这一事件："3月，《史学月刊》开设'二十世纪中国史学笔谈'专栏，总结20世纪中国史学的发展历程。"

目前《史学月刊》开始形成了以"专题研究"、"史学理论与史学

史"、"史学评论"、"社会史"（包括"城市史"、"乡村史"等）、"电脑与史学运用"、"新资料发掘与研究"等专栏为重点，重视理论创新和新的历史研究方式与手段的运用，注意开拓历史研究新视阈的办刊特色。

四 内容为王，以质量求发展，组织高水平的编者队伍

20世纪80年代初，在中共河南省委宣传部与省社会科学联合会、省史学会，特别是河南大学党委的领导下，《史学月刊》逐步健全了编辑部的行政组织，注重加强自身建设。

复刊后，编辑部聘请了开封籍著名历史学家白寿彝教授为本刊顾问，赵希鼎教授任主编。赵希鼎教授离休后，由学校党委副书记兼历史系教授靳德行任主编。赵克毅教授、孙心一副教授、秦英君教授、郭常英编审和李振宏教授先后担任副主编。1995年靳德行主编去世后，主编一职一直空缺至2001年年底。其间由李振宏副主编行使主编职责，主管编辑部的日常工作。2001年年底，李振宏教授担任主编职务。

此外，《史学月刊》还利用河南大学历史系（现历史文化学院）的优势，聘请兼职编辑十多人，其中绝大多数具有副教授以上职称，从而加强了编辑部的力量。为提高刊物的编校质量，改进刊物的装帧设计，编辑部还先后聘请李易简（已去世）、胡益祥、张如法、肖红、王四朋等先生为特约编辑，负责外校和美编工作。

从2000年起，根据河南大学学科建设与发展规划的需要以及刊物自身发展的需要，《史学月刊》实施了精品战略。其中之一就是对编委会做了根本性的调整。编辑部聘请了历史学界一大批著名的专家学者充实编委队伍，并以其为基础，逐渐建立起了一支高水平的作者队伍。刊物的学术水平获得了极大的提高，引起了同行的瞩目。

五 与时俱进，不断开拓创新

《史学月刊》虽然是一份史学方面的专业期刊，但并不守旧，在发展中，坚持与时俱进，积极利用现代科技为自己的发展服务。

根据学术发展的需要和读者审美情趣的变化，《史学月刊》主动进一步扩大版面，改进装帧设计和用纸规格。从2000年第1期（总第243期）开始，《史学月刊》由原来的120个页码增加到152个页码，版面由原来的小16开本改为国际流行的大16开本。在版式设计上，将原来安排在封三的英文目录提前到第2页；为让版面更整洁，一页未满的空白处不再安排"豆腐干块"的补白性短文；从2001年起，每篇文章都附有中英文"关键词"、"摘要"。此外，在文章篇幅上，允许发表两万字左右甚至两万字以上的高质量的长篇大论。新版式的采用和文章字数限制的放宽，使《史学月刊》显得比以前更大度、更气派。

聘请王四朋为特约美编，设计出了庄重典雅、朴素大方的封面。封面采用双面彩色胶印。2000年第1期出版后，从外观上给人以焕然一新的感觉。

进入新的世纪，中国历史学出现蓬勃发展的局面。为适应历史科学发展的新形势，《史学月刊》从2002年起恢复月刊，篇幅从152个页码适当下调至128个页码。刊物的总体容纳量大为增加，已从20世纪八九十年代的一个中型史学刊物发展为新世纪的全国性大型史学专业刊物。

此外，还积极利用网络技术，建立了自己的网站，极大地方便了不同的读者用更多的手段了解该期刊，为《史学月刊》的发展和宣传提供了一个新的方便快捷的平台。电子邮箱的开通，为更多的作者投稿提供了方便。这种互动的交流也使期刊更加接近读者，了解其所需所求，更好地为他们服务。为了适应发展的需要，《史学月刊》编辑部重视改善办公条件。从硬件上保证了期刊现代化的实现。

六　加大学术交流

《史学月刊》注重加强与同行的联系和沟通，抓好选题、组织好学术论文的撰写，充分发挥老、中、青史学研究者各自的优势，为办好刊物和进一步提高刊物的学术水平而努力。

此外，还积极举办学术会议，以此加强与同行的交流。广泛吸取建议和意见。2000年4月19日，《史学月刊》编辑部在北京举行在京顾问、编委会议，研讨世纪之交中国历史学发展的状况及其趋势，共商《史学月刊》在新世纪的发展大计。2001 年 4 月 23—26 日，编辑部邀请本刊顾问、编委以及部分专家学者，在开封召开了 "21 世纪中国史学学术研讨会"，取得了圆满的成功。《人民日报》、《光明日报》、《史学理论研究》、《中国社会科学院院报》、《史学月刊》等报刊报道了这次会议取得的成果。2002 年 4 月，编辑部又邀请国内史学期刊界的同行和部分院校的专家学者，召开了 "史学期刊发展研讨会"，《社会科学报》、《光明日报》、《中国史研究》、《文史哲》等报刊和学术批评网（http：//www. acriti-cism. com）等学术网站及时报道了此次研讨会的成果。

从 1991 年开始，《史学月刊》文章在美国 *History Abstracts and America: History and Life* 上登有摘要和索引。日本《东洋史研究》每期刊载《史学月刊》发表文章的目录。该刊订户包括美国和加拿大许多大学图书馆，以及世界其他地区许多重要机构、图书馆，加强了国际间的学术交流，受到世界各国学者的瞩目。

众多学术名家的赞赏和推介，一个个读者的喜爱和期待，是对《史学月刊》最大的认可和褒奖。著名的甲骨学家胡厚宣教授说，从《新史学通讯》他就开始收藏，一直延续不断。1986 年，胡老建议编印一本目录索引以供读者查阅、研究。根据读者和研究者的需要，1991 年在该刊创刊 40 周年之际，编辑部编辑出版了《总目索引（1951. 1—1990. 12）》。2001 年该刊创刊五十周年时，编辑部又在此《总目索引》的基础上，制作了《〈史学月刊〉五十年目录检索》光盘，用户可以按照作者、题目、刊期和类别四种检索途径，方便地检索到五十年间《史学月刊》所发表的文章目录及其作者。著名唐史专家牛致功教授虽历经 "文化大革命" 十年浩劫，如今还保存自己用 "土办法" 装订的 20 世纪 50 年代初期的《新史学通讯》。已故本刊顾问白寿彝先生生前非常关心与爱护这份刊物，他曾建议把过去的刊物再翻印一次，供国内各研究机构、大专院校使用。胡厚宣先生也说："有的文章，确有较高的学术水平。所以几十年来，一直获得史学界以及整个学术界的好评。"（《史学月刊》1985 年第 1 期）

20 世纪 80 年代以来，编辑部不断接到我国港台地区和国外读者的赞誉和询问函件。一位访问河南大学的美国学者说，他在美国就注意到了《史学月刊》，这次来到开封，一定要在《史学月刊》编辑部楼前拍照留念。美国国会图书馆亦收藏《史学月刊》，因缺1983年第1—6期，要求予以惠赠。韩国读者林相范要求购买"从1951年到1989年"的全部刊物。1990年2月，香港成文出版社有限公司为促进内地与台湾地区之间的文化交流，代理台湾地区大专院校、学术团体、图书馆订购内地出版的期刊，《史学月刊》为被选期刊之一。台湾海洋大学林波娃教授1991年来信表示"对《史学月刊》甚感兴趣"。1999年香港公开大学把《史学月刊》发表的一篇文章选入其教学参考资料。近年来，新加坡国立中文大学、韩国全北道全北大学等国外院校不断有学者寄来稿件，在《史学月刊》发表。

最近几年来，该刊发表的文章的转载率大幅度上升。1997年以来转载率一直保持在45%以上。转载率、复印率在同类刊物中也占据较高的位置，据2005年3月5日《光明日报》公布的统计结果，该刊复印率在全国同类刊物中排名第一，全国综合类排名第七。

在北京市图书馆和北京高校图书馆期刊工作研究会组织的"全国中文核心期刊"评价和编制的《全国中文核心期刊要目总览》中，《史学月刊》连续几届被评为历史类全国中文核心期刊，列入正式出版的《全国中文核心期刊要目总览》。

2000年南京大学出版社出版的《中国社会科学计量指标——论文、引文与期刊引用统计（1998年）》，在"最有影响力"的30种期刊中，《史学月刊》（含《新史学通讯》）是其中之一。

越来越多的高等院校和科研学术机构把《史学月刊》列为本单位特别指定的"核心期刊"或"重要期刊"，与《中国史研究》、《世界历史》等国家级大刊同等看待，对在《史学月刊》上发表文章的本单位科研人员予以重奖。

一个个奖项和荣誉更证明了该刊的魅力和实力，它的社会效益得到了充分的实现和发挥。在如今期刊林立的情况下，一份期刊获得如此大的影响是很不容易的，对于一份纯学术的历经了五十多年的史学期刊来说，更是不易。它的成功不是与生俱来的，也不是轻易获得的，而是众多的编辑们在实践中一步步摸索出来的。

做学术期刊阵营里的一面旗帜

☞案例评析

　　学术研究道路的漫长，也就注定了学术期刊要与时俱进，对已存世以千年计的历史科学来说，五十多岁的《史学月刊》仍然不过是古琴今曲，老树新芽，仍然需要不断地完善自己，笔者认为应该从以下几个方面予以考虑。

（一）掌握准确的期刊定位，用特色和个性赢得读者

　　准确的定位是一份期刊的立刊之道，也是其长期发展的根基。而特色化和个性化则是竞争取胜的砝码。特色是期刊的生命。期刊没有特色就没有优势，对读者就没有吸引力。期刊的特色主要表现在如时代特色、地域特色、个性特色等方面。对学术期刊而言，其所研究探讨的专业、学科、领域以及栏目设置、编排技巧等，都应该有自己的风格和特色。尤其是内容的新颖、深刻和独特，既决定了学术期刊的品味和格调，也体现了学术期刊的特色。有特色的学术期刊不仅有自己的特色作者、特色读者，还能吸引不同层次的读者，扩大期刊的读者群体，提高发行量。《史学月刊》完全有能力利用自己的影响力形成自己的特色研究领域，在专业化的道路上实现特色化、个性化，打造自己的无可取代地位，进一步扩大自己的影响力和竞争力。

（二）树立品牌意识，打造自身的品牌

　　随着我国加入世界贸易组织，外国期刊的流入给期刊市场带来了前所未有的激烈竞争。树立自己的品牌，提高知名度和影响力，积累自己的品牌资本成为学术期刊实现可持续发展，崛起于世界期刊之林的制胜之道。《史学月刊》应借助自己已有的知名度，打造自己的品牌形象，积极参与国际竞争。

（三）把握期刊的普及性

　　学术期刊是高层次的理论性刊物，其最大的特点是学术性、抽象性和专业性。它比一般通俗类、娱乐类期刊更多地侧重于辩证思维和学术理

论，因而给人一种"枯燥乏味的感觉"。目前，相当多的学术期刊沉湎于"阳春白雪"式的孤芳自赏，一味追求内容的深奥冷僻，不仅使专业读者不得要领，读而生厌，更使得其他读者不敢问津，望而生畏。因此学术期刊必须处理好提高与普及、品位与趣味、高雅与通俗的关系，尽量做到雅俗共赏，既要照顾专业读者的需要，又要适当照顾不同层次读者的需求，在保持期刊学术特色的前提下，注意期刊内容的趣味性和通俗性。《史学月刊》目前的读者定位虽然是史学工作者和大中专院校的师生，可是据观察，对于大多数读者而言，它还处于一个高高在上的权威阶段，甚至很多人都不敢问津。以后可以从这方面入手，研究初入门者和年轻学人的特点，给他们提供一个舞台，让他们在史学的天地里获得发展，同时也为史学的长期持续发展积累锻炼了人才。

此外，学术期刊还应该注意语言上的可读性。目前，学术期刊上刊登的不少文章，从使用语言的角度看，大多严谨有余，活泼不足，堆砌名词概念过多，深入浅出地论理不足；行文呆板者多，文采优美者少。

（四）勇闯发行和经营的新路

我们在提高学术期刊的科学含量和刊物本身质量的同时，要做的另一项工作便是不断提高学术期刊的经济效益，提高期刊的经营水平，实现期刊社会效益和经济效益的高度统一。通过开发期刊的多种经营项目，反哺期刊正常的学术运行。一直以来，有人担心刊登广告会影响学术期刊的严肃性和学术性，其实有些学术期刊谈钱色变或者不齿于说钱，认为学术期刊无法与市场对接，学术期刊讲求经济效益，无异于刊物文化生命的终结。其实，随着市场的成熟，越来越多的人接受了广告，并从中获取自己所需的信息。适当刊登合适的广告，不但不会影响期刊的权威性，而且可以增加刊物的亲和力，拉近读者和刊物的距离，扩大读者群。可谓一举数得。

在具体运作中，通过内部建立竞争机制，外部广开发行渠道和加大宣传力度，不断扩大影响力和竞争力。《史学月刊》可以创新自己的办刊观念和管理体制，发展广告市场，实现社会效益和经济效益的统一，应对市场化和全球化的冲击和挑战。

（五）与时俱进，继续加强国际间的交流和合作

第一，《史学月刊》作为联系读者和作者的桥梁，应加强与国内外史学工作者的广泛联系，为读者提供更多的学术精品，也可以适当刊登一些海外史学工作者的文章，以开阔人们的视野。

第二，传播形式应该网络化、数字化、现代化、国际化。

我们有理由相信五十多岁的《史学月刊》，在发扬自己优秀传统的基础上，通过坚持不懈的努力，一定可以迎来更加辉煌的明天，作为一面鲜艳的旗帜高高飘扬在学术期刊的阵营中，飘在世界期刊的方阵上空。

参考文献

［1］《史学月刊》编辑部：《〈史学月刊〉五十年》，《史学月刊》2001 年第 1 期。

［2］彭明：《实事求是　开拓创新——〈史学月刊〉创刊 50 周年〉》，《史学月刊》2001 年第 1 期。

［3］安作璋：《祝贺〈史学月刊〉创刊 50 周年》，《史学月刊》2001 年第 1 期。

［4］朱绍侯：《回忆〈新史学通讯〉》，《史学月刊》2001 年第 1 期。

［5］周祥森：《〈史学月刊〉的历史与现状》，www. sxyk. henu. edu. cn。

［6］张越：《〈新史学通讯〉与中国马克思主义史学》，《史学月刊》1998 年第 1 期。

［7］陈燕、沈剑红：《加入 WTO 后学术期刊培养品牌的根本策略》，《编辑之友》2003 年第 2 期。

《中国广告》

——见证历史,引领未来

1981 年,全国比较知名的 48 家广告公司联合发起创办了一本属于中国自己的广告杂志,这就是中国国内历史最悠久的广告专业杂志《中国广告》,比中国广告协会的创建还要早四年。编辑单位是当时在国内实力超群的广告公司——北京联合广告公司和上海广告装潢公司,其中上海广告装潢公司实力最强,自然被推举为创办《中国广告》的常务单位。就这样《中国广告》落户上海,在上海注册并使用全国刊号。

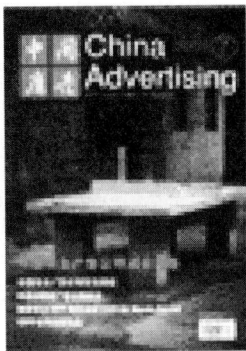

《中国广告》封面

20 世纪 70 年代末 80 年代初,对中国广告人来说是个激动人心的年代,这个时期中国广告界发生了很多大事,比如中国出产了第一条外资广告、第一条比较成型的电视广告等。20 世纪 80 年代初中国广告业开始复兴,同时广告期刊也因着广告业的发展而逐步成长。应运而生的《中国广告》在本土广告尚处于摸索阶段时,无疑是本土广告界的一股清风,它代表了内地广告期刊业的一个时代。《中国广告》二十余年的出版历程,见证了中国广告业的发展,实现了与中国广告业的共同腾飞。

☞ 案例介绍

一 《中国广告》——做胸怀宽广的广告专业杂志

二十多年来,《中国广告》一直致力于广告学、广告理论及广告相关学科的研究和探讨；研究各类广告的创意、设计、制作；交流国内外成功广告案例和优秀作品；报道国内外广告动态；介绍广告新技术、新材料、新方法。现在的《中国广告》已经是国内外公认的广告与营销传播领域的权威性杂志，它以反馈市场焦点、传播业内信息、展示广告精华为特色，赢得了业界人士的认同。

它采用月刊，196 页，大 16 开（210mm×285mm），铜版纸全彩色印刷的形式。杂志辟有："本刊专辑"、"广告研究"、"创意故事"、"品牌透视"、"海外集粹"、"广告批评家"等栏目。

《中国广告》总编张惠辛在中华广告网访谈室里谈到自己的办刊理念时表示，他们做《中国广告》的一个理念，是要做一本广告专业杂志。这句话的意思是说，杂志的专业度要提升，但是要面向更多的人群，广告不是一种单一的行业，而是一种人类行为、文化行为。对广告的这个理解，丰富了广告的内涵，扩展了广告的外延，使杂志在选材和组稿时能够从多个角度出发，去探寻广告及其相关学科多方面的特质，这样就赋予了《中国广告》更为宽广的视野和更为开阔的心胸。

张惠辛谈到："比如，我们杂志有一个'广告真心情'栏目，最近我们有一个专题是'海外广告人在上海'。因为有很多海外的广告人在上海生活，据说有 50 万之多。文章主要是介绍这些广告人工作外的生活。像这样的选题已经不再是广告行业的事情了，已经成了一种社会现象。比如精信广告的钟锡强，平时大家都很熟悉他是个创意高手，但是很少人了解生活中的他。我们会介绍生活中的他，读者也很愿意了解他们的生活状态。换句话说，我们扩展读者的视野并丰富了'广告'的含义。另外，我们并不放弃行业里大家感兴趣的话题，并从更高的视点来分析，比如最近一期的选题，'中国广告主如何付费'通过对这个选题挖掘我们可以发现，中国广告主都不愿意一次性付费，通过他们的付费态度可以看到中国广告人的窘境和中国广告公司艰难的生存方式。另外又引出了现在广告业的制度，比稿方式，广告公司与广告主的关系模式等话题的探讨。再加之从社会学和经济学等方面对问题的分析，这样来做选题就不仅仅是广告行业的事情了，它的外延得到了很好的延伸。做每期专辑我们有很长时间的酝酿期，一般一个选题需要 2—3 个月的时间，而且，做出有创意的选题能考验我们编辑的策划能力和对行业发展准确的洞察力。这样我们才能带合读者新鲜专业的内容。"

《中国广告》杂志有着相对集中的阅读群体，其中 71% 是广告公司，20% 是广告主，9% 是广告学科师生及其他。读者呈现年轻、高学历、高收入、稳定性强的特征。

二 《中国广告》——智慧先行，以人为本

期刊社办刊的资源包括编辑部的硬件设施和人力资源、办刊环境等软件条件，其中人力资源是重中之重。现代化的信息社会是以人为本的社会，社会的竞争就是人才的竞争，就是发展先机的竞争。期刊社办刊也是如此。《销售与市场》总编李颖生说，一份好的杂志要想获得成功必须满足的三个条件是，一要有个好的总编，总编的能力在很大程度上决定了杂志的竞争力，人们常说，企业的规模永远大不过老板的能力，这是有一定道理的。二是要有一批有思想的编辑，没有有思想的、对市场敏感的编辑，不能落实总编的意图，也不会创造性的执行，执行效果就会大打折扣。三是要有一批有思想的记者，对市场敏感，要专业、敬业，能够发现问题，提出问题，同时还能找到合适的作者。

《中国广告》的主编张惠辛，1990 年于上海师范大学中文系文艺美术专业硕士毕业后进入广告策划界，成为国内最早进行职业化运作的策划人之一，也是国内最早从事策划专业研究的学者，著有《艺术文化导论》、《广告创意设计》、《从经验到理性》、《价值过亿需要理由么?》等广告研究专著，并发表相关论文数十篇。2003 年曾在日本电通短期研修策划与创意理论。现任《中国广告》杂志主编，上海大学广告系教授;并兼任中国广告协会学术委员会委员、中国企业联合会广告工委专家委员会委员、中国 CIS 年鉴编委会主任;担任上海师范大学、华东理工大学、上海外国语学院、上海剑桥学院等高校传播与广告专业的兼职教授。近年来还担任中国策划院策划师培训班的常聘讲师，主要著作有《4A 杰出人性创意 96 例》、《价值过亿——人性策划的故事》等。

《中国广告》的首席特约记者为著名的贺欣浩，专家委员会由以厦门

大学新闻学院副院长陈培爱为代表的学院派，以中央电视台广告经济中心副主任兼频道总监郭振玺为代表的媒体资源派和麦肯光明广告中国区执行总监莫康孙为代表的实践派等组成，还享有中国新广告研究中心和上海大学影视学院广告系的智力援助。

为了更好地交流和传播专业知识，沟通业界、媒体、学界人士，全方位打造品牌，《中国广告》以杂志、网站、丛书和论坛会议为传播和经营的四大支柱。它针对现今读者接受信息方式多元化的特点，采取了一些措施来适应读者阅读方式的变化。

首先，《中国广告》开辟了自己的网站（http：//www. ad—cn. net），并且配合杂志的内容来做一些与读者的互动。

其次，《中国广告》出版了年鉴类的图书，如《中国户外广告年鉴》和《中国广告案例年鉴》。作为中国广告界献给世界广告节一份厚礼的《中国广告案例年鉴》是由中国广告杂志社联合中国广告界诸多精英策划、精选、编辑，全面、整体地反映中国广告策划、创意与运作水平的大型工具书，《中国广告案例年鉴2003—2004》自2004年9月出版以来，就深受广大读者喜欢，现已销售一空。现在《中国广告案例年鉴》不仅成为诸多高校的教学工具、诸多广告公司学习与研究广告传播规律的教材，而且成为很多企业选择与评估广告公司的重要依据，《中国广告年鉴2004—2005》在上一年的基础上又增加了案例评析和光盘等，尽量满足读者多层次多元化的需求。

最后，《中国广告》举办了各类高层次的广告讲座、培训班，组织会务如"户外广告论坛"和"中国广告论坛"。

《中国广告》的发展模式不是单一的一本杂志，而是一个整体的传播平台。它包括杂志、网站、丛书和论坛会议，这样的传播平台能够将一些杂志不能表达的内容或者表达不充分的内容用多种不同的形式来表现。特别是论坛会议的召开，使各界头脑领袖式人物会聚一堂，这是精神的碰撞和学术繁荣的标志，不仅提升了论坛和《中国广告》杂志本身的品牌权威形象、知名度和美誉度，而且对广告行业的发展也起了极大的推动作用。

三　品牌营销策划

《中国广告》不断打造品牌优势，从关注中国广告出发，以全面反映中国及华文广告发展状况及理论研究水平，展示高水平创意、策划作品为内容，并及时介绍海内外一流广告成果，全方位地为广告界、企业界及媒体界服务。在多年的办刊过程中以精良的品质深得广大读者和各界人士的好评，其作品和杂志先后在上海地区、华东地区和全国参展并多次获奖，在中国广告业及整个品牌传播领域有不可替代的影响力。

（一）公司办公地点的规划

某种程度上说，一个公司的所在地很大程度上规范和决定着它的发展。大到国际性的公司，小到地方性的企业，其产品品牌都要以自身所在的国家或地区为依托。所以作为一份权威性的广告专业杂志，必定来自中国广告业的前沿之地：北京、上海和广州，而不是其他省份。因此《中国广告》在北京和广州两地增设办事处，再加上上海，在地理和文化上形成了三点支撑之势，三大网络及其支持系统联合、互动，既建立了本刊定位的强大支持体系，又提高了刊物的形象力、影响力，形成了有效的商业发展模式，搭建了良好的刊社形象平台和发行平台。

（二）将营销活动进行到底

2006 年《中国广告》创刊 25 周年，《中国广告》在延续原来广告论坛形式的基础上，推出"中国广告与品牌"大会，由健康传媒特别协办，中央电视台、《销售与市场》、NEWSWEEK SELECT 共同协办，提出"见证历史，把握未来"的主题，邀请广告界、传媒界、营销界数百位精英与会。

这次"中国广告与品牌"大会参会对象主要有：广告人（品牌代理型广告公司总监，其他广告公司高级管理人员）；广告主（国内品牌企业，知名企业高级管理人员，品牌负责人、市场部经理）；媒体（国内大型传播机构、专业媒体公司、媒体代理公司）；其他人士（资深广告人，大专院校研究人员，政府部门、专业协会领导）。大会由"广告与品牌论坛"、"媒体论坛"和"颁奖典礼"三个部分构成，通过对中国广告的历史与未来进行深入而富有成效的探讨，使与会者深入了解了业界的动态和趋势，洞察了客户需求，更深刻地把握了市场的走向和脉搏。本次会议堪称 2006 年中国广告界规模空前、阵容强大的盛会。

借《中国广告》创刊 25 周年这一契机，《中国广告》对 25 年来见证并推动中国广告发展，为中国广告事业做出杰出贡献的人士进行表彰。奖项有"2005 中国广告媒体运营创新奖"、"2005 中国广告新媒体贡献奖"、"2005 中国非选送的新广告"、"中国广告 25 年突出贡献大奖"、"中国广告 25 年特别贡献奖"、"中国广告国际化特别贡献大奖"、"中国新广告全场创意大奖"等。引起众多与会者以及媒体极大关注的是"中国广告 25 年杰出贡献奖"的颁奖以及"R3 亚太广告公司排行榜"。颁奖紧扣"见证历史、把握未来"这一主题，在对 25 位贡献人物颁奖的同时还公布了网络上评选出的 10 位突出贡献大奖得主，而 R3 的榜单首开国内对广告公司排名的先河。

"中国广告与品牌大会"作为《中国广告》杂志社的线下内容将每年定期举办，后续会有更多的资源来延伸和维护"中国广告论坛"这一知名的会议品牌。

☞ 案例介绍

如今广告业的争夺更可谓惨烈，不乏龙争虎斗，亦多有鱼龙混杂，令人目不暇接。广告期刊业虽不及这个来得热闹，时间与市场的双重检验却已令高下渐明，几大期刊巨头各执长锐，悉心调整，一场关于广告期刊市场的江湖暗战正在悄然拉开。

一　竞争

目前，较具影响力的广告期刊有《国际广告》、《中国广告》、《现代广告》、《广告大观》和《广告人》等几种，几大期刊在各自的风雨历程中都积累了自己相对稳定的读者群，在广告业群雄并起硝烟弥漫之时，面对激烈的市场竞争，各大广告期刊也在忙于招兵买马蓄势待发。

《国际广告》立志为中国广告业前进领航，争做业界领导品牌。它独享美国著名广告周刊《广告时代》（Advertising Age）在内地的中文版权，《广告时代》关于广告的理论探索、案例解析及世界广告动态等资讯，都是中国读者所急需而又无从获取的，《国际广告》独具慧眼，并捷足先登，占领了这个战略高地，同时，他们深知只有立足本土，才能走向世界，因此，他们对国内部分的内容进行了稳扎、深掘，另外，《国际广告》与北京广播学院（今中国传媒大学）联姻，以之为大本营、根据地。传媒和院校的联姻，可以说是一种优势互补，给《国际广告》带来高水平的智力支持。

《广告大观》则努力打造自己的期刊方阵，争取围拢更多的受众，名刊利用其品牌效应办子刊，进而形成刊群，在世界期刊界已成趋势。这样做不仅可以形成规模效益，而且可以节约成本，各刊优势互补，营销渠道共享，从而增加整体抗风险的能力。《广告大观》经过精心制作的《广告大观〈媒介版〉》（《媒介方法》）和《广告大观〈理论版〉》目前正式出版发行。《广告大观〈媒介版〉》单月中旬出版，以"新锐观、洞察力、责任感"为理念，以"专注媒介品牌创建、引领媒介品牌发展"为宗旨，成为国内目前"首份专注媒介品牌创建与研究"的专业杂志。《广告大观〈理论版〉》更是与北京大学合作，借助北大丰富的科研资源，全力打造"中国最权威的广告学术期刊"。《广告大观〈理论版〉》双月中旬出版，它的出版，填补了国内广告学术研究刊物的空白。国家工商行政管理总局广告监督管理司司长屈建民欣然为《广告大观〈理论版〉》作序。序言中说："《广告大观〈理论版〉》的出版，表明北京大学的广告教学与理论研究与广告大观杂志社一同站在了行业发展的前沿，体现了高度的责任感。"到目前为止，广告大观杂志社已形成了以《广告大观〈综合版〉》为主体，《广告大观〈媒介版〉》、《广告大观〈理论版〉》、《广告大观〈标识版〉》为辅的期刊方阵，标志着广告大观杂志社完备的发展架构的正式形成。

《现代广告》是广告专业期刊中唯一享有国家工商总局广告监管文件

首发权的刊物。根据国家工商行政管理局 2000 年 5 号文件《关于在〈现代广告〉刊登广告监管信息的通知》的精神，自 2000 年 1 月起，《现代广告》设立"广告监管信息"栏目，及时发布需要广告经营单位了解的广告行业监督法规、规范化文件和有关工作的安排等。拥有这样一个资源优势，自然就提升了《现代广告》在法规规范方面的权威性。

面对市场竞争，各杂志社各显神通，充分利用各自的资源优势以求在市场上分得更多的蛋糕。多兵相接，智者胜，在准确把握市场的基础上，还需要有自己独特的眼光。

二 定位

多年来，几大期刊在各自的风雨历程中都积累起了相对较为稳定的阅读群，但是突出的一个现象是，家家都想大而全，无所不包、无所不有，什么都想做，什么都不想放弃。于是就出现了在各自的定位上含混不清的现象。

《国际广告》：立足国内、面向世界，注重理论性、实用性与信息性，极具参考、借鉴收藏价值。主要板块：品牌、创意、媒体、营销、沟通。主要大栏目："专题特写"、"品牌营销"、"创意集粹"、"媒体在线"、"研究前沿"、"批评争鸣"、"广告人物"、"市场大参考"、"广告新地带"、"全球品牌制造"、"咨询沟通"等。

《现代广告》：坚持以读者为中心，立足国内，面向世界，客观反映国内外广告行业的现状与发展，坚持较强的权威性、专业性和行业指导性，读者对象为广告公司管理及业务人员、媒体广告部门的经营与研究人员、企业营销企划广告和市场推广人员各级广告管理机关和行业组织人员、有关大众传播及广告教学与研究人员、与广告业密切相关的市场调研媒介检测广告制作人员以及与广告业相关的各类机构和一切对广告感兴趣的人士。辟有"封面故事"、"市场研究"、"广告管理"、"媒体研究"、"营销策略"、"创意长廊"、"业界动态"、"广告人物"、"设计星座"、"广告摄影"、"广告模特"等主要栏目，力求通过对广告行业的普遍现象、典型个案、理论和实际问题的深入探讨，为读者提供切实的帮助和启发。

《广告大观》坚持"大视野、大观点"为办刊理念,为追求实效的全程广告与营销传播服务。内容设计为八大板块(专题、创意、品牌、沟通、营销、媒介、专栏、资讯)。内容定位为突出实效的广告运作,融理论性、鉴赏性、可操作性于一体。读者定位为广告公司、高级职员、媒体广告部门及企业市场营销核心人士、从业专家学者、相关专业大专院校师生。发行对象为全国各地大中型广告公司、传媒机构、广告及设计类院校、知名品牌企业;喷绘制作,设计、输出公司。适合刊载广告对象为商用电脑、专业数码相机、桌面打印机、激光打印机、扫描仪、文件刻录设备等电脑外设备产品;广告物料、耗材、大小幅面喷绘设备、刻字机、雕刻机、广告礼品销售生产厂家等;广告公司、营销咨询顾问公司、媒体各类形象广告发布。

其实,除了各自拥有的独特的资源外,这四大广告期刊的定位十分相近,在读者对象,栏目设置,刊载广告对象方面也没有质的区分。在产品同质化严重的今天,当定位不能很好地将自己从竞争对手中区分开来的时候,品牌建设就应该被提上日程。

《中国广告》比较重视自己的学术性,在学术性的基础上力争做到实用,事实上比较看来,《中国广告》还是有较浓的学术味的,而且信息的及时性和广泛度也不及其他期刊,细心的读者可以看到《中国广告》2005年第1期与《广告大观》第1期和第9期的内容有重复,他们都刊载了2005龙玺广告奖平面类的作品,点评人一样,点评内容一样,但是《广告大观》比《中国广告》提前三个月报道了这件事,而且点评得很详细,整体性较强,比较而言,不仅《中国广告》在时间上落后,对点评内容的处理上也显得很独断,将点评人的话随意摘取,不能给读者一个完整的认知。

再如在大家都在关注《大长今》等韩剧和超级女生现象时,《中国广告》却不能紧跟市场,不能将营销广告理论和社会背景及时的结合起来,这样就放弃了机会,很可能把成为行业意见领袖的机会让给别人。另外,在市场竞争激烈的终端,也很难争取到消费者的注意。

由于广告行业是实践性极强的行业,最忌纸上谈兵,所以作为广告专业期刊更应该注重自己的实践性。对于广告专业期刊来说，所谓的"专业性"，是以实践为基础，以专业研究为手段，同时以现代广告理论为指导，透过经典案例，分析其背后的规律。所谓"实用性"是指针对主流读者群的真正需求，将实用的理论、理念、方法、技巧，以世界环境为背景，以中国实际为参照，为读者提供有效的服务。"学术性"当然也能成为建立市场区隔的一种特色，然而作为一门讲究理论联系实际的门类，没有现实指导意义的所谓学术最终会被淘汰，缺乏鲜活案例支持的纸上谈兵也无法引起更多的兴趣。《中国广告》虽然知道市场的需要是什么，创刊以来一直努力使自己跟上时代的步伐，学究的味道渐渐淡去，但是，《中国广告》却成了一锅广告市场的大杂烩，面面俱到，又往往点到为止。仅就行业评论一项而言，正面文章多于行业批评，偶或见得行文犀利的批评又往往是事后诸葛。专业杂志在一个行业中的地位，应当是行业动态的晴雨表，行业咨询的顾问，行业批评的出口。《中国广告》给人更多的是专业图书的感觉，而不是杂志。希望《中国广告》有自己明确的定位，更贴近市场、更贴近消费者，努力提高自己的时效性。

参考文献

[1] 谢文静：《财经杂志的品牌策略》，《当代传播》2003 年第 2 期。

[2] http：//www. ad—cn. net.

[3] http：//www. cnadp. com.

[4] 《"机会在边缘"——采访〈中国广告〉主编张惠辛》，http：//www. a. com. cn，2005 - 09 - 11。

[5] http：//www. uowei. cn，2006 - 09 - 11。

[6] http：//business. sohu. com.

第五部分

电子期刊

《神州学人》

——"留学视野"下的一朵奇葩

全国各地期刊林林总总，有文史类也有政
经类的，有通俗类还有专业类的，有文摘类更
有综合类的，每一种期刊都有与众不同的办刊
思路和办刊理念。在这期刊的"百花园"中有
这么一朵奇葩，它拥有自己独特的办刊思路和
读者群，是我国唯一一份面向在外留学人员、
留学回国人员、拟出国留学人员、国内留学工
作主管部门及专事留学工作研究的广大读者的
综合性月刊。它就是创刊于 1987 年，由中华人
民共和国教育部主管、中国教育报刊社主办的
《神州学人》。《神州学人》全程追踪留学动态，全面服务留学人员，成
为留学人员"了解祖国的窗口"、"联络感情的纽带"和"表达情思
的园地"。

《神州学人》封面

☞ 案例介绍

一 《神州学人》的办刊宗旨和读者定位

《神州学人》杂志自创刊以来始终贯彻中央的宣传精神特别是中央对
外宣传的有关方针政策，遵守国家新闻出版方面的法规文件，密切配合国
家的各项工作特别是留学工作，坚决贯彻对在外留学人员进行爱国主义教
育和中华传统文化教育，吸引他们回国服务或以适当方式为祖国服务的办

刊宗旨。《神州学人》向读者提供"留学视野",带读者"走近中国",给读者展现"学人园地",为读者提供"留学服务",它反映我国建设成就、社会热点、科教新貌,刊登留学工作最新动态、留学政策走向、留学人员业绩、留学史话、留学生活、留学生文学、域外风情等,是展现留学人员风采和提供留学服务的媒体。

《神州学人》杂志以中国在外留学人员为主要读者对象,发行海外70多个国家和地区。在国内,它主要面向各地的教育、人事、外事、科技等有关部门和单位,留学回国人员,有意出国留学者,各留学人员服务中心和留学人员创业园以及对留学教育研究感兴趣的个人。

《神州学人》网站(原《神州学人·电子版》Chisa——China Scholars Abroad 的英文缩写,是中国第一份中文电子杂志),于1995年1月12日创刊。《神州学人》网站首页内容包括:中文报刊阅览室、Chisa 周刊、《神州学人》月刊,以及若干资料库。"中文报刊阅览室"每日更新,提供国内新闻。"Chisa 周刊"每周一更新,是一份以留学内容为主的新闻周刊。"《神州学人》月刊"为《神州学人》杂志网络版,每月底在网上更新。资料库内容适时更新,提供有关留学、服务信息及相关网站链接。

二 《神州学人》的栏目特色

《神州学人》杂志系教育部主办的唯一的全国性留学期刊,1987年5月创刊。创刊之初,《神州学人》杂志为双月刊,1993年1月4日改为月刊。

2001年是《神州学人》办刊史上浓墨重彩的一年。这一年杂志改版为国际标准16开本和四色全彩印刷,并把内容定位在"走近中国"、"留学视野"、"学人园地"和"留学服务"四大板块上:

(1)"走近中国"板块主要是体现窗口作用,使《神州学人》真正成为留学人员了解祖国的窗口。这一板块主要设"科教大观"、"经济纵横"、"社会扫描"、"网络空间"、"文学沙龙"、"艺术长廊"、"体育看台"、"神州览胜"、"中华民族"、"动感中关村"、"剪贴板"等栏目。

（2）"留学视野"板块主要体现《神州学人》杂志在留学方面的特色，把留学方面的问题做足做透。这一板块主要设"留学视点"、"海外传真"、"留学新闻"、"创业园巡礼"、"留学精英传"、"留学新人"、"长江学者"等栏目。

（3）"学人园地"板块主要是为留学人员提供一块表达情思的园地，体现《神州学人》杂志联络感情的纽带作用。这一板块主要设"我的留学生涯"、"第一次走出国门"、"创业手记"、"两地书"、"学人随笔"、"学人论坛"、"留学文苑"、"留学书屋"、"留学生摄影作品选"等栏目。

（4）"留学服务"板块主要为留学人员提供有针对性的信息服务，为他们排忧解难。这一板块主要设"中介机构"、"海外学苑"、"留学市场"、"政策公告"、"有问必答"、"招聘资讯"、"学中文"等栏目。

2001年《神州学人》的重点栏目和拳头栏目有"特别策划"、"长江学者"、"留学新人"、"创业园巡礼"、"剪贴板"等。

"特别策划"栏目是《神州学人》杂志2001年的重头戏，它不固定在某个板块内，但每个板块的内容都有可能成为某期的"特别策划"。一旦成为"特别策划"，该内容将被浓墨重彩地渲染，从篇幅上、深度上、报道手法上、投入人力上等方面都受到重视，该栏目的选题、篇幅等则提前经集体讨论商定。"长江学者"专栏由《神州学人》与教育部"长江学者奖励计划"办公室合办，下设一系列小栏目，全方位报道"长江学者奖励计划"工作的方方面面，突出特聘教授个人的业绩及其所在集体和学校所做的一切延揽高水平学者、有利于高水平学者发挥作用的工作，为"长江学者奖励计划"的更好实施做些舆论宣传。

"留学新人"和"创业园巡礼"分别报道留学新闻人物、回国自主创业者、新留学回国人员和留学人员在创业园从事的事业和项目；"中介机构"则是为了配合教育部根据国务院领导指示精神清理整顿自费留学中介机构而开设的一个针对性较强的栏目，为公民自费出国留学提供透明信息。

三 Chisa 网络品牌策划

1995 年 1 月 12 日，中文电子杂志 Chisa（China Scholars Abroad 的英文缩写）出现在因特网上，它标志着中国新闻媒体开始利用现代高科技手段在互联网上传递信息。许多在不同国度求学的中国学子们可以从电脑屏幕上惊喜地发现一幅倍感亲切的图画：鲜艳的五星红旗和醒目的"神州学人"字样组成的 Chisa 封面。

Chisa 是一份与《神州学人》杂志同名而内容和形式完全不同的网上中文期刊，它在保留《神州学人》作为国内唯一的留学生刊物特点的同时，集取国内各大报刊的精华，内容涵盖社会生活的方方面面。1995 年 11 月，Chisa 被美国图书馆电脑网络中心 OCLC（Online Computer Library Center）正式编目。

《神州学人·电子版》（Chisa）以其在国内电子刊物的首创之举及其最先进、快速的阅读方式被海外学子称为"沙漠中的甘泉"和"来自北京的声音"。《神州学人·电子版》得到了中宣部、国务院新闻办公室、教育部、新闻出版署、北京市新闻出版局等有关部门的关注和称赞。1997 年 8 月，《神州学人·电子版》被国务院新闻办公室批准进入中央对外宣传信息平台。1998 年 9 月，国务院新闻办公室批准《神州学人·电子版》发刊周期由每周五发刊一次改为每周二、周五各发刊一次，即目前的每周发刊两次。1998 年 12 月 30 日，《神州学人·电子版》进行主页全面更新。更新后的《神州学人·电子版》主页共设置了近 40 个栏目，使得国内外访问《神州学人·电子版》主页的各界人士能从中点击查询有关留学的较为全面的，又相对权威的各种信息。

2001 年 2 月 1 日新版《神州学人》网站正式对外发布。由原来的每周二、五发刊，改为日日更新，其主要内容包括：中文报刊阅览室、Chisa 周刊、《神州学人》月刊以及若干资料库。

1. "中文报刊阅览室"内容设计为《人民日报》、《光明日报》、《经济日报》、《科技日报》、《中国青年报》、《中国体育报》、《北京晚报》、《新民晚报》、《羊城晚报》、《深圳特区报》十报，分类频道为时政、经济、科技、教育、社会、文化、体育、生活。

2. "Chisa 周刊"每周一更新。内容设计为 6 个栏目，即留学新闻、学人萍踪、学者论坛、留学生文学、服务资讯、教育国际交流。

3. "《神州学人》月刊"为《神州学人》网络版，每月底在网上更新。这部分内容与《神州学人》月刊栏目设置一致，即：留学视野、走近中国、学人园地、留学服务。

4. 《神州学人》网站资料库内容适时更新。"资料库"包括留学政策、资助项目、人才档案、站点导航、综合服务等，提供有关留学及服务信息；"特别专题"设有实践"三个代表"、《公民道德建设实施纲要》、中国加入 WTO、北京主办 2008 年奥运会、美国连遭恐怖主义袭击、美国军事反击恐怖主义、留学人员在西部、教育部"春晖计划"、长江学者奖励计划等，根据留学动向适时更新；"留学服务"提供教育部、国家留学基金委、中国留学服务中心、中国教育国际交流协会、中国教育和科研计算机网学等有关留学及服务信息和相关网站链接。

中文报刊阅览室、Chisa 周刊、《神州学人》月刊三大版块内容，都按每日、每周、每月正常发刊。"Chisa 周刊"，逐渐办出了"留学、服务"特色，并经常被知名媒体网站转载。"中文报刊阅览室"一年来编发了大量国内各方面的信息，成为留学人员了解祖国的一个方便快捷的渠道。主页资料库内容始终适时更新，完成了上万个网站链接，以及数据库、静态页面的图文制作，提供了大量可供查询的资料信息，完成了网站的基本建设。2001 年，《神州学人》与中国教育科研网、新浪网等国内知名网站建立了合作关系，还与成都留学人员创业园签约，合办"中国留学人员创业网"，大大提高了《神州学人》在国内的影响及《神州学人》网站的访问量。

新版《神州学人》网站突出强调全程追踪留学动态，全面服务留学人员。设有新闻快递、留学时讯、出国留学、创业天地、人物报道、留学生园地、生活资讯、留学研究 8 个频道，近 40 个栏目。新闻频道每日定时更新，并实时发布重要事件新闻；有关留学的频道及众多栏目涵盖了留学界的各个方面，尽量满足从预备留学、在外留学到留学回国各阶段留学人员的信息需求。

四 《神州学人》的重点选题策划

2001 年《神州学人》杂志坚持执行中央和教育部的宣传要求，兼顾该刊相对特殊的读者对象与办刊特点，因地制宜地搞好中宣部确定的重点选题的宣传报道，注重本刊特色选题，对主要栏目设置和涉及内容进行了调整，着重抓了以下重点选题：

1. 江泽民、朱镕基等党和国家领导人及有关领导和知名人士对留学和留学工作的看法；

2. "长江学者奖励计划"的系列报道（"长江学者"）；

3. 留学工作在新世纪的新机遇和新挑战；

4. 留法学者回国和为国服务全景实录；

5. 留学人员回国创业现状分析；

6. 留学人员在西部（云南篇、重庆篇、四川篇）；

7. 留学低龄化现象透视；

8. 留学生与中共的创建和发展；

9. 中共三代领导核心与留学；

10. 加拿大西部留学人员调查报告；

11. 海外学人国庆感怀；

12. 透视在澳中国小留学生；

13. 国家留学基金委的工作特别报道；

14. 2001 "春晖计划"综述、互联网推进中国全民教育等。

2003 年《神州学人》杂志捕捉新闻热点，着重抓了以下重点选题：

（一）全面深入报道留学人员抗击 SARS 工作。为配合全国的抗击 SARS 斗争，《神州学人》杂志、网站专门开辟了"留学人员支援抗击 SARS 专栏"，并派记者深入抗击 SARS 一线，及时捕捉留学人员抗击 SARS 的最新信息。在网站上，开设了"我们同心——留学人员支援抗击'非典'"专题，配发了题为《留学人员行动起来，为战胜"非典"作贡献》的评论文章和留学人员国内外抗击 SARS 的消息、通讯等各种体裁的文章；在杂志上，配发了题为《我们万众一心》的评论文章和《海外学人抗 SARS》、《留学·SARS》等较有深度的文章。据统计，几个月来，杂志、网站共刊发有关留学人员抗击 SARS 的文章近 300 篇共计 10 多万字，推出了吴长有、施凌方、陈鲁妮、丘道明等在抗击 SARS 战斗中涌现出来的一批优秀留学人员，产生了很好的宣传效果。

（二）纪念邓小平同志关于作出扩大派遣出国留学人员讲话二十五周年专题。1978 年 6 月 23 日，邓小平同志在听取教育部关于清华大学工作问题汇报时，发表了关于扩大派遣出国留学人员的重要讲话，为纪念中国出国留学史上这一划时代的伟大事件，杂志从第 5 期始开辟版面，进行重点策划报道。"感动中国——纪念邓小平关于扩大派遣出国留学人员讲话发表二十五周年专题报道"连载 3 期，共刊发教育部有关领导、留学人员、留学工作研究人员等撰写的文章 20 多篇共计 10 多万字。

（三）连续推出一批重点文章。如《教育涉外监管从留学中介开始》、《中国高校人事制度改革专题》、《聚焦留学回国人员子女教育问题》、《纪念教育部优秀青年教师资助计划实施十五周年专题》等大型报道。

（四）出版增刊《留学宝典》。为配合有关部门规范国内留学前期市场，同时对广大欲出国留学人员进行正确引导，杂志出版了增刊《留学宝典》，这是《神州学人》面向国内留学前期市场的一次积极尝试。

☞案例评析

多年来，《神州学人》杂志围绕着"加强对广大在外留学人员进行爱国主义教育，鼓励他们回国工作或以适当方式为祖国服务，为我国改革开放和社会主义现代化建设事业做贡献"的办刊宗旨，几经探索，紧跟改革开放和现代化建设步伐和全国留学工作步伐，面向国内出国留学生做好服务工作。

2001 年，《神州学人》杂志和《神州学人》网站在继续坚持以对在外留学人员进行爱国主义教育和中华民族传统文化教育，吸引和鼓励留学人员回国工作或以适当方式为祖国服务为办刊宗旨的基础上，注重内容及形式的变化，突出了办刊特点。通过两刊的全面改版，网站支撑环境跃上先进水平等一系列举措，使两刊对外影响不断扩大，受到海内外留学人员

《神州学人》「留学视野」下的一朵奇葩

的好评。

《神州学人》在国内开媒体上网风气之先河，2003年5月网站进行第五次改版，此次改版确立了"全面服务留学人员、全程追踪留学动态"的定位，也确立了服务性、权威性与监督性的服务目标。改版后的《神州学人》网站围绕"留学"与"回国创业"这些关键词重新规划，重点突出，很多栏目具有鲜明的特色及针对性，网站的实用性大幅度提高。同时，网站还应该在以下几点有所加强：

1. 一个信息服务网站，要提高自己的竞争力，就要加大"专属性"信息的分量。①

对于《神州学人》网站来说，留学人员是一个比较宽泛的目标群体，地域因素、年龄因素和学历因素等就可以将它逐一细分，受众群复杂，这就要求网站加强专属性信息的开发，使信息更加精确细分。

2.《神州学人》网站数据库的建立是必不可少的一步，利用数据库可以将信息的提供方与信息的接收方更为有效地连接起来，实现点对点的信息服务，满足个性化的信息需求。② 在这方面，"中青在线"网站已经进行了有益的探索，它在招生、人才、培训、图书等方面的广告模式，可以说是一种新的信息服务方式。

另外，为内容产品进行良好的包装，也是产品生产的重要环节。③ 在一定程度上，"新浪"等商业网站在新闻方面的成功，更应该看成是形式上的成功。适用于网络传播环境的包装方式，使得新闻内容在"新浪"获得了更多的注意力，产生了更多的影响力，这一点值得《神州学人》等专业信息网站借鉴。

参考文献

[1]《神州学人》2001年合订本和2003年合订本。

[2] www.chisa.edu.cn.

---

① 彭兰:《〈神州学人〉与专业信息网站的未来之路》。

② 同上。

③ 同上。

Xplus

——颠覆杂志理念，打造视觉盛宴

一直以为"能说会动"的魔法书只存在于哈利·波特的魔法世界里。事实上一种新型的多媒体电子杂志早已悄无声息地把我们带入了这个迷人的世界。Xplus，就是引领我们走向魔法世界的金钥匙。Xplus，并不是一个具体的多媒体杂志，它是一个软件，一个可以阅

Xplus 软件外观

读多媒体杂志的平台。这个看上去非常前卫的网络平台，由柳传志领导的联想投资和施振荣领导的智融集团共同注资的"新数通"所开发。

☞ 案例介绍

新数通公司成立于 2003 年 1 月，领先全球成功开发出「互动杂志」的内容表现形式，并以独创的 Xplus 软件，透过互联网完成派送及订阅机制。该公司的经营理念是：消费者决定内容，收视率决定广告。新数通以全新的技术，致力于创造全新的数字内容发行平台，以完整公正的发行和阅读数字作为决定内容和广告价值的唯一依据，创立全新的商业模式。2006 年，基于日臻完美的 Xplus 平台，新数通公司还成功推出业内领先的MagA 个人网络杂志制作软件。

新数通公司的口号是：数字内容和新商业模式的发展，将完全超越你的想象！这种新模式具有以下特点：

第一，新颖的商业模式。X 代表的是无限的可能，Plus 就是内容和形式的加值。传统的媒体，是内容和形式的简单组合，新数通所开创的是内容、形式、品牌与商业模式的立体结合。传统媒体在原有的内容和品牌整合基础上，通过 Xplus 特有的影音互动呈现方式，借由 Xplus 主动派送机制将数码杂志传递给用户，从而开创更广泛的读者群及更具创新意义的商业模式。

第二，广泛的读者群体。由于 Xplus 平台内发行的数码杂志具有独特的音频、视频、交互性等特点，并且通过其强大的订阅派送机制，使用户通过最简单、便捷的方式获取杂志，在完全轻松的状态下进行阅读。

第三，强势的技术支持，即互联网的支持。新数通独家开发的数码杂志主动派送技术，可在数小时内，成功派送数十万份数码杂志，是目前最有效的派送机制。Xplus 用户管理后台更可以及时针对用户做目标分析和阅读分析，并得到时时更新的信息反馈，作为内容制作的有利参考。此外，Xplus 还可利用后台信息，发送内容至特定族群用户，充分发挥数字渠道的优势。

第四，新数通以 Xplus 丰富的多媒体表现形式，为内容提供商、广告商等提供全盘解决方案。它还可以更进一步根据实际需求，为客户定制、开发崭新的内容表现形式，量身打造最适合的终极方案，极大扩大影响力与读者群，堪称网络整合营销的完美典范。

第五，3G 时代来临带来更大生机和活力。随着电信 3G 时代的来临，行动内容市场和相关应用将急速发展。Xplus 将致力于开发完全符合 3G 规格的互动内容和传输模式，提供电信加值服务，满足消费者的内容需求，与内容业者携手全面迎接 3G 时代。

第六，超越用户的想象。新数通以领先者的姿态和优势，将不断开发新的互动表现形式、订阅模式和派送技术。各种可能的影音内容，都可通过新数通独家开发的发行渠道做客户端的订阅管理。随着互联网技术快速发展及 3G 时代的来临，新一代用户的阅读和收视习惯已经改变，数字和行动内容市场规模将急速扩大。

☞**案例评析**

这些林林总总的杂志没有刊号的限制，没有纸张和印刷费用，由不同的出版商提供。与传统订阅杂志习惯相同，用户在将 Xplus 软件下载安装后，即可下载用户感兴趣的杂志，无论现刊还是过刊，同时，如果订阅某种杂志，只要读者的阅读器是打开着的，新一期的杂志发行后即会自动下载到读者的电脑，方便第一时间阅读。比传统杂志更便捷的是，平台会自动以文件夹形式将下载杂志清晰分类，免去了整理过期杂志的繁琐工作。

这种互动杂志区别于以往电子杂志的简单图片及文字链接，可以称得上是真正的多媒体杂志，它的内容可以用音频、视频、三维动画、Flash、IVR、实时调查等形式加以绚丽展现，带给读者全新的阅读体验。互动杂志还具备普通纸质印刷品的厚度和质感，甚至点击翻页时还伴有翻书的模拟声音。尽管目前 Xplus 平台中的杂志数量还很有限，互动杂志的内容建设也有待完善，甚至也有业内人士怀疑其商业前途，但其展现出来的非凡阅读感受，仍让那些与传统印刷品一起成长起来的人们惊叹不已。

王振铎先生在《编辑学原理论》一书中讲到："符号模式，是由一系列符号所缔构而成的精神文化产品而载入特定传播媒体的物质模式，也可叫做符号模型。它有特定的硬性物质形体，如文字泥版、字画石刻、陶金铭文、文字甲骨、文字简版、图书、期刊、报纸、音像磁带和光盘，以及影视屏幕等等。"他认为："符号模式的硬性载体，我们称之为硬件。这些硬件所负载的文化符号——文字、语言、音响与图像等符号编码形成的讯息，则可称之谓软件。"① 按照这种观点，传统杂志与多媒体电子杂志的符号模式也都是由一系列符号所缔构而成的精神文化产品载入特定传播媒体的物质模式。它们同样包括符号模式的硬件与软件。

但是，与传统杂志和最初的电子杂志相比，通过 Xplus 等平台阅读的多媒体电子杂志的符号模式有其自身的特点。首先，它的硬件不是单一的，而是多元的，不是一成不变的，而是可以相互转换的。同一种多媒体

---

① 王振铎、赵运通：《编辑学原理论》，中国书籍出版社 2004 年版。

X
p
l
u
s

颠覆杂志理念 打造视觉盛宴

电子杂志可以通过掌上电脑、电脑、手机以及数字电视和电视机顶盒使用的数字模式，而不是仅仅局限于一种承载符号模式软件的外在形态。这样读者可以自由选择自己适用的模式，这些模式相互渗透，互相影响，互相作用，各有其价值，各有其读者群。其次，此类杂志由于自身的特点，使得它们对其符号模式的硬件提出了比较高的要求。这种硬件必须可以承载声音、图片、动画、视频片断等多媒体格式并播放之。目前，由于技术手段的局限性，多媒体电子杂志的符号模式的硬件多见于光盘和连接上互联网的电脑。使用手机、掌上电脑、数字电视、电视机顶盒观看还没有得到普及，但相信随着科技的发展，多媒体电子杂志的符号模式的硬件在未来一定会有所发展，变得更加多姿多彩。

如果说电脑、掌上电脑、手机等数码产品是多媒体电子杂志的硬件的话，那么多媒体电子杂志的软件就是杂志的具体内容，如图文、Flash 动画、视频片断、音效特效等。从多媒体电子杂志的软件可以看出，它的符号模式的软件的最大特点就是突出了"整合"二字。它突破了传统杂志单纯的平面的文字和图画的整合，而是将图、文、声、像等各个元素运用一定的编辑手段更好地整合在一起，形成了自己独特的风格，对受众来说也更具有视觉冲击力。

如通过 Xplus 阅读的多媒体电子杂志 *Muzine*，是一本数码互动流行音乐杂志。打开杂志，伴随着悦耳的音乐，设计精美的封面映入眼帘，一个小小的动画女孩作为编辑的代言人跳出来向你问好。你可以调整背景音乐的音量，可以查看目录或是直接进入杂志。在这里，广告也变得多姿多彩，具有互动性，一个隐形眼镜护理液的广告不但有背景音乐，其中还包含着一个考察眼力的小游戏，更有机会赢取奖品。制作精良的 Flash 配上音乐与文字，经过编辑后的视频短片加上流行音乐和明星的表演，每个栏目的开始都有相应的动画和音乐配合。在整个观赏杂志的过程中，受众的参与性得到了充分体现，受众可以自由选择观看和试听自己感兴趣的音乐和明星的个人小资料。所有的歌手和专辑介绍都配有试听音乐，可直接点击试听，试听过程中有的还配有歌词。在观看的过程中还有一些需要受众自己用鼠标点击才能观看，不想观看即可直接跳过。杂志中的各种调查表格和用户反馈也比较多，填表前那个作为编辑代言人的可爱卡通女孩还会用标准的普通话对你的支持表示一番感谢，读者填表后直接按发送键就可通过互联网发给杂志社，方便快捷。

网络杂志赚钱最经典的成功案例来自于美国著名的电子商务顾问拉夫·威尔森博士。1995 年 11 月，他推出了自己的第一份免费半月刊网络杂志《今日网络营销》（*Web Marketing Today*），定期为读者提供网络营销信息。很短的时间内，超过 10 万人的用户通过电子邮件订阅杂志。1997 年 8 月，威尔森推出了收费的半月刊网络杂志《今日电子商务》（*Web Commerce Today*），每年 49.95 美元。第一年，网络杂志即告赢利。第二年，收入翻番。紧接着，是第三本网络杂志《电子商务博士》。值得一提的是，威尔森的网络服务公司的正式职员只有威尔森一个人。威尔森雇用了两个兼职编辑，所有的广告销售工作都由威尔森自己负责。而另一位美国人，网络杂志《无纸化通讯出版指南》的主编 Monique Harris 在经过市场分析后决定每月向读者收取 20 美元的费用。他认为："网络杂志在几个领域里是可以收费的，比如教育，比如心理咨询，比如技术，而我，正好提供的是技术信息及直接的技术指导。"新数通旗下的《男人志 WO》和《爱美丽 ME》的主编陈必涵曾说过："发行并不是杂志主要赢利手段，广告才是最主要的赢利方式。网络杂志的广告形式比较活泼，而且可以直接跳转至广告客户的官方网站，非常受欢迎。"①

新数通目前所经营的多媒体杂志中单《男人志 WO》和《爱美丽 ME》这两份杂志，目前的月均广告收入就已超过 40 万元。

林益发透露，目前 CP（杂志内容提供商）获取全部的广告收入，而作为发行方的新数通则以"派送费用×阅读数"来获利。他表示，将来会进一步与 CP 就广告收入进行分成。为了使后台程序所产生的"阅读数"具有可信度，新数通主动寻找了 AC 尼尔森作为第三方，针对 Xplus 阅读器每月所产生的数字进行审核。基于这个受第三方认证的数字，新数通预备提供一些新的服务，比如类似电台的打榜，按期做平台上多媒体杂志的"排行榜"，以及随机的一些读者调查。但是，在"订阅"这一部分，已习惯互联网免费午餐的读者群显然并不买账。就在 2007 年 7 月，

---

① 赵径文:《网络杂志，革命还是活命?》，http://biz.163.com，2005 - 01 - 05。

颠覆杂志理念，打造视觉盛宴

新数通曾经尝试让一本在市面上售价 10 元的杂志以 2 元的价格进行在线付费订阅，却遭受了来自 Xplus 论坛网友的联手炮轰。仅仅一个月之后，新数通就放弃了"培育网民付费习惯"的举措，并且预期在未来的 2—3 年内都将提供免费订阅。虽然时尚类杂志收取"订阅费用"的尝试遭遇了滑铁卢，但新数通并未放弃收费尝试。业界普遍的评价是，时尚类杂志所吸引的受众年龄偏小，不具有"较强的消费能力"，因此，新数通下一个扩张方向将是新闻资讯类媒体，以及他们所拥有的"具有很强消费能力"的读者群。[①]

目前国内几大门户网站均以海量新闻资讯闻名，但为这些网站提供信息源的平面媒体，往往却只能够拿到非常低的版权费用。

当然这并非国内仅有的情况，但是国际上已渐有纸媒向门户网站说"不"的先例：早在两年以前，《纽约时报》已将内容撤出了雅虎网站，希望用户能直接访问报社自己的网站；而为报纸、电视和电台做了 154 年新闻批发商的路透社，也于去年建立了自己的新闻网站，并且通知雅虎等客户表示将提高它所提供的内容的价格。基于此，林益发坚信纸媒最终必将在某种程度上脱离门户网站，另辟网络发行的蹊径。而现在，他正试图抢先一步，游说各地报业集团成为新数通的合作伙伴，由新数通来协助纸媒开拓互联网市场。"现在我们的努力已经初见成效，最迟在明年第一季度，就将有报业集团正式宣布成为我们的客户，并且在我们的 Xplus 上发行他们的报纸。"[②] 林益发说。

众所周知，杂志是一种"主题式"的信息集成，与门户网站的"海量式"信息集成不同，"主题"可以网聚对同类信息感兴趣的大批量读者，网络广告商可以据此集中向目标人群发放信息。更重要的是，这些多媒体杂志平台最具有突破性的技术是，可以在线追踪电子杂志的发行效果，甚至可以精确到每一页的阅读量、停留时长等，然后可以即时反馈给杂志内容提供商和网络广告商。这些都是传统媒体所无法企及的。

林益发举例称，Xplus11 月份帮中移动发行的电子杂志上有一则广

---

① 刘娟娟：《纸媒投靠电子杂志 提供免费订阅向门户说"不"》，http://biz.163.com，2005 - 12 - 07。

② 同上。

告，阅读器最终显示，当月共有 10 万人浏览，平均停留了 10 秒，"精确的数据让广告商和中移动都很满意"①。

尽管 Xplus 为用户展现了一个全新的阅读世界。但是，它还有很多不尽如人意的地方，它的未来还是个未知数。任何事情都有两面性，多媒体杂志也是如此。

更直观的界面，带来了技术上的更高要求，而过度追求技术层面，势必会造成形式大于内容情况的产生。快速的互联网传播速度，使此类杂志在发行方面有新突破，但掌握互联网的使用，以及必须拥有计算机和接入网络的局限性同时也限制了其读者群。受众对传统杂志的信任度，使得这类网络多媒体杂志只能成为茶余饭后的谈资，而不是人们真正依赖的媒体。正如中国人民大学的彭兰教授所说："因为网络包含的内容太多了，大家现在还只是在研究面上的东西。网络杂志还不成气候，所以据我所知，理论界都没怎么关注网络杂志。对于网络杂志的前景，现在还很难说。"②

真正的多媒体杂志应该是怎么样的？没有具体的规定。但起码，应是在传统平面杂志上的进一步发展，而不是退化。多媒体杂志注意网络特点，即永远在线（always on）、行进中（on going）、用户参与（participation）。③ 也应把握传统期刊的五个方面，即目的（Purpose），编辑这本期刊的目的何在？为什么编辑这本期刊？受众（Audience），期刊的读者是什么人？他们想知道什么？如何才能让他们喜闻乐见？法则（Code），如何编辑才能达到最好的表现效果？经验（Experience），要编辑自己有这方面的直接或间接经验的内容，或者说自己有把握的东西，问一问自己是否说外行话了？自我（Self），一本期刊有自己的风格，有自己的特点吗？

因此，Xplus 需要根据社会的发展和市场的需要做出变革。首先，多媒体类杂志不能还是平面媒体的思路，或者说是拿很多图片来蒙人，没有

---

① 刘娟娟：《纸媒投靠电子杂志 提供免费订阅向门户说"不"》，http：//biz. 163. com，2005－12－07。

② 刘晋锋：《网络杂志能否代替传统纸媒？》，http：//gb. chinabroadcast. cn/3601/2005/08/29/109@677130. htm。

③ 洪波：《东拉西扯：网络杂志》，http：//blog. donews. com/keso/archive/2005/10/26/602586. aspx，2006－08－07。

实质性的内容，价值甚至抵不上论坛的帖子。有的网络杂志花花绿绿地采写了很多，但做的跟纸媒杂志一样，有什么新价值？唯一的好处是很环保地节省了纸张。要想做好网络杂志，可行的方式是有资金的强势介入，有传统媒体运作经验的人介入，做原创的内容。

其次，要注重挖掘杂志的内容和深度，如果说杂志的包装是外因的话，杂志的内容才是其内因。外因的好坏影响到它给读者的第一印象，但内因，才对杂志的定位起决定作用。Xplus 提供的内容限制了它的用户群。它定位于年轻一代，但其杂志内容对于当代年轻人来说，略显浅薄。特别是不能满足知识层次较高的年轻人的需求，阅读其杂志，很难使读者有所收益，而仅仅局限于消遣。在新数通网站的 BBS 里，很多读者要求新增军事类、科技类、医学科普、生活百科类杂志就是很好的例证。

第三，除了内容上的缺陷，有些网络杂志不能方便地在线阅读，也是一个缺点。现在国内的几大网络杂志发行平台，都开发了自己的阅读器，读者只有下载安装了阅读器之后，才能浏览杂志的内容，而且几大发行平台的阅读器互不兼容。

第四，注重广告宣传。可以说，直至今日，网络多媒体杂志还鲜为人知，就连一些经常上网的人，对其也表示陌生。这对于以网络发行为主要模式的杂志来说，不能不说是一件令人遗憾的事。现在已经不是酒香不怕巷子深的年代，而是酒香也要加大宣传。特别是网络多媒体杂志是免费发行，收入来源主要靠广告。更需要加大自身的广告力度，首先让读者认识这类杂志，然后才能接受它。

第五，借鉴传统期刊经验，培养自己的读者群。传统期刊，大都有自己固定的读者群。如在期刊界有深远影响的《读者》，就是靠着自己几十年如一日的独特风格，吸引并积累了一大批自己的忠实读者。

第六，最大限度地利用网络带来的可能性，比如链接和互动。应该在新技术的思路下去做真正的网络杂志。一本好的网络杂志，首先是针对性很强的提供给某一个群体的读者，然后要有深入和独家的内容，增加链接和互动，尤其是翻译的文章应提供原文链接。

另外，Xplus 在其发展道路上，还留有无数隐患。比如发行渠道和资源的整合问题。客户端软件是一柄双刃剑，使用不好，反而会伤了自己。

比如潜在的政策风险，网络杂志归口到哪个部门管理？将来会需要刊号或者许可证吗？比如，擦边球能打多长时间？读者真的会持续地对性、色情这样的内容感兴趣吗？比如版权问题，不强调原创内容，随意从国内外媒体上抄袭内容。都是值得注意和亟待解决的问题。

在利弊交加、赞骂并存中，多媒体网络杂志跌跌撞撞、一路走来。如能将传统媒体的优势与多媒体网络杂志的特长完美的结合起来，在互联网高速发展的今天，它的优势还是显而易见的。在手持终端设备如掌上电脑、智能手机逐步普及的现代社会，在3G指日可待的今天，它的未来阳光灿烂。随着多媒体网络杂志的发展，最终必然可以在手持终端上下载观看，到那时，无论你身处繁华的闹市还是寂静的山林，都可以尽情享受这一视觉盛宴。

参考文献

[1] 王振铎、赵运通：《编辑学原理论》，中国书籍出版社2004年版。

[2] 赵径文：《网络杂志，革命还是活命？》，http：//biz. 163. com，2005 - 11 - 05。

[3] 刘娟娟：《纸媒投靠电子杂志　提供免费订阅向门户说"不"》，http：//biz. 163. com，2005 - 12 - 07。来源：21世纪经济报道。

[4] 刘晋锋：《网络杂志能否代替传统纸媒？》，http：//gb. chinabroadcast. cn/3601/2005/08/29/109@677130. htm。

[5] 洪波：《东拉西扯：网络杂志》，http：//blog. donews. com/keso/archive/2005/10/26/602586. aspx，2006 - 08 - 07。

[6] http：//www. xplus. com. cn/网站简介。

[7] 《跟着网络杂志动起来》，http：//wy. cnii. com. cn/20041105/ca324612. htm。

[8] 《新媒体面面观》，http：//news. xinhuanet. com/it/2006 - 03/02/content_ 4247151. htm。

后　记

中国的编辑科学研究发端于 20 世纪 40 年代由广州自由出版社首次刊行的《编辑学》一书，此被视为"编辑学"启名之始。而编辑学真正被作为一门学科研究则始于 20 世纪 80 年代。二十多年来，编辑学经历了研究的创始期、深化期、攻坚期及创立期四个阶段。其间，河南大学作为中国编辑学的一个主要研究、实践阵地，起到了不可忽视的先导与推动作用。

河南大学编辑出版专业是国内编辑出版教育的领军者，其发展历程可分为 3 个时期：一是创始期，即以学报编辑部为中心时期（1983—1990年）；二是发展期，即以河南大学中文系（河南大学文学院的前身）（1990—2002 年）为中心时期；三是成熟期，即以河南大学新闻传播学院为中心时期（2002 年至今）。

河南大学编辑出版专业的发展肇始以来就与期刊结下了不解之缘。据新闻出版总署公布的 2004 年全国新闻出版业统计资料，2004 年全国共出版期刊 9490 种。期刊编辑学作为编辑学的一个重点分支，河南大学在教学与科研上历来给予了充分的关注。1986 年河南大学首届录取的编辑专业研究生李频先生，现在已是中国期刊研究领域的前沿学者，先后出版《期刊策划导论》、《大众期刊运作》、《中国期刊产业发展报告》等数部专著。2000 年，河南大学宋应离教授出版了《中国期刊发展史》，中国期刊协会会长张伯海评价此书为"首次出现的中国期刊史专著"。① 随着河南大学的合并重组，学校撤系建院，2002 年 4 月，河南大学新闻与传播

---

① 《〈中国期刊发展史〉出版》《延安大学学报》（自然科学版），2001 年。

学院成立。我院坚持以教学为中心，重视科研在高等院校发展中的重要作用。全院上下树立科研强校意识，以科研促教学，以科研推动服务，走"教学、科研、服务"三者相互协调、和谐统一的高等教育发展道路。

在教学上我们历来坚持以人为本，鼓励学生从各自兴趣出发从事科研，这一举措极大调动了学生们致力学术科研的积极性。此次我们集中组织了河南大学新闻传播学院2004级的全体研究生，在我所教授的《期刊编辑学研究》的基础上，专门从期刊策划的角度对国内的40余种期刊进行了重点的个案研究。本书收入的期刊是学生们自由选定的，涉及文学、生活、教辅、新闻、时政、文摘、财经及电子杂志诸类。

书中各篇文章分"案例介绍"、"案例评析"两大部分，为方便读者阅读和高校教学参考，便于横向比较研究，"案例介绍"部分我们是从期刊的定位策划、栏目策划、内容策划、装帧策划、品牌策划、营销策划等方面按顺序组织撰写的。当然文章风格不一，有面面俱到的，也有攻其一点的。

早在1993年，我国当代著名编辑家、出版家邵益文先生就曾指出，"从个案入手，是编辑学研究的又一条新路子"。期刊编辑学中的期刊策划研究也是如此。

现代期刊从业者大多已认识到期刊策划的重要性，而策划活动也逐渐成为期刊工作的重要组成部分。期刊策划是在对期刊市场规律和读者需求进行仔细考察研究后，对期刊的定位、栏目、内容、装帧、品牌、营销等各项内容进行周密的安排和筹划。刊物能否成功，很大程度上取决于期刊的策划工作。

通过不同个案间的比较，我们能清晰地看到一些带有规律性、普遍性的东西。

刊名决定定位，定位决定杂志的生命。理念策划是整个期刊策划的开端。理念就是信念、思想、观念，运用到期刊理论上，无外乎就是期刊的办刊宗旨和内容定位。办刊宗旨是本质性的苦练"内功"，是刊物的灵魂和原动力。主编是期刊的"舵手"，把握方向。社会主义的编辑出版工作，不仅是单纯地满足读者需要就算完事的，还有坚持正确导向的问题。这就是说，社会主义的书刊出版不仅要面向市场，更重要的是要用好书引

后

记

369

导市场，从根本上为读者服务。

有了准确的定位并根据期刊定位策划有关栏目，是一本期刊站稳市场、走向成功的关键。有人把期刊比成是一座雄伟的桥，那么，栏目就是它的一个个结实的桥墩。没有好的栏目来支撑，刊物之"桥"必定会坍塌。

一家期刊参与市场竞争，"内容为王"是必须遵循的首要原则。稿件质量是刊物赖以生存发展的前提和基础。内容是刊物的生命和灵魂，一本刊物办得好不好，读者喜不喜欢看，主要是由其内容决定的。要策划到好的内容，就需要有一支淡泊名利、风雨不移的编辑队伍，就需要把作者看作是自己的良朋益友，就需要与时俱进，感应时代脉搏，总而言之，要心存读者。

在媒体纷争的社会环境中，期刊的品牌是一种竞争力；在供大于求的媒体环境中，品牌是一种吸引力；在媒体分化的市场环境中，品牌是一种亲和力。打造品牌是每一个办刊人的梦想，而不断擦亮品牌，使品牌保持长久生命力是期刊在激烈市场竞争中立于不败之地的有力保证。

期刊是商品，只不过它还有直接、间接的意识形态属性，因此是一种特殊性的商品。只要是面向社会、公开发行的期刊，在参与市场运作时，都要符合市场需要，遵循市场规律。跨媒体互动、集团式发展是未来期刊发展的主要方向。

通过不同个案间的比较，我们还能清晰地看到其中各个期刊与众不同的风格特色。

独特的风格特色是品牌期刊的必备要素。国外的品牌期刊大多有着与众不同的风格特色，展示出其独特的个性。由美国国家地理学会创办的《国家地理》杂志（1888 年创刊），就具备着迥异于其他学术类期刊的特色。期刊的风格特色正是其生命力之所在，是其价值的重要体现。个性特征的确定，不能随意盲目地跟从市场，盲目地迎合各种需求，而要对主客观条件进行认真的分析与研究，在明确期刊的性质任务、编辑方针的情况下，兼顾考虑自身条件和市场需求，从而选准自己的生存空间和位置，形成与众不同的风格特色。

本书可作为高等院校期刊编辑学的辅助教材，也可为广大从事期刊编辑工作或理论研究的期刊人所借鉴。本书收入的一篇篇文章，恰似细流涓涓汇成的江河，流经漫漫历史时空，浸润现代并奔涌向未来。

本书的统稿工作是我院2004级研究生在外实习期间展开的。作者分散在全国各地，给统稿工作带来了一定的困难。

尽管如此，我院2004级40余位研究生还是克服了种种困难，表现出了极大的学术热情和组织纪律性，以缔构先进文化为己任，精益求精，按照统稿要求进行了多次修订。本书初定30万字，让我深为感动的是，同学们一致要求，要通过自身的努力为我国的编辑出版教育、为河南大学新闻传播学院的壮大与发展做些有历史纪念意义的事情。浓浓师生情、三载同窗谊，都将随着本书的付梓出版，共同缔构入人类精神文明的大厦，洒落在宇宙中，成为超越时空，永恒存留的魂影。

《新锐飞扬——期刊策划著名案例》一书由何晓林、张昆、王新平、黄俊华、张培、张翩、莫鹏燕、侯夷、朱红、马元珍、肖勇强、蒋明明、常春巧、杨柳、王莹、李慧君、安静、袁升飞、黄跃鹏、王巧云、李晓苹、赵婧、时艳钗、李磊、张延伟、郝彬彬、简明、赵克强、杜方伟、董松玲、王海燕、周芳、冉慧勤、严结娥、王淑娟、李昊琼、马玉洁、胡义兰、王心心、文玮玮、高娟等分别执笔，李建伟做全书的前后定稿工作，研究生何晓林同学和靳颖姝同学为本书的整理做了许多工作，许多期刊界人士为本书案例的收集与整理也提供了热情的帮助，这里一并致谢。

李建伟

2006年4月于河南大学博雅楼